北京联合大学人才强校计划人才资助项目

北京联合大学学生综合素质提升项目

残障大学生职业发展与就业指导

张健萍　陆忠华　编著

知识产权出版社
全国百佳图书出版单位

图书在版编目(CIP)数据

残障大学生职业发展与就业指导 / 张健萍,陆忠华编著. — 北京：知识产权出版社,2015.3
ISBN 978-7-5130-3367-1

Ⅰ.①残… Ⅱ.①张… ②陆… Ⅲ.①残疾人—大学生—职业选择 Ⅳ.①G647.38 ②G760

中国版本图书馆CIP数据核字(2015)第043799号

内容提要

本书从残障大学生职业生涯规划和就业指导两个方面入手，以八章的内容论述了残障大学生职业发展与人生规划、职业生涯规划与自我探索、职业社会认知与生涯决策、大学生涯与职业准备、就业形势政策与就业信息、求职择业指导、自主创业指导、职业适应与发展等八个方面。每章均列举了相关的引导案例、实践训练及参考文献等，力求增强可读性和现实可操作性，对残障大学生生涯发展和求职择业具有一定的指导作用，并能为特殊教育工作者和就业主管部门提供支持和借鉴。

责任编辑：许 波

残障大学生职业发展与就业指导
CANZHANG DAXUESHENG ZHIYE FAZHAN YU JIUYE ZHIDAO
张健萍 陆忠华 编著

出版发行	知识产权出版社有限责任公司	网　址	http://www.ipph.cn
电　话	010-82004826		http://www.laichushu.com
社　址	北京市海淀区马甸南村1号	邮　编	100088
责编电话	010-82000860转8380	责编邮箱	xbsun@163.com
发行电话	010-82000860转8101/8029	发行传真	010-82000893/82003279
印　刷	北京中献拓方科技发展有限公司	经　销	各大网上书店、新华书店及相关专业书店
开　本	720mm×1000mm　1/16	印　张	22.75
版　次	2015年3月第1版	印　次	2015年3月第1次印刷
字　数	407千字	定　价	58.00元

ISBN978-7-5130-3367-1

出版权专有 侵权必究
如有印装质量问题，本社负责调换。

《残障大学生职业发展与就业指导》编委会

主编：张健萍　陆忠华

编委：王文明　赵　磊　王　昕　阎　嘉

主审：吕淑惠

前 言

随着我国高等教育大众化的发展，当前大学生就业面临着新的形势和新的挑战。残障大学生，由于其生理缺陷带来的障碍及其独特的成长和求学经历，其职业发展道路一般来说较健全大学生更为曲折。

随着经济发展和社会进步，残障大学生的平等就业权利和生活品质提升越来越受到高度关注。以有限的生命创造无限的机会和发展空间，是生涯发展的基本要义，也是研究残障大学生职业发展的基础。因此，为残障大学生提供针对性的职业发展和就业指导，对其融入社会和实现自身价值具有重要的现实意义，对残疾人高等教育目标实现和人才培养也具有重要的实践意义。

现代职业发展理论源于西方，国外关于职业生涯的研究较为成熟，但其依据西方社会现实和中产阶级白人为立论基础，其基本假定与我国残障人群状况有极大差距。

本书以生涯发展理论为指导，具体探讨了残障大学生职业发展和就业指导方面的基础知识和实践，试图通过激发残障大学生职业生涯发展的自主意识，树立正确的就业观、创业观，促使其理性地规划自身未来的发展，自觉地提高就业能力和生涯管理能力。具体来说，残障大学生应当基本掌握生涯规划与管理知识；较为清晰地认识自己的个性特征、职业特性以及社会环境发展变化；了解就业形势与政策法规，特别是残疾人就业相关政策；学会调整就业心态，科学运用求职策略；把握残障大学生就业市场的特点和功能，掌握就业维权知识、入职适应与职业发展知识以及创新创业的基本知识。

本书为北京联合大学人才强校计划人才资助项目和学生综合素质提升项目的成果。张健萍负责全书的总体框架、体例设计及编著统稿定稿工作。全书共分为八章，各章主要内容和作者分别为：第一章，残障大学生职业发展与人生规划，赵磊；第二章，残障大学生职业生涯规划与自我探索，张健萍；第三章，残障大学生职业社会认知与生涯决策，赵磊；第四章，残障生大学生涯与职业准备，张健萍；第五章，残障大学生就业形势政策与就业信息，王文明；第六章，残障大学生求职择业指导，王昕；第七章，残障大学生自主创业指导，王文明；第八章，残障大学生职业适应与发展，王昕、阎嘉。北京联合大学特殊教育学院党委副书记吕淑惠担任本书的主审，并提供了宝贵的指导性意见；学工办陆忠华老师承担了项目申报、书稿编审等方面的大量工作。本书的编著得到了北京联合大学特殊教育学院领导和学工办、教科办等各职能部门的大力支持，得到了知识产权出版社许波等编辑的精心指导以及在编著过程中参考的大量文献著作的有益启示，在此，一并表示由衷地感谢！

由于能力、精力及水平所限，书中纰漏不妥之处恐难避免，敬请读者批评指正！

张健萍
2014年12月

目 录

第一章　残障大学生职业发展与人生规划 ………………………………001

  第一节　生涯与职业生涯 ……………………………………………003

  第二节　职业生涯的发展阶段 ………………………………………009

  第三节　职业生涯规划的概念和意义 ………………………………016

  第四节　职业发展与人生成功 ………………………………………020

第二章　残障大学生职业生涯规划与自我探索 …………………………027

  第一节　职业生涯规划基本理论 ……………………………………029

  第二节　残障大学生职业生涯发展的影响因素 ……………………037

  第三节　残障大学生职业生涯规划的原则和步骤方法 ……………044

  第四节　残障大学生自我探索与职业发展 …………………………051

第三章　残障大学生职业社会认知与生涯决策 …………………………089

  第一节　现代社会的职场概况与职业发展 …………………………091

  第二节　认识工作世界 ………………………………………………100

  第三节　职业社会对人才的要求 ……………………………………109

  第四节　科学职业生涯决策 …………………………………………115

第四章　残障大学生大学生涯与职业准备 124

第一节　学会学习 126
第二节　残障大学生自我管理与素质拓展 136
第三节　残障大学生情商修炼与人际协调 154

第五章　残障大学生就业形势政策与就业信息 164

第一节　就业形势分析与就业政策指导 165
第二节　就业市场发展与就业程序解读 181
第三节　就业信息的收集与应用 196

第六章　残障大学生求职择业指导 211

第一节　求职自荐材料准备 212
第二节　面试与笔试 222
第三节　求职心理调试 232
第四节　就业维权与法律保障 240

第七章　残障大学生自主创业指导 262

第一节　创新思维与创业精神 264
第二节　创业环境与创业者素质 272
第三节　创业准备与创业过程 282
第四节　创业计划书 293

第八章　残障大学生职业适应与发展 306

第一节　从学生到职业人的过渡 307

第二节　职业化要求与职业素养提升 ……………………………315

第三节　入职后的职业发展规划与管理 …………………………320

附录一 ……………………………………………………………329

附录二 ……………………………………………………………341

附录三 ……………………………………………………………346

附录四 ……………………………………………………………350

第一章　残障大学生职业发展与人生规划

　　随着经济的发展和社会的进步，残障大学生的平等就业权利和生活品质提升越来越受到高度关注。以有限的生命创造无限的机会和发展空间，是残障大学生职业发展的要义和基础，对于残障大学生融入社会和实现自身价值具有重要的现实意义，对于残疾人高等教育目标的实现具有重要的实践意义。本章从职业发展与人生规划的基础知识入手，以激发残障大学生这一特殊群体树立职业发展和人生规划意识。

【学习与行为目标】

　　（1）了解职业发展与生涯规划的基本概念、基本思路，明确职业对个体生活的重要意义。
　　（2）激发残障大学生关注自身的职业发展。
　　（3）帮助残障大学生树立生涯规划的意识。

【案例引导】

盲人调律师

　　陈燕，北京陈燕新乐钢琴调律有限责任公司总经理，北京钢琴调律网的创办者，北京钢琴公益热线的创办者兼主持人，中国音乐家协会钢琴调律分会的会员，世界杰出华人协会的会员，北京东城区盲人协会主席。
　　她出生于1973年7月9日。在她三个月的时候，父母发现陈燕眼睛看不见东西，到医院检查结果是先天性白内障，做完手术也是个盲人。父母想要个健康孩子，就商量着把陈燕扔到离家不远的河里。姥姥听说了这件事，在陈燕五个月大的时候把她抱到了姥姥家。从此姥姥就成了陈燕人生当中第一个最重要的人。

到了上学的年龄，正常学校不收陈燕，直到十二岁的时候，很渴望上学的她就突发奇想给国家领导、残联领导、小教处领导写了三封信。在陈燕十三岁的时候才踏进了盲校的门槛，但她用了五年的时间就完成了九年义务教育的课程。1986年9月到1991年6月，陈燕在盲校就读小学、中学。

1991年9月到1994年6月，陈燕在盲校就读钢琴调律专业。陈燕的钢琴调律专业老师李任炜就成了陈燕人生中第二个最重要的人。

1994年到1996年陈燕在钢琴厂工作，但在一次本不该发生的事故中，在公交车上因售票员不相信陈燕出示的盲人免费乘车证，因此发生了口角。在陈燕下车时售票员用车门夹断了陈燕的胳膊，陈燕于是失去了这份钢琴厂的工作。

1996年到1998年陈燕在钢琴城工作。陈燕学的是当今欧美最先进的三六度验证技术，所以她的理想是到用户家去调琴。因为她能把每个琴童弹的琴调得很准，那样琴童的耳朵就会通过学习音乐练得更敏锐。陈燕开始到各个钢琴城去应聘，但当时中国还没有听说过盲人调琴，所以陈燕到处碰壁。后来陈燕是以一个健全人的名义去应聘成功的。

1997年7月陈燕取得了中国音乐家协会钢琴调律学会的会员资格认证。

1998年5月到1999年10月，陈燕当了个体调律师。因为1998年钢琴城改制，要求调律师一天必须调四台琴。但北京的车多，城市大，所以用户家之间的距离远。如果一天调四台琴，那么在八小时内只能去蒙人骗人了。陈燕始终记得李任炜老师的话，如果一个健全人去用户家调琴的时候有一点失误，那么下次用户再换一个调律师就行了；但如果一个盲人去用户家调琴有一点失误，那么以后用户就再也不会找第二个盲人调琴了，因为用户将会认为盲人都不会调琴。所以盲人去调琴是代表了盲人调律师这个群体，而不是代表个人。陈燕选择了辞职，在当时找工作非常不容易的时候，陈燕被大家称为敢炒老板的人。这是陈燕感觉收入最高、感觉最轻松的一年。

1999年10月到2004年11月，陈燕担任北京人伟钢琴调律中心的业务经理。开业之初中心没有用户，陈燕把自己的用户给了中心，她也从原来每个月收入六千元到现在的六百元，但陈燕觉得值。

2003年陈燕以全国第一名的成绩考入了北京联合大学特殊教育学院，成为我国首届残障人成人教育钢琴调律专业的学生。她看到全国各地的盲人都到北京来学调律，但以后就业还是个严峻的问题的情况，就产生了一个想法，即开一家面向全国服务的调律公司，一个城市一个城市地开发市场，几十年后大家都听说了盲人调琴，那些外地的盲人调律师就会有工作了。

2004年11月17日，北京陈燕新乐钢琴调律有限责任公司开业了，陈燕出任总经理。这是中国第一家面向全国调琴的公司。

——摘自陈燕盲人钢琴调律网《陈燕文集》

点评：

陈燕的生涯以及成长经历，曾经被中央电视台、北京电视台、凤凰卫视、北京晚报、北京晨报、北京青年报、武汉晚报、黑龙江晚报、中国青年杂志等各大新闻媒体报道过，而且陈燕曾经到广州、深圳、海口、上海、江西、广西、大连、哈尔滨、西安、银川等地的高校、厂矿企业去讲述自己的经历。她是中国第一位女盲人钢琴调律师、中国第一位出版自传的盲人、中国第一位盲人跆拳道手、中国第一位盲人独轮车骑手、中国第一位画猫的盲人画家。陈燕所创立的公司是以盲人调律师为主的专业调律公司，同时也是中国第一家以钢琴调律服务为主的机构。公司所有钢琴调律师都是通过欧美最先进调律技术培训后上岗的盲人，都是高级调律师，有着常人难以比拟的敏锐听觉和触觉。由于自幼失明，他们的耳朵和双手完全可以代替眼睛。

陈燕的及职业生涯显而易见是成功的，而成功是基于她自己的人生规划。职业规划是我们迈入社会的第一个规划，也是人生规划当中最核心的规划。职业生涯在人的一生中占有极为重要的地位，职业生涯的成功与否直接影响到人生价值能否得到充分的体现。

第一节 生涯与职业生涯

成功的人生需要正确规划，追求自我实现、事业成功是许多人一生的奋斗目标，但是并不是每个人都能够达到人生的最高境界，其差别就在于你能不能做好自己的职业生涯规划。你今天站在哪里并不重要，但是下一步你将要迈向哪里却很重要。如何在竞争的压力下自我成才并走向成功，这是每一个莘莘学子都面临的共同课题。

每一个人只有有了明确的目标，才会去努力奋斗，并积极去创造条件实现目标，这样就可以避免无目标地四处飘浮、随波逐流及浪费青春。事实证明，有不少人由于对自己的职业生涯毫无计划，目标不明确，从而造成事业失败。失败原因并不是他们没有足够的知识和才能，而是由于他们没有设计好适合于他们成长与发展的职业生涯规划。

一、概述

上大学是为了找到一份工作、一个职业还是一份事业？什么是生涯？什么是职业生涯？你希望自己的职业生涯是一个什么样的发展形态？正确回答这些问题，需要我们学习掌握一些有关职业生涯规划的基础知识。

（一）生涯

生涯，英语是"career"，意思是指两轮马车，引申为道路，也就是人生的发展道路。生涯发展大师舒伯（Donald E.Super）认为，生涯是指一个人在一生中所扮演的角色的综合以及结果，这些角色包括儿女、学生、休闲者、公民、工作者、配偶、家庭管理者、父母以及退休者等9项。这9项角色一般在以下4个主要场所中扮演，即家庭、社区、学校以及工作场所。一个人在一生中扮演许许多多的角色，就如同一条彩虹同时具有很多条色带。简单地说，生涯是从人们出生到年岁终止的一段过程，其中有生活方式、就业形态，还有检视过去、策划未来的部分。这一切组成了人们的生涯。

从字面上理解，"生"，即"活着"；"涯"，即"边界"。广义上理解，"生"，自然是与一个人的生命相联系；"涯"，则有边际的含义，即指人生经历、生活道路和职业、专业、事业。人的一生，包含少年、成年、老年三个阶段，成年阶段是最重要的时期。这一时期之所以重要，是因为这是人们从事职业生活的时期。

（二）职业生涯

职业生涯（Career），就是个人职业的发展道路，包括就业的形态、工作的经历以及职业相关的活动等，指的是一个人从职业学习开始到职业劳动最后结束的经历过程。在职业心理学领域里，"职业生涯"这一概念有两种经典定义：舒伯认为，人的一生所经历的职业以及非职业活动都应视为职业生涯的内容，职业生涯除了职业角色外还包括各种生活角色；美国组织行为学家道格拉斯·霍尔（Douglas T. Hall）主张，职业生涯只包括一个人一生中与其职业相关的活动与经验。前一种是广义的定义，在时间范围上与生涯的概念等同；后一种是狭义的定义，认为职业生涯仅从任职前的职业学习和培训开始至退休结束。

从经济的观点来看，职业生涯就是个人在人生中所经历的工资待遇等一系列职位和角色，它们和个人的职业发展过程相联系，是个人接受培训教育以及职业发展所形成的结果。职业生涯是以心理开发、生理开发、智力开发、技能开发、伦理开发等人的潜能开发为基础，以工作内容为确定和变化，以工作业绩的评价，职称、职务的变动为标准，以满足需求为目标的工作经历和内心体验的经历。职业生涯是人一生中最重要的历程，对人生价值起着决定性作用。而且它是一个动态的过程，是指一个人一生在职业岗位上所度过的、与工作活动相关的连续经历，并不包含在职业上成功与失败或进步快与慢的含义。也就是说，不论职位高低，不论成功与否，每个工作着的人都有自己的职业生涯，是一个人一生的工作经历，特别是职业、职位的变动及工作理想的整个过程。

根据中国职业规划师协会定义，职业生涯成长可以分为两个方面：内职业生涯（对个人自身而言）和外职业生涯（对外在职场而言）。

1. 内职业生涯

内职业生涯是指从事一项职业时所具备的知识、观念、心理素质、能力、内心感受等因素的组合及其变化过程。因而，内职业生涯就是从业者个人在追求职业过程中所经历的道路。内职业生涯的因素包括：与职业相关的知识、观念、心理素质、能力、个性品质等，它们的取得可以通过别人的帮助而实现，但主要是由自己的努力追求而实现的，并且一旦取得就永远归自己所有，别人无法收回或剥夺。当一个人在求职时关注内职业生涯的发展，他就容易获得成功，进步就较快。

2. 外职业生涯

外职业生涯是指对组织而言的职业生涯，表示组织努力为雇员在组织的作业生命中确立一条有所依循、可感知的、可行的发展道路。外职业生涯的因素包括工作单位、工作地点、工作内容、工作职务、工作环境、工资待遇等。外职业生涯的这些因素多数是别人给予我们的，尤其是在职业生涯初期，别人给你的这些外在因素是很容易再把它们拿回去、把它们夺走的。如果我们只是去追求那些外职业生涯的内容，自己就会经常陷于痛苦之中，总是会怀疑上级对自己不公，甚至会担心下岗名单里有自己。当一个人在求职时只是过多地关注外职业生涯的发展，就会影响他的进步。外职业生涯的发展是以内职业生涯的发展为基础的，只有两者达到和谐的统一，才可能保证职业生涯的最终成功。

二、生涯与职业生涯的联系和区别

生涯综合了个人一生各种职业和生涯的角色以及经历,它是人生自青春至退休所有有酬劳或无酬劳职业的综合,除了职位外,还包括与工作有关的各种角色。而职业生涯仅仅是指个体职业发展的历程,它是人生的重要组成部分,没有职业的人生是不完整的,但是职业却不是人生的全部。职业对人生产生的作用和影响是不可替代的,而人生的各种经历又会反过来影响职业生涯,如早期教育、家庭影响、配偶和朋友的影响等。

【实践训练】

生涯幻游

请大家放松,轻轻地闭上你的眼睛,如果累了,你可以趴在桌子上(或靠在椅背上)。

让我们抛开身边所有的一切,让自己最大程度地放松自己的心情,放松自己的心情,放松……

时间回到了12年前,那时你刚上小学,你回忆起哪些让你最快乐、最有成就感的事情?

时间回到了6年前,你上了初中,你又记起哪些让你最快乐、最有成就感的事情?

时间回到了3年前,你上了高中,你又想起哪些让你最快乐、最有成就感的事情?

从现在起,十五年后,你达到了完美的人生状态。你是否能更具体地想象自己十五年后的模样?未来的生涯会是什么光景?现在就让我们一起乘坐未来世界最先进的时光隧道机,到未来世界去旅行!

现在,我们一起坐在时光隧道机里,来到十五年后的世界。算一算,这时你几岁了?容貌有变化吗?请你尽量想象十五年后的情形,越仔细越好。好,现在你正躺在家里卧室的床铺上。这时候是清晨,和往常一样,你慢慢地睁开眼睛,首先看到的是卧室里的天花板。你看到了吗?它是什么颜色?

接着,你准备下床。尝试去感觉脚指头接触到地面那一刹那的温度,凉凉的？还是暖暖的？经过一番梳洗之后，你来到衣柜前面，准备换衣服上班。今天你要穿什么样的衣服上班？穿好衣服，你看一看镜子。然后你来到了餐厅，早餐吃的是什么？一起用餐的有谁？你跟他们说了什么话？

接下来，你关上家里的大门，准备前往工作的地点。你回头看一下你家，它是一栋什么样的房子？然后，你将搭乘什么样的交通工具上班？

你即将到达工作的地方，首先注意一下，这个地方看起来如何？好，你进入工作的地方，你跟同事打了招呼，他们怎么称呼你？你还注意到哪些人出现在这里？他们正在做什么？

你在你的办公桌前坐下，安排一下今天的行程，然后开始上午的工作。早上的工作内容是什么？跟哪些人一起工作？工作时用到哪些东西？

很快上午的工作结束了。中餐如何解决？吃的是什么？跟谁一起吃？中餐还愉快吗？

接下来是下午的工作，跟上午的工作内容有什么不同吗？还是一样的忙碌吗？

快到下班的时间了，或者你没有固定的下班时间，但你即将结束一天的工作。下班后，你直接回家吗？或者要先办点什么样的事？或者要做些其他的活动？

到家了。家里有哪些人呢？回家后你都做些什么事？晚餐时间到了，你会在哪里用餐？跟谁一起用餐？吃的是什么？

晚餐后，你做了些什么？跟谁在一起？

该是就寝的时间了。你躺在早上起床的那张床铺上。你回忆一下今天的工作与生活，今天过得愉快吗？是不是要许一个愿？许什么样的愿望呢？

渐渐地，你很满足地进入梦乡。安心地睡吧！

在梦里，你来到你的垂暮之年。你过完了理想无悔的一生，已经与世长辞。三个人来参加你的葬礼，并在葬礼上对你大为赞许。这三个人一个是你的家人，一个是你的同事，一个是你的朋友。他们会是谁？他们会对你的一生如何评价？请你想一想……

刚才我们一起进行了三段幻游：

那些从小到现在让你最快乐、最有成就感的事情，就是你的优势所在。从事能发挥你优势的工作，将会让你感到快乐，从而激励你不断实现你的人生目标。

第二段幻游我们到了15年后，那是你的成功图像，也是你事业的顶峰。记住你的成功图像吧，它将激励你实现你的人生目标。

第三段来到了你暮年的葬礼。他们对你的评价，是你这一生想成为什么样的人，也是你的人生使命宣言、你的终极人生目标。

如果你没有想清楚，那就找一个安静的环境，认真想一想，把你想到的情景记录下来，分享给身边的亲人或朋友，让他们帮你来实现你的目标。

我们慢慢地回到这里，还记得吗？你现在的位置不是在床上，而是在这里。现在，我从10开始倒数，当我数到0的时侯，你就可以睁开眼睛了。好，10，9，8，7，6，5，4，3，2，1，0。请睁开眼睛。你慢慢地醒过来，静静地坐着。

如果参与者不想分享幻游的生活可以花些时间思考，考虑下列问题：

◎ 我五年后典型的一天描述：
※ 我五年后从事的工作的描述
1. 工作是 _____。
2. 工作内容是 _____。
3. 工作的场所在 _____。
4. 工作的场所周围的环境 _____。
5. 工作的场所周边的人群 _____。
※ 我五年后的生活形态的描述
1. 婚姻状况 □已婚 □未婚 □其他 _____。
2. 家中成员有子女 _____ 人
　　□父母同居 否 _____ □其他 _____。
3. 居住的场所在 _____。
4. 居住的场所周围环境 _____。
5. 居住的场所周围的人群 _____。

◎ 请说明下列问题：
1. 我在进行幻游过程中，印象最深刻的画面是 _____。
2. 我在进行幻游后，对比与现在环境最大的不同点是 _____。
3. 我在进行幻游后，最深的感受是 _____。

◎ 我在进行幻游后，我觉得未来的生涯发展会是怎样的？
1. 我认为我未来会从事 _____ 职业。
2. 我认为我的未来会与幻游过程相关吗？
3. □是 □不是 □其他

第二节　职业生涯的发展阶段

职业生涯发展阶段理论，主要是指个体职业心理发展的阶段性理论。这种理论认为个体在不同的职业发展阶段中，对职业的需要以及追求发展的方向和方式存在着较大的差异，只有充分认识到人在职业生涯发展的各个不同阶段的特点和规律，才能更好地规划自己的人生。

一、金斯伯格生涯发展阶段

美国职业生涯发展理论先驱、职业指导专家伊莱·金斯伯格（Eli Ginzberg），通过比较人们从童年到青年的选择行为和职业取向，揭示了个体早期职业心理或职业意识规律，认为每个人从童年开始孕育选择职业的萌芽。职业生涯如同身心成长一样是连续的、长期的发展过程，每个人的职业选择会呈现出不同的特征，这是一个从模糊空想走向现实需要的过程。这样一种逐渐成熟的心理过程，可以分为幻想期、尝试期、现实期三个发展阶段。

1. 幻想阶段（11岁以前）

这个阶段的个体对于大千世界充满憧憬，接触或看待各类职业都会有新鲜、好奇和好玩的感觉，这个时期的职业选择带有理想化和情感色彩，具有很大的冲动性和盲目性特征，单纯凭借自己的兴趣爱好，很少考虑到自身条件、能力水平和社会需要，完全处于幻想之中，处于十分不稳定的状态。

2. 尝试阶段（11~17岁）

这是少年向青年过渡的青春期，个体生理发育和心理成长变化迅速，逐渐形成独立意识和价值观念。随着知识、能力的明显增长以及接触到的职业类型和初步体验，对于社会地位、职业角色有了自己的意识，面对社会需要对从业的要求，开始审视自身的条件和能力，思考今后的职业和所面临的任务。在这个阶段包括由兴趣、能力、价值观分别主导的三个时期。11岁、12岁为兴趣期，对于未来职业的取向，个人兴趣占优势；13岁、14岁为能力期，认识到独立完成工作的能力与职业之间的关系；随后是价值期，开始理解职业对于个人与社会的价值，并试图把兴趣与能力统一到所形成的价值体系中，这是形成职业意识的重要阶段。

3. 现实阶段（17岁以后）

步入经济社会的青年时期，人们开始审视个人的职业愿望或从业要求，并与主观想法、具体条件、具备能力进行协调，密切联系社会现实和需求情况，寻找适合于自己的职业角色。这时的职业期望不再模糊不清，已经有了十分具体的、现实的职业目标，而且表现出客观性、现实性的特点。在尝试阶段主观因素占主导地位，而在现实阶段则力求主观与客观因素相统一，这个阶段可分为三个时期。首先是探索期，尝试把个人选择与社会需要联系起来；接下来是具体化时期，这时个体的职业目标已经基本确定，开始为实现目标而努力；最后是特定化时期，为了实现特定的职业选择，考入相应学校接受教育或接受专业训练。

二、格林豪斯生涯发展阶段

美国心理学博士杰弗里·格林豪斯（J. H. Greenhouse），按照不同年龄段对人群进行划分，根据职业生涯所面临的主要任务，将人们的生涯发展划分为职业准备阶段、进入组织阶段、职业生涯初期、职业生涯中期、职业生涯后期五个阶段。

职业准备阶段（1~18岁）：主要任务是形成和发展职业想象力，对职业进行评估和选择，接受必需的职业教育或技能培训。

进入组织阶段（19~25岁）：主要任务是在一个理想的组织中获得一份工作，在获取大量信息的基础上，尽量选择一种合适的、较为满意的职业。

职业生涯初期（26~40岁）：主要任务是学习职业技术，提高工作能力；遵守组织纪律，熟悉工作规范；适应工作要求，融入工作组织；为未来的职业成功做好准备。

职业生涯中期（41~55岁）：主要任务是对自己的早期职业生涯重新评估，强化或改变自己的职业理想，选定职业，努力工作，有所成就。

职业生涯后期（56岁至退休）：主要任务是保持已经取得的职业成就和地位，维护所拥有的尊严，准备从职业生涯中引退。

三、舒伯生涯发展阶段

美国职业生涯发展专家舒伯（Donald E. Super），在对职业倾向和选择过程进行研究的基础上，提出将人的职业生涯划分为成长、探索、建立、维持和衰退五个阶段。

1. 成长阶段（1~14岁）

这是一个认知阶段。孩童开始形成自我概念，学会用各种方式表达需要，经过对现实世界的不断尝试，确定和修饰自己的角色，经历对职业从好奇、幻想到兴趣、到有意识培养职业能力的逐步成长过程。这个阶段可以分为以下三个成长时期：

幻想期（4~10岁）：儿童从外界感知到许多职业，对于自己觉得好玩、喜爱的职业充满幻想和进行模仿。

兴趣期（11~12岁）：以兴趣为中心，理解、评价职业，开始作职业选择。

能力期（13~14岁）：开始考虑自身条件与喜爱职业是否相符，有意识地进行能力培养。

2. 探索阶段（15~24岁）

这是打基础的阶段。在家庭影响、学校教育、社会接触过程中，青少年的自我能力、扮演角色、职业意识初步形成，这个阶段的职业选择有较大弹性，而且职业偏好逐渐具体化和特定化，并会积极实现个人的职业偏好。这个阶段包括以下三个时期：

试验期（15~17岁）：综合认识和考虑自己的兴趣、能力与职业社会价值、就业机会，继续学业或开始进行择业尝试。

过渡期（18~21岁）：进入劳动力市场，或者进行专门的职业培训。更重视现实需要，力图实现自我价值，将一般性选择转化为特定选择。

承诺期（22~24岁）：初步选定工作领域，开始从事某种职业，并尝试作为长期职业的可能性，若不适合则可能重新确定方向。

3. 建立阶段（25~44岁）

这是选择、安置阶段。经过探索阶段的尝试，感觉不适合会继续探索、谋求变迁和重新选择，该阶段较能确立个人在职业生涯中的职位，而且工作精力充沛，得心应手，当31~44岁时，就会考虑稳固或保住职位的问题。这个阶段包括以下两个时期：

尝试期（25~30岁）：若对初次就业的情况不满意，则会重新选择、调换工作或重新择业，变换次数各人不等。如果感觉满意，则会寻求安定；

稳定期（31~44岁）：致力于个人工作上的稳定，确定自己的终身职业。多数人处于最佳绩效或创意时期，由于资深往往业绩优良。

4. 维持阶段（45~65岁）

这就是常言所说的功成名就阶段。希望继续维持自己的工作职位，不再考虑变换职业或工作，力求维持已经取得的成就和社会地位，同时还要面对新人员的各种挑战。

5. 衰退阶段（65岁以上）

这是退休的阶段。由于生理及心理机能日渐衰退，作为力不从心的个体不得不面对现实，从积极参与职业活动到主动隐退。在这一阶段可以注重发展新的角色，寻求不同方式替代和满足需求。

四、施恩生涯发展阶段

美国麻省理工大学教授埃德加·施恩（Edgar Schein），更多地注意到职业状态、职业任务、职业行为和发展过程，立足于人生各年龄段面临的问题和主要任务，将人的生涯发展划分为九个阶段。具体为成长、幻想、探索阶段，进入工作世界阶段，基础培训阶段，早期职业的正式成员资格阶段，职业中期阶段，职业中期危险阶段，职业后期阶段，衰退和离职阶段，离开组织或职业退休阶段。而且所给出的不同生涯发展阶段的年龄跨度有重叠交叉。

1. 成长、幻想、探索阶段（1~21岁）

这个阶段面临的主要任务如下：发展、发现自己的需要和兴趣，发展、发现自己的能力和才干，为进行实际的职业选择打好基础；学习职业方面的知识，寻找现实的角色模式，获取丰富信息，发展、发现自己的价值观、动机和抱负，做出合理的受教育决策，将幼年的职业幻想变为可操作的现实；接受教育和培训，开发工作世界中所需要的基本习惯和技能。在这一阶段所充当的角色是学生、职业工作的候选人、申请者。

2. 进入工作世界阶段（16～25 岁）

这个阶段面临的主要任务如下：首先，进入劳动力市场，谋取可能成为一种职业基础的第一项工作；其次，个人和雇主之间达成正式可行的契约，个人成为一个组织或一种职业的成员，充当的角色是：应聘者、新学员。

3. 基础培训阶段（16～25 岁）

这个阶段面临的主要任务如下：迈进职业或组织大门，担当相应的实习生、新手角色。开始了解、熟悉组织，接受组织文化，融入工作群体，尽快地取得组织成员资格，成为一名有效的组织成员。熟悉和适应日常工作操作程序。

4. 早期职业的正式成员资格阶段（17～30 岁）

这个阶段面临的主要任务如下：取得组织正式成员资格，承担责任，成功地履行与第一次工作分配有关的任务；发展、展示自己的技能和专长，为提升或进入其他领域的横向职业成长打基础；根据自身才干和价值观，根据组织中的机会和约束，重估当初追求的职业，决定是否留在这个组织或职业，或者在个人需要、组织约束和机会之间寻找一种更好的搭配。

5. 职业中期阶段（25 岁以上）

这个阶段面临的主要任务如下：处于职业中期的正式成员，选定一项专业或进入管理部门；保持技术竞争力，在自己选择的专业或管理领域内继续学习，力争成为一名专家或职业能手；承担较大责任，确立自己的地位；开发个人的长期职业计划。

6. 职业中期危险阶段（35～45 岁）

这个阶段面临的主要任务如下：现实地评估自己的进步、职业抱负及个人前途；就接受现状或者争取看得见的前途做出具体选择；建立与他人的良师益友关系。

7. 职业后期阶段（40 岁以后到退休期间）

这个阶段面临的主要任务如下：成为一名良师，学会发挥影响，指导、指挥别人，对他人承担责任；扩大、发展、深化技能，或者提高才干，以担负更大范围、更重大的责任；如果求安稳，就此停滞，则要接受和正视自己影响力、挑战能力的下降。

8. 衰退和离职阶段（45岁以后直到退休）

不同的人在不同的年龄会衰退或离职。此间主要的职业任务：学会接受权力、责任、地位的下降；基于竞争力和进取心下降，要学会接受和发展新的角色；评估自己的职业生涯，着手退休。

9. 离开组织或职业退休阶段

在失去工作或组织角色之后，面临以下两大问题或任务：保持一种认同感，适应角色、生活方式和生活标准的急剧变化；保持一种自我价值观，运用自己积累的经验和智慧，以各种资源角色，对他人进行传帮带。

【实践训练】

生命线

（1）给每个小组成员发一张纸。在这张纸上画一条线，它代表你的生命。这条线的左端是"0"，是你生命的起点；请你在这条线的右端，也就是生命结束的地方，写出一个数字，代表你希望活到的年龄。然后在这两者之间将你现在年龄所在的位置画出来，并且标上数字。按照比率，标出四年后你毕业时候的位置，并写上数字。

（2）当你完成上面的工作后，仔细地体会一下自己有哪些感受？现在这条线分成了左右两段，左边是你已经活过的岁月，右边是你未来要活的岁月。请你想想，在你活过的岁月里，有哪三件事特别令你自豪，又有哪三件事特别令你深感挫折？把它们填在下面。

（3）检视过去的岁月，再请想一想，在未来的岁月里，你最想实现的三个目标是什么？也把它们写下来。写完之后，请再安静地体验一下自己的感受。

（4）想想接下来的四年，要如何在承接过去的基础上，为后面的生活打好基础。

（5）现在请大家在小组中分享。你可以分别选择一件最令你自豪的事、一件最令你深感挫折的事、一个你未来最重要的目标和大家分享。小组成员也可以向发言的人提出自己的问题，交流自己的感受。

【延伸阅读】

张治平——用音符谱写自强之歌

张治平，男，汉族，1948年生，视力残疾，特级教师，重庆市人，现为重庆市盲人学校音乐教师，系重庆市盲人协会主席。患"先天性视神经萎缩"症，30岁左右完全失明。1988年，天津音乐学院函授部作曲专业结业，一边教学一边创作，其创作的歌曲、乐曲《我爱光明》《盲人之歌》《盲人驾驶碰碰车》获中国残疾人文艺汇演创作奖，歌曲《快乐王子的小船》获中国少儿歌曲创作一等奖，《甜甜的咧》收入全国音乐教材小学第七册。曾获全国自强模范、中国特殊教育先进工作者。

双目失明的张治平不能用眼睛去看，却能够用耳朵去"观察"，用敏锐的心思去体会。他用音乐谱写着一首首动人心弦的自强之歌。

张治平出生在重庆市一个普通工人家庭，上小学时查出患有无法治愈的"先天性视神经萎缩"症，当时视力只有0.2。面对这突如其来的疾病，张治平苦不堪言，但一年后在学校的一节音乐课上他找到了生活的动力。老师播放了由盲人音乐家阿炳创作并演奏的二胡曲《二泉映月》，这悲伤又充满希望的音乐以及老师对阿炳的介绍，仿佛是黑暗中的一道闪电，照亮了张治平的心："学习音乐，做阿炳那样的人！"一个声音在心底呼唤。

张治平开始在老师的指导下努力学习二胡、笛子、手风琴等多种乐器。他知道：如果吃不了苦，就不会成为像阿炳那样的人。他找来有关音乐理论的书籍，把自己埋在音乐里，把枯燥的乐理生吞活剥着"吃"下去。凭着一根竹笛、一把二胡，15岁那年，他以第一名的成绩从106名选手中脱颖而出，考入重庆市北碚区文化馆所属的文工队。

张治平的演奏水平提升得很快，常常在各种音乐比赛上拿奖。他开始将音乐重心转移到创作上，并取得了突破性的成绩，他谱写的《手舞银镰唱山歌》，人们都以为是出自谱曲老手。他谱曲总是倾心倾力，谱写的《生活之歌》《我的月亮船》《小露珠》等都是流传很广的歌曲，而《快乐王子的小船》，从谱曲到完成竟花了12年。

1983年，张治平的眼睛完全失明了，1985年他正式成为重庆市盲人学校的一名音乐教师，承担着学校小学3~6年级、初中3个年级的音乐教学任务，他的目标就是要让盲孩子们不但有文化知识，而且还有一技之长。

张治平对待盲校的学生如自己的孩子，他要用音乐给学生一双翅膀。他组建了一支小乐队，里边有竹笛、扬琴、小号、手风琴、二胡、口琴、小提琴等，短短几个月，小乐队就排演了《白毛女》序曲和第一场。他常常对孩子们说："我们看不见，但是可以用耳朵、用心去感受音乐，音乐能点亮我们暗黑的世界，音乐会让我们对生活充满期待。"张治平所带领的学生中，已经有5位先后考入吉林长春大学特教学院音乐专业，有10名成为乐器演奏家或调琴师，几十人在各级声乐比赛中获奖。张治平创作了近200首歌曲，获全国、省各种音乐比赛奖90余项、国际大奖16项，其中，歌曲《甜甜的咧》《晚归的牧笛》《快乐王子的小船》《我爱光明》《黄桷树下有我家》收入中小学音乐教材。"山城阿炳"的美誉已在重庆不胫而走。

现在，张治平是重庆市残联主席团副主席、重庆市盲人协会主席。他不辞劳苦地为重庆市20多万盲人的权益四处奔波，他要让这些盲人都"嗅"到阳光、"听"到光明、"摸"到温暖。他说："上苍给了我盲眼，我要用它来寻找光明。"

——摘自《儿童音乐》 2010年11期

第三节　职业生涯规划的概念和意义

参加高考的学子每个人都有一个非常现实的目标，那就是考入自己理想的大学，尤其是对残障大学生来说，接受高等教育是他们的梦想。但这个目标是家长或社会为他们树立的。考上大学后，很多学生没有树立新目标的意识，相当一部分学生不知道大学该如何度过。对于自己将来的职业也没有一个明确的定位，不知道将来要做什么。因此，进行职业规划，针对个人特点，确立未来发展方向，对个人的一生来说，显得格外重要。残障大学生们要根据职业生涯发展理论、原则以及职业成功的标准，掌握正确的职业生涯设计方法，准确进行自我定位，合理规划职业人生，通过具有前瞻性的职业生涯设计，减少在人生路上的徘徊犹豫，为未来职业发展做好准备。在职业生涯开始之前就必须要了解什么是职业生涯规划。

一、职业生涯规划的概念

所谓职业生涯规划，亦即规划自己的职业生涯，是指个人与组织相结合，在对一个人职业生涯的主客观条件进行测定、分析、总结的基础上，对自己的兴趣、爱好、能力、特点进行综合分析与权衡，结合时代特点，根据自己的职业倾向，确定其最佳的职业奋斗目标，并为实现这一目标做出行之有效的安排。生涯设计的目的绝不仅是帮助个人按照自己的资历条件找到一份合适的工作，达到与实现个人目标，更重要的是帮助个人真正了解自己，为自己定下事业大计，筹划未来，拟定一生的发展方向，根据主客观条件设计出合理且可行的职业生涯发展方向。按照时间维度，职业生涯规划可以划分为短期规划、中期规划、长期规划和人生规划四种类型。

（1）短期规划。短期规划即 2 年以内的规划，主要是确定近期目标，规划近期应完成的任务。

（2）中期规划。中期规划一般涉及 2~5 年内的职业目标和任务，是最常用的一种职业生涯规划。

（3）长期规划。长期规划即 5~10 年的规划，主要是设定较长远的目标，以及为实现此目标应采取的具体措施。

（4）人生规划。人生规划是整个职业生涯的规划，时间长达 40 年左右，设定整个人生的发展目标和阶梯。

从字面上看，个人职业生涯规划从短期到中期，再到长期，直至整个人生规划，如同台阶一样需要一步步地发展。但在实际操作中，跨度时间太长的规划往往由于环境和个人自身的变化而难以把握，时间跨度太短的规划意义又不大，所以，一般人们把个人职业规划的重点放在 2~5 年内的中期规划。这样既便于根据实际情况设定可行目标，又便于随时根据现实的变化进行修正或调整。

二、职业生涯规划的意义

职业生涯作为人的一生的职业历程，是人生的主体。科学的职业生涯设计，能帮助一个人按照社会的发展要求，顺利地实现职业理想，享受到立业、创业的喜悦。残障大学生职业生涯规划不只是协助个人达到和实现个人目标，更重要的是帮助个人真正了解自己，并且进一步详细评估内外环境的优势、限制，在"衡外情，量己力"的情形下，设计出合理且可行的生涯发展计划。

1. 职业生涯规划可以发掘自我潜能，增强个人实力

一份行之有效的职业生涯规划将会引导你正确认识自身的个性特质和现有与潜在的资源优势，帮助你重新对自己的价值进行定位并使其持续增值；引导你对自己的综合优势与劣势进行对比分析；使你树立明确的职业发展目标与职业理想；引导你评估个人目标与现实之间的差距；引导你前瞻与实际相结合的职业定位，搜索或发现新的或有潜力的职业机会；使你学会如何运用科学的方法采取可行的步骤与措施，不断增强你的职业竞争力，实现自己的职业目标与理想。

2. 职业生涯规划可以增强发展的目的性与计划性，提升成功的机会

生涯发展要有计划、有目的，不可盲目地"撞大运"，很多时候我们的职业生涯受挫就是由于生涯规划没有做好。好的计划是成功的开始，古语讲，凡事"预则立，不预则废"就是这个道理。

3. 职业生涯规划可以提升应对竞争的能力

当今社会处在变革的时代，到处充满着激烈的竞争。物竞天择，适者生存。职业活动的竞争非常突出，尤其是我国加入WTO后。要想在这场激烈的竞争中脱颖而出并保持立于不败之地，必须设计好自己的职业生涯规划。这样才能做到心中有数，不打无准备之仗。而不少应届大学毕业生不是首先坐下来做好自己的职业生涯规划，而是拿着简历与求职书到处乱跑，总想会撞到好运气、找到好工作。结果是浪费了大量的时间、精力与资金，到头来感叹招聘单位是有眼无珠，不能"慧眼识英雄"，叹息自己英雄无用武之地。这部分大学毕业生没有充分认识到职业生涯规划的意义与重要性，认为能够找到理想工作的条件是学识、业绩、耐心、关系、口才等，认为职业生涯规划纯属纸上谈兵，简直是耽误时间，有那时间还不如多跑两家招聘单位。这是一种错误的理念，实际上未雨绸缪，先做好职业生涯规划，磨刀不误砍柴工，有了清晰的认识与明确的目标之后再把求职活动付诸实践，这样的效果要好得多，也更经济、更科学。

【延伸阅读】

无手著名摄影家郑龙华

郑龙华，男，1959年5月生于浙江省临安市。幼年失去双手，1981年开始自学摄影，他先后在国内外举办过各种形式的摄影展览，并多次在各种影赛中获奖。郑龙华于2006年5月20日在家乡浙江省临安市启动"生命之光"——一位无手摄影家对话100位残障人精英的摄影活动。经两年多的时间，他先后独自走遍全国100多个县及港、澳、台地区，行程达6.3719万千米，采访了各行业100位残障人精英，拍摄图片4.5万余幅，整理文字素材52万字，撰写采访手记19.86万字。2007年5月，郑龙华被评为杭州市劳动模范。

由他拍摄的100位成功残障人士的照片《一位无手摄影家对话中国百位残障人成功人士》，展示了没有健全的手或脚、甚至身体不能直立的残障人士的成功故事。

郑龙华说："我选择展示他们阳光的一面，而不去关注他们肢体的残缺。尽管拍摄残缺更有视觉冲击力，但我希望这些作品能带给人们希望和鼓舞。"为了这组照片，他花了近3年时间。

他用镜头记录了一个个成功的残障人士：虽失去右手但创立了"谭木匠"木梳传奇的谭传华、虽由于幼时疾病腿部行动不便但创立"江民软件"的反病毒软件专家王江民、虽由于先天佝偻身高不足1米却坐着轮椅宣传环保的甘肃省清水县秦亭镇店子村袁建明……郑龙华要展示残障人的"健全"生活。"我希望这些作品是一面镜子，透过这面镜子，大家照到自己：这些伤残人士在这种情况下做事都能成功，每个人都更应该用心做事。"

如郑龙华所努力的，照片鼓励了很多参观者。北京第四聋人学校18岁的葛斌用手语说："来看展览之前，我感觉非常迷茫。但看到这些照片，我很感动。我要珍惜生活中的每一天，努力拼搏。"他指着一个肢残运动员的照片说，"我能够感受到她很努力！"

北京第四聋人学校19岁的刘建超用手语说："我来自四川，汶川大地震后，那里很多人和我们一样，不幸成为残障人，他们更需要用这些故事来进行励志教育，勇敢地面对生活。"

从1岁落入火炕失去双手后，郑龙华对于生活的磨砺便不再陌生。他用双腕夹笔写字、两次考上大学却被拒收、找工作碰壁……困顿中，同学寄给他台旧相机，22岁的他开始用双腕操作这台"精密仪器"，走街串巷为村民拍照，两年后在上海第一次获奖。

"摄影让我第一次有了自信。以前我很内向、封闭自己，因为我清楚自己跟别人不一样……"郑龙华说，"当别的摄影师，拍拍我的肩膀说，'老郑，拍的不错啊'，我才觉得我和他们一样，在艺术上也能创造出好作品。"

残障人的生活体验与他人不同，郑龙华觉得最大的不同是"困难多于顺利，每做一件事都要付出很多""残障人最需要的是精神上的鼓励"，在他看来，对残障人最致命的打击是"失去信心"。

郑龙华曾在浙江省临安市残联工作，这段经历让他更熟悉残障人的感受："残障人比较敏感，有时，你的一个眼神、一个不屑的动作，在常人看来没什么，但对于残障人可能就不一样，他们可能会多想。这也可以理解。"

在他看来，社会对残障人的保障近年来提高得很快，包括教育就业等，但"仍滞后于社会发展"。此次残奥会对志愿者培训中有一条原则广为传播：帮助残障人时，要先征得对方的允许。"他能做的事就让他自己去做。比如残障人有时更需要自食其力地工作，而不是等救助。"

——摘自新华网

点评：

郑龙华的职业就是一名普通的摄影师，但是却照出了不普通的照片，平凡的职业成就了伟大的事业，职业发展的成功可以让我们每一个人踏上人生的巅峰。无论你是贫穷还是落魄，只要我们做好职业生涯规划，就可以让人生有目标、有方向，让人生充实而有意义。

第四节　职业发展与人生成功

职业生涯中的人生成功是指个人职业生涯追求目标的实现。成功的含义因人而异，具有很强的相对性，对于同样的人在不同的人生阶段也有着不同的含义。每个人都可以，也应该对自己的职业生涯成功进行明确的界定，包括成功意味着什么、成功时发生的事和一定要拥有的东西、成功的时间、成功的范围、成功与健康、被承认的方式、想拥有的权势和社会地位等。对有些人来讲，成功可能是一个抽象的、不能量化的概念，如觉得愉快、在和谐的气氛中工作、有工作完成后的成就感和满足感。在职业生涯中，有的人追求职务晋升，有的人追求工作内容的丰富。职业生涯成功能使人产生自我实现感，从而促进个人素质的提高和潜能的发挥。职业生涯成功与否，个人、家庭、企业、社会判定的标准都存在一定的差异。从现实来看，职业生涯成功的标准与方向具有明显的多样性。

一、成功需要设定目标

　　1952年7月4日清晨，加利福尼亚海岸笼罩在一片浓雾之中。一个34岁的女人涉水进入太平洋中，开始向加州海岸游去。要是成功了，她将是第一个游过这个卡塔林纳海峡的女性。这天早晨，海水冻得她身体发麻，雾很大很大，她连护送她的船几乎都看不见。一个钟头过去了，又一个钟头过去，千千万万人在电视上注视着她。60多个钟头之后，她被冰冷的海水冻得浑身难受。她知道自己不能再游了，就叫人拉她上船。她的母亲和教练告诉她海岸很近了，叫她不要放弃。但她朝加州海岸望去，除了浓雾什么都看不到。几十分钟之后，人们把她拉上了船。而拉她上船的地点，离加州海岸只有半英里（约800米）！当别人告诉她这个事实后，她很沮丧，她告诉记者，真正让她功亏一篑的不是疲劳，也不是寒冷，而是因为在浓雾中根本看不到目标！她就是20世纪美国最著名的游泳名将弗洛伦丝。两个月后，依旧是大雾弥漫的天气，依旧是在拼搏了60多个小时后，她却坚定地相信："1英里的地方就是海岸。"这一次，她成功了！因为她虽然眼中看不到目标，她心中却早已坚信，目标，就在1英里处！

　　要想获得成功，就必须设定一个清晰可见的目标，因为目标是人奋勇向前的动力源泉。作为残障大学生，自身要设定符合自己条件的目标才能有的放矢地进行学习和工作。

　　目标的制定包括人生目标、长期目标、中期目标和短期目标的制定。短期目标必须清楚、明确、现实和可行。中期目标应既有激励价值，又要现实可行。人生目标、长期目标则要尽可能远大，但不要求具体详细；在符合自己的价值的基础上，与社会发展需求相适应；放眼未来，推测可能的职业进步。

二、成功需要客观的自我认知

自我认知（Self-Cognition）是对自己的洞察和理解，包括自我观察和自我评价。自我观察是指对自己的感知、思维和意向等方面的觉察；自我评价是指对自己的想法、期望、行为及人格特征的判断与评估，这是自我调节的重要条件。如果一个人不能正确地认识自我，看不到自我的优点，觉得处处不如别人，就会产生自卑心理，丧失信心，做事畏缩不前……相反，如果一个人过高地估计自己，也会骄傲自大、盲目乐观，导致工作的失误。因此，恰当地认识自我，实事求是地评价自己，是自我调节和人格完善的重要前提。一个有效的成功的职业生涯设计，必须是在充分且正确地认识自身的条件与相关环境的基础上进行的。你需要审视自己、认识自己、了解自己，并做自我评估。详细估量内外环境的优势与限制设计出自己的合理可行的职业生涯发展方向。

三、需求层次理论与职业发展

根据马斯洛需求层次理论，我们可以知道职业能够满足人的多层次需求，这是人类发展必不可少的。马斯洛理论把需求分成生理上的需求、安全上的需求、情感和归属的需求、尊重的需求和自我实现的需求五类，依次由较低层次到较高层次排列。五种需求像阶梯一样从低到高，按层次逐级递升，但这样次序不是完全固定的，可以变化，也有种种例外情况。

一般来说，某一层次的需求相对满足了，就会向高一层次发展，追求更高一层次的需求就成为驱使行为的动力。相应地，获得基本满足的需求就不再是一股激励力量。五种需求可以分为两级，其中生理上的需求、安全上的需求、情感和归属的需求都属于低一级的需求，这些需求通过外部条件就可以满足；而尊重的需求和自我实现的需求是高级需求，是通过内部因素才能满足的，而且一个人对尊重和自我实现的需求是无止境的。同一时期，一个人可能有几种需求，但每一时期总有一种需求占支配地位，对行为起决定作用。任何一种需求都不会因为更高层次需求的发展而消失。各层次的需求相互依赖和重叠，高层次的需求发展后，低层次的需求仍然存在，只是对行为影响的程度大大减小。

马斯洛和其他的行为心理学家都认为，一个国家多数人的需求层次结构，是同这个国家的经济发展水平、科技发展水平、文化和人民受教育的程度直接相关的。在不发达国家,生理上的需求和安全上的需求占主导的人数比例较大,而高级需求占主导的人数比例较小;在发达国家,则刚好相反。

(1) 生理上的需求。这是人类维持自身生存的最基本要求,包括对以下事物的需求:呼吸、水、食物、睡眠。

(2) 安全上的需求。这是人类要求对以下事物的需求:人身安全、健康保障、资源所有性、财产所有性、道德保障、工作职位保障、家庭安全。

(3) 情感和归属的需求。这一层次包括对以下事物的需求:友情、爱情、性亲密。人人都希望得到相互的关心和照顾。感情上的需求比生理上的需求来的细致,它和一个人的生理特性、经历、教育、宗教信仰都有关系。

(4) 尊重的需求。该层次包括对以下事物的需求:自我尊重、信心、成功、对他人尊重、被他人尊重。

(5) 自我实现的需求。该层次包括对以下事物的需求:道德、创造力、自觉性、问题解决能力、公正度、接受现实能力。这是最高层次的需求,它是指实现个人理想、抱负,发挥个人的能力到最大程度,达到自我实现境界的人,接受自己也接受他人,解决问题能力增强,自觉性提高,善于独立处事,要求不受打扰地独处,完成与自己的能力相称的一切事情的需求。也就是说,人必须干称职的工作,这样才会使他们感到最大的快乐。马斯洛提出,为满足自我实现需求所采取的途径是因人而异的。自我实现的需求是在努力实现自己的潜力,使自己越来越成为自己所期望的人物。

【实践训练】

十年远景书

想象十年后,有个杂志要写一篇关于你的特别报道,请你选择一种杂志,并写出这篇报道的概要,特别是你希望它突出的内容。内容可以涉及你的职业、家庭、社会地位、财务状况、物质生活、个人价值、社会关系等方面。

你选择的杂志是_____;
选择这本杂志的原因是_____;
这篇文章描述你的哪些方面_____;
文章具体如何描述你_____。

【延伸阅读】

挑战人生的汤展中

汤展中，男，汉族，1981年生，广西壮族自治区蒙山县人，先天性无双臂，以足代手。1993年荣获首届"中国十佳残疾少年成才奖"，1996年获联合国教科文颁发的书画作品优秀奖，1997年著《双脚与人生》一书，引起全国的关注。1999年，他如愿考上了广西艺术学院美术系，4年后，又顺利考上了该校国画专业的研究生，现任中国奇人奇才艺术馆馆长一职。

一出生就被认为是"怪物"，因为他的双臂只有十多厘米长，并且软弱无力，上面连着两只各长了3根手指的小手掌。然而他在成长中凭借毅力用口和脚作画，竟考上了广西艺术学院国画专业，并成为该省第一位残疾研究生。其口书、足书作品获省、国家级大小奖项20余次、国际奖2次；他还是中国百名好儿童好少年奖与全国残疾少年儿童成才奖获得者。汤展中与书法结缘，缘于一次偶然。一天，哥哥放学回家后，用毛笔写描红作业。他觉得很好奇，跑到厨房，用脚夹了块小木炭，在地上学哥哥写字。这一幕，让刚干完农活回来的父亲看到了，父亲想：乡下人逢年过节和红白喜事都喜欢写对联，何不训练儿子练好书法，以后靠这项技艺换口饭吃。

转眼间，汤展中到了上学年龄，父亲带着他去小学报名，学校却委婉地拒绝了。父亲并没有放弃，第二天又去找校长说情，一个星期后，他终于进了学校。二年级暑假时，汤展中被推荐进县城的暑假书画学习班。报名时，他当场用脚夹着毛笔写了一首诗，把接待的老师看得目瞪口呆。此后，老师开始教他用右脚练习书法。汤展中先是用脚趾夹笔，从夹不住到夹得脚趾都红肿；上课的时候，不管天多冷，一双脚都露在外面；写字时一直弯着腰，背部的酸痛是家常便饭……半年后，他硬是用脚写出一笔工整漂亮的字。

后来，他听说用嘴含笔也能写字画画，便自己练起来。刚开始，口水流得到处都是，牙齿也麻麻的。但他没有放弃，时间一长，嘴巴成了第二书画手段。为了挣学费，他每个寒暑假都到桂林市一些旅游区为游客写书法，一个假期下来，学费、生活费都解决了。

上高中后，汤展中更是把卖作品的区域扩大到上海、广州、深圳，乃至全国。他自豪地说："从上高中开始，我就没向家里要过一分钱，我和哥哥的学费，都是卖作品赚的。为了赚钱，我已经好几个年头没在家里过年了。"汤展中在潜心研习书画的同时，并没有落下学习。1999年，他如愿考上了广西艺术学院美术系。4年后，又顺利考上了该校国画专业的研究生。2005年8月，汤展中在参加第四届全国残疾人文艺汇演时，被中国残疾人艺术团相中，成为该团的一名演员和行政工作人员。现已成为中国残疾人美术家协会会员、广西书法家协会会员和南宁一所特教学校的兼职老师。

成功后的汤展中没有忘记家乡的父老乡亲，没有忘记广西的残疾人朋友，总想为残疾人群体做点什么。他成了南宁市舍得残疾人职业学校的一名兼职老师，一有空，就去教学生绘画。他收了4名盲人学生和4名健全人学生，教他们画国画。他说："教盲人绘画很需要耐心，我自身又是个残疾人，困难重重，但我会克服困难，尽量把他们教好。"汤展中追求的不只是饱暖的生活，也不只是幸福的感受，他要追求一种境界。他正在努力的方向是漂洋过海去英格兰，把残疾人书画事业发展到国外，挑战人生的一座新的高峰。

——摘自新浪网

【重要术语】

生涯　职业生涯　职业生涯规划　金斯伯格生涯发展阶段　格林豪斯生涯发展阶段　舒伯生涯发展阶段　施恩生涯发展阶段　人生成功　自我认知　需求层次理论

【本章小结】

1. 重点

（1）生涯与职业生涯的联系与区别。

（2）生涯规划对人生成功的意义。

2. 难点

（1）生涯与职业生涯概念的理解与掌握。

（2）树立职业生涯发展规划的意识。

【问题与思考】

（1）生涯规划对人生成功的意义是什么？
（2）职业生涯发展阶段的主要内容是什么？
（3）大学生如何树立生涯规划的意识？
（4）生涯和职业生涯的联系与区别是什么？

【推荐阅读】

（1）余世维.有效沟通：管理者的沟通艺术[M].北京：机械工业出版社，2006.
（2）戴尔·卡内基著，詹丽茹译.卡内基沟通与人际关系[M].北京：中信出版社，2008.
（3）颜世富.心理健康与成功人生[M].上海：上海人民出版社，1997.
（4）张海迪.生命的追问[M].北京：中国盲文出版社，2013.
（5）李雁雁，李爽.逆境——首位留美盲人医科博士的奋斗史[M].北京：求真出版社，2013.

【参考文献】

[1] 卢斌.大学生职业发展与就业指导[M].北京：人民邮电出版社，2012.
[2] 杜德龙.高职学生职业规划与就业指导[M].成都：电子科技大学出版社，2008.
[3] 蔡国英.大学生职业发展实用教程[M].银川：宁夏人民出版社，2008.
[4] 郭虎.大学生职业发展新编教程[M].银川：宁夏人民出版社，2012.

第二章　残障大学生职业生涯规划与自我探索

生涯是一个发展的动态的过程，会受到各种主客观因素的影响。对于残障大学生来说，其生涯发展历程可能较健全学生更为曲折。障碍类型、障碍程度的差异等，及由此而造成的社会接触层面差异、角色扮演机会的差异、关键时期学习经验习得的差异等，均对其生涯发展产生重要的影响。自我是生涯规划的核心概念。在残障大学生独特的生活、学习和发展历程中，对自我的认知和探索更是残障大学生不可回避的重要课题。

【学习与行为目标】

（1）理解职业生涯规划基本理论。
（2）应用个体职业倾向测评方法。
（3）认识自我个性特征与职业匹配的关系。
（4）掌握职业生涯规划原则与方法。

【案例引导】

用灵魂演奏生命音符

他是北京人，生于1987年，10岁时因触电意外失去双臂，伤愈后他为了今后的生计加入北京市残疾人游泳队。

2002年，通过努力，他在武汉举行的全国残疾人游泳锦标赛上获得了两金一银；2005年、2006年连续两年获得了全国残疾人游泳锦标赛百米蛙泳项目的冠军。他还对母亲许下承诺：在2008年的残奥会上拿一枚金牌回来。并且在此期间，他还学习了高中的课程，成绩十分优异，考上大学不成问题。

然而命运对这位年轻人的残酷之处在于：总是先给了他一个美妙的开局，然后迅速地吹响终场哨。在为奥运会努力做准备时，高强度的体能消耗导致了免疫力的下降，并且高压电对于他的身体细胞有过严重的伤害，不排除以后患上白血病的可能，所以他无奈地放弃了体育。此时一个从小藏在他心里的梦改变了他的人生轨迹，从小就梦想着能成为钢琴家的他，放弃体育，并且不顾家人劝阻，选择了放弃高考，学习钢琴。

但他的学琴路绝不是一帆风顺。当他报名参加音乐学校后，遭到音乐学校拒绝和学校校长的侮辱与歧视，校长说他的加入只会影响校容。但坚强的他没有因此沉沦，他对音乐学校校长说："谢谢你能这么歧视我，迟早有一天我会让你看，我没有手也能弹钢琴！"于是，他开始自学钢琴。

用脚练琴的艰辛超乎了常人的想象。由于大脚趾比琴键宽，按下去会有连音，并且脚趾无法像手指那样张开弹琴，刘伟硬是琢磨出一套"双脚弹钢琴"的方法。每天七八个小时，练得腰酸背疼，双脚抽筋，脚趾磨出了血泡。"那时真是精神和体力的双重考验。"终于在脚趾头一次次被磨破之后，他逐渐摸索出了如何用脚来和琴键相处。和他在学习游泳上的表现一样，他对音乐的悟性同样惊人。奥运会时，只学了一年钢琴的他就上了北京电视台的《唱响奥运》节目，当着刘德华的面，弹了一曲《梦中的婚礼》。接着，他弹着钢琴，与刘德华合唱了一首《天意》。

2010年8月，在《中国达人秀》的现场，他带着空袖管走了上来，坐到钢琴前。那首《梦中的婚礼》响了起来。曲子结束，全场起立鼓掌。当评委问他这一切是怎么做到的时候，他说了一句："我觉得我的人生中只有两条路，要么赶紧死，要么精彩地活着。"

他，就是2010年中国达人秀总冠军刘伟。10岁时因一场事故而被截去双臂；12岁时，他在康复医院的水疗池学会了游泳，2年后在全国残疾人游泳锦标赛上夺得两枚金牌；16岁学习打字；19岁学习钢琴，一年后就达到相当于用手弹钢琴的专业7级水平；22岁挑战吉尼斯世界纪录，一分钟打出了233个字母，成为世界上用脚打字最快的人；23岁登上了维也纳金色大厅舞台，让世界见证了中国男孩的奇迹。24岁被评为"感动中国"十大年度人物之一。

"感动中国"推选委员易中天这样评价刘伟："无臂钢琴师刘伟告诉我们，音乐首先是用心灵来演奏的；有美丽的心灵，就有美丽的世界。"推选委员陆小华说："脚下风景无限，心中音乐如梦。刘伟，用事实告诉人们，努力就有可能。

今天的中国，还有什么励志故事能赶上刘伟的钢琴声？""感动中国"为其写下颁奖词："当命运的绳索无情地缚住双臂，当别人的目光叹息生命的悲哀，他依然固执地为梦想插上翅膀，用双脚在琴键上写下：相信自己。那变幻的旋律，正是他努力飞翔的轨迹。"

刘伟凭着自己不懈的努力，创造了奇迹，不断地谱写着自己生涯发展的新篇章！

点评：

作为后天致残者，刘伟在其生涯发展阶段的小循环过程中，通过重新成长、重新探索不断地建立起新的自我。积极主动的探索精神和探索活动，是其生涯发展的必要条件。而不断积累的成功与失败的探索经验更可以培养其自主、自控的性格，发展其健全的自我概念，提升其对未来发展的掌控能力和信心。

第一节　职业生涯规划基本理论

理论来自于实践，并指导实践工作的开展。生涯理论源于20世纪初随着工业发展带来的人力供需矛盾及由此产生的就业、教育等一系列社会问题。经一百年的探讨与研究，形成的生涯理论流派众多。就个人生涯规划行为而言，涉及生涯选择、发展、适应三个层面；就理论的研究取向而言，包括强调个人特质、注重发展历程、重视个人生涯认知等三种取向。本节将以研究取向为依据，重点介绍与残障大学生生涯发展关系密切的特质论与适配论、发展论、认知论等相关理论。

一、特质论与适配论

特质论与适配论在研究取向上为特质取向，在个人生涯行为上包括强调生涯选择的特质因素论、人境适配论、类型论以及强调生涯适应的明尼苏达工作适应论等相关理论。

1. 特质因素论和人境适配论

特质因素论是职业生涯领域最早发展出来的理论。1908年，弗兰克·帕森斯（Frank Parsons）在美国波士顿设立职业局。他提出了职业规划的三原则：个人分析、工作分析及两者的适配，被称为"职业指导之父"。第一，清楚地了解自己，包括性向、能力、兴趣、自身局限和其他特质等资料；第二，了解各种职业必备的条件及所需的知识，在不同工作岗位上所占有的优势、不足和补偿、机会、前途；第三，上述两者的平衡。其理论前提是：每个人都有一系列稳定的特质，并且可以客观而有效地进行测量；为了取得成功，不同职业需要配备不同特质的人员；选择职业是可行的，而且人职匹配是可能的；个人特质与工作要求之间配合的越紧密，职业成功的可能性越大。

特质因素论的核心是人与职业的适配，强调个人所具有的特质与职业所需要的素质和技能之间的适配，它以对人的特质的测评为基本前提。为了对个体特质进行深入详细地了解与掌握，特质因素论十分重视人才测评的作用，故这一理论奠定了人才测评的理论基础，推动了人才测评在职业选拔与指导中的运用和发展。

但是它忽视了社会因素对职业设计的影响和制约作用，忽视了个人面对实际情境时的心理与情绪反应，个人特质与工作条件之间如何寻求匹配也存在一定的争议。基于此，数十年来，特质因素论者顺应时代变迁不断对其僵化的前提假定予以调整，人境适配论应运而生。

人境适配论（Person-Environment interaction theory，PE theory）提出，个人并非只是被动地迁就工作条件的要求，而是可以积极寻找、甚至创造有利于其展现个人特质的环境。在这一过程中，个人会影响环境，整体环境也会影响个人，人境之间形成一种互动关系。这与当前重视生态环境的观点颇为契合。以人境适配论探讨残障大学生的生涯发展，具有一定的可取之处，一直是残障大学生职业指导工作的重要基础。特别是近年来强调人与环境间的互动，较传统特质论来说具有很大的进步。

首先，无论特质因素论还是人境适配论，测评工具本身的信度与效度都至关重要。对于残障生来说，在测量工具的使用和实效性方面均需要特别注意，无论在测验内容、施测方式、结果解释（常模对照）方面都需要进一步调整。根据障碍类型、障碍程度的不同，在客观化测验之外，还要采用情境测量、档案测量，甚至生态测量的方法，并将影响个人发展的环境因素纳入测量范围。从整体的角度测量个人状况，以免因身体障碍而产生测量偏差。

其次，在工作条件或环境方面，特质因素论强调以人配职的观念，忽略了个人的积极主动性。个人特质与工作条件的适配，往往是人迁就工作，员工迁就老板，这使得残障大学生受雇的机会偏少。而人境适配论则注意到了人与环境存在着互动关系，加上近年来提出的工作设计和支持性就业的理念，可以将职场环境、工作任务、生产流程等进行适当的调整，在职场环境方面提供一定的支持，促进残障大学生顺利就业。

最后,残障生个人特质和工作条件或环境的匹配有其特殊性。特质论和适配论没有考虑个人特质的形成和发展问题。对于残障大学生,无论是先天还是后天致残,都会影响其拥有的特质,在与工作环境匹配时,主要是基于个人现状进行匹配,没有考虑到其潜能发展的空间和可能性,强调"选择",忽略"发展",这也是该理论的局限性之一。

总之,特质论在残障大学生的生涯规划中具有重要的指导作用和积极意义,但在运用时应注意残障类型和残障程度在人才测评及环境条件上的影响、限制,并予以适当规避和调整。

2. 类型论

美国职业心理学家霍兰德(Holland)根据其多年临床经验提出了类型论,对人才测评的发展产生了重要的影响。霍兰德类型论有四个核心假设:第一,个人的人格特质和兴趣倾向可以分为六种类型:实际型、研究型、艺术型、社会型、企业型与传统型,每一特定类型人格特质的人,便会对相应职业类型中的工作或学习感兴趣;第二,职业环境也可以分成与上述人格特质对应的六种类型;第三,人们寻求能充分施展其能力与价值观的职业环境;第四,个人的行为取决于个体的人格特质和所处的环境特征之间的相互作用,人格、兴趣与职业的匹配程度决定了个体的职业满意度、稳定性和成就感。

实际型(Realistic):基本的人格倾向是,喜欢有规则的具体劳动和需要基本操作技能的工作,缺乏社交能力,不适应社会性质的职业。具有这种类型人格的人其典型的职业包括技能性职业(如一般劳工、技工、修理工、农民等)和技术性职业(如制图员、机械装配工等)。

研究型(Investigative):具有聪明、理性、好奇、精确、批评等人格特征,喜欢智力的、抽象的、分析的、独立的定向任务这类研究性质的职业,但缺乏领导才能。其典型的职业包括科学研究人员、教师、工程师等。

艺术型(Artistic):基本的人格倾向是,具有想象、冲动、直觉、无秩序、情绪化、理想化、有创意、不重实际等人格特征。喜欢艺术性质的职业和环境,不善于事务工作。其典型的职业包括艺术方面的(如演员、导演、艺术设计师、雕刻家等)、音乐方面的(如歌唱家、作曲家、乐队指挥等)与文学方面的(如诗人、小说家、剧作家等)。

社会型(Social):具有合作、友善、助人、负责、圆滑、善社交、善言谈、洞察力强等人格特征。喜欢社会交往、关心社会问题、有教导别人的能力。其典型的职业包括教育工作者（如教师、教育行政工作人员）与社会工作者（如咨询人员、公关人员等）。

企业型（Enterprising）：具有冒险、野心等人格特征。喜欢从事领导及具有企业性质的职业、独断、自信、精力充沛、善社交等，其典型的职业包括政府官员、企业领导、销售人员等。

传统型（Conventional）：具有顺从、谨慎、保守、实际、稳重、有效率等人格特征。喜欢有系统有条理的工作任务，其典型的职业包括秘书、办公室人员、计事员、会计、行政助理、图书馆员、出纳员、打字员、税务员、统计员、交通管理员等。

霍兰德认为职业兴趣的选择反映了个体的人格特质，六种不同的人格特质对应六种不同的职业环境。六种类型之间存在程度不同的相互关系，根据其相似程度构成正六边形模型（见图2-1）。各类型在模型中距离越近，其兴趣与人格特质相似度越高；反之，则越低。个人经测量所得的最主要的两个类型之间的相似度，就反映了其内在人格特征一致或不一致的程度。六种类型的得分如有较大差距，则说明个人人格特质发展或感兴趣的职业环境比较突出，其职业兴趣比较清晰；如果得分非常接近，则说明其认知特质或职业兴趣不明显。

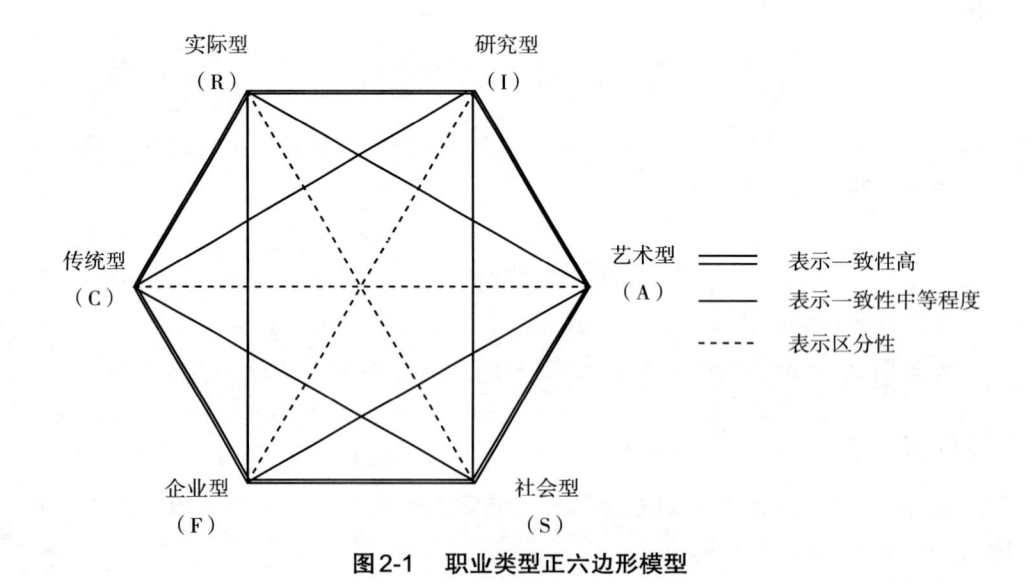

图2-1 职业类型正六边形模型

类型论清晰易懂，编制的测量工具及相关资料如"自我探索量表"（the Self-Directed Search，SDS），具有重要的实用价值，在生涯规划工作中广为应用。但和特质论相似，在人格特质的发展方面，它忽略了社会因素、环境因素等影响，对于后天致残的大学生有一定的适用限制。对于先天致残者，可能会因为缺乏某方面的生活经验和发展空间，测量的题目和兴趣类型无法反应其真实状况。特别是对于视力障碍者，完全依赖此测量结果，可能会限制其发展空间。因此在应用时，应注意测量工具的适用性以及残障大学生某些生活经验不足可能带来的测量偏差。

3. 明尼苏达工作适应论

明尼苏达工作适应论（Minnesota Theory of Work Adjustment，TWA）源于明尼苏达大学，自20世纪60年代以来，经数十年修订与完善，形成了目前强调人境一致的适应论（Person-Environment Correspondence theory，PEC theory）。

适应论认为，职业选择和生涯发展固然重要，但就业后的适应问题更值得注意。尤其对于残障者而言，工作能否持续稳定，对其生活质量、自信心及未来发展都有重要影响。每个人都会努力需求个人与环境的一致：一方面，当工作环境的发展符合个人需要，就能达到个人的内在满意；另一方面，当个人工作能力符合工作要求，就能达到用人单位的满意即外在满意，个人获得继续工作或升迁的机会就会增大。不过，个人需要会变，工作要求也会变化，因此人境适应是一个互动的动态的过程。

适应论是对特质论的发展，它将重点扩展到个人在工作环境中的适应问题，既强调就业后个人需要的满足，又考虑了能否达到工作的要求。"明尼苏达重要性问卷"（Minnesota Importance Questionnaire）就是用来测量个人的价值观与心理需求的工具，具有一定的实用价值。但适应论仍未考虑就业以前的生涯发展情况，对于残障大学生来说，具有和特质论类似的局限性。

二、发展论

以生涯发展为取向的生涯理论，主要以人生不同发展阶段的特征和任务来描述个体生涯发展情况。这儿主要介绍舒伯（D. Super）的生涯发展论。

舒伯从生活广度和生活空间两方面论述了人的生涯发展。

生活广度是指横跨一生的发展历程，分为成长、探索、建立、维持与衰退五个生涯发展阶段。在大的发展阶段里，各阶段又可划分五个小阶段，即五个小循环（见表2-1）。在阶段之间的转衔时期，或出现个人特质变化（如疾病、后天致残等），或面临环境变化（如经济衰退、职业调整等）的时候，就会出现一个小循环，形成新的成长、探索及建立阶段。

表2-1 生涯发展阶段的大循环和小循环

生涯发展阶段	探索阶段（青少年期）	建立阶段（青中年期）	维持阶段（中年期）	衰退阶段（老年期）
成长期	发展自我概念	学习人际相处	接受自身限制	发展退休角色
探索期	加强各种学习	寻找工作机会	设法解决问题	确立退休定位
探索期	所处位置起步	投入所选工作	发展相关技能	完成未竟梦想
维持期	确定目前选择	维持工作稳定	巩固自我位置	维持生活乐趣
衰退期	减少休闲活动	减少体能活动	专注必要活动	减少活动时间

生活空间是指在发展历程的各个阶段个人的活动空间及扮演的各种角色，如子女、学生、朋友、父母、休闲者等。通过多种角色，构成生涯发展的全貌。这个生活广度、生活空间的生涯发展图形，舒伯将它命名为"生涯彩虹图"（Life-career rainbow，如图2-2所示）。

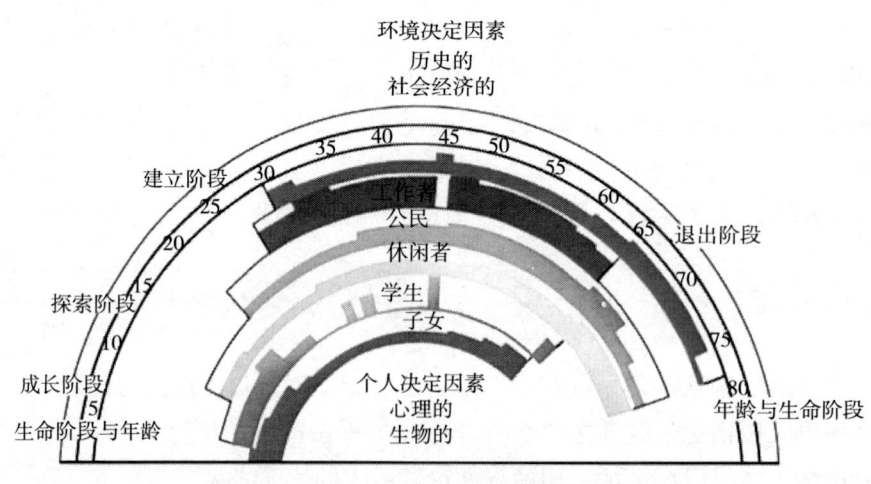

图2-2 生涯彩虹图

首先，通过生涯彩虹图，可以很好地表示不同阶段各个角色的变化，每个角色的重要性随着个人生涯发展阶段而不同。角色之间互相作用，某一角色的成功，能带动其他角色的成功；反之，一个角色的失败，也可能导致另一角色的失败。而且，为了某一角色的成功付出太大的代价，也有可能导致其他角色的失败。

其次，人的社会任务或职业生活不断变化，角色也随之变化，从一个角色进入另一个角色。角色转换的变化从根本上说是社会权利和义务的变化。而残障大学生就业后的社会角色转换不是瞬间发生和完成的，而是要有一个过程的。

最后，每个人的生涯彩虹图都是不同的，所以从彩虹图中可以看到不同的生涯规划，这就是科学的职业生涯规划的魅力所在。

舒伯认为，个人一生中所扮演的角色实际上都是自我概念的外在表现。自我概念包括个人对自己的认知，也包括他人对自己角色扮演的评价。自我概念是个人生涯发展历程的核心。在不同的发展阶段，不同的角色，有不同的发展任务。在各发展阶段的历程中，探索活动具有重要的作用。好奇心是引发和促进探索活动的重要因素。成功的探索经验可以培养个体自主、自控的性格，发展个体健全的自我概念以及对未来发展的掌控能力和信心。

积极主动的探索精神和探索活动，无论对于残障还是健全大学生，都是其生涯发展历程的必要条件。对于先天障碍者来说，幼年时期因为缺乏角色扮演游戏、工作角色幻想等生活经验，其后期生涯发展会受到一定的影响，探索活动尤显重要。对于后天致残者来说，在其生涯发展阶段的小循环过程中，更需要通过重新成长、探索活动从而建立起新的自我。

舒伯注意到了残障状况对于个人生涯发展的影响，在其著作《生涯心理学》（*The Psychology of Careers*）中，提到了残障的内在（个人身心特质）和外在（社会的负面态度等）因素，并将生涯前和生涯中两种障碍状态予以区分。残障状况对于大部分职业来说会有一定的影响。因此，发展积极的自我概念，对于残障大学生而言更是其生涯规划和生涯发展的重心任务。

三、认知论

认知论在研究取向上为认知取向，包括在个人生涯行为上强调选择的社会学习论、强调发展的自我效能论和个人建构论等。这里主要介绍克朗伯兹（Krumboltz）的社会学习理论。

社会学习理论（Social Learning Theory）为班杜拉（A. Bandura）所创，克朗伯兹将其引入生涯发展领域。他提出影响个人生涯发展的相关因素有四种：遗传与特殊能力、环境及重要事件、学习经验、任务取向的技能。在生涯发展历程中，四种因素交互作用，形成个人对自我和世界的信念，从而影响个人行为。生涯信念是一组对自己以及自己未来在职场发展的假设，这种假设会影响个人生涯历程中的学习、期望与行为。

由于四种因素的交互作用，个人可能因学习经验的不足，产生错误的信念，如过度夸大、灾难性思考、极端化、过度概括化、绝对化、自我贬抑等。这些信念将影响甚至阻碍个人的生涯发展。因此，克朗伯兹强调学习的重要性。

他认为兴趣也是学习的结果，职业选择的关键在于学习，而非兴趣本身。生涯规划的重点在于参与各种不同的活动，积累更多的学习经验。生涯教育、职业信息搜集、生涯模拟活动、典型人物的经验介绍、职场实习、社区实践活动等，均有助于个体建立正确的生涯信念。

如果因不当的学习，造成了生涯发展的困境，则需要采取认知行为改变技术，找出不合理信念，予以辩驳，提供积极的学习经验，以新的经验和信念代替旧信念，培养积极适当的自我价值观和世界观。社会学习论强调学习的重要意义，与发展论重视探索活动有类似之处，但其学习范围更为广泛。

由于生理的缺陷，残障大学生可能在生活、学习、工作等相关活动的参与方面有所欠缺，因此更应特别注意增加各种学习机会，强化成功表现，以培养正确的自我概念。对于后天障碍者，除了新的学习经验的积累之外，往往需要针对不合理信念，树立新的合理信念和认知，形成适当的自我价值观和世界观，促进其生涯发展历程。

综上所述，生涯规划和生涯发展领域的理论众多，没有一个理论能够完全符合所有的个案，也没有一个理论完全不能促进个体生涯发展。目前，虽然还没有完全以残障者为研究对象的生涯规划和发展理论，但也没有一个生涯规划理论完全不能适用于残障大学生。因此，对于残障大学生来说，关键在于根据自身情况，吸取各种生涯理论的积极因素，规避或弥补其消极影响，促进自己生涯规划和发展活动的顺利开展。

第二节　残障大学生职业生涯发展的影响因素

残障大学生的职业生涯发展是一个复杂的课题，往往受到自身的、环境的、职业的等诸多方面的影响。在这其中，自身因素往往起着决定性的作用，是其职业生涯发展的内因和关键；环境因素对其职业生涯发展具有重要的促进或阻碍作用，直接或间接地影响着残障大学生职业选择和人生发展，是其职业生涯发展的外因。

一、自身因素

影响残障大学生职业生涯发展的自身因素包括生理因素、心理因素、教育因素等。

（一）生理因素

生理因素是残障大学生职业生涯发展的前提和条件，在其职业生涯发展中起着重要的基础性作用。它具体包括身体健全（残障）情况、健康情况、性别、年龄等要素。

1. 身体健全（残障）情况

对残障大学生来说，这方面包括身体的残障类型、残障程度、致残时间等因素。以残障大学生的一般情况而言，其残障类型一般为感官或肢体障碍，包括听力障碍、视力障碍、肢体障碍等，基本上没有心智障碍；其残障程度有轻度和重度之分；其致残时间有先天或后天的不同。障碍类型、残障程度、致残时间的不同直接影响到残障大学生的行动和沟通，或多或少地使其接受外界信息受到限制，对自身和外界环境的认知具有一定的片面性、局限性，从而或多或少地影响到其职业生涯发展历程的顺利程度。

2. 健康情况

健康身体是任何人职业生涯发展的重要条件，对于残障大学生更为重要。身体某一方面的残障、不健全使得健康对于他们的意义尤为突出。比如听障大学生中几乎没有抽烟行为，很多听障学生非常注意体育锻炼，他们除了听力上的障碍之外，其身体健康情况良好。然而，现实中，不少残障大学生因为残障导致的后遗症和并发症等或多或少地影响到了其身体其他方面的指标。这部分同学需要付出更多的努力和艰辛，去克服身体不便，加强锻炼，促进健康，执著追求。几乎所有的职业都需要有健康的身体，对于紧张忙碌的学习和工作导致的压力，也要采取一些技巧，保持适度的紧张以激励自己，力争不影响到自己的身体健康和长远发展。

3. 性别

传统观念的作用下，社会对于男女所需要承担的社会角色的期望存在一定的差异；男女不同的生理特点也会造成其职业选择的限制；而女性在家庭中所担任的角色也会使得她们在家务需求和工作需求的协调方面产生困扰。对于残障大学生也是如此，性别的不同在其职业生涯的不同阶段产生重要的影响，每个人都需要充分发展自己的性别特色，完善职业设计，促进生涯发展。

4. 年龄

对于残障大学生来说，由于沟通交流的不便、接收信息的障碍，其入学和毕业的平均年龄整体上略大于健全学生，其职业生涯发展的各个阶段也会相应地略为滞后。对于这一现实情况，应该予以客观的看待：一方面不要因为年龄因素产生自卑自轻的情绪；另一方面要加强时间管理，提高时间的利用效率，把珍贵的时间充分利用起来，尽可能把握最佳年龄优势期，尽最大的努力促进自己职业生涯各阶段的顺利发展，拓展自己的职业和事业。

（二）心理因素

心理因素是残障大学生职业生涯发展的重要内因，在其职业生涯发展中起着关键的决定性作用。它具体包括性格、能力、态度、价值观等个性特征和个性倾向性等心理因素。

1. 性格

俗话说，性格决定习惯，习惯决定行动，行动决定命运。性格对于一个人职业生涯发展的影响是非常直接的，有什么样的性格就会有什么样的未来。个别残障大学生因内心自卑、性格孤僻、不合群，沉浸在自己的世界里，难于与其他人共事，就会压缩自己的职业生涯发展空间，最终自己不仅与周围人过不去，也常常和自己过不去，最终阻碍了自己的职业生涯发展。

人的性格千差万别，或热情外向，或羞怯内向，或沉着冷静。不同的职业有不同的性格要求，许多工作对于从业者的性格品质有特定的要求。不同的性格特点直接影响到其适合的工作岗位的不同和工作业绩的大小。相对于气质类型，性格受后天环境的影响更大一些，具有一定可变性和可塑造性。虽然每个人的性格不能百分之百地适合某项职业，但却可以根据自己的职业倾向来培养和发展相应的职业性格。

2. 能力

能力可分为基础能力（如观察能力、记忆能力、思维能力、想象能力等）、专项能力（如管理能力、协调能力、人际交往能力、领导能力、语言表达能力、实践能力、创造能力等）、特长能力（如审美能力、运动能力、计算能力等）。能力是职业生涯发展的根本因素，它的大小决定着一个人的生涯发展状态。正确认知自己的能力，就可以判断自己的职业生涯发展空间和潜力。

对于残障大学生，可以通过培养和锻炼自己的能力，取长补短；通过不断学习充实自己，不断提高自己的能力，从而获得自己职业生涯发展的速度和空间。

3. 态度

态度决定成败，细节决定成败。一个心态好的人，会平心静气地待人、客观公正地对己、脚踏实地地做事，认真对待工作，冷静对待问题，乐观对待挫折，理智对待是非，始终以积极乐观的态度去面对工作和生活，其职业发展道路就会宽广平坦。但要真正调整好自己对人对事的态度，是需要付出相当努力的。

残障大学生由于其成长和求学的过程中经历了一些挫折和困难，积累了一些负面的认知和情绪，对周围的人和事的态度发生变化，或自暴自弃，或怨天尤人，进而更加影响到其生活质量和工作业绩，陷入恶性循环，最终严重影响到其职业发展和人生发展进程。因此，需要及时调整心态，以积极向上的态度对待人生中的挫折和困难，以强大的内心战胜身心障碍。

4. 价值观

价值观对于一个人的行为、态度、信念等具有重要的支配作用，是一种内心的尺度。一个人的价值取向，很大程度上会受到社会主体价值取向的影响。社会价值观通过影响个人的价值取向，进而影响个人的职业生涯发展。一个人的职业生涯发展是在一定的群体和社会中进行的。个人价值观是否与群体价值观、社会价值观相统一，在很大程度上会影响到一个人的职业生涯发展是否顺利。

残障大学生应注意认可、接受社会主体价值观，及时调整、完善自己的价值观，努力和群体、社会的主体价值观保持一致，争取在群体、社会的发展和进步中取得自己职业生涯的长足发展。

（三）教育因素

教育因素是一个人职业生涯发展中不可缺少的重要因素。知识就是力量，知识改变命运。百年大计，教育为本。受教育程度与个人所处的社会阶层的晋升有明显的关系。对于社会阶层高过父母所属社会阶层的人来说，教育是其社会阶层提升的重要因素。

对于残障大学生来说，其身体的障碍程度相对不高，有机会接受到系统的高等教育和专业化思维训练，具有一定的专业知识积累，在职业选择和发展中具有一定的优势。但不能好高骛远，在职业选择中期望值不能过高，要注意立足现实、脚踏实地，尽可能发挥专业优势和补偿优势，进一步加强学习，通过丰富的知识弥补身体上的缺陷，通过加倍的努力来促进自己的职业生涯发展，在不断的学习、努力和奋斗中实现自我、超越自我。

二、环境因素

残障大学生的职业生涯发展除了受自身因素影响以外，还受到家庭、社会、组织等外在环境的重要影响。各种环境因素通过对个体身心的直接或间接影响，从而发挥其对于个人职业生涯发展的重要作用。

（一）家庭环境

家庭对个人在职业准备和职业选择上的作用非常重大。个体在选择职业之前，父母、亲属对各种职业的看法以及父母对孩子的期望往往会潜移默化地影响孩子对职业的看法。父母的职业决定了孩子的成长环境，父母的言谈举止、价值取向影响到孩子的价值标准，父母的社会地位和人际关系往往影响到孩子的就业途径，父母的教育方式和对于孩子成功成才的期望会影响到孩子的职业选择、努力程度。

个体在选择职业之后，对于家庭和工作的协调又是其职业生涯发展中面临的重要课题。每个人在其不同的生命阶段和生涯发展阶段都扮演着多种社会角色，其中作为子女和父母的角色一旦产生，就是无法改变的。因此，不管自己采取什么样的方式，都要尽自己最大的努力协调好工作和家庭的关系，在和谐的家庭氛围中促进自己职业生涯的发展，在生活质量的不断提升中实现自己的人生价值。

残障大学生还要注意两种家庭环境的不利影响。一种是，父母觉得孩子残障是累赘和负担，对于孩子不管不问或歧视，孩子在缺少爱的家庭环境里长大，容易封闭自我，甚至对周围的人和事产生抵触或敌视情绪，进而影响到其生涯发展偏离正常轨道；另一种是，因为先天或后天致残，父母觉得对孩子有所亏欠，过于娇惯、溺爱、纵容孩子，残障成为孩子逃避的借口，使得孩子养成不敢面对、不愿付出、不善担当、逃避责任的不良习惯，也会影响到其长远发展和进步。

（二）社会环境

社会环境决定了职业岗位的数量、结构、层次等，决定了人们对于不同职业岗位的接受、赞誉或贬低程度，决定了个人步入职业生涯的基本方式以及对待职业生涯的基本态度等。社会环境包括社会的政治、经济体制、社会文化因素、人才市场的管理体制、对待职业的社会评价等。分析和了解影响职业的社会环境因素，有助于残障大学生制定正确的职业生涯规划，使个体在变化的社会环境中不断取得职业生涯的新发展。

1. 经济发展水平

经济发展水平是社会进步的物质基础，直接影响着特殊教育的发展水平，进而影响着社会对于残障大学生就业的接纳水平和保障程度。在经济发展水平高的地区，特殊教育发展水平高，社会保障体系相对较为完善，社会整体上对于残障者的接收水平较高，残障大学生的就业环境较为完善。

同时，在经济发展水平高的地区，企业相对集中，优秀企业也就比较多，残障大学生职业选择的机会就比较多，因而有利于个人职业的发展；反之，在经济落后的地区，个人职业选择的机会就比较少，残障大学生的职业生涯发展更是受到限制。

由于科学技术对于经济发展的贡献率日益提高，在经济发展水平比较高的地区，科学技术的应用更为普遍，有利于残障大学生发挥专业优势、知识优势，弥补其身体方面的各种不足，扬长避短，因人因时因势地进行职业生涯设计和规划。

2. 国家政策和社会保障体系

国家政策不仅影响到经济发展水平，而且影响到企业和组织的发展态势，进而直接影响到个人的职业发展。国家政策与制度还会潜移默化地影响个人的追求，从而对个人的职业生涯产生影响。

与健全大学生相比，残障大学生属于弱势群体，其就业状况很大程度上受到国家政策的影响。在社会保障体系较完善的地区，社会和企业单位对于残障大学生就业的接收和理解程度较高，为残障大学生就业提供的保障措施较为完善，残障大学生选择职业和进入职业的障碍较小，其职业发展道路较为通畅。相反，在社会保障体系不太完善的地区，残障大学生的择业和就业则障碍重重，其职业发展道路也要艰辛得多。

3. 社会文化环境和价值观念

社会文化是影响人们行为、欲望的基本因素。它主要包括社会整体教育水平、教育条件和社会文化设施等。在良好的社会文化环境中，残障大学生能够受到良好的高等教育和熏陶，从而为职业生涯打下较好的基础。

一个人生活在社会环境中，必然会受到社会价值观念的影响，大多数人的价值取向，在很大程度上都是为社会主体价值取向所左右的。残障大学生的思想发展、成熟的过程，其实就是认可、接受社会主体价值观念的过程。社会价值观念通过影响残障大学生的个人价值观念，从而影响其职业选择。

4. 社会阶层和社会群体

社会阶层的划分，基于的原则和标准不同，有的基于宗教信仰，有的基于经济状况，有的则基于教育状况等。不同的阶层划分、所处的不同社会阶层都会影响个人的职业生涯。社会阶层会深深地影响个人的职业生涯，但是阶层界限并非牢不可破。它不但有变动的可能，而且是被人接受的。通过教育、通过努力和奋斗，残障大学生可能会突破社会阶层的限制，在更大范围内发展自己的职业生涯。

身体上的某种缺陷及其带来的各种障碍，使得残障大学生在某种意义上属于社会弱势群体，造成其择业就业的弱势地位。但这种弱势地位也是可以改变的。通过对其障碍部分的补偿和支持，可以尽可能消除障碍，实现与健全大学生同样的竞争性就业和发展。

（三）组织环境

职业生涯既是个人又是组织的现象，完整的职业生涯是在组织中完成的。个人自身因素决定了个人对职业的选择以及职业发展的潜力，而个人是否能在现实的职业道路上走得平坦、潜在的能力能否被开发、能否取得职业的成功则主要取决于组织是否为个人发展营造出了支持性的环境。

1. 组织文化

组织文化决定了一个组织如何看待其成员或员工，其成员的职业生涯受到组织文化的重要影响。一个主张员工参与管理的组织显然比一个独裁的组织能为员工提供更多的发展机会；渴望发展、追求挑战的员工也很难在论资排辈的组织中受到重用。相反，如果一个人的价值观与企业文化有冲突，难以适应企业文化，那他在组织中也难以得到发展。所以组织文化是个人在制定职业生涯时要考虑的重要因素。

2. 组织制度

员工的职业发展，归根到底要靠组织管理制度来保障，包含合理的培训制度、晋升制度、绩效考核制度、奖惩制度、薪酬制度等。组织的价值观和发展哲学也只有渗透到制度中，才能使制度得到切实的贯彻执行，没有制度或者制度定得不合理、不到位的组织，员工的职业发展就难以实现。

3. 组织发展前景

组织发展前景直接影响到个人的职业发展前景。组织发展前景包括两个方面：一方面是组织发展现状，包括组织的技术实力、资金实力等；另一方面是组织所在行业的生命力，包括所在行业的发展趋势、国际国内重大政策或重大事件对组织所在行业的影响等。要分析组织所在的行业是一个朝阳产业还是夕阳产业，及时地了解组织的实际发展状况和前景，把个体的发展与组织的发展更好地联系在一起，这有利于个人做出合适的职业生涯规划。在激烈的竞争中，不一定是最大、最强的组织才有利于个人的职业生涯发展。只有适应环境、适应行业发展趋势、适应自身的组织才会促进个体的职业生涯发展。

第三节　残障大学生职业生涯规划的原则和步骤方法

学习了职业生涯规划的基本理论和主要影响因素之后，残障大学生在进行职业生涯规划时还要遵循一定的原则和方法，实施相应的步骤和策略。

一、残障大学生职业生涯规划的原则

任何一项规划的制定和实施都要遵循一定的原则，否则容易走向弯路。残障大学生应该在遵循以下原则的基础上，结合自身实际和客观环境情况，来规划自己的职业生涯。

1. 清晰性原则

首先，要用清晰的语言具体地说明要达到的行为标准。其次，在职业生涯目标确定、职业生涯路线设计、实现职业生涯目标的措施选择等各个环节，都要注意清晰、具体，不能模棱两可。再次，对于职业生涯规划的步骤和方法要考虑全面、清晰明确、直截了当，不能存在侥幸心理。残障大学生在接收信息、沟通交流和清晰表达方面存在一定的薄弱环节，更需要在这些方面加强锻炼。清晰明确的生涯规划有助于其职业生涯的顺利发展。

2. 实际性原则

首先是可实现性，即是否具备帮助自己实现生涯规划目标的外界条件。其次是可行性、实际可操作性，即在制定职业生涯规划时一定要考虑自身实际和外在环境情况，制定的生涯目标、生涯规划各阶段的路线划分、实现生涯目标的途径等是否具有现实可操作性，在现实的主客观条件下是否具有可行性。残障大学生在职业生涯规划时必须要考虑到自己的特质（包括障碍情况）、社会和组织环境以及其他相关的因素（包括对障碍的接纳情况），以选择切实可行的生涯路线和途径。

3. 挑战性原则

首先是激励性，职业生涯目标是否符合自己的性格、兴趣和特长，能否对自己产生内在激励作用。其次是挑战性，职业生涯目标与实现的措施是否具有挑战性，还是仅能够保持自己的现有状况。最后，特别重要的一点是补偿性，对于残障大学生，一方面功能的缺失往往伴随着另一方面功能的优势非常突出。比如视障大学生的听觉可能会非常敏锐，能够区分细小的声音差别，在职业生涯规划中可以考虑发挥自己的听觉补偿优势；听障大学生的视觉反应比较敏感，对色彩的感知比较细致，可以充分发挥自己的视觉补偿优势，选择适合自己的职业生涯领域。

4. 一致性原则

首先，一致性体现在职业生涯的主要目标与分目标是否一致、生涯目标与相应的实现措施是否一致、个人目标与组织发展目标是否一致等各个方面。其次，一致性还体现在合作性和协调性，即个人规划与他人规划是否具有合作性和互补性，个人规划与组织规划、社会规划是否具有协调性和同步性。脱离了组织和社会大环境的发展步伐，残障大学生的生涯发展必然变得举步维艰。

5. 变动性原则

首先是缓冲性。计划赶不上变化，外界环境瞬息万变，制定的职业生涯规划要留有一定的空间和余地。其次是弹性，当实际情况的变化超出了预留空间范围时，还要能够根据实际情况进行相应的调整变动。特别是要考虑到自己的障碍情况是否可能发生变化及由此带来的职业生涯阶段的调整甚至循环，残障大学生对此要有充分的考虑和预案准备。

6. 全程性原则

在人的一生中，职业生涯是漫长的、复杂的，在职业生涯规划时要从长远考虑，不能只看眼前的状况。对于残障大学生，长远来看，随着社会进步和社会保障体系的完善，其职业生涯的发展空间和前景会越来越宽广。即便目前可能还存在很多外在限制和客观障碍，残障大学生也要坚定信心，在拟定生涯规划时放眼长远，从生涯发展的整个历程着眼，作全程的、长远的考虑和筹划。

7. 可评量原则

首先，职业生涯目标和实现的措施应该是可衡量的，有明确标准确定是否达到的，最好是有尽可能量化的数据标准。其次，是规划的设计和实施应有时限性，每一个阶段和步骤尽可能有明确的时间限制或标准，以便于及时进行评量、检查、反馈，使自己随时掌握执行状况，并为规划的修正和补充提供参考依据。

二、残障大学生职业生涯规划的步骤方法

遵循以上原则，残障大学生在进行职业生涯规划时要将个人发展与环境变化相结合，充分考虑自身情况和客观环境条件，制定切实可行的生涯目标和实现目标的措施计划，并根据实际情况的变动做随时的调整和修正。具体说来，残障大学生职业生涯规划要采取以下步骤和方法。

（一）自我分析

有效的职业生涯规划应该从自我分析开始。要全面了解自己，对自己进行全方位的分析和评价，尽可能准确进行自我定位。自我认识和评价是职业生涯规划的基础，要审视自己、认识自己、了解自己，包括自己的兴趣、特长、性格、学识、技能、智商、情商、思维方式等，要弄清我想干什么、我能干什么、我应该干什么、在众多的职业面前我会选择什么等问题。自我分析和认知方法很多，主要有自省法和反馈法、测试法、实践法等。

1. 自省法和反馈法

中国自古就有"吾日三省吾身"的说法，自我反省的过程就是自我分析、自我提升、自我发展的过程，自省是通向职业生涯成功的必经之路。

他人是反射自我的一面镜子，从别人的反馈我们可以获得对自我的认知和评价，不断地根据他人的反馈来修正自我认识，提高自己，改进工作。社会心理学家库利提出了镜中自我的概念，认为人们之间相互为对方的镜子，可以相互反馈，通过反馈来更好地认识自己。它包括三个方面的内容：他人如何认识自己、他人如何评价自己的想象、自己对他人的这些认识和评价的态度与情感。

美国心理学家乔治（John Luft）和韩瑞（Harry Ingham）提出，人对自我的认识是一个不断探索的过程，每个人的自我按照自己和他人的意识程度可以分为四部分组成：公开的自我、秘密的自我、盲目的自我、未知的自我。四部分内容

比例不同，会随着个人的成长及经历而发生变化。当一个人的公开的自我领域扩大，其发展会更加顺利；当个人盲目的自我领域缩小，在工作和生活中就能够更好地扬长避短、发挥自己的潜力。

2. 测试法

测试法很多，包括自我测试法和计算机测试法等。自我测试的内容和量表也很多，涉及有关个人的各个方面，如性格测试、气质测试、情绪测试、智力测试、记忆力测试、想象力测试、人际关系测试、创造力测试、执行能力测试等。它是通过回答测试中的有关问题来认识自己、了解自己，是一种简洁、方便的自我分析方法。

计算机测试也是一种了解自己的有效方法，其科学性、准确性较高，用于测试的软件也多种多样，开设的测试网站也越来越多。目前较常使用的计算机辅助测试系统主要有：职业辅导信息系统、职业信息系统、互动式指导及信息系统等。

通过测试认识自身条件和整体综合素质，可以对自己进行比较准确、综合的评价，从而根据自身特点设计自己的职业发展方向和目标。但要注意测试对于不同障碍类型人群的适用性和局限性，辩证地利用测试结果。

3. 实践法

实践是检验真理的惟一标准，也是判定自我认识和评价是否准确的惟一标准。通过自省、反馈、测试等方法得到的自我认知，还要在实践中进行检验。歌德曾说过：一个人怎样才能认识自己呢？绝不是通过思考，而是通过实践。

一个人的潜力是无穷的，残障大学生要敢于尝试、勇于实践，在实践中不断去开发和认识未知的自我。上帝为我们关上一扇门，也会为我们打开一扇窗。不要因为自身的某种缺陷和不足，就认定自己不行，要勇于到生活中尝试，让实践去检验自己的真实能力，在实践中不断缩小盲目自我的范围、不断开发未知自我的领域。

（二）环境分析

人境适配论告诉我们，职业生涯规划还要充分认识与了解外界环境，要评估环境因素对自己职业生涯发展的影响，分析环境条件的特点、发展变化情况，把握环境因素的优势与限制。了解本专业、本行业的地位、形势以及发展趋势。具体包括：要对个体的家庭环境、对职业所处的社会环境、行业环境、组织环境等进行分析和评价，从而进行职业生涯机会评估。

（1）家庭环境。包括家庭经济状况、家人职业期望、家族文化及对本人的影响等。

（2）社会环境。包括社会的经济发展水平、社会文化环境、价值观念、政治制度和氛围、国家政策和社会保障体系等。

（3）行业环境。包括行业发展状况、国际国内重大事件对于行业的影响、当前行业优势和不足、行业发展前景预测等。

（4）组织环境。包括组织文化、组织制度、领导人的素质和价值观、组织实力、组织结构等。

（三）确立目标

在对自我和环境进行分析、评价的基础上，要制定和确立职业生涯目标。职业发展必须要有明确的方向和目标，确立目标是制定职业生涯规划的关键，是个人事业成功的重要驱动力。

1. 目标分类

通常职业生涯目标有短期目标、中期目标、长期目标之分。短期目标一般为三年以内的目标，规划近期完成的任务。中期目标的时间为三至五年，要在近期目标的基础上设计中期目标。长期目标的时间则是五至十年，主要是设定长远发展方向。长远目标需要个人经过长期艰苦努力、不懈奋斗才有可能实现，确立长远目标时要立足现实、慎重选择、全面考虑，使之既有现实性又有前瞻性。短期目标则更具体，对人的影响也更直接，也是长远目标的组成部分。

2. 目标确立方法——SWOT分析法

职业生涯目标的确立是有条件的，需要在对自我和环境进行全面、充分的分析和认识的基础上，综合考虑多方因素，才可能使目标的设定更加合理和可行。下面介绍一种常用的综合分析方法——SWOT分析法。

SWOT分析法就是对自身的优势、劣势、环境带来的机会、威胁进行综合分析和评估，选出一种最佳方案，确立恰当的职业生涯目标的一种综合分析方法。S即优势（Strength），W即劣势（Weakness），O即机会（Opportunity），T即威胁

(Threat)。其中，优势和劣势是指个体自身，机会和威胁来自于外部环境。

（四）职业定位

职业定位就是要为职业目标与自己的潜能以及主客观条件谋求最佳匹配，确定一条能够达到目标的最佳职业生涯路线。良好的职业定位是以自己的最佳才能、最优性格、最大兴趣、最有利的环境等信息为依据的。职业定位过程中要考虑性格与职业的匹配、兴趣与职业的匹配、特长与职业的匹配、专业与职业的匹配等，选择一条适合自己的职业生涯路线，具体来说，是向行政管理方向发展，还是向专业技术方向发展，或者向自主创业方向发展等。职业定位和职业路线选择过程中应注意以下几个问题：

（1）尊重现实。依据客观现实，考虑个人与社会、单位的关系。

（2）比较鉴别。比较职业的条件、要求、性质与自身条件的匹配情况，选择条件更合适、更符合自己特长、更感兴趣、经过努力能很快胜任、有发展前途的职业。

（3）扬长避短。看主要方面，不要追求十全十美的职业。

（4）审时度势。审时度势，根据情况的变化及时调整择业目标，不能固执己见，一成不变。

（五）实施策略

就是要制定实现职业生涯目标的行动方案，要有具体的行为措施来保证。没有行动，职业目标只能是一种梦想。要制定周详的行动方案，更要注意去落实这一行动方案。

1. 积累必要的知识和技能

这是个人职业生涯规划成功的核心内容。个人的生涯发展是否顺利有很多机遇因素，但起决定性作用的还是自身的知识、能力因素。个人的职业期望必须与学习、教育、培训相结合，通过不断调整知识结构、丰富知识积累、提高运用能力来拓展生涯发展。

2. 提升人际交往能力

要注重培养和提升人际交往能力，搞好人际关系。人际关系的好坏，不仅反映了残障大学生人际交往能力的大小，也反映了其适应环境、能动地改造环境的能力，同时还能折射出个人特质（如性格）和思想意识等。在职业生涯规划的实施过程中，人际交往能力的大小是重要的影响因素，因此需要着力加强，通过提升人际交往能力为职业目标的实现提供基础支持。

3. 增加个人对于组织的价值

紧紧围绕组织目标，个人行动计划和方案始终保持与组织目标的一致。确定自己在组织中的预期位置和预期价值，保持个人价值和组织价值观念的协调一致。一个人只有对于组织来说具有独特的价值，才有可能顺利实现自己的职业目标。

4. 做好承担更大任务的各项准备

个人只有承担的任务越来越大、越来越重要，才可能对于组织具有更大的价值贡献，也才有可能在更大的平台上展示和证明自己的实际能力，为实现个人职业目标、获得职业成功创造更好的条件。

（六）评估反馈

评估反馈是对自我素质和行为对于现实环境的适应性判断。通过将实际结果和各类短期、中期等预定目标相比对，分析自己的现状，特别是针对变化的环境，找出偏差所在，并作出修正。

评估过程中，要抓住一两个关键的目标和最主要的策略方案进行追踪；针对变化了的内外部环境，善于挖掘最新趋势和分离最新需求；在某一点上找到突破性方向和进展；特别是要关注最弱点，及时发现自己素质和策略上的"短板"，然后尽量想办法修正。

职业生涯规划的修正包括根据评估反馈结果对目标和策略方案的修正，具体体现在职业的重新选择、职业生涯路线的重新调整、职业生涯目标的调整、实施策略和行动方案的变更等。通过评估反馈和修正，达到以下目的：对自己的强项充满自信、对自己的发展机会有清楚的了解、明确关键的待改进之处、为待改进之处制定详细的行为改变计划。

职业生涯规划的评估反馈和修正是一个持续的、动态的过程，有效的职业生涯规划要在实施中不断地检验、评估、反馈、修正，及时诊断生涯规划各个环节出现的问题，找出相应对策，对规划进行调整与完善。

第四节　残障大学生自我探索与职业发展

残障大学生的一生是一个不断探索自我、挑战自我、完善自我、实现自我、超越自我的过程，自我探索是其生涯发展的起点和基础。残障大学生要在对自我的不断认知和完善中提升自我，要对自我职业性格、职业兴趣、职业能力、职业价值观进行全面的探索和认知，以促进自己的职业生涯顺利发展。

一、自我性格探索

性格一词来源于古希腊语，古希腊学者提奥弗拉斯特（Theophrastus）提出，该词意为人的特征、标志、属性、特性等。现在，我国学术界一般认为，性格指一个人经由生活经历所积累的稳定态度和行为习惯倾向。

残障大学生性格的形成受到遗传、生理条件、成长经历、父母教养方式、学习经验、文化习俗等多方面因素的影响，在其形成过程中具有独特性、相对稳定性、一致性和可变性的特点。受到性格类型的影响，残障大学生会形成相对稳定的不同于其他人的独特的行为方式。两个不同性格的人虽然可能从事同一工作，但其处事方式和心理感受是不同的。

从人境适配的理论来看，一个人所从事的职业如果和他的性格特点一致性高，就容易得心应手、事半功倍、心情愉快；反之，即便能够完成工作，也会心情烦躁、得过且过。要使自己的职业生涯发展顺利，就需要清楚地知道自己的性格类型及特点，知道自己适合的职业环境和职业类型。最好的工作是适合自己性格特点的工作。

从古希腊、古印度的哲学家，远至公元前450年的希普克里兹（Hippocrates），到中世纪的帕拉萨尔斯（Paracelsus），早已注意到人可以归纳为四种：概念主义者、经验主义者、理想主义者和传统主义者。同一种类型的人的性情具有惊人的相似之处。

1921年，心理学家荣格（Carl Jung）发表了《心理类型学》，提出了一套性格差异理论。他认为性格差异会决定并限制一个人的判断，并把这种差异分为内向性/外向性、直觉性/感受性、思考型/感觉型。同时，他把感知和判断列为脑的两大基本功能，前者帮助我们从外部世界获取信息，后者则使我们以特定的方式做出决定。它们在大脑活动中的作用受到各人生活方式和精力来源的限制，从而对人的外部行为和态度产生各不相同的影响。正是在这个意义上，性格被视为一种人与生俱来的天性。

20世纪40年代，美国的伊莎贝尔·迈尔斯（Isabel Myers）和凯瑟琳·布里格斯（Katherine Briggs）在荣格的心理类型理论的基础上提出了一套个性测验模型，并把这套理论模型以她们的名字命名，叫Myers-Briggs类型指标（Type Indicator），简称MBTI。

心理学家大卫·凯尔西（David Keirsey）发现，这些由不同文化背景和不同历史时期的人各自独立研究得出的4种不同性情的划分，对性格的描绘有着惊人的相似。同时，MBTI性格类型系统中的四种性格倾向组合与古老智慧所归纳的四种性情正好吻合。这四种组合分别是：

直觉（N）+思维（T）=概念主义者；
感觉（S）+知觉（P）=经验主义者；
直觉（N）+情感（F）=理想主义者；
感觉（S）+判断（J）=传统主义者。

MBTI性格类型理论可以用于解释为什么不同的人对不同的事物感兴趣、擅长不同的工作。目前，MBTI性格类型测评系统已被广泛地应用在职业生涯规划和指导过程中。个人利用它选择和规划职业，组织利用它改善人际关系、团队沟通、组织建设、组织诊断等多个方面。在世界五百强中，大概80%的企业有MBTI的应用经验。下面，重点介绍MBTI性格类型测评系统。

（一）MBTI的维度

MBTI有四个维度，分为四个子量表，分别是：内倾（I）和外倾（E）、感觉（S）和直觉（N）、思维（T）和情感（F）、判断（J）和知觉（P）。

1. 能量倾向

根据注意力和能量的主要指向，分为内倾（I）和外倾（E）（见表2-2）。

以自身为界，可以将世界分为外部世界和内部世界。内倾的人倾向于将心理能量和注意力聚集于内部世界，注重自己的内心体验，喜欢单独或小群体间的社交。例如：独立思考、看书、避免成为注意的中心、听的比说的多。外倾的人关注自己如何影响外部环境，倾向于将心理能量和注意力聚集于外部世界和与他人的交往上，乐于群体间交往。例如：聚会、讨论、聊天。两类的区别是广泛而明显的，在自己偏好的世界里，个体会觉得自在和惬意，相反则会感到不安或疲惫。

表2-2 内倾型和外倾型特征比较（E-I维度）

内倾型 Introversion（I）	外倾型 Extroversion（E）
注意力和能量集中于自己的内心世界，从对避免成为注意的焦点	注意力和能量主要指向外部世界的人和事，喜欢成为注意的焦点
思考，之后行动	行动，之后思考
独自度过时精力充沛	与他人相处时精力充沛
仔细考虑后，才有所反应	反应快，喜欢快节奏
兴趣专注，喜欢深度而非广度	兴趣广泛，喜欢广度而非深度
安静而显得内向	好与人交往，善于表达
在心中思考，小范围内分享	边想边说，喜欢群体交往
对于具有重要意义的事才会采取主动	在一般工作和人际关系中都积极主动

生活中，两种类型的人都很多，也会有同学觉得自己同时具备部分外倾和部分内倾的特征。对于残障大学生，要注意体会先天因素和后天经历的影响，以及特定时点、特定场合下自我状态的表达。

2. 接收信息方式

根据个人收集信息的方式，分为感觉（S）和直觉（N）（见表2-3）。

感觉型和直觉型的人在面对同样的情景时，依赖的信息通道和注意的中心往往是不同的。感觉型的人关注事实本身，注重细节，而直觉型的人注重的是基于事实的含义、关系和结论。感觉型的人，关注由感觉器官获取的具体信息：看到的、听到的、闻到的、尝到的、触摸到的事物，例如：喜欢描述、喜欢使用和琢磨已知的技能。直觉型的人，则关注事物的整体和发展变化趋势：灵感、预测、暗示、推理，例如：重视想象力和独创力、喜欢学习新技能、容易厌倦、喜欢使用比喻、跳跃性地展现事实。

表2-3 感觉型和直觉型特征比较（S-N维度）

感觉型 Sensing (S)	直觉型 Intuition (N)
用自己的五官来获取信息，喜欢收集实实在在的、确实已出现的信息，对于周围所发生的事件观察入微，特别关注现实	通过想象、无意识等超越感觉的方式来获取信息，喜欢看整个事件的全貌，关注事实之间的关联，想要抓住事件的模式，特别善于看到新的可能性
喜欢使用和琢磨已知的技能	喜欢学习新技能，但掌握后容易厌倦
现实、具体，着眼于现实	富于想象力和创造性，着眼于未来
关注真实的、实际存在的事物	关注数据所代表的模式和意义
观察敏锐，留心具体和特殊的、细节描述	留心普遍的和有象征性的，使用隐喻和类比
经过仔细周详的推理一步步得出结论	靠直觉很快得出结论
通过实际运用来理解抽象的思维和理论	希望在应用理论之前先能对之进行澄清
相信自己的经验	相信自己的灵感
循序渐进地讲述情况	跳跃式地展现事实

两种类型的人各有所长、各有不足。残障大学生应该在享受自我性格类型所带来的优势的同时，有意识地弥补自身的弱点。直觉型的可有意识地多关注一些细节，感觉型的可有意识地多留意一些潜在的信息。

3. 处理信息方式

根据个人处理信息和决策方式，分为思维（T）和情感（F）（见表2-4）。

思维型的人，重视事物之间的逻辑关系，喜欢通过客观分析作决定评价。例如：理智、客观、公正，认为圆通比坦率更重要。情感型的人，以自己和他人的感受为重，将价值观作为判定标准。例如：有同情心、善良、和睦、善解人意，考虑行为对他人情感的影响，认为圆通和坦率同样重要。

表2-4 思维型和情感型特征比较（T-F维度）

思维型 Thinking(T)	情感型 Feeling (F)
通过分析某一行动或选择的逻辑后果来做出决定。会将自己从情境中分离出来，对事件的正反两方面进行客观分析。从分析和确认事件中的错误并解决问题中获得活力。目标是要找到一个能应用于有相似情境的或标准的原则	喜欢考虑对自己和他人来说什么是重要的，会在头脑中将自己放在情境所牵扯到的所有人的位置上并试图理解别人的感受，然后在此基础上根据自己的价值判断做出决定。从对他人表示赞赏和支持中获得活力。目标是创造和谐的氛围，把每一个人都当作一个独特的个体来对待
被渴望成就而激励	被为了获得欣赏而激励
运用因果推理，好分析	受个人价值观的引导，善体贴他人、感同身受
重视符合逻辑、公平、公正，一视同仁	重视同情、和睦、例外，衡量后果和影响
寻求一个合乎真理的客观标准	寻求和谐的气氛和积极的人际交往
爱讲理的	富于同情心
可能显得冷酷、麻木、不近人情	可能显得感情过多、无逻辑性、软弱
公平意味着每一个人都能得到平等的待遇	公平意味着每个人都被作为独特的个体来对待
很自然地看到缺点，倾向于批评	不易看到缺点，倾向于包容

两种性格类型无好坏之分，残障大学生应尽量理解和自己不同类型人的做法，尽量避免走入极端。思维型的人不要太强调原则而让人觉得冷酷无情，情感型的人也不要一味同情弱者，以致失去原则。

4. 行动方式

根据个人行动和生活方式，分为判断（J）和知觉（P）（见表2-5）。

判断型的人，喜欢做计划和决定，愿意进行管理和控制，希望生活井然有序。例如，重视结果（重点在于完成任务）、按部就班、有条理、尊重时间期限、喜欢做决定。知觉型的人，灵活、试图去理解、适应环境、倾向于留有余地，喜欢宽松自由的生活方式。例如，重视过程、随信息的变化不断调整目标等。

表2-5 判断型和知觉型特征比较（J-T维度）

判断型 Judging(J)	知觉型 Perceiving(P)
喜欢将事情管理得井井有条，过一种有计划的、井然有序的生活。喜欢做出决定，完成后继续下面的工作。生活通常会比较有规划、有秩序，喜欢把事情敲定下来。照计划和日程安排办事情对他们来说很重要。从完成任务中获得能量	喜欢以一种灵活、自发的方式生活，更愿意去体验和理解生活而不是去控制它。详细的计划或最后决定会使他们感到被束缚。愿意对新的信息和选择保持开放，直到最后一分钟。足智多谋，善于调节自己适应当前场合的需要，并从中获得能量
工作第一，玩乐其次	先享受，然后再完成工作
喜欢组织管理自己的生活	灵活
有系统、有计划、按部就班	随意、自发、开放
看重结果(重点在于完成任务)	看重过程(重点在于如何完成任务)
喜欢制定短期和长期计划，准时完成	喜欢适应新情况，及时调整目标
喜欢把事情落实敲定	不喜欢把事情确定下来，以留有改变的可能性
力免最后一分钟做决定或完成任务的压力	最后一分钟的压力会使他们感到活力充沛
满足感来源于完成计划	满足感来源于计划的开始

残障大学生应该注意，在这一维度上，一个人并不是一成不变的，会在日常工作、生活中受到其他因素的影响而改变其一贯的方式。当面临紧急状况或期限紧急时，知觉型的人也会果断起来；但面临重大变动时，判断型的人会变得灵活。只是不自然的行为方式在最初改变后会让人感到压力和焦虑。

（二）MBTI的性格类型

MBTI的四个维度，八个方面，两两组合，共有十六种性格类型，分别是ESFP、ISFP、ENFJ、ENFP、ESTP、ISTP、INFJ、INFP、ESFJ、ISFJ、ENTP、INTP、ESTJ、ISTJ、ENTJ、INTJ。四个维度在每个人身上会有不同的比重，不同的比重会导致不同的表现，关键在于各个维度上的人均指数和相对指数的大小。其具体描述如下：

1. ISTJ

（1）严肃、安静、借由集中心志与全力投入及可被信赖获致成功。

（2）行事务实、有序、实际、逻辑、真实及可信赖。

（3）十分留意且乐于任何事（工作、居家、生活）均有良好组织及有序。

（4）负责任。

（5）照设定成效来做出决策且不畏阻挠与闲言会坚定为之。

（6）重视传统与忠诚。

（7）传统性的思考者或经理。

2. ISFJ

（1）安静、和善、负责任且有良心。

（2）行事尽责投入。

（3）安定性高，常居项目工作或团体之安定力量。

（4）愿投入、吃苦及力求精确。

（5）兴趣通常不在于科技方面。对细节事务有耐心。

（6）忠诚、考虑周到、知性且会关切他人感受。

（7）致力于创构有序及和谐的工作与家庭环境。

3. INFJ

（1）因为坚忍、创意及必须达成的意图而能成功。

（2）会在工作中投注最大的努力。

（3）默默强力地、诚挚地及用心地关切他人。

（4）因坚守原则而受敬重。

（5）提出造福大众利益的明确远景而为人所尊敬与追随。

（6）追求创见、关系及物质财物的意义及关联。

（7）想了解什么能激励别人及对他人具洞察力。

（8）光明正大且坚信其价值观。

（9）有组织且果断地履行其愿景。

4. INTJ

（1）具强大动力与本意来达成目的与创意——固执顽固者。

（2）有宏大的愿景且能快速在众多外界事件中找出有意义的模范。

（3）对所承负职务，具良好能力于策划工作并完成。

（4）具怀疑心、挑剔性、独立性、果决，对专业水准及绩效要求高。

5. ISTP

（1）冷静旁观者——安静、预留余地、弹性及会以无偏见的好奇心与未预期原始的幽默观察与分析。

（2）有兴趣于探索原因及效果，技术事件是为何及如何运作且使用逻辑的原理组构事实、重视效能。

（3）擅长于掌握问题核心及找出解决方式。

（4）分析成事的缘由且能实时由大量资料中找出实际问题的核心。

6. ISFP

（1）羞怯、安宁和善、敏感、亲切、且行事谦虚。

（2）喜于避开争论，不对他人强加己见或价值观。

（3）无意于领导却常是忠诚的追随者。

（4）办事不急躁，安于现状，无意于以过度的急切或努力破坏现况，且非成果导向。

（5）喜欢有独立的空间及照自订的时程办事。

7. INFP

（1）安静观察者，具理想性，对其价值观及重要之人具忠诚心。

（2）外在生活形态与内在价值观相吻合。

（3）具好奇心且很快能看出机会所在。常担负开发创意的触媒者。

（4）除非价值观受侵犯，行事会具弹性、适应力高且承受力强。

（5）具想了解及发展他人潜能的企图。想法太多且做事全神贯注。

（6）对所处境遇及拥有不太在意。

（7）具适应力、有弹性，除非价值观受到威胁。

8. INTP

（1）安静、自持、弹性及具适应力。

（2）特别喜爱追求理论与科学事理。

（3）习惯于以逻辑及分析来解决问题——问题解决者。

（4）最有兴趣于创意事务及特定工作，对聚会与闲聊无大兴趣。

（5）追求可发挥个人强烈兴趣的生涯。

（6）追求发展对有兴趣事务之逻辑解释。

9. ESTP

（1）擅长现场实时解决问题——解决问题者。

（2）喜欢办事并乐于其中及过程。

（3）倾向于喜好技术事务及运动，交结同好友人。

（4）具适应性、容忍度、务实性；投注心力于会很快具成效的工作。

（5）不喜欢冗长概念的解释及理论。

（6）最专精于可操作、处理、分解或组合的真实事务。

10. ESFP

（1）外向、和善、接受性、乐于分享喜乐予他人。

（2）喜欢与他人一起行动且促成事件发生，在学习时亦然。

（3）知晓事件未来的发展并会热烈参与。

（4）最擅长于人际相处能力及具备完备常识，很有弹性能立即适应他人与环境。

（5）对生命、人、物质享受的热爱者。

11. ENFP

（1）充满热忱、活力充沛、聪明、富想象力，视生命充满机会但期望能得自他人肯定与支持。

（2）几乎能达成所有有兴趣的事。

（3）对难题很快就有对策并能对有困难的人施予援手。

（4）依赖能改善的能力而无须预作规划准备。

（5）为达目的常能找出强制自己为之的理由。

（6）即兴执行者。

12. ENTP

（1）反应快、聪明、长于多样事务。

（2）具激励伙伴、敏捷及直言讳专长。

（3）会为了有趣对问题的两面加予争辩。

（4）对解决新及挑战性的问题富有策略，但会轻忽或厌烦经常的任务与细节。

（5）兴趣多元，易倾向于转移至新生的兴趣。

（6）对所想要的会有技巧地找出逻辑的理由。

（7）长于看清楚他人，有智慧和能力去解决新的或有挑战的问题。

13. ESTJ

（1）务实、真实、事实倾向，具企业或技术天分。

（2）不喜欢抽象理论；最喜欢学习可立即运用事理。

（3）喜好组织与管理活动且专注以最有效率方式行事以达到成效。

（4）具决断力、关注细节且很快作出决策——优秀行政者。

（5）会忽略他人感受。

（6）喜作领导者或企业主管。

（7）做事风格比较偏向于权威指挥性。

14. ESFJ

（1）诚挚、爱说话、合作性高、受欢迎、光明正大的——天生的合作者及活跃的组织成员。

（2）重和谐且长于创造和谐。

（3）常做对他人有益的事。

（4）给予鼓励及称许会有更佳工作成效。

（5）最有兴趣于会直接及有形影响人们生活的事务。

（6）喜欢与他人共事去精确且准时地完成工作。

15. ENFJ

（1）热忱、易感应及负责任的——具能鼓励他人的领导风格。

（2）对别人所想或希求会表达真正关切且切实用心去处理。

（3）能怡然且技巧性地带领团体讨论或演示文稿提案。

（4）爱交际、受欢迎及富同情心。

（5）对称许及批评很在意。

（6）喜欢带引别人且能使别人或团体发挥潜能。

16. ENTJ

（1）坦诚、具决策力的活动领导者。

（2）长于发展与实施广泛的系统以解决组织的问题。

（3）专精于具内涵与智能的谈话如对公众演讲。

（4）乐于经常吸收新知且能广开信息管道。

（5）易生过度自信，会强于表达自己创见。

（6）喜于长程策划及目标设定。

MBTI性格类型理论能够帮助残障大学生更好地进行自我认识。它的应用揭示了不同的人具有不同的、本能的、自然的思维、感觉及行为模式，且该模式也会受到特定条件的影响。既要看到普遍性的一面，又要看到特殊性的一面。从而在了解个人的处事风格、个性特点、职业适应性、职业范围及潜质等各方面，提供合理的参考性价值和意义。

二、职业兴趣探索

兴趣，是一个人力求认识某种事物或从事某种活动的心理倾向。职业兴趣，是兴趣的重要内容，指一个人力求了解某种职业或进行某种职业的心理倾向，表现为对某种职业的选择性态度或积极的情绪反应。

【实践训练】

将全班同学分成几个小组，每组人数控制在5人左右。每组发一张A4白纸和若干彩色笔，让大家在5分钟之内写下自己在大学学习、生活、社会实践活动中感到特别兴奋、特别有成就感的事件，并且给自己小组起个名字。五分钟后，各小组完成的作业统一贴到黑板上。

思考：这些做起来得心应手、成就感很高、兴趣很强的活动与职业有什么关系呢？

职业兴趣在残障大学生的生涯发展中具有重要的作用。首先，它会影响残障大学生的职业定向和职业选择。在求职过程中，由于身体某方面的障碍，残障大学生更会考虑到自己对某方面工作的兴趣或擅长程度。其次，职业兴趣能够激发残障大学生的工作潜力，尝试探索和创新，以取长补短。最后，职业兴趣可以增强残障大学生的职业适应力，使之尽快克服各方面带来的挑战和不适，尽快适应新的环境和角色，尽快融入社会。

【实践训练】

降落兴趣岛

你获得了一次免费度假的机会，有下面6个神奇的岛屿可以选择，请认真了解每个岛屿的介绍，选择自己最想前往的岛屿。

A岛——"美丽浪漫岛"

这个岛上到处是美术馆、音乐厅，弥漫着浓厚的艺术文化气息。岛民们保留着传统的舞蹈、音乐与绘画。许多文艺界人士都喜欢来到这里，沙龙派对，寻求灵感。

C岛——"现代井然岛"

处处耸立着的现代建筑，标志着这是一个进步的、都市形态的岛屿，岛上的户政管理、地政管理及金融管理都十分完善。岛民们个性冷静保守，处事有条不紊，善于组织规划。

E岛——"显赫富庶岛"

该岛经济高度发展，处处高级饭店、俱乐部、高尔夫球场。岛民性格热情豪爽，善于企业经营和贸易活动。岛上往来者多是企业家、经理人、政治家、律师等。这些商界名流与上等阶层人士在岛上享受着高品质生活。

I岛——"深思冥想岛"

这个岛平畴绿野，人少僻静，适合夜观星象。岛上有很多天文馆、科技博物馆、科学图书馆。岛民们最喜欢猫在自己的小房子里，天天钻研学问，沉思冥想，探究真知。哲学家、科学家和心理学家们在这里约会，讨论学术，交流思想。

R岛——"自然原始岛"

这是个自然生态优良的绿色之岛。岛上不仅保留有热带雨林等原始生态系统，而且建立了相当规模的植物园、动物园、水族馆。岛民以手工制造见长，他们自己种植花果，栽培蔬菜，修缮房屋，打造器物，制作工具。

S岛——"温暖友善岛"

这个岛的岛民们都性情温和，乐于助人，人际十分友善。大家互助合作，重视教育后代。每个社区都能自成一个密切互动的服务网络，处处充满着人文关怀气息。

好，你总共有15秒钟时间回答以下问题

1.如果你有机会免费去海岛旅游，条件是必须在6个岛之中的一个岛上，与岛民生活1年，你第一会选择哪一个岛？为什么？

2.你第二会选择哪一个岛？为什么？

3.你第三会选择哪一个岛？为什么？

选好之后，依次记下3个问题的答案，让我们来看看这三个代码对应的都有哪些职业？

以上活动中的岛屿实际上代表了霍兰德提出的6种职业兴趣类型。霍兰德于1959年提出了深具影响的职业兴趣理论。认为人的人格类型、兴趣和职业密切相关。人格特质和职业环境均可以归纳为六种类型：实际型、研究型、艺术型、社会型、企业型与传统型。应尽量寻找那些能运用自己的技术、体现自身价值、能在其中愉快工作的职业。一个人的行为表现是职业环境和人格类型相互作用的结果。

残障大学生应该了解和学会运用霍兰德的职业兴趣理论，但在运用中应注意以下几点。

首先，兴趣和工作满意度、职业稳定性和职业成就感之间密切相关。选择职业的时候，有必要将醒悟作为重要的因素予以考虑。工作和个人兴趣的适度统一是非常必要的。对于残障大学生，工作中遇到的困难和障碍远大于健全人群，更有必要充分发挥自己的兴趣所在，以更大的内在动力克服障碍，坚持到底。

其次，并非每一种兴趣都必须转化为职业兴趣，一个人所有的兴趣也未必全部应该或者能够在职业中得到满足或实现。兴趣和职业往往交织在一起。由于兴趣的广泛性和受到现实情况的影响、制约，并不是残障大学生所有的兴趣都能够找到相应的职业进行满足。兴趣也可以通过业余爱好、兼职活动、志愿社团等各种方式来实现。

再次，职业生涯规划并非"非兴趣专业不学、非兴趣工作不做"。对于兴趣与职业/专业的匹配，很多学者在研究中发现，不少人的卓越成就，并非一直按照自己的兴趣学习、工作获得的，反而是在自己不太感兴趣的学习领域获得了专业的知识与技能，再将这些专业知识与技能应用于自己感兴趣的领域，最终取得了一直致力于自己感兴趣的专业领域的人们难以取得的成果。

最后，由于测评工具和试测环境等各种主客观因素的影响，残障大学生在测试中得到的结果未必完全准确，还需要通过其他的一些方式予以验证、补充或修正。测试时个人价值观、能力和理解水平的限制，心理状态的不稳，后天环境或实践经验的局限、身体状况的变化等，都可能会使测评的结果不能完全正确地反应个人真实情况，所以残障大学生在做职业兴趣测评时，重要的不是得出某个确定的职业结果，而是以兴趣类型作为自己探索和定位的参考。

三、职业能力探索

能力是指一个人顺利完成某项活动所必须具备的心理特征。能力直接影响活动效率和活动的顺利程度。人与人之间存在着能力的类型或水平的差异，这些差异表现是个体能力发展方向、发展时间的差异、能力结构类型的差异等。能力总是和完成一定的活动联系在一起，人的能力在活动中形成、发展和表现出来；同时又是从事某项活动必需的前提。能力影响活动的效果，能力的大小也只有在活动中才能比较出来。

（一）能力的分类

人的能力是多种多样的，一般还可分为以下几种：一般能力和特殊能力、再造能力和创造能力、液体能力和晶体能力、认知能力和操作能力以及社交能力、技能和潜能等。

1. 一般能力和特殊能力

（1）一般能力。就是我们所说的智力。它是人的认识活动中的一种具有多维结构的综合性能力。个人认识过程中的各种能力，如包括感知能力、记忆能力、思维能力、想象能力、言语能力等都属于智力的范围。其中抽象概括能力是智力的核心，创造能力是智力的高级表现。

（2）特殊能力。是指在某些专业和特殊职业活动中表现出来的一般能力（智力）的某些特殊方面的独特发展。例如，数学能力、文学能力、艺术表演能力、管理能力、医学/教育网搜集整理技术操作能力等都属于特殊能力。

一般能力和特殊能力相互联系构成辨证统一的有机整体。一方面，特殊能力的发展以一般能力的发展为前提，某种一般能力在某种活动领域得到特别的发展，就可能成为特殊能力的组成部分。另一方面，在特殊能力得到发展的同时，也发展了一般能力。

2. 再造能力和创造能力

（1）再造能力。又叫模仿能力，是指能使人迅速地掌握知识、适应环境，善于按照原有的模式进行活动的能力。这种能力符合学习活动的要求。

（2）创造能力。是指具有流畅、独特、变通、创新及超越通常的思考与活动的能力，这种能力符合创造活动的要求。这两种能力有着密切的关系。再造能力是创造能力的前提和基础。人们常常是先模仿，然后再进行创造的。

3. 液体能力和晶体能力

根据能力在人的一生中的不同发展趋势以及能力和先天禀赋与社会文化因素的关系，可分为液体能力和晶体能力。

（1）液体能力（液体智力）。是指在信息加工和问题解决过程中所表现出来的能力。如对关系的认识，类比、演绎推理能力，形成抽象概念的能力等。它较少地依赖于文化和知识的内容，而取决于个人的禀赋。

（2）晶体能力（晶体智力）。是指获得语言、数学等知识的能力，它取决于后天的学习，与社会文化有密切的关系。

4. 认知能力、操作能力和社交能力

（1）认知能力。是指人脑加工、存储和提取信息的能力，即我们一般所讲的智力，如观察力、记忆力、想象力等。人们认识客观世界，获得各种各样的知识，主要依赖于人的认知能力。

（2）操作能力。是指人们操作自己的肢体以完成各项活动的能力，如劳动能力、艺术表演能力、体育运动能力、实验操作能力等。操作能力是在操作技能的基础上发展起来的，医学/教育网搜集整理又成为顺利掌握操作技能的重要条件。操作能力与认知能力不能截然分开。不通过认知能力积累一定的知识和经验，就不会有操作能力的形成和发展。反过来，操作能力不发展，人的认知能力也不可能得到很好的发展。

（3）社交能力。是在人们的社会交往活动中表现出来的能力，如组织管理能力、言语感染力、判断决策能力、调解纠纷能力、处理意外事故的能力等。这种能力对组织团体、促进人际交往和信息沟通有重要作用。

5. 技能和潜能

能力按照其获得的方式（先天具有与后天培养），可以分为技能和潜能两大类。

（1）技能。是指在知识的基础上通过反复练习而形成的相对稳定的行为方式。

（2）潜能。即能力倾向，指的是一个人的潜在能力或发展前景，是上帝赋予每个人的特殊才能，具有潜在性、适应性、容纳性、可能性等特点。既具有遗传方面的特征，又包含经过训练后发展的潜在可能性，也可能因为未被开发而荒废。人的能力是有限的，但可挖掘的潜力是无限的。

（二）技能

技能（Skill）是指经过后天学习和练习而培养的能力，如表达能力、阅读能力、人际交往能力等。在个人成长的过程中，从什么也不会做的小婴孩到一个自理生活、能够看、听、说、行走、阅读、写字的普通成年人，其实我们每个人都已经学会了无数的技能。对个人技能的认识，建立在对技能分类的了解上。辛迪·梵（Sidney）和理查德·鲍尔斯（Richard Bolles）将技能分为三种类型：知识技能、自我管理技能、可迁移技能（或称通用技能）。

1. 知识技能

知识技能是指那些需要通过教育或者培训才能获得的特别的知识或能力，也就是个人所学习的科目、所懂得的知识。它常常与专业学习或工作内容直接相关。比如：你是否掌握外语、中国古代历史、电脑编程，或化学元素周期表等知识？知识技能一般用名词来表示。

知识技能是不可迁移的，必须经过有意识的、专门的培训才能掌握。知识技能与能力有密切的关系。一方面，能力是在掌握知识的过程中显现和发展的，离开学习和训练，任何能力都不可能发展；另一方面，掌握知识又是以一定能力为前提的，能力是掌握知识的内在条件和可能性。能力和知识的发展并不是完全一致的。

2. 自我管理技能

自我管理技能经常被看作个性品质而非技能，因为它们被用来描述或说明人具有的某些特征。它涉及个体在不同的环境下如何管理自己：是勇于创新还是循规蹈矩，是认真还是敷衍了事，能否在压力下保持镇定，是否对工作有热情，是否自信，等等。良好的自我管理技能能够帮助个体更好地适应周围的环境、应对工作中出现的问题，因此它也被称为"适应性技能"。

3. 可迁移技能

可迁移技能就是一个人会做的事，如教学、组织、说服、设计、安装、帮助、计算、考察、分析、搜索、决策、维修等。可迁移技能的特征是它们可以从生活中的方方面面，特别是工作之外得到发展，却可以迁移应用于不同的工作之中。因此，可迁移技能也称为"通用技能"。基于这样的原因，可迁移技能也是个人最能持续运用和最能够依靠的技能。

（三）潜能

潜能即能力倾向（Aptitude）是指上帝赋予每个人的特殊才能，如音乐、运动能力等。它是与生俱来的，不过也有可能因未被开发而荒废。比如，在中国13亿人中，虽然不是每个人都能像刘翔一样跑得那么快，但一定有一些人同样具备像刘翔那么好的节奏感和身体的协调能力，只是他们从来没有机会去发展这方面的天资。遗传、环境和文化都可以影响到天赋的发展。

常见的能力倾向测试包括一般能力倾向测试、特殊能力倾向测试、机械能力倾向测试、创造能力倾向测试、领导能力倾向测试等。

1. 一般能力倾向测试

一般能力倾向测试也就是人们通常所说的智力测试，是对一般智慧能力的测试，它测试的不是一个单独的智力特征，而是一组能力，包括记忆、词汇、数字和口头表达能力。

在智力测试中，表示智力水平的高低采用的是"智商"这个概念。智商一般有两种表达方式：一种叫比率智商；一种叫离差智商。比率智商针对儿童比较常用，它的计算方法是用智力年龄（MA）和实际年龄（CA）之比乘以100，即离差智商 IOD=（MA/CA）×100。

由于智力并非永远随年龄而发展的，显然比率智商对成人来说不太合适，因此在表达成人的智力水平时通常采用 IQ。

2. 特殊能力倾向测试

特殊能力就是指某些人具有他人所不具备的能力。有时，由于工种的需要，在企业招聘中需要测试一些特殊能力。进行特殊能力倾向测试需要一些心理测试仪器的配合运用。目前已经形成并且在实践中广泛应用的特殊能力倾向测试有许多，下面简要地介绍几种：

（1）文书能力测试。文书能力倾向测试主要是测试应聘者处理办公室日常例行工作的能力，如打字、记录、整理与保管、校对、装订函件和通知联络等。由于工作层次和单位规模不同，文书工作内容也会有很大的差异。

一般来说，文书能力倾向测试包括以下各项：快速阅读能力；文件整理的效率；物品与人名的速记；文字校对的正确性；数字运算能力；必要的管理知识与社会适应性。

（2）心理运动能力倾向测试。心理运动能力倾向测试主要是用于测量一个人运动反应的速变、灵活性、协调性和其他身体运作方面的特征。这种测试大多数是典型的仪器操作测试，主要应用于工业和军事领域的人员选拔上。它们通常是为某些特殊的工种专门编制。测试要部分或全部地再现工作本身所需要的运动。

常用的心理运动能力倾向测试有以下三种：麦夸里机械能力倾向测试；澳康纳手指及镊子灵活测试；艺术能力倾向测试。

3. 机械能力倾向测试

机械能力倾向测试主要测试应聘者的机械操作能力。根据心理测试原理，测试机械能力，应当布置各种标准化的机械情境，使受试者产生反应，再将他的反应和一般受试者的反应比较，以评定高低。

4. 创造能力倾向测试

创造力是一种特殊的能力，是人的一种高级能力，目前对创造力有各种各样的定义。心理学家一般都认为创造力是发散思维的能力，在行为上表现为流畅性、变通性和独特性。

创造力的核心是创造思维的能力，创造能力倾向测试的表现有以下几方面：思维的灵活性，能够灵活变通地思考和解决问题，遇到障碍时善于迂回解决；思维的发散性，思考问题的角度多、范围宽，不易受到束缚和限制；思维的独特性，观点和见解新颖独特，不受常规影响；思维的流畅性，能迅速产生大量的想法。

5. 领导能力倾向测试

领导职位所要求的领导人员，不仅需要具备领导人员的智力、知识、能力和能力倾向，而且必须具备领导能力。领导能力是领导人员组织、引导、指挥、控制、协调被领导人员完成预定目标、任务和规划的能力。这种能力带有综合性，要求更高，决定着领导活动的效能、目标和成败，因此在人事测评中占据独特的地位和作用，而且被理论研究和实际工作所看重。

领导能力由多种能力构成，其中要测试的最基本能力倾向有以下两种：

（1）逻辑推理能力倾向测试。应聘者思维的准确、敏锐程度、逻辑推理的严密性与连贯性是一个管理者应具有的基本素质。对管理者来说，分析问题、解决问题的能力十分重要。逻辑推理能力倾向测试的目的就是帮助企业选拔具有很强的语言分析能力，能迅速深入地加工信息，找到问题关键，并善于分析语言文字表达的信息，能基于事实而非主观臆断地作出判断的优秀管理人才。逻辑推理能力倾向测试主要适用于具有相当学历水平的中层以上管理人员选拔过程中。

（2）敏感性与沟通能力倾向测试。敏感性和沟通能力倾向测试是通过考查应聘者对特定问题或现象的分析、处理的深度和把握问题实质的敏锐程度，以及在面对各种复杂情况下的应对方略，了解应聘者在沟通中把握人际信息的敏感性及其对事物的洞察、预见和分析能力。同时，还可以了解其沟通策略模式，预测其在工作中说服、影响、感染他人并且达成协调成果的能力。基于对应聘者在开放式沟通倾向、操纵式沟通倾向方面的量化分析，可为全面评价沟通技巧提供依据。敏感性和沟通能力倾向测试是一种考察洞察力沟通能力等技能的测量工具，适用于需要了解人际沟通方面的能力水平和了解是否适宜于从事侧重人际互动活动的工作。

（四）自我效能感

自我效能感（Self-Efficacy），是指个人对自己的能力，以及运用该能力将得到何种结果所持的信心或把握程度。研究发现，在实际生活和工作中，对个人行为起决定作用的往往不是个人实际能力的高低，而是个人的自我效能感。比如，一份关于男女薪酬差异的调查指出：男女两性在薪酬上的差异部分来自于女性的数学水平普遍低于男性，通常薪酬高的职业会要求比较高的数学能力。而女性在数学学习上的弱势并非由于女性天生不擅长学习数学，更主要的原因是相对男性而言，女性对自身学习数学的能力缺乏信心而倾向于在该科目上花更少的时间。同样，成人学习人际交往技能或学习英语并不比孩子学走路或学说中国话更难，惟一的区别可能只在于：我们从来不会认为有哪一个孩子学不会走路或说中文，但我们却常常怀疑自己能否学会与人交往或娴熟地使用英语。在心理咨询中，我们也常见到有的人本来能力很不错，也得到他人的很多肯定，却由于自卑的原因而束缚了自己，做事畏首畏尾，不能充分发挥自己的才能。这些，都充分说明了自我效能感对个人发展的影响。

（五）职业能力

职业能力是在职业活动中发展起来的，直接影响职业活动效率，使职业活动得以顺利完成的心理特征。职业能力一方面要在职业活动中形成和发展，并在职业活动中表现出来；另一方面，从事某种职业又必须以一定的能力为前提。社会分工的发展，使得人们从事的职业领域日益扩大，因而具体的职业能力模式是非常丰富的。

美国的《一般能力倾向测验》（GABT）鉴定了9种能力，分别为一般学习能力、言语能力、数理能力、判断能力、图形知觉能力、符号知觉能力、运动协调能力、手指灵活度、手腕灵巧度。该测验可帮助确定在8大类、32小类职业领域内的职业能力，被认为是职业指导中较好的测验。

加拿大《职业人类词典》把职业能力则分为11个方面。包括智力和10个基本的特殊能力，其中前9种能力可以看出很明显地受美国GABT的影响。这11种能力每一种都与一定的职业类型相适应。

能力对职业生涯的重要性不言而喻，职业的成功不仅与个人的知识技能、个性特点、工作态度、人际关系等因素有关，而且与其职业能力密切相关。职业能力强的人更容易获得成功。残障大学生在职业发展中要注意以下三个原则。

1. 自身能力类型与职业的吻合

不同的人有不同的能力类型，职业也因工作性质、内容和环境的不同而不同，对残障大学生的能力也提出不同的要求。

2. 能力水平与职业层次的吻合

对一种职业或职业类型来说，由于所承担的责任不同，又可以分为不同层次。职业的不同层次对人的能力要求不同。根据沟通交流的障碍程度，有时又需要残障大学生适当降低职业层次的要求，暂时性地弥补交流障碍带来的不便或不适。

3. 发挥优势能力

每个人的各种能力的发展是不平衡的，常常在某一方面比较突出。特别是对于补偿优势的充分发挥。某一方面的功能缺失或障碍，往往伴随着另一方面的功能优势非常突出。残障大学生在职业发展中，应该认真考虑自己的优势能力，选择最有利于发挥自己优势能力的职业。不仅要考虑到该职业需要的一般能力，还要考虑到对特殊能力等其他方面的要求。在对自我职业能力的全面探索中促进职业生涯发展。

四、职业价值观探索

价值观是指个人对客观事物和对自身行为后果的意义、作用、效果和重要性的总体性评价，是推动并指引一个人做出决定、采取行动的原则和标准，是个性心理结构的核心因素之一。一方面表现为价值取向、价值追求，凝结为一定的价值目标；另一方面表现为价值尺度和准则，成为人们判断价值事物有无价值及价值大小的评价标准。

价值观就是我们在生活和工作中所看重的原则、标准或品质。它指向我们一生中最重要的东西，是一套自我激励机制。价值观是一种内心尺度。个人的价值观一旦确立，便具有相对稳定性。

【实践训练】

渔夫与商人

有个商人到海边的一个渔村去渡假，见到了一个渔夫。渔夫咬着烟斗在补鱼网。商人闲得无聊，就过去问那个渔夫："你每个星期能够打多少鱼？卖多少钱？"

渔夫说："我一个星期就打两次鱼，大概刚刚够日常的开销。"

商人说："那你余下的日子都干些什么？"

渔夫看了看院子里玩耍的两个孙子说："陪孙子玩耍，和老朋友们喝酒，打牌，讲笑话，游泳，钓鱼。"

商人听了直摇头，"你有钓鱼的工夫为什么不去打鱼？"

渔夫抬头看着他，说："打那么多鱼干什么？"

商人于是滔滔不绝地说了起来："假设你一个星期打五天鱼，周末去集市卖鱼，所赚的钱扣除成本，日常开销，大概一个月能够翻新你的渔船以及船上装备。连续干五个月，你就可以买艘大船，并且雇用几个伙计。一年之后，如果你干得好，应该可以在城里设立一个鱼店，专门卖鱼，鱼店的生意如果红火，两年之后你可以把店盘出去，在城里另谋发展，比如，买家鱼产品加工公司。把你那些老伙计的鱼批发来做成成品销售。你的鱼产品公司可以发展壮大，成立连锁店。你来做大老板。公司可以逐渐发展成为控股公司。你可以把公司的股票上市，等到你想退休的时候，就把公司整个盘出，变成固定债券。那个时候，你就可以回你的渔村安享晚年了。"说到这里，商人眉飞色舞，唾沫星子乱飞。

渔夫默不作声，商人猜想也许渔夫给他说动了心。他耐心等了一会儿，渔夫慢吞吞地问道："那我回到渔村该干些什么呢？"

商人说："那还不简单，你可以陪你的孙子玩玩，和过去的老朋友喝酒打牌，如果你还有兴致，你还可以去钓鱼，游泳。"

渔夫说："那就和我现在一样，何必一个星期天天打鱼呢？"说完，就又去补鱼网了。

商人想追上去说一声"那不一样。"可是，他自己也不知道不一样在什么地方。他追了几步，又停了下来，若有所思。

思考：

在这个故事中你想到了什么？你自己想要过什么样的生活？什么东西对你而言是有价值的？什么样的工作因素会特别打动你，让你毅然选择某份工作？

分析：

渔夫觉得现在的自得其乐和商人所描绘的功成身退并无大区别，所以对商人所描绘得津津有味的事业不屑一顾。但是，商人并不以为然，虽然他说不出理由在什么地方。如果抬高到人生价值观这个层面上来看一看，就非常值得思索了。

商人所理想的是拼搏一番以后的功成身退。因为有拼搏的艰辛，所以才能够有身退以后的悠然自得。而且，商人没有说出来的不一样的地方，乃是所经历的拼搏过程当中的每一点成就和喜悦，甚至拼搏的经历本身，都是渔夫在小小的渔村根本不可能体会出来的。没有成功当然也没有失败的风险。

渔夫所推崇的，乃是自然之乐。所谓顺其自然者，衣食足而无忧，是中国传统的老庄哲学思想。从这个意义上来说，渔夫并不是不思进取，而是知道适可而止。因为追求物质的过程当中，虽然有欲望满足的欣喜，难免要抛弃平常之心。渔夫没有过度的欲望，所以能够自守平常之心，不为商人的话语所动。

其实，人从赤身条条降临人世间，就难免有所需求。从母亲的一口奶开始，随着不断地得到满足，新的要求也随之诞生。强烈的要求成为欲望，因为欲望无法满足而不择手段。欲望乃人之天性，本身无罪，但是关键在于一个度字。有度的人叫做为理想而拼搏，无度的人叫贪得无厌，利欲熏心。说穿了，就是必须知道何时应该适可而止。适可而止的关键在于权衡满足感和平常心。追求满足的过程，自然要放弃平常之心。商人功利心切，所以觉得满足感可以弥补平常心的失落。渔夫甘自淡泊，所以不愿意放弃平常心去换取满足感。很难说两人的价值观孰优孰劣，关键是我们得清楚自己想要的是什么。

（一）职业价值观

职业价值观是指人生目标和人生态度在职业选择方面的具体表现，也就是一个人对职业的认识和态度以及他对职业目标的追求和向往。理想、信念、世界观对于职业的影响，集中体现在职业价值观上。

俗话说："人各有志。"这个"志"表现在职业选择上就是职业价值观，它是一种具有明确的目的性、自觉性和坚定性的职业选择的态度和行为，对一个人的职业目标和择业动机起着决定性的作用。

由于个人的身心条件、年龄阅历、教育状况、家庭影响、兴趣爱好等方面的不同，人们对各种职业有着不同的主观评价。从社会来讲，由于社会分工的发展和生产力水平的相对落后，各种职业在劳动性质的内容上，在劳动难度和强度上，在劳动条件和待遇上，在所有制形式和稳定性等诸多问题上，都存在着差别。再加上传统的思想观念等的影响，各类职业在人们心目中的声望地位便也有好坏高低之见，这些评价都形成了人的职业价值观，并影响着人们对就业方向和具体职业岗位的选择。

每种职业都有各自的特性，不同的人对职业意义的认识，对职业好坏有不同的评价和取向，这就是职业价值观。职业价值观决定了人们的职业期望，影响着人们对职业方向和职业目标的选择，决定着人们就业后的工作态度和劳动绩效水平，从而决定了人们的职业发展情况。哪个职业好？哪个岗位适合自己？从事某一项具体工作的目的是什么？这些问题都是职业价值观的具体表现。

根据不同的划分标准，人们对职业价值观的种类划分也不同。美国心理学家洛特克在其所著《人类价值观的本质》一书中，提出13种价值观：成就感、审美追求、挑战、健康、收入与财富、独立性、爱、家庭与人际关系、道德感、欢乐、权利、安全感、自我成长和社会交往。

我国学者阚雅玲将职业价值观分为如下12类：①收入与财富；②兴趣特

长；③权力地位；④自由独立；⑤自我成长；⑥自我实现；⑦人际关系；⑧身心健康；⑨环境舒适；⑩工作稳定；⑪社会需要；⑫追求新意。

张再生教授把不同职业价值观的内容加以归结，根据他们所体现的主要方面，来确定自己的职业价值观中主要的因素是什么，并认为职业价值观的分析可以从以下三个方面展开：

首先，发展因素，包括符合兴趣爱好、机会均等、公平竞争、工作有挑战性、能发挥自身才能、工作自主性大、能提供培训机会、晋升机会多、专业对口、发展空间大、出国机会多等，这些职业要素都与个人发展有关，因此称为发展因素。

其次，保健因素，包括工资高、福利好、保险全、职业稳定、工作环境舒适、交通便捷、生活方便等，这些职业要素与福利待遇和生活有关，因此称为保健因素。

最后，声望因素，包括单位知名度、单位规模和权力大、行政级别和社会地位高等，这些职业要素都与职业声望地位有关，因此称为声望因素。职业价值观是一个复杂的多维度的心理因素，对职业的选择和衡量有多种要素的参与，但各要素起的作用是不同的。从当前的实际来看，许多调查显示，大学生的职业价值观越来越重视发展因素，而对保健因素和声望因素的重视程度则因人而异，差别较大。

在职业价值分析和测定过程中，残障大学生必须处理好职业价值观不同要素之间的关系，并根据不同时期、不同情况明确自己的职业核心需求，以便合理制定自己的职业生涯规划和相关策略。

（二）职业类型

从人的理想、信念和价值观角度，可以把职业分为九大类。

1. 自由型（非工资工作者型）

（1）特点：不受别人指使，凭自己的能力拥有自己的小"城堡"，不愿受人干涉，想充分施展本领。

（2）相应职业类型：室内装饰专家、图书管理专家、摄影师、音乐教师、作家、演员、记者、诗人、作曲家、编剧、雕刻家、漫画家等。

2. 经济型（经理型）

（1）特点：他们断然认为世界上的各种关系都建立在金钱的基础上，包括人与人之间的关系,甚至父母与子女之间的爱也带有金钱的烙印。这种类型的人确信,金钱可以买到世界上所有的幸福。

(2) 相应职业类型:各种职业中都有这种类型的人,商人为甚。

3. 支配型(独断专行型)

(1) 特点:相当于组织的一把手,飞扬跋扈,无视他人的想法,为所欲为,且视此为无比快乐。

(2) 相应职业类型:进货员、商品批发员、旅馆经理、饭店经理、广告宣传员、调度员、律师、政治家、零售商等。

4. 小康型

(1) 特点:追求虚荣,优越感也很强。很渴望能有社会地位和名誉,希望常常受到众人尊敬。欲望得不到满足时,由于过于强烈的自我意识,有时反而很自卑。

(2) 相应职业类型:记账员、会计、银行出纳、法庭速记员、成本估算员、税务员、核算员、打字员、办公室职员、统计员、计算机操作员等。

5. 自我实现型

(1) 特点:不关心平常的幸福,一心一意想发挥个性,追求真理。不考虑收入、地位及他人对自己的看法,尽力挖掘自己的潜力,施展自己的本领,并视此为有意义的生活。

(2) 相应职业类型:气象学者、生物学者、天文学家、药剂师、动物学者、化学家、科学报刊编辑、地质学家、植物学者、物理学者、数学家、实验员、科研人员等。

6. 志愿型

(1) 特点:富于同情心,把他人的痛苦视为自己的痛苦,不愿干表面上哗众取宠的事,把默默地帮助不幸的人视为无比快乐。

(2) 相应职业类型:社会学者、导游、福利机构工作者、咨询人员、社会工作者、社会科学教师、护士等。

7. 技术型

(1) 特点:性格沉稳,做事组织严密,井井有条,并且对未来充满平常心态。

（2）相应职业类型：木匠、农民、工程师、飞机机械师、野生动物专家、自动化技师、机械工、电工、火车司机、公共汽车司机、机械制图等。

8. 合作型

（1）特点：人际关系较好，认为朋友是最大的财富。
（2）相应职业类型：公关人员、推销人员、秘书等。

9. 享受型

（1）特点：喜欢安逸的生活，不愿从事任何挑战性的工作。
（2）相应职业类型：无固定职业类型。

（三）职业锚理论

在职业价值观方面，美国E.H.施恩教授提出的职业锚理论是非常有效的工具。斯隆管理学院的44名MBA毕业生，自愿形成一个小组接受施恩教授长达12年的职业生涯研究，包括面谈、跟踪调查、公司调查、人才测评、问卷等多种方式，最终分析总结出了职业锚（又称职业定位）理论。

锚，是使船只停泊定位用的铁制器具。施恩认为，职业设计是一个持续不断的探索过程。随着一个人对自己越来越了解，就会越来越明显地形成一个占主要地位的职业锚。职业锚，实际就是人们选择和发展自己的职业时所围绕的中心，是指当一个人不得不做出选择的时候，无论如何都不会放弃的职业中的那种至关重要的东西或价值观。

职业锚，强调个人能力、动机和价值观三方面的相互作用与整合。职业锚，是个人同工作环境互动作用的产物，在实际工作中是不断调整的。发现职业锚的标志是一个人能清晰地回答这三个问题：要干什么？能干什么？为什么干？

职业锚，也是自我意向的一个习得部分。个人进入早期工作情境后，由习得的实际工作经验所决定，与在经验中自省的动机、价值观、才干相符合，达到自我满足和补偿的一种稳定的职业定位。职业锚的类型具有以下几种类型。

1. 技术/职能型（Technical Functional Competence）

技术/职能型的人，追求在技术/职能领域的成长和技能的不断提高，以及应用这种技术/职能的机会。他们对自己的认可来自他们的专业水平，他们喜欢面对来自专业领域的挑战。他们不喜欢从事一般的管理工作，因为这将意味着他们放弃在技术/职能领域的成就。

2. 管理型（General Managerial Competence）

管理型的人追求并致力于工作晋升，倾心于全面管理，独自负责一个部分，可以跨部门整合其他人的努力成果，他们想去承担整个部分的责任，并将公司的成功与否看成自己的工作。具体的技术/功能工作仅仅被看作是通向更高、更全面管理层的必经之路。

3. 自主/独立型（Autonomy Independence）

自主/独立型的人希望随心所欲安排自己的工作方式、工作习惯和生活方式。追求能施展个人能力的工作环境，最大限度地摆脱组织的限制和制约。他们愿意放弃提升或工作扩展机会，也不愿意放弃自由与独立。

4. 安全/稳定型（Security Stability）

安全/稳定型的人追求工作中的安全与稳定感。他们可以预测将来的成功，从而感到放松。他们关心财务安全，如退休金和退休计划。稳定感包括诚信、忠诚以及完成老板交待的工作。尽管有时他们可以达到一个高的职位，但他们并不关心具体的职位和具体的工作内容。

5. 创业型（Entrepreneurial Creativity）

创业型的人希望使用自己能力去创建属于自己的公司或创建完全属于自己的产品（或服务），而且愿意去冒风险，并克服面临的障碍。他们想向世界证明公司是他们靠自己的努力创建的。他们可能正在别人的公司工作，但同时他们在学习并评估将来的机会。一旦他们感觉时机到了，他们便会自己走出去创建自己的事业。

6. 服务型（Service Dedication to a Cause）

服务型的人指那些一直追求他们认可的核心价值，例如：帮助他人，改善人们的安全，通过新的产品消除疾病。他们一直追寻这种机会，即使这意味着变换公司，他们也不会接受不允许他们实现这种价值的工作变换或工作提升。

7. 挑战型（Pure Challenge）

挑战型的人喜欢解决看上去无法解决的问题，战胜强硬的对手，克服无法克服的困难障碍等。对他们而言，参加工作或职业的原因是工作允许他们去战胜各种不可能。新奇、变化和困难是他们的终极目标。如果事情非常容易，他们马上会觉得厌烦。

8. 生活型（Life Style）

生活型的人是喜欢允许他们平衡并结合个人需要、家庭需要和职业需要的工作环境。他们希望将生活的各个主要方面整合为一个整体。正因为如此，他们需要一个能够提供足够的弹性让他们实现这一目标的职业环境，甚至可以牺牲他们职业的一些方面，如：提升带来的职业转换，他们将成功定义得比职业成功更广泛。他们认为自己在如何去生活，在哪里居住，以及如何处理家庭事情，及在组织中的发展道路是与众不同的。

日本丰田公司在运用员工的"职业锚"方面给了我们有益的借鉴。丰田采取5年调换一次工作的方式对各级管理人员进行重点培养。每年1月1日进行组织变更，一般以本单位相关部门为调换目标，调换幅度在5%左右。短期来看，转岗需要有熟悉操作的适应过程，可能导致生产效率的降低，但对企业长久发展来看则是利大于弊。经常的有序换岗还能给员工带来适度的压力，促使员工不断学习，使企业始终保持一种生机勃勃的氛围。丰田对于岗位一线工人采用工作轮调的方式来培养和训练多功能作业员，这样既提高了工人的全面操作能力，又使一些生产骨干的经验得以传授。员工还能在此过程中发现自己的优势在哪里，从而进行准确定位，找到真正适合自己的岗位。一旦员工确立了自己的职业锚，工作起来将会更具积极性和主动性，效率将会有很大提高。

（四）价值观探索和职业发展

残障大学生在做职业生涯规划之前，一定要清楚和明确自己的价值观、职业价值观。价值观和职业价值观决定了哪些因素对你是重要的，哪些是不重要的；哪些是你优先考虑和选择的，哪些不是。

1. 处理好职业价值观与金钱的关系

金钱是一种成就的报酬，它是在确定职业价值观时首先要面对的问题。有些经济条件不太好的大学毕业生在求职时，将金钱作为首选价值观，从根本上讲这并未有错。但是对于一些人来说，现在拥有的知识、能力、经验和阅历还不足以使其一走上社会就获得大量金钱回报。怀有一夜暴富的心理是不正常的，更是危险的，容易被社会上的不法分子利用，甚至误入歧途。特别是面对严峻的就业形势，更应理性地降低对金钱的期望值，把眼光放远一些，应尽可能地将自我成长和自我实现作为在毕业求职时的首选价值观。

2. 处理好职业价值观与个人兴趣和特长的关系

职业价值观、个人兴趣和特长是人们在择业时需要考虑的最重要的三个因素。在确定价值观时，一定要考虑它是否与自己的兴趣和特长相适应。据调查，如果一个人从事自己不喜欢的工作，有80%的人难以在他选择的职业上成功；而如果选择了自己喜欢的工作则可以充分调动人的潜能，获得职业发展的源动力。此外，选择一项自己擅长的工作，也会事半功倍。

3. 处理好职业价值观的排序与取舍的问题

职业价值观的特性决定人们不会只有唯一的职业价值观，人性的本能也会驱使人们希望什么都能得到，但在现实生活中"鱼和熊掌是不可兼得的"。然而在职业选择中，人们却不能理性对待。既然是选择，就要付出代价，只有舍，才能得。所以，要对自己的职业价值观进行排序，找出你认为最重要、次重要的方面，并提醒自己不可能什么都得到。否则就会患得患失，终其一生也不清楚自己到底想要什么，更谈不上职业生涯的成功和对社会的贡献了。

4. 处理好职业价值观中个人与社会的关系

人不能离开社会而独立存在，个人只有在工作中为社会做贡献才能实现自己的职业价值。当然我们并不是说要忽略择业中的个人因素，只去尽社会责任，这样不但不利于个人，也是社会的损失。例如，让一个富于科学创造力、不善言辞的学者去从事普通的教师工作，可能使国家损失一项重大的发明，而社会不过多了一个也许并不出色的老师。因此，不能只为个人考虑，还要考虑国家和社会需要的职业价值观。

残障大学生自我探索和职业发展是一个持续、持久、相互促进和制约的过程。自我探索是个人成长中非常重要的环节，是残障大学生职业发展的基础。通过对自我性格的探索，认识自己是一个怎样的人；通过对职业兴趣的探索，认识自己喜欢干什么，想做什么；通过对职业能力的探索，认识自己能做什么，擅长做什么；通过对职业价值观的探索，认识自己为什么选择这么做，应该如何去做，最适合如何去做。自我探索是一个拓展、整合和不断调整的过程，需要残障大学生在学习、生活和工作中不断地付出努力，获得对自己更加全面、深刻、及时的认知，以更好地促进自己的职业生涯发展。

【实践训练】

职业能力倾向的自我测定

能力，是一个人能否进入职业的先决条件，是能否胜任职业工作的主观条件。无论从事什么职业总要有一定的能力作保证。没有任何能力，根本谈不到进入职业工作，对个人来讲也就无所谓职业生涯可言。能力，是指完成一定活动的本领。人在其一生之中，要从事各种各样的社会生活和社会生产活动，必须具备多种能力与之相适应。我们这里所言的能力，是指劳动者从事社会生产活动的能力，亦即职业工作能力。

人们的能力可分为一般能力和特殊能力两大类。一般能力通常又称为智力，包括注意力、观察力、记忆力、思维能力和想象力等。一般能力是人们顺利完成各项任务都必须具备的一些基本能力。特殊能力是指从事各项专业活动的能力，也可称特长，如计算能力、音乐能力、动作协调能力、语言表达能力、空间判断能力等。由此可见，能力是一个人完成任务的前提条件，是影响工作效果的基本因素。因此，了解自己的能力倾向及不同职业的能力要求对合理地进行职业选择具有重要意义。能力的不同，对职业选择就有差异。从能力差异的角度来看，在职业选择时应遵循以下原则：

1. 注意能力类型与职业相吻合

人的能力类型是有差异的，即人的能力发展方向存在差异。对职业研究表明，职业也是可以根据工作的性质、内容和环境而划分为不同类型的，并且对人的能力也有不同的要求，因而应注意能力类型与职业类型的吻合。能力水平要与职业层次一致或基本一致。对一种职业或职业类型来说，由于所承担的责任不同，又可分为不同层次，不同的层次对人的能力有不同的要求。因而，在根据能力类型确定了职业类型后，还应根据自己所达到或可能达到的能力水平确定相吻合的职业层次。只有这样，才能使能力与职业的吻合具体化，充分发挥优势能力的作用。每个人都具有一个多种能力组成的能力系统，每个人在这个能力系统中，各方面能力的发展是不平衡的，常常是某方面的能力占优势，而另一些能力则不太突出，对职业选择和职业指导而言，应主要考虑其最佳能力，选择最能运用其优势能力的职业。同样，在人事安排中，如能注重一个人的优势能力并分配相应的工作，会更好地发挥一个人的作用。

2. 注意一般能力与职业相吻合

一般能力包括注意力、观察力、记忆力、思维能力和想象力等。不同的职业对人的一般能力的要求不同，有些职业对从业者的智力水平有绝对的要求，如律师、工程师、科研人员、大学教师等都要求有很高的智商；智力在相当大的程度上决定着其所从事的职业类型。

3. 注意特殊能力与职业相吻合

特殊能力是指从事某项专业活动的能力，也可称特长，如计算能力、音乐能力、动作协调能力、语言表达能力、事务能力、空间判断能力、形态知觉能力、手指灵活度与灵巧度等。要顺利完成某项工作，除要具有一般能力外，又要具有该项工作所要求的特殊能力，如从事教育工作需要有阅读能力和表达能力；从事数学研究需要具有计算能力、空间想象能力和逻辑思维能力。如法官就应具有很强的逻辑推理能力，却不一定要有很强的动手能力；而建筑工应有一定的空间判断能力，却不需要良好的语言表达能力。

本测验能把人的职业能力倾向分为9种，每种能力有一组5个题目反映。测验时，请您仔细阅读每一题，采用"五等评分法"自己进行评定。然后分别计算出自评等级。

（1）一般学习能力倾向（G）　　强1　较强2　一般3　较弱4　弱5
①快而容易地学习新内容
②快而正确地解数学题
③你的学习成绩处于
④对课文的字、词、段落篇章的理解、分析和综合能力
⑤对学习过的知识的记忆能力

（2）语言能力倾向（V）　　强1　较强2　一般3　较弱4　弱5
①善于表达自己的观点
②阅读速度和理解能力
③掌握词汇量的程度
④你的语文成绩
⑤你的文学创作能力

（3）算术能力倾向（N）　　强1　较强2　一般3　较弱4　弱5
①作出精确的测量

②笔算能力

③口算能力

④打算盘

⑤你的数学成绩

(4) 空间判断能力（S）　　强1　较强2　一般3　较弱4　弱5

①解决立体几何方面的习题

②画三维度立体图形

③看几何图形的立体感

④想象盒子展开后的平面图

⑤想象三维度的物体

(5) 形态知觉能力倾向（P）　强1　较强2　一般3　较弱4　弱5

① 发现相似图形中的细微差别

②识别物体的形状差异

③注意物体的细节部分

④观察物体的图案是否正确

⑤对物体的细微描述

(6) 书写知觉（Q）　　强1　较强2　一般3　较弱4　弱5

①快而准地抄写资料（如姓名、日期、电话号码）

②发现错别字

③发现计算错误

④能很快查找编码卡片

⑤自我控制能力（如较长时间抄写资料）

(7) 眼手运动协调能力倾向（A）强1　较强2　一般3　较弱4　弱5

①玩电子游戏

②打篮球、打排球、踢足球一类活动

③乒乓球、羽毛球运动

④打算盘能力

⑤打字能力

(8) 手指灵巧度（F）　　强1　较强2　一般3　较弱4　弱5

①灵巧地使用很小的工具

②穿针眼、编织等使用手指活动

③用手指做一件小工艺品

④使用计算器的灵巧程度

⑤弹琴

(9) 手腕灵巧度（M）　　强1　较强2　一般3　较弱4　弱5

①用手把东西分类

②在推拉东西时手的灵活度

③很快地削水果

④灵活地使用手工工具

⑤在绘画、雕刻等手工活动中的灵活性

统计分数的方法如下：

(1) 对每一类能力倾向计算总分数。

对每一道题目，我们采取"强""较强""一般""较弱"和"弱"五等级，供您自评。每组5道题完成后，分别统计各等级选择的次数总和，然后用下面公式计算出该类的总计次数（把"强"定为第一项，依次类推，"弱"定为第五项；第一项之和就是选"强"的次数之和）。总计次数=（第一项之和×1）+（第二项之和×2）+（第三项之和×3）+（第四项之和×4）+（第五项之和×5）。

(2) 计算每一类能力倾向的自评等级。

自评等级=总计次数/5

(3) 将自评等级填入下表：

职业能力倾向	自评等级	职业能力倾向	自评等级
G		Q	
V		K	
N		F	
S		M	
P			

根据结果对照下表，可找到你适合的职业（等级数为黑体的职业能力倾向等级，表示此职业必须达到的职业能力的最低水平）。

· 职业对人的职业能力倾向的要求 ·

职业类型	职业能力倾向								
	G	V	N	S	P	Q	K	F	M
生物学家	1	1	1	2	2	3	3	2	3
建筑师	1	1	1	1	2	3	3	3	3
测量员	2	2	2	2	2	3	3	3	3
测量辅导员	4	4	4	4	4	4	3	4	3
制图员	2	3	2	2	2	3	2	2	3
建筑和工程技术专家	2	2	2	2	2	3	3	3	3
建筑和工程技术员	2	3	3	3	3	3	3	3	3
物理科学技术家	2	2	2	2	3	3	3	3	3
物理科学技术员	2	3	3	3	2	3	3	3	3
农业、生物、动物、植物学的技术专家	2	2	2	4	2	3	3	2	3
农业、生物、动物、植物学的技术员	2	3	3	4	2	3	3	3	3
数学家和统计学家	1	1	1	3	3	2	4	4	4
系统分析和计算机程序编制者	2	2	2	2	3	3	4	4	4
经济学家	1	1	1	4	4	2	4	4	4
社会学家、人类学者	1	1	3	2	2	3	4	4	4
心理学家	1	1	2	2	2	3	4	4	4
历史学家	1	1	3	3	3	3	4	4	4
哲学家	1	1	4	3	3	3	4	4	4
政治学家	1	1	3	3	4	3	4	4	4
政治经济学家	2	2	2	3	3	3	3	3	5
社会工作者	2	2	3	4	4	3	4	4	4
社会服务助理人员	3	3	3	4	4	3	4	4	4
法官	1	1	3	4	3	3	4	4	4
律师	1	1	3	4	3	4	4	4	4
公证人	2	2	3	4	4	3	4	4	4
图书馆管理学专家	2	2	3	3	2	3	4	4	4
图书馆、博物馆和档案管理员	3	3	3	2	2	4	3	2	3
职业指导者	2	2	3	4	4	3	4	4	4

续表

职业类型	职业能力倾向							
	G	V	N	S	P	Q	K	F	M
大学教师	1	1	3	3	2	3	4	4	4
中学教师	2	2	3	4	3	3	4	4	4
小学和幼儿园教师	2	2	3	3	3	3	3	3	3
职业学校教师（职业课）	2	2	2	3	3	3	3	3	3
职业学校教师（普通课）	2	2	3	4	3	3	4	4	4
内、外、牙科医生	1	1	2	1	2	3	2	2	2
兽医学家	1	1	2	1	2	3	2	2	2
护士	2	2	3	3	3	3	3	3	3
护士助理	2	4	4	4	4	2	3	3	3
工业药剂师	2	1	2	3	2	3	2	2	3
医院药剂师	2	2	2	4	9	2	3	2	3
营养学家	2	2	2	3	3	3	4	4	4
配镜师（医）	2	2	2	2	2	3	3	3	3
配眼镜商	3	3	3	3	3	4	3	2	3
发射科技术人员	3	3	3	3	3	3	3	3	3
药物实验室技术专家	2	2	2	3	2	3	3	2	3
药物实验室技术人员	2	3	3	3	3	3	3	3	3
画家、雕刻家	2	3	4	2	2	5	2	1	2
产品设计和内部装饰者	2	2	3	2	2	4	2	2	3
舞蹈家	2	3	3	3	3	4	2	2	3
电台播音员	2	2	3	4	4	3	4	4	4
作家和编辑	2	3	3	3	3	3	4	4	4
翻译人员	2	1	4	4	4	3	4	4	4
体育教练	2	2	2	4	4	3	4	4	4
运动员	3	3	4	2	3	4	2	2	2
秘书	3	3	3	4	3	2	3	3	3
打字员	3	3	3	4	4	3	3	3	3
计账员	3	3	3	4	4	2	3	3	4
出纳员	3	3	3	4	4	2	3	3	4
统计员	3	3	2	4	3	2	3	3	4

续表

职业类型	职业能力倾向							
	G	V	N	S	P	Q	K	F	M
电话接线员	3	3	4	4	4	3	3	3	3
一般办公室职员	3	4	3	4	4	3	3	4	4
商业经营管理	2	2	3	4	4	3	4	4	4
售货员	3	3	3	4	4	3	4	4	4
警察	3	3	3	4	3	3	3	4	3
门卫	4	4	5	4	4	4	4	4	4
厨师	4	4	4	4	3	4	3	3	3
招待员	3	3	4	4	4	4	3	4	3
理发员	3	3	4	4	9	4	2	2	2
导游	3	3	4	3	3	5	3	3	3
驾驶员	3	3	3	3	3	3	3	4	3
农民	3	4	4	4	4	4	4	4	4
动物饲养员	3	4	4	4	4	4	4	4	4
渔民	4	4	4	4	4	5	3	4	3
矿工	3	4	4	3	4	5	3	4	3
纺织工人	4	4	4	4	3	5	3	3	3
机床操作工	3	4	4	3	3	4	3	4	3
锻工	3	4	4	4	3	4	3	4	3
无线电修理工	3	3	3	3	2	4	3	3	3
细木工	3	3	3	3	3	4	3	4	4
家具木工	3	3	3	3	3	4	3	4	3
一般木工	3	4	4	3	4	4	3	4	3
电工	3	3	3	3	3	4	3	3	3
裁缝	3	3	4	3	3	4	3	2	3

【重要术语】

人职适配　人格类型　兴趣倾向　工作适应　生涯发展阶段　生活广度　生活空间　学习经验

性格　能力　态度　价值观　教育　家庭　社会　组织　职业　清晰性　实际性　挑战性　一致性　变动性　全程性　可评量　自我分析　环境分析　确立目标

职业性格　MBTI　职业兴趣　职业能力　技能　潜能　自我效能　职业价值观　职业锚

【本章小结】

1. 重点。

（1）自我探索与分析。

（2）职业生涯规划基本理论。

2. 难点。

（1）自我分析与职业发展的定位。

（2）职业生涯规划原则与方法的理解、掌握。

【问题与思考】

（1）职业生涯规划的理论主要有哪些取向？在现实生活中，你打算如何借鉴相关理论规划自己的职业生涯？

（2）影响职业生涯规划的因素有哪些？身体方面的障碍是否会影响到自己的职业生涯规划？你打算如何克服？请结合自身实际情况谈一谈。

（3）职业生涯规划应遵循哪些原则与方法？

（4）如何进行性格、职业兴趣、职业能力、职业价值观等方面的自我探索？结合自身实际思考，如何在不断的自我探索中促进自己的职业发展？

【推荐阅读】

（1）陈春花.从现在出发：大学生的七项修炼[M].北京：机械工业出版社，2011.

（2）[挪]乔斯坦·贾德.苏菲的世界[M].萧宝森，译.北京：作家出版社，2003.

（3）[美]E H 施恩. 职业的有效管理[M]. 仇海清，译. 北京：生活·读书·新知三联书店，1992.

（4）[美]彼得·德鲁克. 21世纪的管理挑战[M]. 朱雁斌，译. 北京：机械工业出版社，2005.

（5）葛海燕. 大学生职业发展教育实证研究[M]. 北京：海洋出版社，2013.

【参考文献】

[1] 苏文平. 赢在第四起跑线：大学生职业生涯规划[M]. 北京：机械工业出版社，2011.

[2] 林幸台. 身心障碍者生涯辅导与转衔服务[M]. 台北：心理出版社，2007.

[3] 葛玉辉. 职业生涯规划管理实务[M]. 北京：清华大学出版社，2011.

[4] 张健萍. 生活中心生涯教育模式在残障大学生中的应用[J]. 中国高等教育学会特殊教育分会年会学术论文集，2013.

[5] 李家华. 生涯规划与管理[M]. 上海：上海交通大学出版社，2011.

[6] 王艳梅. 大学生职业生涯规划与就业指导教程[M]. 北京：高等教育出版社，2011.

第三章　残障大学生职业社会认知与生涯决策

就业是残障大学生走向社会、步入职业生涯的转折点，选择职业就是选择自己的将来。残障大学生要想获得就业成功，就必须在择业上做好充分准备，而择业首先要了解和掌握关于职业的基本知识，以便于做出科学的生涯决策。

【学习与行为目标】

（1）了解职业社会对人才的要求。
（2）掌握职业环境探索与分析的方法，树立正确的就业观。
（3）提高职业环境分析能力，合理规划职业生涯。

【案例引导】

"我只需要一次同等竞争的机会……"
"是老师教给我知识和文化，是社会给我帮助和关爱……"
一名男青年站在台上打着手语讲述他的创业之路，他的母亲在一旁当翻译。近日在"南京市十大杰出青年"评选现场，这对母子的演讲赢得了现场最热烈的掌声。这名37岁的男青年叫何留，是一名聋哑人，现在是一家广告公司的老板。
"我不需要怜悯，只需要一次同等竞争的机会。"这是何留常"说"的一句话。
1岁时，因注射链霉素过敏，何留耳神经萎缩，永远失去了听力。自信是残障人士自强自立最重要的一个因素，何留的母亲张开森采用赏识教育来培养儿子的自信。上幼儿园时，妈妈每天都向老师了解他的表现，哪怕只有一点点进步，妈妈都会竖起大拇指鼓励他。有一次，何留跪在地上，被一群孩子当马骑。张开森流着眼泪质问儿子："为什么下跪？"儿子比划着说："为什么别人能听见，我听不见？为什么别人能说话，我不会说话？""每个人都有自己的表达方式，旗手用旗语表达，航海的舵手在晚上航行时会用灯语表达，这不是你的错。"张开森回家后，翻出小人书告诉儿子，"坏人才会跪在地上，英雄是站着的。"

慢慢地，何留不再因为残障而感到自卑，他以一种沉默的方式骄傲地活着。在成绩单上，老师给何留的评语中最常见的一句是："很骄傲。""骄傲是一种自信的表现。"张开森向老师解释说，"这孩子很要强，健全人能做到的，他总是尽自己最大的努力去做，而且会做的比健全人更好。"

改革开放后，中国特教事业得到飞速发展，特教高中、中职、大专等学历课程陆续开办，康复教育、技能培训也全面开展，和何留一样，更多的残障儿童进入了特教学校，得到了良好的教育。何留顺利地进入高中，因为他酷爱美术，1992年，他同时接到了长春工艺美术学院和天津理工大学两所大学的通知书。大专毕业时，何留每门功课都在90分以上，天津理工大学特许他进入本科班和健全同学一起学习，1997年，他成为天津理工大学第一个聋哑本科生。

因为残障，何留就业时碰了不少钉子。尽管他的成绩很好，但许多企业都以"沟通不便"为由拒绝了他。何留坚韧的性格最终赢得一家广告公司老板的青睐，每月300元，从学徒工做起。他每天骑车往返三四十公里，第一个到办公室，从端茶、倒水、抹桌子做起，师傅们都觉得"何留眼中有活"，都乐意教他。一年后，他成了设计师，两年后，他成了公司的技术总监。尽管不能说话，何留和客户交流却很畅通，客户只要一个小小的动作，他马上就能领会。张开森说，每次接到业务，何留都要详细了解对方文化理念、广告文案背景、宣传意图，他做的广告文案定稿率一般都在80%~90%。

2002年，何留到北京参加"全国残障人士干部培训班"，受到时任全国残联主席邓朴方的接见。回到南京后，征得公司老板同意后，何留开始创业。一间16平方米的办公室，一人一桌一椅一电脑，在一切能省则省的原则下，2003年，何留设计工作室开业了。"任何事都是从一个决心、一粒种子开始。"何留把这句话贴在设计室的墙上。广告业的竞争异常激烈，何况一个聋哑人做广告。但业务无论大小，何留都精益求精，哪怕是一张设计费仅5块钱的名片。正是这些近乎完美的产品打动了一个个客户。

公司除了张开森之外，其他人都是聋哑人，他们没有专门的广告业务员，客户都是口口相传、闻风而来的。如今，何留设计工作室的业务范围已从食品包装、生活用品包装、产品设计包装拓展到艺术门类包装等。

2007年，何留花70万元在闹市区拥有了一套写字楼做自己的工作室。"做事踏实、稳扎稳打"，这是熟悉他的人给他的普遍评价。只要碰到残障人创业，何留都免费替他们做宣传资料。

"我要为残障人树立一个榜样，起到一个领头羊的作用，健全人能做到的我们一样也能做到。"面对记者，何留打着手语道出了自己的想法。

——转载自中国青年报

点评：

何留认为正常人做到的事，残障人通过自己的努力也能做到，任何事都是从一个决心、一粒种子开始的。除去自己的努力与坚持，还有一点就是他对当今社会职场的了解与职业发展的掌握，无论是在学校生活中还是在广告公司，他选择的职业具有专业性、创意性等特点，符合体力劳动类职业减少、脑力劳动或创意性工作增多的现代职场发展变化，从学徒一直到总监，他一直认真、精益求精地面对学习和工作，对于市场脉搏的把握也有着独到之处。

第一节　现代社会的职场概况与职业发展

一个人为社会贡献的大小、生活方式的选择及发展和成才，在相当程度上取决于他所从事的职业。从某种意义上讲，获得美好的职业是青年人实现理想和美好人生的代名词。为此，他们往往用理想的彩笔描绘着人生，塑造着自己理想的职业形象。对于即将毕业的大学生，选择一个适合自己理想的职业是走上社会的第一课题。但因社会分工的不同而形成了众多的职业，哪一种职业最适合你，除了要"知己"外，还必须对职业的基本知识有所了解，这对于尽快找到自己在社会中的那个最佳位置，无疑是有很大帮助的。

一、现代职场发展变化的特点

随着我国社会主义市场经济体制的建立和改革的深化，我国的大学生就业体制从"统包统分"的计划型环境模式向"自主择业"的市场型环境模式转变。大学生从被动接受国家分配转向就业市场自主择业，转型期中不可避免地会产生一些就业误区。因此，了解现代职场发展特点如何变化以及职业的含义对于残障毕业生准确定位，在科学的人生观、价值观指导下，用合适的包装成功推销自己起着一定的作用。

1. 从正式组织向项目团队变化

正式组织是指人们按照一定的规则，为完成某一共同的目标，正式组织起来的人群集合体。我国20世纪80年代以前，工作单位采用正式组织形式，这种形式可以提供一个稳定的、可以预测的环境，个人和组织是伙伴关系。在这种条件下，个人努力工作并对组织忠诚，组织提供工作安定性和长久性的保证。然而随着时间的推移以及在全球化进程加剧背景下，多数企业面临着新的环境以及新的压力，人员的工作效率低下，传统的组织形式已经不能符合现代职场发展的特点，企业管理需要依靠西方发达国家的现代项目管理方法和理论来解决问题，提高效率。于是顺应历史潮流，项目管理的理论与应用在我国地区开始传播发展，并得到了广泛应用，部分组织形式慢慢转变成了项目团队。项目团队不同于传统的正式组织，它是为满足客户需要实现既定项目目标，集合有关项目的人群，按照团队模式开展工作的组织。项目团队具有临时性，生命周期是依据项目开始和结束的时间而定，任务完成即可解散。而且项目经理在团队中起着非常重要的作用，处于领导地位，成员共同承担责任，向项目经理进行汇报。另外项目团队强调合作精神，注重成员的个性发挥以及团队文化建设。

2. 从层级管理向扁平化管理变化

层级管理结构是传统组织的特点，其来源于经典管理理论中的"管理幅度"理论。这种管理幅度理论认为，作为管理者，由于精力、知识、能力、经验的限制，所能管理的下属人数是有限的。然而在管理体系中，不可能独自完成任务，随着下一级结构人数的增加，人际关系数将呈指数增加，随之而来的信息量和管理难度随之增大，以至于达到超越管理者所能有效管理的范围。所以当一个组织的人数确定后，想要达到好的效果就必须增加管理层次，管理层次与管理幅度呈反比。在以前采用的这种组织形式，在相对稳定的市场环境中，是比较高效率的。但随着企业规模发展以及外部环境的快速变化，其适应性已经不符合现在职场发展需求。于是扁平化管理模式应运而生。

扁平化管理模式就是为解决企业中层级结构的组织形式在现代环境下难以实施而采用的另一种模式。正如上文所说，当企业规模扩大时，原来的有效办法大多是增加管理层次，而现在采用的是增加管理幅度。正式组织一般是作为金字塔形结构存在，当层次减少而幅度增加时，金字塔状的组织形式就被"压缩"成扁平状。这种变化不仅仅是结构上的变化，而且从这种结构中体现出分权管理成为一种普遍趋势，以往的正式组织往往是与集权管理体制相结合，在新的模式中各层级之间的联系相对减少，各基层组织之间相对独立，扁平化的组织形式能够有效运作。另外传统的组织形式由于层数较多，命令需要经过层层下达，如遇到突发事件难以有效地被传达，不能适应快速变化的市场环境，于是扁平化结构以其渠道层级少，但渠道宽度大的特点闻名于世。我们举个例子，以冬季羽绒服销售渠道为例，传统销售渠道以及模式是生产商批发给经销商，而经销商再分发给二级、三级经销商，最后到达商家手中，这样环节多，渠道长，到达客户手中会增加很多时间。通过扁平化渠道形式，通过现代信息通信以及物流手段直接到达商家手中，会大大缩短时间，节约成本，提高效率。

3. 从长期正式员工向临时雇员变化

正式员工即通常意义上的合同制员工，是市场经济发展到一定阶段的产物，实行终身雇佣制；而临时雇员是非正式员工的一种，相对正式员工而言他们没有同企业签订正式的劳动合同或确定正式的劳动关系，享受不到正式员工的待遇。这是人事制度跟随社会主义市场经济不断发展的产物。随着劳动关系的改善以及用工制度的不断深化，企业和公司用工形式多样化，使得人们的劳动关系也趋向于多元化，临时雇员已经成为多种就业方式的一种，长期正式员工比例在逐渐下降。

在以上三种变化的同时，我们还要注意到现代职场的成功标准也发生了变化。当今职场的年轻人更多强调职业生涯的目标是心理成就感，对于以往的权势以及地位并不十分看重，反之追求的是职业过程中乐趣以及内容丰富化，方式的灵活性。与传统职业生涯目标相比，不再只是看中组织对人的认可，而是主观认定。

二、什么是职业

当今社会每个人都有自己的职业。从词义学的含义看，"职业"一词，由"职"和"业"构成。"职"的意思是管理某种事务，分内应做的事，如职业、职责、权利和义务，"业"即事业、行业。职业是指人们在社会生活中所从事的以获得物质报酬作为自己主要生活来源并能满足自己精神需求的、在社会分工中具有专门技能的工作。

　　对"职业"这个概念的认识，不同国家的社会学家有着不同的回答：如美国社会学家塞尔兹（Seldes）认为，职业是"人们为了获取经常性的收入而从事连续性的特殊活动，这种活动具有市场价值，并决定着人们的社会地位"；美国著名的教育家、哲学家杜威（Dewey）认为，职业不是别的，是可以从中得到利益的一种生活活动；日本就业问题专家保谷六浪认为，职业是具有劳动能力的人为了生活和贡献社会而发挥其能力连续从事的劳动；《现代汉语词典》对职业的解释是，职业是个人在社会中所从事的作为主要生活来源的工作；我国经济学家潘金棠对职业的定义是，职业的劳动者比较稳定地从事某项有酬工作而获得的劳动角色；我国社会学工作者则强调职业是事业、责任、价值和酬劳的统一；我国还有学者认为，职业是参与社会分工，利用专门的知识和技能为社会创造物质财富和精神财富，获得合理报酬作为物质生活来源并满足精神需求的工作。职业是人们从事的相对稳定的、有收入的、专门类别的社会劳动，是对人们的生活方式、经济状况、文化水平、行为模式、思想情操的综合反映，也是一个人的权利、义务、权力、职责，从而也是一个人社会地位的一般表征。不同的职业，通常意味着不同的发展机会与空间，也决定了不同的生活方式。

【实践训练】

职业探索

写下你认为最能够精辟地表达职业的句子：
1. _____。
2. _____。
请认真思考后，完成下列句子。
1. 我将来想干_____。
2. 我最大的期望是_____。
3. 到了一定年龄，每个人都应该有自己的_____。
4. 对我来说，职业是_____。

三、职业特征

1. 职业的社会属性

职业是个人在社会劳动过程中从事的一种活动,同时也是在劳动过程中的一种分工现象,可以体现出劳动力与劳动资料之间的结合以及劳动者之间的关系,在劳动过程中会获得相应的报酬以及晋升等,这些都反映了职业的社会属性。

2. 职业的规范性

职业的规范性包含职业的操作和职业道德两种。任何职业在其劳动过程中都有一定的操作规范性,这不仅仅是专业性要求,更涉及安全生产以及行为规范等方面。比如在就业活动中应遵守的各种操作规则及办事章程。另外在职业生涯中职业道德也非常重要。这两种规范性构成了职业规范的内涵与外延。

3. 职业的连续性

职业作为社会中的一种劳动分工,参与人在劳动过程必须是相对稳定的,而且还应具有螺旋上升性,如果一个人的职业过程突遇中断,或者前进方向偏曲,对于社会人的职业发展非常不利,影响了职业的连续性。尤其是在残障大学生中间这种案例很多,比如毕业之后听力障碍大学生跳槽的现象不断发生,也许是由于待遇薪资问题,也许是兴趣爱好等偏好导致,但是不稳定对于一个正处于事业起步阶段的残障大学生来说是相当不明智的一种做法,而且会影响自己的心态以及发展方向。

4. 职业的技术性和时代性

从现代社会职业发展的情况来看,从事职业活动的就业者需要具备特殊的知识和技术,不同的职业具有不同的技术要求,而且随着社会的进步和发展,许多职业要求劳动者具备的知识和技术水平会越来越高。职业的时代性指职业由于科学技术的变化,人们生活方式、习惯等因素的变化导致职业打上那个时代的"烙印"性。随着时代的发展,职业的技术性也随着时代而不断发展和推进。

四、职业价值观与职业发展

价值观是人的主观态度或评价，是人们在一定环境中对周围事物产生的关于动机、目的、需要和情感意志的综合体现。在职业过程中，每个人都会受到不同价值观影响来满足自己的某种物质和精神需要。同时又因为每个人经济以及地位的不同，从而产生对社会不同职业的多种评价，形成了职业价值观。所以职业价值观是指一个人对各种职业的主要态度或者评价，以及基本认识。一个人的理想、信念、世界观对于职业的影响，都集中体现在职业价值观上。如果通俗点说就是"人各有志"的"志"字，表现在职业选择上就是职业价值观，它是一种具有明确的目的性、自觉性和坚定性的职业选择的态度、行为，对一个人职业目标和择业动机起着决定性的作用。

职业价值观是人们产生职业期望的基础，影响着人们对职业方向以及目标的选择，甚至与个人工作态度和劳动绩效水平、效率高低都息息相关。对于残障大学生来说，在毕业前，甚至是毕业之后都要不停地问自己哪个职业适合自己，哪个岗位对于自己的发展更加有利。对于职业你会选择稳扎稳打还是不断跳槽的方式对待？这都是职业价值观的具体表现。

【实践训练】

价值观拍卖会

目的：促进成员了解自己的价值观、团队的价值观，当个人价值观与团队价值观发生冲突时，如何选择？

时间：约60分钟

进行：

1. 将参加人员分成6个小组，每组10人，选出组长，负责购买价值观，每一个小组代表一个投标者。

2. 发给每个小组一张"团队价值观拍卖表"和10张"个人价值观拍卖表"，并给每个小组100万元（虚拟），组长负责把100万元平均分配给每个组员，请组员在"个人价值观拍卖表"中写下预估的金额，一定要将手中的钱用完（每人至少要选择三项以上，不可单独只选一项）。小组成员填好自己的价值观后，由组长负责把组员的价值观汇总，采用有效的方法与组员交流并达成共识，完成"团队价值观拍卖表"。

3. 指导师喊三声由出价最高者买得并成交，说明完后拍卖会正式进行。

价值观	出价额	出价顺序
1. 成为有名的人		
2. 财富		
3. 成为受别人尊敬的人		
4. 当国家主席		
5. 爱情		
6. 成为最具有吸引力的人		
7. 生活安定		
8. 创新、竞争、挑战		
9. 自由		
10. 成为最聪明的人		
11. 拥有一个温暖的家庭		
12. 人际关系和谐、融洽		
13. 帮助他人		
14. 选择自己所喜爱的生活方式		
15. 工作富有变化不单调		

分享与总结：

1. 请每组选出一名代表分享拍卖中所购得的价值观及活动感受，尤其当个人价值观与小组价值观发生冲突时，如何选择。

2. 进行总结。

【延伸阅读】

命运给我一条残腿，我用拐杖挑战命运

屠丽芳是一位拄着拐杖的上海女性，她的生活之路很不平坦。残疾、下岗、长期病假的丈夫，这是10年前的她必须面对的残酷现实。而10年后的今天，她

依然挂着拐杖，走上了"上海市再就业带头人""市三八红旗手""市自强模范"等表彰大会的领奖台。她创办的丽芳报刊服务社，开辟了一个就业新天地，为100余名下岗、失业人员提供了岗位，其中有11位残疾人。

屠丽芳的创业故事给了许多人以启迪和激励。屠丽芳出生不久就因小儿麻痹症而导致一条腿残疾。中学毕业后，她进了一家洗染店当织补工，本以为只要勤劳手巧，这个饭碗就能稳稳地捧到退休，不料1993年，洗染店被卖给一家饭店，所有的职工都被留下了，只有腿脚不便的她拿到了一张下岗通知书。那年，屠丽芳只有35岁。

她的丈夫刘和平是房管系统的职工，因心脏不好一直长期病假在家。回到家里，屠丽芳不敢把自己下岗的消息告诉丈夫，怕他接受不了。她只是说：店里在装修，员工放假回家两个星期。看到妻子迟迟不去上班，刘和平悄悄打了个电话到她原单位，终于得知了实情。晚上，刘和平对她说："我都知道了，你不要瞒我。没关系，既然下岗了，也要面对现实。"听到丈夫理解的话语，所有的委屈、伤心、苦楚，一下子都涌上了屠丽芳的心头，她的眼泪再也忍不住了。刚满10岁的女儿也说："妈妈，学校里的牛奶不要订了，把钱省下来吧。"

屠丽芳擦干眼泪，下了狠心：我有一双手，就不信养活不了一家人。她决定依靠自己织补洗染的一技之长，开家洗染房试试。在上钢新村街道的支持下，屠丽芳在浦东上钢七村里开了个小小的洗染亭。凭着精湛的手艺，她的生意十分红火，可是洗染业每年总有6个月的淡季，旺季的营业收入抵消不了淡季的支出，她的生活依然困难重重。她开始留意路边的商店、摊点，看看有什么生意适合自己做。忽然，她发现有一样东西天天都卖得掉，没有旺季淡季之分，那就是报纸。何不改卖报纸呢？于是，她和丈夫将洗染亭改成报亭。刘和平每天骑车到浦西取报纸，她在报亭卖报，有时也拿到车站去卖。卖报是件很辛苦的工作。由于腿脚不方便，屠丽芳吃了很多苦。有一天风雨交加，她打着伞在街头卖报，大风把雨伞吹坏了，手忙脚乱间她失去了重心，连人带拐杖翻倒在地，报纸全部撒落，钱币在雨水中滚落一地……

但是，屠丽芳很要强，一份新民晚报7角，有人看见她是残疾人，常常给她一元钱不要找了，但她坚决不肯。后来，她就将拐杖藏在电线杆后卖报。4年前，她的小报亭变成了首批东方书报亭。她卖报纸也卖出了"精"，她卖报时间比别人长得多，有时卖到晚上，等中班下班的人来买。她从不在摊位上看报纸，免得顾客误会她把看过的报纸卖给别人。卖报的辛苦只有自己知道，一年365天没有休息，早上5时半就得去拿报纸，夫妻俩吃饭都轮着。对许多家庭来说，一家三口一起吃顿晚饭是件平常事，但在屠丽芳家却是种奢望。看到父母在外面忙，还在念小学的女儿想为他们分担一些。屠丽芳记得，女儿第一次烧菜，把卷心菜和大白菜放在一起炒，菜还烧糊了，可屠丽芳吃得很香。

就这样起早摸黑、勤勤恳恳，屠丽芳和丈夫的收入多了，脸上愁容少了。不过屠丽芳的心事却没有减少。她的周围邻居中，不乏年龄相仿的下岗职工。看到屠丽芳做得不错，他们也动心了，可是又担心会不会抢了屠丽芳的饭碗。屠丽芳主动向他们发出邀请："我们一起干！你们挣钱也是我的心愿。"这时，她原单位所在地黄浦区（原南市区）的百帮服务中心，帮助她创办一个非正规就业组织——"百帮丽芳报刊服务社"，40多人成了首批成员。每天，屠丽芳要给他们的报纸点数、分类、登记，晚上还要清点他们交来的大量零钱，为他们做账。在屠丽芳的悉心指导下，服务社成员都做得很好。且售报点不断增加，从20多个摊位发展到四五十个，总共提供了100多个岗位。

40多岁的庄学才是自行车配件厂的下岗职工，1996年加入服务社，摊位摆在三林地区。起初他对卖报一窍不通，也不知道每天该拿多少报纸。屠丽芳从自己的份额中分出10份、15份给他，等庄学才有了稳定的销量，再替他批量进货。现在庄学才越做越好，月收入已达2000多元。

屠丽芳也曾尝试将残疾人吸收到她的服务社，但困难重重。她想出了一个点子：在卖报亭下安个轮子，在社区售报，这样既解决了流动叫卖不便问题，又不会引起固定摊位审批的麻烦。她把这样的售报亭叫做"阳光书报车"。去年，闸北区残联和上海大学举办残疾人创业培训班，屠丽芳立即报了名。她将自己的"阳光书报车"项目作为培训成果交给专家论证，这个项目顿时吸引了全班学员的眼球。专家一致认为，书报车是个适合残疾人再就业的岗位。

这个项目得到了闸北区残联的大力扶持。去年国庆节，"阳光书报车"在闸北区共和新路街道和彭浦新村街道亮相了。首批11名残疾人在屠丽芳的带领下，迈出了自强就业第一步。为了指导他们，屠丽芳整整3个月没回家。她布网点、进报纸，每天分发报纸给他们，手把手地传授卖报诀窍，再为他们联系进报刊的渠道。陈蓉蓉是共和新路街道的残疾人，她自己驼背，丈夫患白化病，双目失明，20岁的女儿也没有工作。在"阳光书报车"上岗后，阿蓉还招聘了一位残疾人，他们吃苦耐劳，干得十分红火，有了稳定的收入。好几位尝到了卖报甜头的残疾人对屠丽芳说："你帮了我们全家大忙了。"屠丽芳说："别这么说，我希望大家靠双手过上好日子。"

生活曾经阴云笼罩，而今却阳光灿烂。屠丽芳的家庭也很幸福。夫妻俩齐心协力,把百帮丽芳报刊服务社做大。当年把卷心菜和大白菜放在一起炒的女儿,如今已经20岁,现在烧得一手好菜,置办几桌酒席都没问题。一年前,女儿从职高毕业还考入了大学,念商业管理大专。屠丽芳用勤奋印证着自己的格言:"命运给我一条残腿,我用拐杖挑战命运!"

——摘自新民晚报

第二节 认识工作世界

职业是大学生的终极目标,培养职业化的残障大学生,也是大学的终极使命。认识工作世界,可以使大学生了解职业的基本概念和职业的分类及其发展趋势,以更好地指导自己的职业选择;掌握自我认知的基本方法,因此,残障大学生有必要在学校就去了解职业、认识职业,掌握自我特征与职业匹配的基本原理和方法,从而正确地进行职业选择,驾驭个人职业生涯的发展。

一、职业分类的概念及方法

职业分类是采用一定的标准和方法,依据一定的分类原则,对从业人员所从事的各种专门化的社会职业进行全面、系统地划分与归类。我国职业分类是以工作性质的同一性为基本原则,对社会职业进行的系统划分与归类。所谓工作性质,即一种职业区别于另一种职业的根本属性,一般通过职业活动的对象、从业方式等的不同予以体现。需要说明的是,对工作性质的同一性所作的技术性解释,要视具体的职业类别而定。

职业分类是一个国家形成产业结构概念和进行产业结构、产业组织及产业政策研究的基础,对于社会各个行业的发展有着十分重要的意义,任何一个国家的职业分类都影响并制约着其国民经济各部门管理活动的成效。首先,它是劳动力社会化管理的基础;其次,现代职业分类是教育培训与就业工作的基础;第三,现代职业分类为国民经济信息统计和人口普查提供服务。

任何国家的职业分类都是建立在一个分类结构体系之上的,针对体系中的每个层次,依据不同的原则和方法,才能实现总体结构的职业划分与归类。根据国际职业分类的通行做法,职业分类一般划分为大类、中类、小类、细类四个层次。大类层次的职业分类是依据工作性质的同一性,并考虑相应的能力水平进行的；中类层次的职业分类是在大类范围内，根据工作任务与分工的同一性进行的；小类层次的职业分类是在中类的范围内，按照工作的环境、功能及相互关系的同一性进行的；细类层次的职业分类即为职业的划分和归类，是在小类的基础上，按照工作分析法，根据工艺技术、对象、操作流程和方法的同一性进行的。

职业分类的基本方法是工作分析法。职业分类工作分析法是将任何一种职业活动依据其工作的基本属性进行分析，按照工作特征的相同与相异程度进行职业的划分与归类。国家职业标准是在职业分类的基础上，根据职业（工种）的活动内容，对从业人员工作能力水平的规范性要求。它是从业人员从事职业活动、接受职业教育培训和职业技能鉴定以及用人单位录用人员的基本依据。国家职业标准由国家人力资源和社会保障行政主管部门组织编制并颁发。

职业分类与职业选择、就业咨询、就业指导之间有着密切的联系。高校毕业生与用人单位在就业市场进行"双向选择"，实际上就是求职者选择职业和职业选择求职者的过程。因此，对于高校毕业生来说，不了解职业的种类及分类的依据，不了解职业对于劳动者素质的不同要求，就很难做出正确的择业决策。

二、我国的职业分类

在职业分类中，产业、行业与职业三者之间存在着归属关系，其中，不同产业相应地包含着各种行业，不同的行业也相应地包含着各种职业。产业是国民经济中最基本的分类。按照国际上通行的原则，一个国家的国民经济都可以划分为三大产业：第一产业包括农业、林业、畜牧业、渔业和矿业；第二产业包括机械制造业、加工业和建筑业；第三产业指广泛的服务业（除第一、二产业以外的其他各业），包括流通部门，如交通运输业、邮电通信业、批发零售贸易和餐饮业；为生产服务的部门，如综合技术服务和信息咨询服务等单位；为居民生活服务的部门，如旅馆、理发店、生活用品修理部等单位；为提高居民文化和身体素质服务的部门，如学校、医院、体育馆、电影院等单位；为社会管理服务的部门，如国家各级行政机关、社团组织等。

行业是指从事相同性质的经济活动的所有单位的集合。行业是采用经济活动的同质性原则划分的，即每一个行业类别都按照同一种经济活动的性质划分。

我国于 1984 年颁布了 GB/T 4754—1984《国民经济行业分类与代码》，把我国国民经济分为 13 个门类，1994 年进行了修订，2002 年颁布了 GB/T 4754—2002《国民经济行业分类》新的国家标准。由国家统计局牵头修订的新标准，按照国际通行的经济活动同质性原则划分行业，立足于中国国情，考虑与国际标准的兼容，充实了第三产业，新增加了"信息传输、计算机服务和软件业""水利、环境和公共设施管理业"等门类。根据我国的具体国情，新标准将国民经济行业划分为门类、大类、中类和小类四级，共有20个行业门类，95个大类，396个中类，913个小类。

下面仅列出20个行业门类：

（1）农林牧渔业。
（2）采矿业。
（3）制造业。
（4）电力、燃气及水的生产和供应业。
（5）建筑业。
（6）交通运输、仓储和邮政业。
（7）信息传输、计算机服务和软件业。
（8）批发和零售业。
（9）住宿和餐饮业。
（10）金融业。
（11）房地产业。
（12）租赁和商务服务业。
（13）科学研究、技术服务和地质勘察业。
（14）水利环境和公共设置管理业。
（15）环境管理业。
（16）居民服务和其他服务业。
（17）教育。
（18）卫生、社会保障和社会福利业。
（19）文化、体育和娱乐业。
（20）公共管理和社会组织。

在上述行业分类的基础上，1999年5月由原劳动部国家统计局和国家技术监督局等中央部委联合修订的《中华人民共和国职业分类大典》正式颁布实施。该大典把职业分为8个大类、66个中类、413个小类、1838个细类四个层次，细类作为我国职业分类结构中最基本的类别，即职业。8个大类分别如表3-1所示。《中华人民共和国职业分类大典》是我国第一部对职业进行科学分类的权威性文献，代表了国家标准。

表3-1　《中华人民共和国职业分类大典》职业分类

第一大类：国家机关、党群组织、企业、事业单位负责人，其中包括5个中类，16个小类，25个细类
第二大类：专业技术人员，其中包括14个中类，115个小类，379个细类
第三大类：办事人员和有关人员，其中包括4个中类，12个小类，45个细类
第四大类：商业、服务业人员，其中包括8个中类，43个小类，147个细类
第五大类：农、林、牧、渔、水利业生产人员，其中包括6个中类，30个小类，121个细类
第六大类：生产、运输设备操作人员及有关人员，其中包括27个中类，195个小类，1119个细类
第七大类：军人，其中包括1个中类，1个小类，1个细类
第八大类：不便分类的其他从业人员，其中包括1个中类，1个小类，1个细类

大类是职业分类中的最高层次。大类的划分是以工作性质的同一性为主要依据，并考虑我国管理体制、产业结构的现状与发展等因素，将我国全部社会职业大致分为管理型、技术型、事务型、技能型等八大职业类别。第七类和第八类不再进行下一层次的划分。每一大类的内容包括大类编码、大类名称、大类描述、所含中类的编码和名称。

中类是大类的子类。中类的划分是根据对大类职业体系的了解，是根据职业涉及的知识领域、使用工具与设备、加工和运用的技术以及提供的产品和服务种类的同一性进行的。每一中类的内容包括中类编码、中类名称、中类描述、所含小类的编码和名称。职业分类大典八个大类分为66个中类。

小类是中类的子类，一般是指工作范围。小类的划分是按劳动者的工作环境、条件、技术性质的同一性进行的。一般情况下，第一大类的小类是以工作领域、职责范围和业务同一性进行划分的；第二大类的小类是以工作或者研究领域、专业的同一性进行划分的；第三、第四大类的小类是以所办理的事务属性同一性和所从事的项目同一性进行划分的；第五、第六大类的小类是以所从事工作的操作程序规范的同一性、工艺技术的同一性、操作对象的同一性以及生产产品的同一性等进行划分的。每一小类的内容包括小类编码、小类名称、小类描述和所含细类编码的名称。职业分类大典将66个中类分为413个小类。

细类是国家职业分类最基本的类别，即职业。一个职业包含一组性质相同、具有通用的职业知识和职业技能的工作。细类的划分一般采用工作分析法，即将工艺技术、对象相同、操作流程和方法相似的若干工作种类或者岗位，归并为一个细类（职业）。第一大类的细类（职业）主要是按照工作的复杂程度和所承担的职责大小划分；第二大类的细类（职业）主要是按照所从事工作的专业性与专门性划分；第三、第四大类的细类（职业）主要是按照工作任务、内容的同一性或者提供服务的类别、服务对象的同一性划分；第五、第六大类的细类（职业）主要是按照工艺技术的同一性、使用工具设备的同一性、使用原材料的同一性、产品用途和服务的同一性，并按此先后顺序划分。每一细类（职业）的内容包括职业编码、职业名称、职业定义、职业描述及归入本职业的工种与编码等。职业大典分为1838种职业，加上后来增补的106种新职业，至今已有1944个细类（职业）。

三、残障大学生就业环境分析

残障大学生就业环境的分析反映了一段时间内就业市场的整体趋势，对残障大学生个体求职择业有着重要影响。残障大学生在就业前应该有针对性地了解就业环境，以便调整自己的就业目标和策略。

1. 正确认识残障大学生就业环境

残障大学生就业环境是根据一定时期社会经济发展需要，由国家职能部门、高校、用人单位以及大学毕业生诸要素以一定的组织方式构成的有机的联系网络。它不是一种知识体系，而是我们把握残障大学生就业这一社会问题的共同理论框架。它为我们考察大学生就业问题提供基本的观念、原则和方法。因此，我们必须从就业环境共同体的组织结构和运行机制中对问题进行整体性把握，而不是单从毕业生或用人单位某个环节或某个局部去考察。这正是环境模式分析的方法论意义所在。我们应看到就业环境有其自身的特点。

首先，残障大学生就业环境是由残障大学生、用人单位、高校和国家职能部门为要素构成的有机整体。各组成要素具有共同的组织结构、组织方式和运行机制。在共同体中，诸要素各有其作用和功能，并互相关联、互相补充、互相促进，按照共同原则运动，从而构成就业网络体系。

其次，残障大学生就业环境不是一个孤立、静止的模型，而是由社会经济发展因素决定的，受社会政治、经济、教育、科技诸方面因素影响的开放性体系。它有自身的运动发展规律。当它与社会经济发展状况相适应时，就业环境处于常态时期；随着社会历史条件的变化，模式环境发生量变，进入非常态时期；随着改革的深入，原模式环境逐步发展并达到质变，就形成了新的常态模式环境时期。我国残障大学生就业环境模式发展的历史、现状及未来走向正反映了这样一个过程。当前，我国的大学生就业体制正处于转轨的改革阶段，具体表现为一方面是大学生就业困难、人才闲置，另一方面却是"热点地区""热点单位"人才过剩，这种现状显然只是表面现象，实际上社会对高校毕业生的总体需求仍相当大。当前，由美国次贷危机引发的国际金融危机导致我国经济增速趋缓、出口下滑，对就业造成了很大影响。表现为企业现有岗位流失，企业用工需求下滑，城镇新增就业人数增速下降等。

2. 我国大学生就业环境的演变

新中国成立后到 20 世纪 80 年代中期，我国大学毕业生实行由国家负责、统一计划的"统包统分"就业模式。就业模式的特点是国家职能部门根据用人单位总体需求情况统一制定毕业生分配计划，毕业生由学校根据国家分配计划统一落实到具体的用人单位。因此，当时的毕业生思想教育的指导思想就是要求大学生完全服从国家安排，号召学生到祖国最需要的地方去。这种教育思想适应了当时国家计划经济下高度集中的资源配置方式，保证了国家重点建设项目和边远落后地区的人才需求。但是在这一就业环境中毕业生与用人单位作为供需双方是相互脱节的，片面要求学生无条件服从计划分配，极易造成人才资源配置上的积压浪费和人才使用上的学非所用、用非所长。随着社会主义市场经济体制的建立与发展，原有常态环境越来越不适应社会发展的需要。

20 世纪 80 年代中期至 1993 年国家确立并推行在一定范围内毕业生自主择业、用人单位择优录用的双向选择的"中期改革方案"。这意味着大学生就业体制进入了新旧交替的改革阶段，即非常态环境时期。这一改革模式与原有模式的最大区别在于毕业生与用人单位直接见面，双向选择。这从根本上改变了原有就业环境下供需分割的局面，加强了毕业生与用人单位的沟通与联系。在毕业生思想教育上，学校开始鼓励学生根据自身需求，主动接受市场挑选。较之原常态环境，改革打破原有的就业环境平衡，有效调动了毕业生和用人单位的积极性和主动性。但由于是一定范围内的双向选择，毕业生的就业仍受到相当的限制，以至于出现毕业生找到"婆家"却落实不了的情况。

近年来，与社会主义市场经济体制相适应，大学生就业模式逐步转向市场运行机制。"自主择业"的模式目标成为新的就业环境。市场调节就业模式以"自主择业"为核心，通过加强就业环境中各要素即毕业生、用人单位和高校之间的双向沟通与联系，实现就业环境的常态平衡。就业环境的结构特点是从平面单向转向立体多维。在新的常态环境下，毕业生主要依靠个人条件参与市场竞争，不再依赖国家行政手段保证就业；用人单位依靠工作条件和工作待遇吸引人才、选择人才，不再依靠国家行政命令被动接受。新的常态环境与原常态环境最根本区别在于计划转向市场，被动变为主动，充分地调动了毕业生和用人单位的积极性。模式运行机制以"优胜劣汰"双向选择的市场竞争为主导，以人才市场和就业市场为中介，实现人才供需关系的动态平衡和人力资源配置的效益最优化。"自主择业"市场调节型大学生就业模式目标，为我们从根本上解决大学生就业难的问题明确了方向。

【实践训练】

职业智商分析

职业智商分析就是通过一定的测试来分析得出被测对象以后做什么工作更容易出成绩，也就是你在工作中真正的特长之所在。人们的思维能力倾向有三个基本方面，这就是形象思维、抽象思维、运动思维。我们可以通过下面的测试大致了解自己的思维倾向，从而找到自己的真正优势。本测试题共15道，下面开始测试：

1. 我经常能找到自行车故障之所在。
2. 在去城里某个地方之前，会想出各种可能的道路。
3. 我的文章写的不错。
4. 家里的小电器坏了，都是我自己修理。
5. 能准确地运用绘画、舞蹈表达自己的想法和情绪。
6. 总能用不同的词语表达同一事物。
7. 能较快地学会变换复杂的体形运动。
8. 能制作复杂的机械图形。
9. 能把自己看到的各种现象进行概括，找到其中的共性。
10. 学开车学得快。

11. 平时思考问题时总是借助脑中的图像。
12. 较能准确地理解别人认为乏味的理论。
13. 别人曾夸我手巧。
14. 平时总喜欢以概念、符号来进行思考。
15. 对音乐敏感。

计分评估：每道题答是的得1分，答否的得0分。将1，4，7，10，13题的得分加起来为A，将2，5，8，11，15题的得分加起来为B，将3，6，9，12，14题的得分加起来为C。

在以上A，B，C三个分数中，如果A最大，表明你的动作思维比较好，适于从事形体运动一类的职业。如果B最大，表明你的形象思维很好，你在艺术表达方面的职业上可以胜任。如果C最大，则表明你有相当好的抽象思维能力，以后从事理论研究比较合适。

【延伸阅读】

湖北首家聋人咖啡馆关张

"感谢客人，感谢一切！"昨日，伴随着文锋这条朋友圈消息的发出，开张一年零5天之后，位于江岸区吉庆街的首家聋人咖啡馆结业关张。

2013年8月20日，由24岁聋哑男孩文锋创办的这家咖啡馆，曾给无数客人带去无声的温暖。可一年后，咖啡馆经营却遭遇困境，累计亏损近10万元。"这不是终结。"文锋告诉记者，转手了这家咖啡馆后，他会找一相对便宜的店铺，重新将聋人咖啡馆开起来。

昨晚，与房东进行交接后，文锋不舍地望了聋人咖啡馆最后一眼。"这一年，我把咖啡馆当做我的家。"文锋告诉记者，去年夏天，他与两个合伙人决定开一家聋人咖啡馆，"我们听不见，不能说话，但也希望有个能和朋友聚会的地方，用我们力所能及的方式点上一杯咖啡，不会引来别人惊诧的目光。"

他奔波在武汉三镇，买来桌椅、吧台、咖啡机。为了学习制作咖啡，他常常熬通宵上网看教学视频。2013年8月20日，聋人咖啡馆正式开张，吸引了众多媒体关注，还有不少外地聋哑人来捧场。从此，文锋就一心扑在咖啡馆里。每天醒来，匆匆吃完早点就来到咖啡馆，采购、清扫、准备开张；凌晨两点，喧嚣的夜市也落寞下来,他才拉下咖啡馆的卷闸门回家休息。"一天睡六个小时,依然精神满满。"他的母亲张翠花如此评价他的状态。

"除了不能听和说,我们什么都能做。"在咖啡馆外的字牌上,这样一句文字正是文锋内心独白。

"虽然累,但收获了很多很多的感动。"文锋说,聋人咖啡馆的主要顾客是聋哑人,这里也成了他们交友、交流的温馨一角。

去年11月,在南京读书的聋哑大学生小莫,看到网上关于聋人咖啡馆的报道,专程从南京来到武汉。在汉口街头,不便问路的小莫寻找了两个小时,终于找到聋人咖啡馆。见到了文锋,小莫激动地用手语说:"奔波一趟也很值得,因为你给了我对于未来的信心。"

当然,也有一些健全人来捧场。25岁的武汉姑娘小米就是其一。去年10月,她和男友来到聋人咖啡馆,在留言板上留下对彼此的爱慕话语,此后男友意外失联。几个月后,小米再次来到咖啡馆,看到留言板仍被保留着。从此,小米一有空就来咖啡馆帮忙,还学习了手语,在咖啡馆开了手语课。"我想等着男友回到咖啡馆来找我。"

感人的故事每天都在发生,可是,聋哑人群体消费能力有限,咖啡馆的经营压力也越来越大。文锋告诉记者,咖啡馆累计亏损近10万元。这家位于闹市区的两层楼店铺,租金高达7000元/月,还不包含水电等费用。店里的员工,都是他尚未找到工作的聋哑朋友,他也会支付一定的工资。而且,两名合伙人因为种种原因离开了咖啡馆。

文锋告诉记者,他决定找一家小的店铺,重新把聋人咖啡馆开起来。"开聋人咖啡馆是我最大的梦想,我不会放弃。"

——转载于楚天都市报

点评:

　　文锋坚持创业的梦想值得肯定,但他没有考虑到选址、店面租金、店面设计、产品推销等方面因素,而且他的目标客户群只针对聋哑人群体来经营,这样就限制了目标市场以及目标客户。创业不能依靠别人的同情,而是应该提供有价值的服务。他的创业失败给予大家的警示就是要充分地认识工作世界,认识社会和工作环境。只有充分认识环境后才能更好地进行择业与创业。

第三节　职业社会对人才的要求

每一个具有一定劳动能力的人，一生中都必须选择一种或某几种职业，这种职业选择的必然性，既是社会发展的客观需要，也是个人自身发展的客观需要。而影响一个人职业选择的因素是多方面的，有时也是复杂的。高校毕业生就业成功与否，既有主观方面的因素，也有客观方面的原因，主客观因素有时相互作用，共同影响和决定高校毕业生的就业。所以说职业社会对人才有一定的要求，了解各种具体要求，将有助于自己选择到理想的职业及较早取得好的职业成就。

一、素质

素质就是一个人在社会生活中思想与行为的具体表现。在社会上，素质一般定义为：一个人文化水平的高低；身体的健康程度；家族遗传于自己的惯性思维能力和对事物的洞察能力，管理能力和智商、情商层次高低以及与职业技能所达级别的综合体现。

1. 具有较高的思想政治素质和良好的人品

在社会主义市场经济条件下，社会需要思想政治素养良好、品行端正的青年人才。优秀毕业生、优秀学生干部、三好学生、共产党员及诚实守信的毕业生在就业市场上大受用人单位的青睐。

2. 对企业忠诚，具有强烈的事业心和责任感

事业心和责任感已是许多用人单位对毕业生素质的基本要求。国有企业、外资企业、民营企业的人力资源人士都一致认为，宁可要一个对企业足够忠诚、哪怕能力差一点的员工，也不愿意要一个能力非凡但却朝三暮四的员工。

用人单位特别欢迎事业心强、眼光远大、心胸开阔、意志坚定、具有强烈使命感和社会责任感的人。而对那些追求眼前利益、图实惠；自私自利、单纯追求个人价值的实现或刚到就业单位，稍不顺心就"跳槽"者则不看好或反感。

3. 具有敬业精神和职业素质

"现在有的年轻人职业素质比较差，曾经有一个年轻人，早晨上班迟到的理由居然是昨晚看电视节目看得太晚了。新来的大学生在工作中遇到问题或困难，不及时与同事沟通交流，等到领导过问时才汇报，耽误工作的进展，这些都是没有敬业精神和职业素质差的表现。"中关村电子有限公司的人力资源人士说，"企业希望学校对学生加强社会生存观、价值观的教育，加强对学生职业素质、情商、适应能力和心理素质的培养。有了敬业精神，其他素质就相对容易培养了。"

4. 具有吃苦耐劳的创业精神

现在的大学生大多数是独生子女，依赖性强，从小到大家长、老师包得过多，不少人最大的弱点是怕吃苦，缺乏实干的奋斗精神。因而许多用人单位十分看重毕业生是否具有吃苦耐劳的创业精神。那些缺乏吃苦精神，"骄""娇"习气十足，想坐享其成的人是不受欢迎的。

5. 身心健康者

俗话说："身体是革命的本钱"，现代社会中身心健康包含身体健康和心理健康两个方面含义。身心健康是现代企业对人才基本素质的要求。如果一个毕业生其他方面条件不错，但有严重的心理障碍或疾病，或者体弱多病，甚至未工作先要治病，用人单位也是不愿意接收的。现在，一些用人单位在招聘过程中，对毕业生进行心理测试、身体健康检查等，就是对身心素质要求的体现。

二、能力

能力，是指顺利完成某一活动所必需的主观条件，是完成一项目标或者任务所体现出来的素质。人们在完成活动中表现出来的能力有所不同。能力是直接影响活动效率，并使活动顺利完成的个性心理特征。能力总是和人完成一定的实践相联系在一起的，离开了具体实践既不能表现人的能力，也不能发展人的能力。

1. 不苛求名校出身，只要综合素质好

吉通网络通信股份有限公司的人力资源部负责人表示，"我们公司不苛求名校和专业对口，即使是比较冷僻的专业，只要学生综合素质好，学习能力和适应能力强，遇到问题能及时看到问题的症结所在，并能及时调动自己的能力和所学的知识，迅速释放出自己的潜能，制定出可操作的方案，同样会受到欢迎。"

2. 有专业技术知识和较强的应用能力

北京某科技股份公司人力资源部经理介绍说，"专业技能是我们对员工最基本的素质要求，IT行业招人时更是注重应聘者的技术能力。在招聘时应聘者如果是同等能力，也许会优先录取研究生。但是，进入公司后学历高低就不是主要的衡量标准了，会更看重实际操作技术，谁能做出来，谁就是有本事，谁就拿高工资。"

动手能力是在社会生产一线工作的大学毕业生的必备能力，它是用较强的专业技术来解决实际问题的能力。许多用人单位在招聘毕业生时，总希望毕业生动手能力强，并具有一定的工作能力和经验。例如，学生在校期间有论文、作品、著作发表者之所以很"抢手"，也是因为他们用自己的"成果"证明了其实际应用能力。

3. 沟通能力强、有亲和力

京东方科技集团人事部的负责人说："我们公司认为，大学生最需要提高的能力是沟通能力。企业需要的是能够运用自己良好的沟通能力与企业内外有关人员接触，能够合作无间、同心同德、完成组织的使命和目的的人。"

4. 有团队精神和协作能力

"金山特别欣赏有团队精神的员工，因为在软件开发和使用过程中，如果有一名员工在一个环节上出现问题，将会影响整个项目的进程。"金山软件股份有限公司的人力资源管理人士说。

5. 良好的适应能力

毕业生要在短时间迅速适应工作环境，认同企业文化。这样才能扎根于企业，得到信任，从学生到职业人的过渡才能够顺利完成。

三、行动

运动是物质的存在方式,劳动创造了人,构成了生命活动的特殊形式。因此,人总是处在不断的运动过程之中。但是,人的运动不同于自然运动,自然运动是盲目的、自发的运动,人的运动则是有意识的,自觉的社会活动,即人的行动。正是人的行动的展开构成了现实的人生,行动成就人生。

1. 带着激情去工作

"企业需要带着热情去工作的人!"京东方科技集团股份有限公司的人力资源人士表示,"我们在对外招聘时,特别注重人才的基本素质。除了要求求职者拥有扎实的专业基础外,还要看他是否有工作激情。一个没有工作激情的人,我们是不会录用的。"

2. 遵守职业规范

忠于职守,乐于奉献;实事求是,不弄虚作假;依法行事,严守秘密;公正透明,服务社会。

3. 准确的理解力和良好的执行力

理解力是学习和工作的前提,要在着力提高准确的理解力上下工夫。没有理解,就没有创造性地贯彻落实。同样一件事情交给不同的人去办,效果、境界会大不一样,理解力高的人、悟性高的人,就会用心去想、用心去做,做得很到位、很精彩。执行力是指把决策转化为结果的能力。体现的是一种敬业的精神,一种诚实负责的态度,因此我们要在着力提高执行力上下工夫。再好的思路、再高的目标,不抓执行、不抓落实,只能是空中楼阁、纸上谈兵。

【实践训练】

你所看重的东西——职业价值

这部分测验是在选择工作时通常考虑的9项标准(见工作值标准)。请你选出最重要的两项与最不重要的两项,并将序号填入下边相应空格上。

工作价值标准：

1. 工资高、福利好。
2. 工作环境（物质方面）舒适。
3. 人际关系良好。
4. 工作稳定有保障。
5. 能提供较好的受教育机会。
6. 有较高的社会地位。
7. 工作不太紧张、外部压力少。
8. 能充分发挥自己的能力特长。
9. 社会需要与社会贡献较大。

最重要：_____

次重要：_____

最不重要：_____

次不重要：_____

【延伸阅读】

高志鹏——暗黑中捕捉闪亮音符

高志鹏，男，汉族，1974年生，视力残障，山西省吕梁人，现为太原市盲童学校音乐教师。6岁时因手术失败导致双眼失明，13岁随民间学艺，18岁成为太原市盲童学校插班生，28岁考入中国戏曲学院。他集写词、作曲、演唱、演奏于一身，至今已创作数百首歌曲，多次在全国大赛中获奖，近百家媒体对他的事迹进行过报道。

高志鹏出生在吕梁山区兴县，6岁时因手术失败双目失明。8岁那年，他让妹妹拉着他的手到学校门外听课，被老师发现，让爸爸把他领回了家。爸爸摸着他的头说："孩子，你跟人家不一样，爸爸教你拉二胡吧！"从那天开始，他踏上了音乐旅途，在自己心灵的舞台上演绎起不灭的火焰和无尽的执着。高志鹏11岁时，二胡水平就已超过了父亲，当他得知了"阿炳"的故事后，便下定决心要做一个盲人音乐家。他"摸"懂了《二泉映月》，也在音乐中找到了属于自己的世界。他跟着鼓乐班的师傅们沿九曲黄河一路苦学，学会了各种民间小调、晋剧曲牌，学会了唢呐、笙、箫、笛子等鼓乐班的全套乐器。15岁那年，父亲为他买了8件乐器，让他组建了自己的鼓乐班。从此，这位少年盲班主带着一伙明眼人，开始在陕西、内蒙古一带的农村闯荡。几年下来，他挣下的钱，不但贴补家用，建了新窑洞，而且还为两个哥哥娶了媳妇，供妹妹读完了初中。在外闯荡的高志鹏第一次听说在太原有一所盲校，他心中又开启了一扇窗户，独自一人去太原市盲校求学。在省残联领导的帮助下，他成为太原市盲童学校的一名大龄插班生。

在盲校学习的两年间，每到星期天，志鹏便抱着吉他、二胡到街头卖唱，挣学费和生活费；上课时间又以饱满的激情，投入于学习和创作中。1994年，他创作的歌曲《心声》，在山西人民广播电台"升华奖"新歌征集中，荣获词曲创作一等奖；歌曲《满天繁星属于你》，在全国第二届盲聋学校学生艺术汇演中，获得一等奖及创作奖。当残联主席邓朴方把奖杯送到他的手中时，他感到茫茫黑夜中有了繁星般的点点希望。

盲校毕业他留校工作，2000年在中残联的关怀下，他成为中国戏曲学院首位盲人进修大学生。在正规化、高节奏的教学环境中，为了赶上学习的进度，他几乎每晚都守在琴房，根据盲文和课堂的录音资料一点一点地摸索着指法。进修是拿不到学历的，2002年高志鹏便参加了成人高考并成为中国戏曲学院一名正规大学生。经过顽强拼搏，高志鹏不仅以优异成绩完成学业，他创作的歌曲《走出圪梁梁》、二胡曲《黄土情怀》，还分别荣获全国第六届残障人艺术大赛金奖、银奖。

如今，高志鹏的心中有了一个"神州万里行"的计划。他准备用两年时间，走访全国百所高校，为高校师生免费演奏自己的音乐作品，分享他捕捉到的照亮人生的音符。

——转载自100位残障人的励志故事

点评：

高志鹏以其乐观、坚韧的品质勇于拼搏，最终获得生活以及事业上的成功。他用歌声诠释对生命的热爱、对光明的寻找与创造，让我们知道什么是自强不息。当今职业社会要求每个人要具备素质、能力以及行动力等因素，那么如何认识这些因素呢？

第四节　科学职业生涯决策

有了积极的心态和素质要求，就有了发展的动力。只有动力还是不够的，还需要技术与方法。为什么有的人能成功，有的人却不能成功呢？其根本的原因是缺乏生涯发展技术，缺乏工作技巧，说得具体一点是对为人处世、对工作缺乏周详的计划与经验，在实际工作中出现失误，使目标落空，事业失败。为使你的生涯目标得以实现，使你的事业获得成功，就需要了解职业生涯决策。

一、职业决策的含义和类型

职业生涯决策也称为生涯决策。在我国，学者们将本概念直接翻译为职业决策。辛格（Singh）和格林豪斯（Greenhaus）等人认为职业决策是个体一生中必然要面临的重要决策，是指个体对自己将要从事职业做出的选择，是按照劳动力市场上的需要，对现存的职业进行比较，选择最适合自己所具有的职业劳动力就职条件，实现自己劳动能力与劳动岗位相匹配的形式。在《教育大辞典》中，职业决策被定义为：人们根据自身特点和社会需求做出合理的职业方向抉择过程，内容包括个人的价值探讨和澄清、关于自我和环境的使用、谋划和决定过程。职业决策是职业目标、职业方向确定并实现的过程。要了解职业决策，就要充分理解它所包含的3层含义。

首先，职业决策是人生的一种决策，是个人针对自己的个性因素对工作岗位类别进行的选择和确定。对于学生们来说，进行职业决策是使自己从"学生"转变为"职业人"的关键环节，是实现人生价值的开端。因此，职业决策是人生的一种重大选择。

其次，职业决策是个人因素与职业因素优化统一的过程。不同的人有不同的职业目标，不同的社会岗位将对不同的劳动者进行选拔。这就要求在做出职业生涯决策时，必须考虑到自己的性格、兴趣、气质、技能和价值观等相关信息，同时必须面临职业和教育的各种选择。这样才能在综合自我信息和职业信息的基础上，利用职业生涯知识与技能，对自身个性因素和职业因素进行优化统一，制定出有效的个人职业生涯发展决策。

最后，职业决策是个人向客观现实妥协的过程，也是个人对"我与职业"关系的调适过程。每个人都有自己的职业理想，然而理想和现实之间往往存在差距，在做选择的时候，必然要在职业理想和客观现实之间做出一定的妥协，在理想和现实之间进行科学合理的分析与调适，真正解决好"我与职业"的关系，让自己高度认同自己的职业选择，也让自己的职业选择为自身的发展搭建好平台。不仅仅在职业生涯中需要选择，生活中每一件事情都要勉励这决策。每个人因为性格特点、思考方式等的不同，抉择起来会大相径庭，那么在职业生涯的决策上同样面临着相同的问题。

职业生涯规划中，常见的决策风格主要类型见表3-2。

表3-2 职业生涯决策风格及类型

决策类型	说明	行为特征	好处
冲动型	决策的过程基于冲动，决策者选择第一个遇上的选择方案，立即反应	先做了再说，以后再来想后果	不必花时间找数据
宿命型	决策者不愿做决定，把决定的权力交给命运或别人，因此认为做什么选择都是一样的	船到桥头自然直。天塌下来会有大个子顶着	不必自己负责。减少冲突
顺从型	自己想做决定，但无法坚持己见，常会屈服于权威者的指示和决定	如果你说OK，我就OK	维持表面和谐
延迟型	知道问题所在，但经常迟迟不做决定，或者到最后一刻才做决策	急什么？明天再说吧！	延长做决定的间
自觉型	根据感觉而非思考来做决策。只考虑自己想要的，不在乎外在的因素	嗯，感觉还不错，就这么决定了	比较简单省事
麻痹型	害怕做决策的后果，也不愿负责，选择麻痹自己来逃避做决策	我知道该怎么做，可是我办不到	可以暂时不做决定
犹豫型	选择的项目太多，无法从中做出取舍，经常处于挣扎的状态，下不了决心	我绝不能轻易决定，万一选错了，那就惨了	搜集充分完整的资料
计划型	做决策时会倾听自己内在的声音，也考虑外在环境的要求，以做出适当明智的抉择	一切掌握在我。我是命运的主宰，是自己的主人	主动积极，面对问题，解决问题

二、职业决策注意事项

不是每个人都能成功地做出生涯规划的，这当中会有一些阻碍因素不利于我们做出决定，或是职业选择不顺利，或是造成生涯发展困境，长久无法突破，我们要重视这些特殊的注意事项。

1. 制订职业决策需要结合自己的性格、特长和兴趣

自己的性格、特长和兴趣决定着自己的心态，从而影响着自己的职业决策。因为职业也必须要符合生涯发展的客观规律，人们所从事的工作需要是自己所擅长的，制定职业规划一定也要认真分析出来自己的优缺点。从事一项自己擅长的、并喜欢的工作，工作会很愉快，也容易脱颖而出。这正是成功的职业规划核心所在。

2. 要考虑到实际情况，并具有可执行性

大学生毕业后心气很高，想要改变些什么，但是实际社会里的工作，更多的是一种积累的过程，包括资历、经验、知识的积累等，所以职业规划要考虑到实际情况，并具有可执行性，不能与实际脱钩，要根据自己的实际情况和社会情况，一步一个脚印地发展。

3. 职业决策必须有可持续发展性

职业决策并不是一个片段或者一个阶段性的目标，必须是贯穿自己整个职业发展生涯的远景展望。如果职业决策仅仅是一段时间内的，后面又没有更高的追求和连续的决策，自己的心态和动力也会停滞，从而影响到生涯的长期发展。

三、职业决策方法

职业生涯规划与决策的具体方法较多，目前较为常用的主要方法有：

（一）计划型决策：CASVE 循环

职业生涯规划决策是解决问题的一种活动。CASVE 循环包括五个阶段：沟通、分析、综合、评估和执行，CASVE 就是这五个词的英文单词首写字母。它可以在整个职业生涯问题解决和决策制定过程中为你提供指导。

1. 沟通

沟通阶段体现的就是关于职业理想与现实之间存在差距的信息，主要包括内部和外部的信息交流。内部的信息交流，是指个体自身的身心状态以及情绪信号，比如在找工作或者工作后，你可能在情绪上会感受到不满、厌烦、焦虑和失望，还有身体信号，如昏昏欲睡、头痛、胃部疾病等。外部的信息交流，是指外界的一些对你产生影响的信息，比如宿舍同学一起考研不找工作，或者是一起都要找工作，于是开始准备简历，这些都是为你提供了一种外部信息，你也需要开始准备找工作了；又如在求职过程中父母、老师、朋友给你提供的各种建议。通过内部和外部沟通，你意识到自己需要解决某些问题，这样的交流对开始生涯选择十分重要。

2. 分析

在这一阶段，是通过第一阶段以及自我知识、各种环境知识进行分析，进一步理解理想状态与现实的差距。在这一阶段，改善自我知识，不断了解职业世界和家庭需要会取得进展。分析阶段，生涯决策者发现理想与现实的原因，并将各种因素和相关知识联系起来进行综合分析。

3. 综合

根据分析阶段所得出的信息，从大范围开始筛选，最终确定3~5个最可能的选项。在分析阶段的基础上，综合阶段把每一个方面都分别对应着很多职位罗列出来形成选择列表，进行处理后把最可能从事的职业限定到3~5个。最后问自己：假如我有这3~5个选择，是否可以解决问题，消除现实和理想状态的差距？如果可以，就进入评估阶段选出最适合的选择，如果还是不能解决问题，就需要重新回到分析阶段了解更多信息。

4. 评估

评估综合阶段得出的3~5个职业进行具体的评价进行排序。比如，可以问：①对我个人而言什么是最好的？②对我生活中的重要他人而言什么是最好的？③大体上，对我所处的环境而言什么是最好的？还可以通过生涯平衡单和SWOT分析等方法进行评估。

5. 执行

这是实施选择的阶段，把思考转换为行动。很多人都觉得在执行阶段制定行动计划是令人兴奋的和有价值的，因为他们终于可以开始采取积极行动去解决问题了。

6. 再循环

CASVE 循环是一个不断重复的过程，在执行阶段之后，生涯决策者又回到沟通阶段，以确定已经选取的选择是不是最好的，是否能最有效地消除理想与现实间的差距。最后，CASVE 决策技术，无论是对解决个人职业规划问题，还是解决团体问题都非常有用。用系统的方法思考这五个步骤，能够提供一个有用的工具，使你成为一个更有效率的人。

（二）SWOT 决策分析法

SWOT 决策分析法是现代企业管理中经常使用的功能强大的分析工具，其中：S 代表 Strength（优势），W 代表 Weakness（弱势），O 代表 Opportunity（机会），T 代表 Threat（威胁）。S、W 是内部因素，O、T 是外部因素。所谓 SWOT 分析，即态势分析，就是将与研究对象密切相关的各种主要内部优势、劣势、机会和威胁等，通过调查列举出来，并依照矩阵形式排列，然后用系统分析的思想，把各种因素相互匹配起来加以分析，从中得出一系列相应的结论，而结论通常带有一定的决策性。

一般来说，在进行 SWOT 决策分析时，应遵循以下四个步骤：

第一步，评估自己的长处和短处。每个人都有自己的价值观、性格、兴趣和能力。在分工非常细的环境中，每个人都擅长于某一领域而不是样样精通。有些人不喜欢整天坐在办公桌旁，而有些人则一想到不得不与陌生人打交道，心里就发怵。通过列表，你可以找出自己不是很喜欢做的事情和你的弱势。要看到，找出你的短处与发现你的长处同等重要，因为你可以基于自己的长处和短处作两种选择：一是努力去改正常犯错误，提高技能；二是放弃那些不擅长的、技能要求高的职业。列出你认为自己所具备的很重要的强项和对你的职业选择产生影响的弱势，然后再标出那些你认为对你很重要的强、弱势。

第二步，分析自己的职业机会和威胁。不同行业（包括行业内的不同公司）都面临着不同的外部机会和威胁，所以找出这些外界因素对帮助成功找到一份适合自己的工作非常重要，因为这些机会、威胁会影响到第一份工作和今后的职业发展。例如，一公司处于常受外界不利因素影响的行业里，自然这一公司能提供的职业机会将是很少的，且可能没有职位升迁的机会；相反，充满了许多积极外界因素的行业将为求职者提供广阔的职业前景。要列出自己感兴趣的一两个行业，然后认真地评估这些行业所面临的机会和威胁。

第三步，明确列出五年内的职业目标。仔细对自己作一SWOT决策分析评估，要列出从学校毕业后五年内最想实现的三个职业目标。这些目标包括：想从事哪一种职业，或希望自己拿到的薪水属于哪一级别。要时刻记住：必须竭尽所能地发挥自己的优势，使之与行业提供的工作机会完满匹配。

第四步，这一步主要涉及一些具体的东西。请你拟出一份实现上述第三步列出的每一目标的行动计划，并且详细地说明为了实现每一目标，你要做的每一件事，何时完成这些事。如果你觉得你需要一些外界帮助，请说明你需要何种帮助和你如何获取这种帮助。举个例子，你的个人SWOT分析可能表明，为了实现你理想中的职业目标，你需要进修更多的管理课程，那么，你的职业行动计划应说明你何时进修这些课程。你拟定的详尽的行动计划将帮助你做决策。诚然，做此类个人SWOT分析会占用你的时间，而且还需认真地对待，但是，详尽的个人SWOT分析却是值得的，因为当你做完详尽的个人SWOT分析后，你将有一个连贯的、实际可行的个人生涯策略供你参考。

【实践训练】

反思你的决策风格

请回想迄今为止在你人生中你所做的三个重大决定，按以下几个部分进行描述并写在纸上：

1. 当时的目标或情境是什么？
2. 你是如何做决策的？
3. 现在你对当时的选择有什么评价？

当完成对三个重大决定的描述后，综合分析上述三个实践中的决策有什么共同之处，从中可以看出你在做决策时，有什么特点？

不同的决策风格都有其优劣之处，都可以在某种程度上满足决策者的需要，重要的是识别自身的决策风格，并有针对性地进行调整。

【延伸阅读】

李金其——创业明星

李金其:"我常常忘了自己是一名残疾人。在我看来,不逃避现实,勇于承担责任,人人都可以成为主宰命运的强者。"40岁的东北汉子李金其,用艰难创业的奋斗过程诠释着自己对生命的理解和对人生的感悟。

幼年的李金其饱尝苦难。3岁时一场突如其来的小儿麻痹症使他几乎完全瘫痪,不断挑战身体极限的治疗与锻炼,让他再次站了起来,但右腿仍留下了一生的遗憾。学校里同龄人的嘲弄与冷落,一度使年幼的李金其产生严重的自卑心理。"我甚至不敢与健全人的眼光对视,连上下学都专挑人少的小路走。"

中学班主任一句"知识可以改变命运"像一把神奇的钥匙,开启了李金其紧闭的心门,使他找到了生活的方向。他凭借惊人的毅力,先后获得学士、硕士学位,如今管理着数家企业的李金其还是中国人民大学的一名在读博士生。

"做生意哪有一帆风顺的,到处都是暗流险滩,但我从不畏惧困难,因为每个困难都是一次成长的机会。"谈到创业历程,李金其语气中多了几分坚定。1997年,他所在的国有化工厂倒闭,而立之年的李金其下岗了。肩负着家庭生活压力的他没有自怨自艾,自筹资金创立了黑龙江鑫盛化工有限公司,开始了第一次创业。

根据对化工行业的了解,李金其将企业生产方向锁定在聚氨酯材料上。这种材料具有绝热保温的特性,被广泛应用于新型建筑及热力管线等领域。

创业之初,李金其对聚氨酯的生产工艺并没有完全掌握。为了解决技术难题,他拖着病腿四处查阅资料、请教专家;为了测试产品耐寒性,他严冬时节带队北上黑河、海拉尔、根河等地,在冰天雪地中做试验,一待就是几个月。

通过对野外试验数据的分析,李金其掌握了聚氨酯低温发泡的属性,使得聚氨酯的应用领域得以扩宽。这一发现受到业内专家的高度肯定,企业也逐渐获得回报。目前,李金其在哈尔滨、上海、佳木斯等地经营着几家大型化工企业,最早创立的鑫盛化工从年产值几百万元发展到年产值几千万元。

李金其成功了。但常常忘了自己是个残疾人的李金其,从没有忘记关心身边的残疾人朋友,他将帮助他们走上独立自强道路视为义不容辞的责任。

他在佳木斯的贫困地区捐建小学,为宁夏农村的一户残疾人家庭翻盖新房并送去彩电和冰箱,资助许多残疾人大学生完成学业。从2003年起,他每年为30

多位贫困残疾人订阅报刊。10年来，他逢年过节都去看望邻居贫困老人，为他们购买年货。2007年底，李金其被评为全国首届肢残人"自强创业之星"。"我从不认为自己肢体残疾就可以回避责任，恰恰相反，自己的生命若对更多的生命担负起责任，这样的生命才是充实而美丽的。"李金其说。

——摘自中国残疾人就业促进网

【重要术语】

职场　职业发展　职业社会认知　就业观　生涯决策　工作世界　人才要求　正式组织　项目团队　层级管理　扁平化管理　正式员工　临时雇员　职业　职业价值观　职业分类　就业环境　CASVE 循环　SWOT　决策分析法

【本章小结】

1. 重点。

（1）职业社会对人才要求。

（2）科学职业生涯决策。

2. 难点。

（1）掌握职业环境探索与分析的方法，树立正确的就业观。

（2）学会科学职业生涯决策。

【问题与思考】

（1）职业社会对社会有哪些要求？

（2）举例叙述行业、工作、职业、岗位的关系。

（3）如何确立自己未来的职业定位？

【推荐阅读】

（1）[日]稻盛和夫. 活法[M]. 曹岫云，译. 北京：东方出版社，2012.

(2)[美]斯宾塞·约翰逊.谁动了我的奶酪？[M].魏平,译.北京：中信出版社,2010.

(3)[韩]金兰都.因为痛,所以叫青春：写给独自站在人生路口的你[M].金勇,译.南宁：广西科学技术出版社,2012.

(4)[澳大利亚]力克·胡哲.人生不设限[M].彭蕙仙,译.天津：天津社会科学院出版社,2011.

(5)刘同.你的孤独,虽败犹荣[M].北京：中信出版社,2014.

【参考文献】

[1] 李云海.大学生职业发展规划与就业指导[M].北京：航空工业出版社,2010.
[2] 陈建民.大学生职业发展规划与就业创业指导[M].北京：北京大学出版社,2011.
[3] 周群.职业人士与就业指导[M].北京：北京大学出版社,2007.
[4] 曾豪杰.大学生职业发展与就业指导[M].广州：华南理工大学出版社,2012.
[5] 张文芳.大学生职业发展与就业指导[M].成都：电子科技大学出版社,2010.

第四章　残障大学生大学生涯与职业准备

大学时期是残障大学生积累知识、明确发展方向、确立发展目标的关键时期，也是残障大学生步入社会、融入社会前重要的职业准备期。在这个重要的职业探索和准备期，残障大学生要珍惜大学的在校机会，提升大学学习的主动性和实效性，加强自我管理和素质拓展，重视情商与人际协调的作用，有效提升自己的情商和人际交往能力，为今后的生涯发展奠定必要的基础和条件。

【学习与行为目标】

（1）提升大学学习的主动性。
（2）理解自我管理与素质拓展之于大学生涯的重要性。
（3）了解情商与人际协调对职业发展的影响和作用。

【案例引导】

我付出，我收获，我快乐

视障大学生王某，毕业于北京市盲校，以优异的成绩考入北京联合特殊教育学院针灸推拿学专业。入学后，他积极学习各门专业课程和基础课程，每学期的专业成绩均名列前茅，多次获得校院级各类奖学金和荣誉称号。

学习上，他精益求精，在多年中专专业学习的基础上，不懈努力，打下了坚实的专业基础，并积极参加大学生科技项目申报、职业技能大赛等，既提升了自己的科研能力，又锻炼了在针灸推拿专业方面的实践技能，并为今后的职业发展打下基础。

因家庭经济困难，王某入学后一直通过勤工助学和兼职打工挣得在校学习费用。一方面，因品学兼优，社会和学校给予其一定的奖助学金，帮助其解决了每年的学费问题。另一方面，由于他在盲校期间有一定的针灸推拿专业基础，大一入学后，就参加了学校的针灸按摩社团，为学校师生和社区居民义务推拿按摩。还利用课后业余时间和寒暑假时间，坚持到按摩机构兼职打工。

因为人热情，王某非常乐于帮助同学，从帮助全盲同学的日常生活，到帮助同学介绍兼职机会，从管理班级琐碎事务，到协助老师完成班级各类建设工作。王某既是老师的好帮手，又是同学的好兄长。

一方面要上课学习，另一方面又要义务服务，还要去校外兼职打工。随着高年级学习任务的日益加重，王某越来越感到疲惫。每天都感觉时间不够用，经常处于精神紧张之中，唯恐自己遗忘或漏做了哪件事情。日积月累，经常晚上睡不好，进而影响到了日常的学习和生活，不得不向老师求助。

老师了解到其实际情况后，首先对王某努力学习、勤于实践、善于思考、乐于助人的行为予以了肯定，大学期间确实应该抓住难得的机会，全方位锻炼自己，拓展各方面的能力和综合素质，同时也要学会自我管理、善于自我管理。要在时间管理、财务管理甚至是健康管理方面综合权衡，全面考虑，有所侧重，分清轻重缓急。根据自己的财务状况和实际情况协调分配时间，如果生活费用紧张，就适当多兼职打工，减轻家庭负担；如果获得的奖助学金已足以负担在校学习费用，就可以适当减少兼职，把更多的时间分配到专业学习和专业实践中，不能胡子眉目一块抓，什么都想做，平均分配时间和精力，最后什么都做不到最好，反而影响到自己的心情和身体健康。

经老师的逐一分析和指导，王某认识到了时间管理、财务管理、健康管理等各自我管理的必要性和重要性，并回去进行了认真思考，适当调整了自己的学习和生活，高度紧张的状况得到了一定缓解，心情越来越好，人际关系更加融洽。在校期间，给老师、同学、实习单位等留下了良好的印象。毕业后，如愿进入一家按摩医院工作，发展顺利。

点评：

大学时期是残障大学生积累知识、锻炼能力、拓展素质的关键时期。残障大学生要自信自强，抓住难得的大好机会，做好步入社会前重要的职业准备。学习方面应牢固树立自主学习的理念，在学习方法上不断探索，学会学习，提升大学学习的主动性和实效性。在生活中要加强自我管理和素质拓展，加强情商修炼与人际协调，有效提升自己的人际交往能力，为今后的职业生涯发展奠定必要的基础和条件。

第一节 学会学习

对残障大学生来说，大学生涯的重要任务就是学习，而学会学习则是大学学习的根本。联合国教科文组织21世纪教育委员会于1996年发表的《教育——财富蕴藏其中》对"学会学习"的内涵做了阐述："这种学习更多的是为了掌握认识的手段，而不是获得经过分类的系统化知识。既可将其视为一种人生手段，也可将其视为一种人生目的。作为手段，它应使每个人学会了解他周围的世界，至少是使他能够有尊严地生活，能够发现自己的专业能力和进行交往。作为目的，其基础是乐于理解、认识和发现。"

一、学会学习的意义

"世界发展变化之快，永远超出我们的想象。知识的更新换代也越来越快，每时每刻都有新的理论、观点、看法涌现。生活在这样一个时代，你是否担心自己赶不上社会急速前进的脚步？这里有一双学习'跑鞋'，它可以让你与时俱进，甚至可能帮助你赢得人生这场竞赛！"

1. 学会学习是时代和社会发展的需要

21世纪，世界经济迅速从资本经济向知识经济转变，人类进入了一个全新的知识经济时代。国际经合组织在关于知识经济的报告中指出："在知识经济中，学习是极为重要的，可以决定个人、企业乃至国家的经济命运。"未来学家托夫勒在《权力的转移》一书中指出：力量有三种表现形式，即暴力、财富和知识。暴力有限，财富有价，而知识无限又无价。在不可再生资源越来越匮乏的时代，无限增长的知识可以成为社会发展的新动力。知识不是物质资源，它不具有公共性。从这个意义上说，谁掌握了最新知识，谁就掌握了财富和机遇。

2. 学会学习是残障大学生职场生存的前提

在一次人才招聘会上，某家公司的老总对一位前来应聘的毕业生说："你的文凭代表你应有的文化程度，它的价值会体现在你的底薪上，但有效期只有6个月。要想在我这里发展下去，就必须学会继续'充电'。"这种"充电"就是学习能力。在未来职场上，残障大学生所拥有的惟一持久的竞争优势就是有能力比竞争对手学得更快、效率更高。只有具备较强的学习能力，才能取得和健全大学生一样进行竞争性就业的基本条件。

3. 学会学习是残障大学生实现自身价值的动力源泉

知识能够改善人的心态，重塑人的性格。歌德说："人不只是靠他生来就拥有的一切，而是靠他从学习中所得到的一切来造就自己。"曾国藩认为，人之气质，由于天生，本难改变，惟读书学习可以改变人。这种改变不单单包括个人内在修养的改变，也包括外在社会定位的改变。残障大学生只有通过学习才能造就成功的人生，实现自己独有的人生价值。

二、战术意义上的学会学习

战术意义上的学会学习是指掌握学习具体环节的各学习要素。经对北京某市属高校在校的听障和视障大学生的问卷调研，残障大学生的学习状况整体上较好，但在提升学习动力、激发学习兴趣、提升学习效能方面还存在很大的空间。学业状况不佳的学生，或知识基础较差或存在沟通障碍或心理压力等，但一个共同原因就是学习的主体地位不突出。调查显示，缺乏学习上的压力和动力是导致学生旷课的重要因素（40%）；学习不主动、平时不用功、害怕不及格是引发学生考试作弊的最大原因（52%）。学生障碍类型的多样性和复杂性，残障学生思想状况及学习动态的多元化，造成个别学生的学习处于一种自由散漫状态，缺少自制力和主动性。要通过提升残障大学生的学习主动性，加强学习纪律的约束性和学生行为的定向性，使学生学习由他律逐渐转化为自律，形成自觉的学习行为模式。

（一）确立目标

在对残障大学生的调研中，在选择所学专业的驱动因素方面，40%的学生是基于"自己的兴趣"，25%的学生是因为"就业前景好"，13%的学生是"亲友或家长帮选的",10%的学生是"分数所限调剂的",12%的学生是"随便选的或其他原因"。可见,多达65%的学生对于所学专业为主动选择,考上大学、进行必要的专业学习是很多残障学生多年苦读的目标和动力。大学阶段,很多学生学习目的明确,38%的学生在为全面提高综合素质,为实现人生理想做准备;25%的学生在为今后的深造做准备;17%的学生想拿更多的证书等硬件,为以后找工作打基础;15%的学生只为获得文凭,顺利毕业;5%的学生尚未考虑过。可以看出,一些同学在进入大学后,失去了目标,没有了学习动力。而确立目标是残障大学生学会学习的首要任务。

　　人生目标探讨的是人的一生要成为什么样的人,人的一生应该如何度过,怎样才能使人生过得有意义、有价值,怎样才能取得成功,怎样才能拥有幸福的生活。人生目标是指引残障大学生人生成长和发展的导航标。目标越明确,理想越高远,动力越强大。

　　在人生目标中,职业生涯目标处于核心地位,贯穿于整个人生的过程。儿童时期,一般都会有对于职业理想的憧憬。但是先天的身体障碍或后天的突发变故导致的各种障碍,或多或少地使得残障生的求学或生活经历了一些曲折,对于理想与现实的认知逐渐深入和具体,对于理想和目标中不切实际的或不符合现实条件的内容不断地予以调整、修正。

　　大学时代,残障大学生要为将来走向社会,找到一份适合自己的职业进行知识、能力、心理和必要的沟通交流等方面的准备。进入职场后,可以通过职业来获得物质报酬,得到精神满足。残障大学生同样可以在工作中实现自身的价值。因此,职业是残障大学生实现人生目标的载体和基础。

　　人生目标并不仅仅局限于职业目标,其内容更加宽泛和多元化。大学阶段,残障大学生主要应该确立学习目标和职业目标。要结合自身实际情况,切实合理确立大学期间的奋斗目标。既不能好高骛远、不切实际,又不能自卑自轻,没有自信。

　　很多残障孩子学习是为了父母的要求,为了证明自己不比别人差,而家长老师口中的"好大学""好工作""出人头地"等目标又是很多孩子没有切身体会的,它们不构成学生迫切为之努力的强大吸引力。作为一个有机会接受高等教育的残障学生,需要自己盘点一下自己的知识水平和兴趣爱好,真正认识自己,明确自己的努力方向。找到最值得自己为之付出、最符合自己实际情况的目标,必然能产生不竭的动力。

（二）端正心态

残障大学生既要培养对知识的兴趣又要学会自我激励。必须明白："要我学"与"我要学"的学习效果是有天壤之别的。既如此，就要想办法做学习的主人，没有兴趣培养兴趣也要上，有了兴趣，学习就会忘掉忧愁，就会更加专注。另外，一旦心态不稳，就进行自我激励，制定座右铭，张贴于墙面桌面随时自我鞭策。

1. 培养溯源精神

"溯源"，就是说大学里的学习要追根究底。大学的学习不能"小家子气"，只把眼光局限在教材上的那一点点知识。大学教材一般都是博采众家之长，就像画家手里的调色板，虽然五颜六色一应俱全，但是如果想完成一幅浓墨重彩的优秀画作，这些颜料的数量是远远不够的。从这个角度来说，大学的教材并非一门学科"源头"，它只是把各门各类的观点集中罗列在一起，很难淋漓尽致地欣赏到精髓。怎么溯呢？在教材的注脚里，无论是脚注还是尾注，很容易就会找到某个观点的出处，或者是推荐的参考书籍，循着这些线索，就可以找到相应的"源头"。或者也可以直接咨询授课老师，请教关于这门学科理论动态、学术成果，老师给出的建议则会更具有针对性和指导性。

2. 激发学习兴趣

大学阶段，在专业兴趣方面，11%的残障大学生选"非常喜欢"，44%的学生选"比较喜欢"，34%的学生选"一般"，7%的学生选"不喜欢"，4%的学生选"非常不喜欢"。专业兴趣一般的学生比例比较高。在基于自己的兴趣选择所学专业的学生中，经过一段时间的学习，仅有18%的学生对专业"非常喜欢"。因此，要积极培养兴趣，通过学习兴趣进行自我激励。

3. 珍惜学习机会

大学在校期间，大部分残障生能够专心学习，珍惜在校学习机会。但在时间分配和投入方面有着一定的差异，在专业学习方面花费时间最多的学生约占44%，其余学生分别在社会工作或人际交往、玩乐、社会实践或打工等方面花费时间最多。残障大学生还是要把学习放在第一位，珍惜难得的在校学习机会，合理安排学习、人际交往、社会实践等方面的时间和精力分配。

4.锻炼交流沟通方式

对于听障大学生，教师的手语水平及沟通的有效性是影响学生学习效果的重要因素；对于视障大学生，教师的言语感染力和有针对性的课堂互动是影响教学效果的重要因素。残障大学生要注意提升自己的沟通交流水平、拓宽沟通交流渠道，以便以后更好地融入社会。

（三）制定计划

制定计划既能提高学习效率，又能掌控学习时间，但这首先需要做计划的坚定执行者。计划的制定一定要有可操作性，基于劳逸结合原则，保证自己坚持得住。计划的内容是个性化的、符合自己特点的，尽量具体些。残障大学生群体中，16%的学生制订了明确的大学计划并严格执行；38%的学生制定了计划但没有坚持到底；36%的学生循序渐进，慢慢调整计划。大学期间的计划可以按照年级来制定。

1. 大学一年级：主要是学业适应

通过新生入学教育、大学学习辅导讲座、新老生学习交流会等系列活动，残障大学生要加深对本专业的培养目标、专业学习方向的认识，增强学习基础课及专业课的主动性和自觉性，培养学习目标并初步了解将来所从事的职业。

2. 大学二、三年级：主要是学业规划

在班主任、辅导员及各位老师的指导下做好大学学业规划，充分认识自己、分析客观环境、分解学业规划、强化执行力，明确大学各阶段学业目标；通过加强专业学习，了解自己在校期间应具备的各种专业和非专业素质，通过积极参加实践活动，培养锻炼综合能力，提高责任感、主动性和受挫能力，并有选择地辅修其他专业的知识充实和完善自己。

3. 大学三、四年级：主要是学业创新

通过考研辅导讲座、一对一或一对多等形式，参加学科竞赛或专业技能比赛等；通过大学生科技研究和素质拓展活动，锻炼独立解决问题的能力和创造性，积极参加与专业有关的各项实践工作。

4. 大学四、五年级：主要是学业发展和就业前准备

要对前三四年的学业进行总结，检验之前确立的学业目标，然后有针对性地

对今后的学业规划和职业规划进行反馈、修正。

残障大学生要在大一完成大学规划，并根据规划来安排接下来的学习生活，同时为毕业后正式开始职业发展做准备。从职业生涯的觉察和开始的角度来说，大学一年级可以说是职业朦胧发展的阶段，大学二三年级是生涯的拓展阶段，大学三四年级需要整理和评估原有选择，大学四五年级则是通过反馈、修正和调整，正式确立职业选择了。

（四）掌握方式

掌握方式方法，是学会学习、提升学习效果的重要环节。残障大学生在校期间，要注意培养良好的学习习惯，养成较好的学习方式，提升学习效果。

1. 培养良好学习习惯

大部分残障大学生对学习成绩的自我评价较高。对于目前的学业状态，28%的学生一直保持良好的学习习惯；23%的学生想学好，就是学不好；12%的学生对学习提不起劲，厌学；12%的学生考试不好了才会去制定学习计划；16%的学生是周围同学都努力，所以不得不学；9%的学生无所谓，只要不是太差就行。对于很多残障大学生，学习习惯的培养迫在眉睫。要掌握课堂听讲的技巧，每个人听的能力都很强，但仍有不少同学还是会觉得一堂课下来收获无几。其实这就是注意力是否集中的问题。

（1）可以选择恰当的听课座位。通常教室前方的位置是最好的，特别是对于听障生来说，如果你坐在教室后排，完全依靠老师的手语接收信息，上课的时候就容易走神。

（2）保持积极的听课态度。首先要认定老师讲课的内容是有用的。老师为了这堂课，翻阅了大量资料，阅读了大量书籍，才编排好一堂课的内容，你更应该珍惜课堂的学习时间，要适当在表情和动作上配合讲课老师，说不定老师因为你的表现而灵感如泉涌。

（3）大胆举手发言。上课时看不懂的地方要敢于举手提问，一方面可以加深知识的理解，另一方面还可以克服怯场的心理。

2. 调整学习方式

在学习方式上，残障大学生之间的差异比较大。18%的学生预习、学习、复习；44%的学生不预习、学习、复习；8%的学生预习、学习、不复习；29%的学生不预习、学习、不复习。根据障碍类型的不同，残障生应及时调整自己的学习方式，发挥自身的听觉或视觉优势，更好地促进学习效果的提升。

（1）像老师备课一样预习。不同的思想决定不同的行为效果，学会从老师的角度来看待每一堂课、每一门学科的学习，"醍醐灌顶"和"平地漫灌"的效果肯定不同。坚持四年，毕业的时候也许你已经站到了巨人的肩膀上！知识只有经过思考才能被真正消化。如果你带着空荡荡的脑袋来上课，又如何能独立思考？即使老师把知识"灌"进你的头脑里，这样得来的知识既不扎实，也不容易彻底消化。

（2）做好学习笔记。笔记是一种重要的课堂听讲辅助技巧。对于学习笔记，24%的学生认真记笔记；51%的学生偶尔记学习笔记；13%的学生从不记笔记，但会通过课件学习。美国教育学家沃尔特·波克教授在其著作《如何在大学深造》中详细地介绍了康内尔记笔记的方法。包括：使用大开面活页笔记本，这样可以有充分的空间记录重要的观点、例子和各种图解；在每页纸的左边画一条竖线，空出4厘米左右宽度的提示栏；课堂笔记记在右边，关键的提示语或者自己的想法写在左边；为一些经常出现的词语或者术语编造缩写词；等等。

（3）勤于复习。复习和预习以及正式学习不一样，它是回顾旧知识的过程。知识是一个系统，框架结构熟悉了，学习上的难题才能迎刃而解。因此复习的时候，首先要把整本书的章节过滤一遍，掌握复习的思路。如果你对课程结构基本掌握了，就可以直接开始细节的复习了；如果达不到这个程度，就需要先把每章节大致翻看一下，再深入到每个章节的细目中去，并且保证前后融汇贯通。这样复习才能做到事半功倍。

3. 锻炼自我学习能力

自习时，49%的学生喜欢安静地一个人学习；27%的学生喜欢和同学好友一块学习；5%的学生习惯边听音乐边学习；12%的学生什么样的学习环境都行；7%的学生无所谓，从不自习。当老师的课堂教学不够有吸引力时，18%的学生加倍集中精力，试图和老师思路保持一致；32%的学生心不在焉，随便做做笔记；34%的学生自己看书；13%的学生选择干脆不理，自学或看其他书籍。自学能力是残障大学生在社会中立于不败之地的法宝。知识的不断更新，继续学习、终身学习的客观需要，使得自学能力的培养和提升问题日益重要。

4. 提升课外学习效果

不同于中学阶段，大学阶段的学习更加自主和自由。在掌握了必要的沟通手段和学习方法之后,课堂外学习变得因人而异。对于残障大学生,课堂以外去图书馆借书或者阅览室看书的频率,11%的学生每周2次以上,35%的学生每月2次以上,26%的学生几个月去1次,15%的学生一个学期可能会去1次,13%的学生从来不去。残障大学生课外经常借阅或购买的书籍主要有文学类(56%)、教材资料书和专业辅导书(36%)、人物传记、成功学书籍(26%)、娱乐体育杂志(24%)、求职就业相关书籍(19%)、外语类(16%)。

参考资料的利用贯穿在学习的整个过程中,学会查资料、利用资料,是大学生应该具备的基本功。要像老师备课一样学习,最应该学习的就是学会收集、利用参考资料。更多时候,老师是在和学生共同分享前人的智力成果。

课堂外的阅读经历,极大地影响到残障大学生的大学学习的深度和广度,影响到残障大学生的学习习惯和知识掌握的效果。同时,实践知识的掌握也多在课堂外进行。因此,要格外注意扩大课外学习范围,提升课外学习效果。

5. 充分利用各种学习资源

大学四年,惟一能从大学带走的就是一颗充实的头脑。残障大学生要学会充分利用学校中的各种学习资源。

(1) 老师、同学。在课堂上要尽量抓住机会跟老师交流。越是有学问的老师,往往越是虚怀若谷,你可以放心大胆地阐述自己的观点。很多你坚持了很久、百思不得其解的观点可能会在老师四两拨千斤的分析之后被你理解或者修正。要敢于跟同学讨论和辩论。不同的人具有不同的知识背景,不同的思维方式,即使大家坐在一个课堂上听一位老师讲授,但是心得不尽然相同,因此同学之间的交流和沟通、讨论和争辩就相当于再次获得了一部分知识。

(2) 图书馆。图书馆是大学重要的第二课堂。北京大学教授厉以宁曾说过:上大学时大家程度差别不大,怎么四年后差别就挺大了呢?奥秘就在于是否善于利用第二课堂——图书馆。例如,人大报刊资料全文数据库、CNKI等电子资源。

(3) 各类讲座。各类讲座是大学特色之一,也许你将来的职业生涯或者创业理念就是受到其中的启发而产生的。由于讲座自身具有短小精悍的特点,一般而言都要比课堂授课来得精彩。试想,把一个人的学问或者体会、感受浓缩到一两个小时之内,精彩程度非常值得期待。讲座也可以作为一种学习的索引,仿佛星星之火,虽然不可能带给我们系统的知识,但也许不经意就会照亮我们头脑里某片未开发的思想。

（五）克服障碍

大学阶段周围的诱惑很多，稍一懈怠就会放松对自己的要求。残障大学生要权衡利弊，分清主次矛盾，克服主客观各方面可能出现的障碍。

调查发现，残障大学生认为影响其学业的主要因素（或障碍）有：学习主动性不够（53%）、听力或视力障碍（30%）、知识基础太差（29%）、心理压力太大（27%）、不喜欢所学专业（20%）、任课教师教学水平低（18%）等，选择经济压力大的比例虽然不高，但是也有5%。对于学习中遇到的障碍，49%的学生自己设法尽量调整或克服，23%的学生求助于同学好友，15%的学生求助于相关老师，8%的学生无所谓，5%的学生选择发发牢骚。

对于上网，绝大多数残障大学生认为对自己的学习和生活具有正面的作用。统计显示，学生在业余时间上网的最主要目的是：查资料（49%），看电影、电视剧、听音乐（37%），玩游戏（9%）。而网络对学生学业最大的帮助是：查询论文写作所需资源（58%）、课前预习或课后复习的资源（19%）、所在领域的世界前沿问题研究（11%）。然而，不可否认，上网是对大学生特别是听障大学生的一大诱惑，如何有效地利用网络促进自己的学习、尽量避免网瘾的负面影响是对于在校大学生特别是听障大学生的一大挑战。

由于沟通交流的障碍或者对于教学方式的不适应或学习遇到的障碍，残障大学生需要正确地面对。统计显示，残障大学生旷课的主要原因有：不满意老师的授课能力和授课方式（48%）；缺乏学习上的压力和动力（40%）；外界诱惑多，如沉溺于网络、游戏（31%）；社会活动、兼职工作多（23%）；学生会、社团、班级工作忙（21%）；家庭事务多或突发变故（16%）等。对于诸多的障碍，残障大学生不能消极逃避，而是要正确对待，寻求积极的解决方式，积极克服主客观方面出现的各种障碍，以取得更好的学习效果。

三、战略意义上的学会学习

学习也要有高屋建瓴的战略眼光，不仅把它看作是一种自我发展的手段，更应该视为一种生活目的，这就是战略意义上的学习，是关于学习的抽象方法论。如果说战术意义上的学习方法可以让你起跑的时候不落在人后，那么战略意义上的学习方法则可以使你具备良好的竞技策略。"求之以鱼，一饭之需；求之以渔，享用终身"，战术意义上的学习解决眼前"温饱"问题，战略意义上的学习则解决未来"小康"问题。

1. 终身学习的意识

身处现代社会的各种压力之中，其实每个人都知道终身学习的重要意义，问题的关键在于如何达到终身学习的目的。最重要的一个途径就是养成良好的阅读习惯。一要会选书；二要会看书。

2. 自主学习的意识

自主学习包括主动学习和独立学习两层含义。主动学习是为了自我发展和完善而学习，并非为了考试和成绩。首先需要学会设定学习目标；转换制定学习目标的参考标准；检测最终的学习结果。

独立精神不仅对于学习活动是一个至高原则，对于将来走向社会、走入职场也大有裨益。有个性的人往往能够得到更多的机会和青睐。这里的个性不是年轻人嘴里常说的"酷"之类的含义，而是指个人能力、知识结构具有的差异化，这种差异化有助于找到个人准确的职场定位。

3. 创新学习的意识

创新其实距离我们并不遥远。有这样一个笑话：两个旅行者去郊外旅行，到了一个大森林里。突然听见了老虎的咆哮声，两个人都吓得惊慌失措。其中一个想了想，蹲下身子，脱了鞋，然后从旅行袋里拿出一双运动鞋，换上了。另外一个人问到：你换运动鞋没用的，老虎跑得比你快啊！这个人回答说：只要比你快就成。说完就跑没影儿了。这时候老虎的声音越来越近了，剩下的这个人也想了想，也把鞋子脱掉了——爬上了树。这时候老虎来了，一看树上的人虽然近，却吃不到，扭身去追那个跑远的人，把他吃掉了。

爬树并不困难，但是在这种情境下，相对于逃跑，爬树就是一种创新。创新不是脱离实际、不可想象的事情。创新学习提倡的是建立在深厚宽广知识基础上的想象力和创造力。如果没有扎实的基础，知识的创新可能变成了天马行空般的胡思乱想。英国的威廉·哈维参照宇宙星系的运行规则（哥白尼的天体运动学说）提出关于血液循环系统的预言和猜想。试想如果威廉·哈维把血液循环系统想象成"滚滚长江东逝水，奔流到海不复还"，再或者"飞流直下三千尺，疑似银河落九天"，那么今天人类的医学史是否该改写了？

4. 实践学习的意识

一位哲学家与一个船夫之间正在进行一场对话："你懂数学吗？""不懂。""那你至少失去了一半生命。你懂哲学吗？""不懂。""那你失去了80%的生命。"突然，一个巨浪把船打翻了，哲学家和船夫都掉到了水里。看着哲学家在水中胡乱挣扎，船夫问他："你会游泳吗？""不……会……""那你就失去了整个生命。"

这是一个被很多人听了无数遍的小故事。哲学家的学问一定很渊博，甚至他可能专门研究过船舶的动力问题以及抗风浪能力问题，但是很显然这种仅仅停留在书本上的学问对于解决某些实际问题毫无用处。把所学知识转化为素质和本领并应用于实践的能力，才是学习的最高境界。

第二节 残障大学生自我管理与素质拓展

残障大学生具备一定的知识和能力基础，步入社会后，将马上面临和其他个体的竞争、合作。学会对自我的经营、培养良好的自我管理能力是在竞争和合作中立足的法宝。香港李嘉诚先生说过，自我管理是一种静态管理，是培养理性力量的基本功，是人把知识和经验转化为能力的催化剂。

自我管理（Self Management）是指个体主动应用认知及行为策略对自身的思维、情绪、行为以及所处环境进行管理的过程。自我管理的内容很多，包括时间管理、财务管理、健康管理、目标管理、心态管理、行为管理、人际管理、情绪管理等。残障大学生要在自我管理能力的不断提升中拓展各方面的素质。

一、时间管理

时间管理，就是指用最短的时间或在预定时间内，把事情做好。时间是最宝贵的资源，也是我们最大的敌人。美国著名管理大师德鲁克说过，时间是世界上最稀缺的资源，除非严加管理，否则就会一事无成。

时间管理既是科学，又是艺术。要想使自己的工作、生活更富有效率，有必要了解和掌握以下十大法则，在此基础上，在实践中多体会、多总结，争取成为时间的主人。

1. 细微边界法则

细微边界法则是指时间上的细微差别可能导致最终结果上的巨大差异，即所谓"失之毫厘，差之千里"。细微边界法则在生活中无处不在，如因一分之差错过了列车，可能要再花几个小时或更长时间等待下一列；参加面试迟到了一分钟，可能会失去大好的工作机会；而在比赛中慢了一秒钟，就可能与奖牌擦肩而过；等等。

细微边界法则的启示在于，决定一个人能否成功，有时不在于其是否比别人付出了更多的辛苦，而在于其是否比别人先行一步。先行一步天地宽，抢先一步，就会领略到别样的风景，就会占尽先机，而办事拖拉、没有时间观念，就可能因一步赶不上，而步步赶不上。因此，残障大学生必须增强时间观念，无论做什么事情，都要有时不我待的紧迫感，早谋划、早准备、早着手，这样才会在工作和生活中争取主动；凡事都要打好时间提前量，这样才会避免因一步之差而与成功失之交臂的遗憾。

2. 帕累托法则

帕累托法则又称80/20法则，是由英国经济学家和社会学家帕累托发现的，最初只限定于经济学领域，后来这一法则被推广到社会生活的各个领域，且深为人们所认同。帕累托法则是指在任何大系统中，约80%的结果是由该系统中约20%的变量产生的。例如，经济学家认为，20%的人掌握着80%的财富；心理学家认为，20%的人身上集中了80%的智慧等。具体到时间管理领域，是指大约20%的重要项目能带来整个工作成果的80%。并且在很多情况下，工作的头20%的时间会带来所有效益的80%。

帕累托法则的启示在于，大智有所不虑，大巧有所不为。工作中应避免将时间花在琐碎的多数问题上，因为就算你花了80%的时间，你也只能取得20%的成效。出色地完成无关紧要的工作是最浪费时间的。应该将时间花于重要的少数问题上，因为掌握了这些重要的少数问题，你只花20%的时间，即可取得80%的成效。一天10小时的持续学习，也许只有2小时是有效学习时间。长时间的低效率不仅浪费时间，还会打击自信心。

3. 黄金三小时法则

黄金三小时法则认为，早晨5~8点是人一天中效率最高的三小时。一天之计在于晨，早晨头脑最清醒、精力最充沛、思维最活跃、环境最安宁、注意力最集中、心情最愉悦，而且由于刚刚醒来，收集睡眠中的潜意识也最全，在这一时段工作一小时相当于其他时段工作三个小时。当你早早起床开始工作时，你甚至能在正常的工作时间来临前完成一天的工作，这样即将开始的一天就是你多赚出来的。

黄金三小时法则告诉我们，应该利用一天中效率最高的时段去完成一天中最重要的工作，以达到事半功倍的效果。当然，由于生物钟的不同，黄金三小时的具体时段可能因人而异，但这并不影响此法则作用的发挥。我们应该在生活中多体会，以便找出自己的黄金三小时并利用好它，达到一天等于两天的效果。

黄金三小时法则还可以进一步扩展，可以把每星期的第一天作为黄金时段，处理完一星期最重要的工作，把每个月的第一星期作为黄金时段，处理完一个月最重要的工作。如果你做到了这一点，你就抢占了时间争夺战中的每一个制高点，并获得了一支强大的时间预备队，无论将其使用到哪一个方向，都会在那里取得压倒性的优势。

4. 帕金森法则

帕金森法则认为，工作在最终期限到来前是不可能被完成的。这一法则实际上是依赖人与生俱来的惰性和对最后期限的潜意识发挥作用。人们会下意识地根据完成时限的远近把工作分为三六九等，完成时限越近，人们对某项工作的关注度越高，投入的精力越大。迫近最后期限的工作，会促使人们挖掘自身的潜能，调动一切资源保证任务按期完成；而那些完成时限较远或可以被无限期推迟的工作往往被束之高阁。

帕金森法则对我们的启示是，为避免拖拉、克服惰性，应该为工作设置尽可能短的完成时限，通过时间的压力保持工作的动力，使每一项工作都能在第一时间完成，以便争取主动；对于那些对未来起重要作用的长远目标和长远规划，则应进行合理分解，细化为在每一阶段可完成的小目标，并设定严格的时限，以避免这些重要而不紧急的任务在日常工作中被忽视，出现"平时不烧香、临时抱佛脚"的被动局面。

5. 学习曲线法则

学习曲线法则是指在一个合理的时间段内，连续进行有固定模式的重复工作，工作效率会按照一定的比率递增，从而使单位任务量耗时呈现一条向下的曲线。学习曲线效应是在以下两种因素的共同作用下产生的：一是熟能生巧，连续进行有固定套路的工作，操作会越来越熟练，完成单位任务量的工作时间会越来越短；二是规模效应，生产10件产品与100件产品所需要的生产准备时间、各生产环节间的转换时间是一样的，因此一次生产的产品越多，分摊到每件产品上的准备时间和转换时间越少，单位生产效率越高。

学习曲线法则告诉我们，应尽量集中处理性质相同的事务性工作，如一次性处理具有相同性质的所有文件、一次性打完所有的沟通电话、一次购齐所需的生活用品、一次性做完所有家务等。这样既有利于提高工作的熟练程度，又能通过批量作业减少准备工作和中间环节占用的时间，从而达到节约时间、提高效率的目的。

6. 报酬递减法则

报酬递减法则与学习曲线法则相反，是指从事某项创新型的工作超过一定时限以后，单位时间内取得的工作成果会逐渐降低。造成时间报酬递减的原因是多方面的：由于长时间从事单调的工作，人的兴趣会降低，创造力逐渐减退；运用大脑的特定区域的时间过长会导致神经紧张、用脑过度，容易使人疲劳；长时间的脑力劳动，会导致脑供血不足和大脑缺氧，思维因此而变得迟钝，工作效率快速降低。

报酬递减法则告诉我们，要提高创新型工作的效率，应注意时间的"套种"和工作任务的合理搭配。从事某项工作一段时间，感觉工作效率开始降低时，就应该及时切换到另一项工作，从而使大脑的不同区域被轮流使用，这样既可以保持对工作的兴趣，又能使工作始终保持在时间报酬递增的区间内，从而提高工作效率。另外，每工作一小时就应该放下手中的工作，起来活动十分钟，通过运动促进脑部血液供应，保持精力充沛。

7. 反效法则

反效法则是报酬递减法则的进一步发展和极端化，是指当超负荷工作过长的时间后，由于注意力不集中、头脑不清醒导致失误发生，造成难以弥补的损失或工作的延误，出现得不偿失的结果。反效法则最典型的例子是疲劳驾驶导致车祸的发生，最普遍的例子是在电脑前工作时间过长后发生的误操作，导致重要文件被删除或重要数据丢失。

反效法则告诫我们，必须掌控好工作与生活的节奏，做到有张有弛，高负荷工作一段时间以后，必须强迫自己休息一段时间。为避免反效法则的发生，应该养成一些良好的工作习惯，如及时备份电脑中重要的数据与文件、设置应急处理系统等。但避免反效法则发生的最好办法还是做好时间计划，对于有时间压力的任务、重要的任务，要未雨绸缪、早做打算、提前入手，争取主动，这样才会避免因赶工造成长时间、超负荷工作的情况，从而避免负面效用的出现。

8. 自控法则

自控法则其实包含三层含义：①对于能自我掌控的事务，不用再花过多的时间和精力去掌控它，它会自行朝着既定的目标前进；②对于你无法掌控的事务，不必为其多费心思，时间会给出一切问题的答案；③对于你能够而且应该掌控的事务，用心去掌控。

自控法则告诉我们，可以通过事物的自我控制实现预定的目的，从而腾出时间和精力去做更重要的工作。如可以在年轻时定期存入一笔存款，让其在银行里自行增值，当退休时就会得到一笔丰厚的财富；管理者可以在严格选拔、认真培训的基础上授权下属处理日常事物，从而使自己能集中时间和精力思考对组织发展更为重要的问题等。自控法则还告诉我们，应该承认并接受你无法掌控的领域，关注你可以掌控的领域，并且采取行动。当你整天为无法实现的目标而苦恼时，试着把它忘掉，追求你通过努力能够实现的目标，说不定会达到"无心插柳柳成荫"的效果；当你对一个问题百思不得其解时，试着把它放一放，让时间和潜意识去解决，说不定会达到"众里寻她千里度，蓦然回首，那人却在灯火阑珊处"的效果。

9. 聚光法则

只有把阳光聚集到一点，才能产生足够的热量把火炬点燃。同样，聚光法则认为，只有把有限的时间聚焦到重要的目标上，才能保证事业上的成功。目标过于分散等于没有目标，把有限的时间分散到众多的目标上，就像把有限的资金在众多的项目上撒胡椒面，最终只能导致每一个项目都虎头蛇尾、半途而废。如果把宝贵的时间投资都用来建设烂尾楼和半截子工程，最终将使你的时间账户彻底破产，导致你一事无成。

聚光法则对我们的启示是：专注与执着是成功的关键。我们在工作中应该养成聚精会神的习惯，避免过多目标的诱惑，一次应只瞄准一个目标。一旦开始某项工作，就应坚持不懈地做下去，直到获得令人满意的结果，不干则已，干则一次把事情做到最好,否则返工将会使你所花费的时间成倍增长。行百里者半九十,能否完成最后的工作,是决定一件事情最终成功还是失败的关键。许多人之所以没有成功,就是因为在完成的工作后以为大功告成而转移了视线,最终导致工作的半途而废,也使宝贵的时间被白白浪费。

10. 时间—资源互补法则

时间—资源互补法则来源于项目管理领域,是指时间与用于项目实施的其他资源之间存在互为补充、互相替代的关系。在项目实施过程中,当某一任务完成时限紧迫时,可通过调剂其他资源,增加人力、资金、物资、设备等投入的方式来加快任务的进程;当某一任务完成时限较为宽松时,可调剂部分人、财、物用于完成时限更为紧迫的其他任务,从而实现项目资源最优利用。

时间—资源互补法则告诉我们,应该站在更加宏观的角度看待时间与其他资源的利用问题,根据实际需要对时间和其他资源进行灵活分配、合理调度。只要你感到完成某项任务时间紧迫、力不从心时,你都应该首先想到是否还能找到其他资源以加快任务完成的进度。在寻找资源时,想象力越丰富越好,比如寻求专业人士的指导,查找网络资料,购买专业书籍,添置先进设备或者直接向上级、同事或家人、朋友求援等,一切可能获得又有利于缩短工作进程的资源都是可选之项。

【实践训练】

我们的人生

假如现在你个人的生命处于0～100岁之间,接下来让我们来做一个游戏。准备一张长条纸,用笔将它划成10份(中间部分刚好两列,一份代表生命中的10年,分别写上10、20的字样,最左边的空余部分写上"生"字,最右边空余部分写上"死"字)。

请同学们按照下面的要求依次完成:

第一个问题:请问你现在的年龄是多少?(把相同的部分从前面撕去)

第二个问题:请问你想活到多少岁?(假如你不想活到100岁的话,就把后面的撕掉)

第三个问题:请问你想多少岁退休?(请把相应的退休以后的部分从后面撕

下来，不要撕碎，放在桌子上。剩下的纸条长度，就是可以用来工作的时间）

第四个问题：请问一天24小时你会如何分配？

一般人通常是睡觉8个小时，占了三分之一，吃饭、休息、聊天、看电视、游戏又占了三分之一，其实真正工作有生产力的约8个小时，占三分之一。所以请把剩下的折成三等份，并把三分之二撕下来，放在桌子上。

第五个问题：比比看。请用左手拿下剩下的三分之一，用右手把退休那一段和刚才撕下的三分之二加在一起，并请思考一下，你要用左手的三分之一工作赚钱，提供自己右手上的吃喝玩乐及退休后的生活。

第六个问题：想一想。你要赚多少钱，存多少钱才能养活自己上述的日子，这不包括给子女和父母的。

第七个问题：请问你会如何看待你的未来？

请同学们在根据要求做完这个游戏后，分享一下自己的感想。

时间就像空气，看不见也摸不着，一不留神就从指间流过。珍惜时间，才能掌握自由；浪费时间，就是浪费生命。时间有限，要在有限的时间内实现理想、实现自我，时间管理的理念和技巧必不可少。

1. 要事第一方法

这是时间管理领域最重要的方法之一，美国前总统艾森豪威尔、管理大师彼得·德鲁克等均积极倡导。被《时代》杂志誉为"人类潜能的导师"的史蒂芬·柯维，专门著有《要事第一》，并成为全球畅销书。

按照"要事第一"的方法，所有事务分为四类：①重要且紧急：需要尽快处理，最优先。②重要不紧急：可暂缓，但要加以足够的重视，最应该偏重做的事。③紧急不重要：不太重要，但需要尽快处理，可考虑是否安排他人。④不重要且不紧急：不重要，且也不需要尽快处理，可考虑是否不做、委派他人、或推迟。

这个方法可以帮助你有效克服每日或每周的混乱，以便正确区分事项类型、决定事项的优先顺序。重要性与目标有关，凡有价值、有利于实现个人目标的就是要事。一般人往往对燃眉之急立即反应，对当务之急却不尽然，所以更需要自制力与主动精神，急所当急。确定优先次序的原则包括：①重将来而不重过去；②重视机会，不能只看到苦难；③选择自己的方向，而不盲从；④目标要高，要有新意，不能只求安全和方便。

2. 六点优先工作制

该方法是管理专家艾维利在向美国伯利恒钢铁公司提供咨询时提出的，该公司使用这种方法用5年的时间从濒临破产成为当时全美最大的私营钢铁公司。

伯利恒钢铁公司总裁查斯·舒瓦普，向艾维·利请教"如何更好地执行计划"的方法。艾维·利声称可以在10分种内就给舒瓦普一样东西，这东西能把他公司的业绩提高50%，然后他递给舒瓦普一张空白纸，说："请在这张纸上写下你明天要做的6件最重要的事。"舒瓦普用5分钟写完了。艾维·利接着说："现在用数字标明每件事情对于你和你的公司的重要性次序。"这又花了5分钟。艾维·利说："好了，把这张纸放进口袋，明天早上第一件事情是把纸条拿出来，做第一项最重要的。不要看其他的，只是第一项。着手办第一件事，直至完成为止。然后用同样的方法对待第2项、第3项……直到你下班为止。如果只做完第一件事，那不要紧，你总是在做最重要的事情。"艾维·利最后说，"每一天都要这样做——您刚才看见了，只用10分钟时间——你对这种方法的价值深信不疑之后，叫你公司的人也这样干。这个试验你爱做多久就做多久，然后给我寄支票来，你认为值多少就给我多少。"一个月之后，舒瓦普给艾维·利寄去一张2.5万美元的支票，还有一封信。信上说，那是他一生中最有价值的一课。

人们总有随意、依兴趣、而不按重要性顺序做事的倾向。把每天的事情按照重要性优先排序，并坚持按这个原则去做，才能最为有效地利用好时间。

3. 麦肯锡30秒电梯理论

该理论来源于麦肯锡公司一次沉痛的教训。该公司曾经为一家重要的大客户做咨询，咨询结束的时候，麦肯锡的项目负责人在电梯间里遇见了对方的董事长，该董事长问麦肯锡的项目负责人："你能不能说一下现在的结果呢？"由于该项目负责人没有准备，而且即使有准备，也无法在电梯从30层到1层的30秒钟内把结果说清楚。最终，麦肯锡失去了这一重要客户。从此，麦肯锡要求公司员工要在最短的时间内把结果表达清楚，凡事要直奔主题、直奔结果。麦肯锡认为，一般情况下人们最多记得住一二三，记不住四五六，所以凡事要归纳在3条以内。这就是如今流传甚广的"30秒钟电梯理论"或称"电梯演讲"。

【实践训练】

时间管理小贴士

一、收集时间碎片,集腋成裘

达尔文说:"我从来不认为半小时是微不足道的很小的一段时间。完成工作的方法,是爱惜每一分钟。"没有利用不了的时间,只有自己不利用的时间。鲁迅先生说:"时间就像海绵里的水,只要你去挤,它总是有的。"莫泊桑说:"世界上真不知有多少可以建功立业的人,只因为把难得的时间轻轻放过而默默无闻。"我们每天的生活和学习中都有很多零碎的时间,上课前的等待或前往教室、图书馆、操场的途中等,这些看似不起眼的短暂的时间却可以让生命在无形中延长和升华。

二、珍惜今天,当日事当日毕

改变推延习惯。爱默生说:"我们应当记住,一年中每一天都是珍贵的时光。"制订每日的工作时间进度表。每天都有目标,有结果,日清日新。今日不清,必然积累,积累就拖延,拖延必堕落、颓废。康纳勒普说:"今天事,今天做。太阳决不会为你而再升。"陶渊明诗曰:"盛年不重来,一日难再晨,及时当勉励,岁月不待人。"要有好的明天,请从今天开始。

三、养成整洁和条理的习惯

据统计,人们一般每年要把6周时间浪费在寻找乱堆乱放的东西上面。这意味着,每年因不整洁和无条理的习惯,就要损失近20%的时间!养成条理的习惯,还有另一层意思,就是寻找自己的"生理节奏"。

四、设定完成期限

有期限才有紧迫感,也才能珍惜时间。设定期限,是时间管理的重要标志。

五、注意个人生理曲线

每个人的精力在一天之内有一定的节奏性,决定了每人一天精力的高峰与低谷。有的属"早起型",有的则是"晚睡型"。因此,要根据自己的生理曲线,来确定工作方式特点,从而制定高效率的工作计划。你的水平发挥取决于精力充沛与否,你需要了解自己的工作绩效曲线来制定时间计划。尽量将精力高峰时间安排做重要的事情,并注意在低谷时间安排适当休息。

六、绘制日干扰曲线

在个人时间利用记录中,在许多工作时段存在着被朋友、同事、家人或其他人反复打断和中途干扰的情况，从而直接影响到工作效率。除了掌握一些对抗干扰的技巧方法如学会断然拒绝术、适当的身体语言等外，最现实的一种方法就是反向工作。即尊重同事、公司、下属或其他人的工作习惯，尽量把主要的重要的事项安排在干扰最少的时段。通过绘制你自己的日干扰曲线，根据日干扰曲线来有效地规避干扰的"风险"。尽量安排日干扰曲线小的时段来处理少数重点事项。

七、保持焦点

一次只做一件事情，一个时期只有一个重点。聪明人要学会抓住重点，远离琐碎。

八、现在就做

许多人习惯于"等候好情绪"，即花费很多时间以"进入状态"，却不知状态是干出来而非等出来的。请记住，栽一棵树的最好的时间是20年前，第二个最好的时间是现在。

九、不得不走

要学会限制时间，不仅是给自己，也是给别人。不要被无聊的人缠住，也不要在不必要的地方逗留太久。一个人只有学会说"不"，他才会得到真正的自由。

十、避开高峰

避免在高峰期乘车、购物、进餐、排各种队等，可以节省许多时间。

十一、巧用电话

尽量通过电话来进行交流，沟通情况，交换信息。打电话前要有所准备，通话时要直奔主题，不要在电话里说无关紧要的废话或传达无关主题的信息与感受。

十二、成本观念

在生活中，有许多属于"一分钱智慧几小时愚蠢"的事例，如为省两元钱而排半小时队，为省两毛钱而步行三站地等，都是极不划算的。对待时间，就要像对待经营一样，时刻要有一个"成本"的观念，要算好账。

十三、精选朋友

多而无益的朋友是有害的。他们不仅浪费你的时间、精力、金钱，也会浪费你的感情，甚至有的"朋友"还会危及你的事业。要与有时间观念的人和公司往来。

十四、避免争论

无谓的争论，不仅影响情绪和人际关系，而且还会浪费大量时间，到头来还往注解决不了什么问题。说得越多，做得越少，聪明人在别人喋喋不休或面红耳赤时常常已走出了很远的距离。

十五、积极休闲

不同的休闲会带来不同的结果。积极的休闲应该有利于身心的放松、精神的陶冶和人际的交流。

十六、提前休息

在疲劳之前休息片刻，既避免了因过度疲劳导致的超时休息，又可使自己始终保持较好的"竞技状态"，从而大大提高工作效率。

十七、搁置的哲学

不要固执于解决不了的问题，可以把问题记下来，让潜意识和时间去解决它们。这就有点像踢足球，左路打不开，就试试右路，总之，尽量不要"钻牛角尖"。

二、财务管理

财务管理，体现着个体财商的高低。财商，指的是一个人在财务方面的智力，即对金钱的理性认识和运用。残障大学生进行自我财务管理，既可以在大学期间将自己有限的资金使用得当，又可以锻炼走向职场面对复杂多样的财务时所需要的管理头脑，因此具有重要意义。

1. 君子之财，用之有序

残障大学生家庭经济情况整体上不是很好，"因贫致残"或"因残致贫"的现象较为常见。作为青年学生，在满足自己在校正常学习和生活需要的基础上，应有意识地控制自己的消费，尽量减轻家庭经济负担。尝试记账和合理预算，可以有效地安排自己的资金，避免模糊消费。

【实践训练】

理财，从记账单开始

参考下表设计一份自己的记账单，比上市公司的财务报表容易多了。怎么样？教你记账，培养你做扒拉算盘的"记账先生"！

类别 日期	饮食 三餐	饮食 零食	饮食 水果	其他生活必需品	参考书籍	衣饰	娱乐	交通	通信	其他学习支出	合计
8.29	12.1	5	3							50	70.1
8.30	9.45			22.4					50		81.85
8.31	8.05	14.3	6								28.35
9.1	9.45					80		4			93.45
9.2	17.27		10.1				15				42.37
9.3	22.5										22.5
9.4	24.05				30		12.6	3			69.65
9.5	13.4	1						3			17.4
9.6	14.45								5.8		20.25
9.7	9.2	1.5	4		38						52.7
9.8	9.53	2.5		5.8							17.83
…	…	…	…	…	…	…	…	…	…	…	…
9.30										总计	…
小结	可确定每月基本伙食费用约450元，其他基本生活费用约100元，购买手机充值卡的通信费用50元，共计600元基本生活费；学习相关支出约200元，接近平均水平；交通费用每月约50元，不确定；根据以上支出情况，每月预计可节余____元，拟购买____需攒钱____月											

2. 合理消费，量入为出

合理消费关键在于如何把握消费的"度"，要掌握一些消费技巧：掷地有声，钱要花在刀刃上；有意识地控制自己的消费；养成节俭的好习惯；把握消费时机；寻找替代资源。

在校期间使用信用卡时，一定要注意信用额度的控制使用，不能盲目超支消费。由于学生消费没有计划，容易出现短时期内经费紧张的情况，不少大学生也将眼光投向了可以自主透支、自主还贷的信用卡市场。诚然，信用卡一般都有50天的免息期，如果能够好好利用信用卡的各种功能，无疑能节省不少交易费用。但是，如果免息期到了，透支部分没有归还，就会成为债务，产生罚息。这不仅会损失资金，而且还会影响个人诚信记录，得不偿失。

3. 勤工助学，实践锻炼

残障大学生除了在"节流"方面注意外，还可以尝试"开源"。通过勤工俭学、兼职打工来取得一定的劳动收入，同时还可以积累一定的职场经验，在日常财务管理中拓展各方面素质，为今后的职业生涯做准备。

低年级学生可以选择学校的勤工助学岗位，参与学校的临时性、暂时性、可替代性的助管工作。高年级学生在勤工助学和兼职时，要尽可能选择与自己所学专业对口或相关的岗位，尽可能考虑到自己的个性特点和今后的职业定位。例如：针灸推拿学专业的视障学生可以从事针灸按摩方面的兼职工作，音乐学专业的视障学生可以做一些钢琴调律方面的兼职工作，计算机专业的听障学生可以尝试做一些和计算机相关的兼职工作等。这样，就可以发挥自己的专业特长，来获得收入和实践经验的提升，为以后的职场生涯打下基础。

三、素质拓展

在加强自我管理的同时，残障大学生要积极参加大学生素质拓展计划。大学生素质拓展计划是共青团中央、教育部、全国学联联合发起和组织开展的一项旨在全面贯彻党的教育方针，主动适应经济社会发展对人力资源开发尤其是大学生人力资源开发的迫切需要，适应广大青年大学生成长成才、就业创业的迫切需求，更好地服务和促进高等学校素质教育的重要活动。

（一）素质拓展的意义

大学生素质拓展计划是积极适应社会发展要求，顺应学生成才需求，进行大学生综合素质拓展的有效举措，是深入推进我校素质教育的重要依托。实施大学生素质拓展，具有重要的意义。

1. 有利于围绕创新人才培养目标，形成大学生素质教育的整体合力

通过开设提高学生综合素质的各种活动和工作项目，引导和帮助广大学生在大学阶段完善知识结构，提升综合素质，提高竞争力，实现全面成长成才，是人才培养体系的重要组成部分。

2. 有利于大学生参与素质教育由相对被动向积极主动转变

大学生素质拓展，从大学生自身成长成才的根本需要出发，全方位调动大学生参与素质教育的积极性和自觉性，通过《大学生素质拓展证书》这一载体，大学生要明确，参加素质拓展训练项目与第一课堂的专业学习同样重要，可以有效增强大学生在素质教育中的主体地位，切实拓展大学生各方面素质。

3. 有利于增强大学生自主创业就业的意识和能力

按照现代人力资源开发的思想和理念，为大学生综合素质培养进行科学规划、个性化培养和综合性开发，既有利于提高大学生思想道德素质，有利于提高大学生的科学文化素质，有利于增强大学生自主创业就业的能力，也有利于增强大学生进入社会的适应能力和在社会中的综合竞争力。

（二）素质拓展的内容

大学生素质拓展计划的基本内容是以开发大学生人力资源为着眼点，进一步整合深化有助于学生提高综合素质的各种活动和工作项目，在思想政治与道德修养、社会实践与志愿服务、科技学术与创新创业、文体艺术与身心发展、社团活动与社会工作、技能培训等六个方面引导和帮助广大学生完善智能结构，全面成长成才。素质拓展主要围绕职业设计指导、素质拓展训练、建立评价体系、强化社会认同四个环节进行。大学生在素质拓展中要注重三个结合，即课内外相结合、第一课堂与第二课堂相结合、学习与实践相结合。通过教师讲授、课堂讨论、专题讲座、主题活动、体验实践等丰富多彩的方式展开，尤其要突出一些具有特色的传统工作项目，如"科技、文化、艺术节""社会实践""最佳团日活动""青年志愿者"等，全面带动和促进大学生素质拓展。

1. 职业设计指导

建立由专家组成的职业设计指导机构，按照现代人力资源开发培养的思想和方法，科学分析大学生的就业环境、职业理想、能力倾向和个性特征等因素，指导大学生制定科学合理的职业目标和素质培养的实施规划。大力开展"大学生人生发展导航行动"，通过知识传授和实践锻炼并重的方式，对大学生的责任意识、价值取向、职业规划、心理素质、品质意志等方面进行塑造和培养，引导大学生进行正确的职业设计；要建立大学生职业设计指导的数据库，内容包括现代大学生的职业领域、各类职业所需要的技能素质以及成功人士择业、就业、创业的典型事例等数据。

2. 素质拓展训练

根据不同阶段和层次的学生的不同成长成才需求，精心设计素质训练项目，建立全面科学的大学生素质训练项目体系，为大学生进行素质训练提供广阔平台。要围绕上述大学生素质培养的六个方面，结合大学生自身发展的规律，精心组织和科学设计形式多样、内容丰富的素质拓展训练项目。要高度重视素质拓展训练体系中纵向提升性和强化性训练层次的构建，为大学生素质的阶梯性发展和高层次提升提供舞台。要按照大学生素质训练体系的要求，结合当前社会发展形势和高校毕业生就业形势，充分运用我校团组织已经形成的"理论学习""校园之春""三下乡""科技创新"等品牌项目，在继承的基础上发展，在总结的基础上创新，开展形式多样、内容丰富的素质训练活动，并不断丰富和完善对素质训练项目的内容、形式和方法。

3. 建立评价体系

充分发挥《大学生素质拓展证书》的作用，建立大学生素质拓展计划的评价体系，客观记录每位学生在学习期间素质培养和发展的重要经历、主要成绩。要通过证书记录和认证两个环节，合理量化，科学评价，引导和激励广大学生全面进行素质拓展。要真实记录素质拓展的内容，体现客观性；要由学生自己填写具体内容，发挥自主性。在认证过程中，要注意操作的严谨性和程序的规范性，保证认证的权威性。要依托基层团建创新成果，探索在社团组织中开展认证；要鼓励素质训练项目的组织者积极参与和实施认证。

4. 强化社会认同

社会认同是大学生素质拓展计划实施成效的社会化检验；通过大力宣传素质拓展的工作理念、具体内容和实际意义，争取得到广大师生的观念认同；协调学校各部门积极制定大学生素质拓展计划的相关文件，给予政策认同；在学生毕业和就业过程中，积极向用人单位宣传和推荐《大学生素质拓展证书》，努力争取就业市场的认同，为大学生自主创业和就业开辟灵活多样的就业渠道。

【实践训练】

大学生素质拓展训练感想

良好的团队精神和积极进取的人生态度，是大学生应有的基本素质，也是现代人人格特质的两大核心内涵。在现代社会，人类的智慧和技能只有在这种人格力量的驾驭下，才会迸发出耀眼的光芒，素质拓展应运而生。素质拓展起源于国外风行了几十年的户外体验式训练，通过设计独特的富有思想性、挑战性和趣味性的户外活动，培养人们积极进取的人生态度和团队合作精神，是一种现代人和现代组织全新的学习方法、训练方式。

素质拓展，又称拓展训练、外展训练，原意为一艘小船驶离平静的港湾，义无反顾地投向未知的旅程，去迎接一次次挑战，去战胜一个个困难。这种训练起源于第二次世界大战期间的英国，当时一艘大西洋商务船队屡遭德国人的袭击，许多缺乏经验的年轻海员葬身海底。针对这种情况，汉思等人便创办了"阿伯德威海上学校"，训练年轻海员在海上的生存能力和船撞礁后的生存技巧，使他们的身体和意志都得到锻炼。拓展训练课程以培养合作意识与进取精神为宗旨，崇尚自然与环保。利用崇山峻岭、湖海大川等自然环境，通过创意独特的专业户外体验式培训课程，帮助企业和组织激发成员的潜力，增加团队活力、创造力和凝聚力，达到提升团队生产力的目的。战争结束后，许多人认为这种训练仍然可以保留。外展训练的独特创意和训练方式逐渐被推广开来，训练对象由海员扩大到军人、学生、工商业人员等群体。训练目标由单纯的体能、生存训练扩展到人格训练、管理训练等。

外展训练强调安全第一，提倡环境保护，其宣言是：激发自尊，关心他人，服务社会，放眼世界。但是不得不说的是这些拓展有明显的硬伤。因为这次拓展其实原来是为那些原本根本不相认识的同学准备的，这一点从这次素质拓展整体的安排来看就知道。这次素质拓展大体需要一天的时间，而且是在大学校园里面完成的。整体安排流程基本由游戏前的准备和游戏两大块组成。而由于参与这次素质拓展的大多数由本专业的同学构成，所以有很多环节明显多余，像"破冰"等。

游戏前准备具体安排如下：

（1）集合。这要求所有参与人员于周末早上7点30分于图书馆前集合，迟到者罚俯卧撑。通过这一项，以达到参与人员的纪律性和服从安排，便于整个活动的展开。更具体的，当指导老师问："你们叫什么？"我们回答："静悄悄。"通过这简单的一句口号，使所有参与者保持安静。当指导老师问："同志们好！"我们回答："好!很好!非常好！"这简单的话语也能大大激励参与者，活跃气氛。

（2）分组。为了保证游戏的目的，整个分组都是通过报数随机安排的。

（3）"破冰"。"破冰"游戏的目的是打破陌生人之间的隔阂，以达到相互认识和合作的目的。当然不是完全的相互认识，因为这个过程中用的全是代号，而非真实姓名（前面已经提到过了，"破冰"游戏对于我们彼此认识的来说就是多余的）。还有一个环节是通过扔球环节，掷球者边扔向一个人边说出对方的代号。而被扔着需接住球并迅速扔向下一个人。如此反复。一旦有人出错则罚节目。通过这项带有娱乐性质的活动，大大调动大家的积极性，使彼此更加融洽。

（4）组建。这个环节是通过各组选举自己的组长、起组名、制作组旗、选定组歌等活动来完成的。通过这个团队文化组建的过程，保证团队的合作能力。

（5）展示。这个是将自己小组所建立的小组文化进行展示，而且是在所有参加人员面前展示。通过这个环节的展示，不仅活跃了气氛，更保证了团队的协作能力。由于大家都很熟悉，且大家都已经大三了，所以在这个环节，大家异常活跃，而且以搞笑为主，现场氛围格外愉快。

（6）坐人座。这个游戏是要求所有人站成一个圈，并且是后面一个人面对前面那人的后背站着。在指导员说坐的时候，前面的人就坐在后面那个人的膝盖上，看大家能坚持的时间。在此过程中，指导员带领大家喊："赢!我赢!大家赢!!"通过这个游戏，也保证大家协作能力。

（7）信任背摔。这个游戏我以前见过，但一直不敢尝试，而这一次的活动让我也有了这样的机会去尝试这样的游戏。我认为，这个游戏不是考验胆量，更是考验个人对组员的信任，因为当决定要摔时，你的身家性命全掌握在队友手中。我刚站上去时，有些发抖，不敢，甚至在已经绑好黑带时还犹豫倒不倒。不过这个过程中，指导的同学一直在通过各种方式，让我倒，最后当我倒下时，感觉远没想象的恐怖，甚至很舒服。

通过这次"信任背摔"，使我深深的体会到以下几点：

（1）一个团队里，要充分相信队友，相信他们的能力，相信他们是尽力的。

（2）做好团队中的一员，维护团队要不遗余力。

（3）学会换位思考。

通过这次训练，使我受益匪浅，终生难忘。经过此次素质拓展训练，激发了广大同学自身的潜能，提高了心理素质，增强了自信心和团队意识，超越自我，经受住了严峻的考验。我相信在以后的学习中，我更会懂得生存之道，组织协调之道，也为我以后在组织相关活动中提供有益借鉴。

思考：

以上素质拓展训练给我们以什么样的启示？和在校期间，大学生加强自我管理和素质拓展相比，有哪些相似之处或可以借鉴的地方？

【延伸阅读】

大学生素质拓展计划

一、思想政治与道德素养

1. 邓小平理论与"三个代表"重要思想理论知识竞赛。
2. 邓小平理论与"三个代表"重要思想理论学习成果报告。
3. 党校入党积极分子培训、学生骨干培养计划、新生干部培训。
4. 党团知识竞赛。
5. 科学与艺术系列讲座、创业与人生系列讲座、法律与社会系列讲座。
6. 政治理论类学生社团。
7. 递交入党申请书。

二、社会实践与志愿服务

1. 寒暑期大学生志愿者"三下乡"社会实践活动。
2. 青年志愿者活动。
3. 勤工助学活动。
4. 社区挂职锻炼。
5. 学业进程设计、职业生涯设计暨人生自我设计。

三、科技学术与创新创业

1. 科技基金资助项目。
2. 创业计划竞赛。
3. 创新人才培养。
4. 大学生科研论文报告会。
5. 参加挑战杯、数学建模、电子设计大赛、英语口语大赛、申报科研成果奖等。
6. 大学生论坛。

7. 发表学术论文。

四、文体艺术与身心发展

1. "一二·九"大合唱比赛。
2. 高雅艺术进校园。
3. 文艺团体的学习训练与表演。
4. 大学生校园歌手大赛。
5. 大学生才艺表演。
6. 主持人大赛。
7. 大学生辩论赛。
8. 球类比赛：男子足球赛、男子篮球赛、女子健美操、女子排球赛等。
9. "一二·九"长跑活动。
10. 心理健康系列活动。
11. 书法、绘画、摄影作品比赛。

五、社团活动与社会工作

1. 各级学生会工作，各类学生社团以及校内外兼任的社会工作。
2. 社团系列活动。
3. "五四"红旗团组织创建、创优班集体。
4. 校领导接待日活动。
5. 团支书技能大赛。
6. 献血活动先进个人。

六、技能培训与其他

各类职业资格培训（雅思、TOEFL、GRE、计算机等级、按摩师、调律师、园艺师、设计师、律师、社交礼仪、汽车驾驶等）。

第三节　残障大学生情商修炼与人际协调

用人单位反馈，大学毕业生参加工作后，有一些情商较低，不会与人相处，缺少团队合作的意识。作为在校大学生，你是否担心将来迈入职场时受到情商低的困扰？是否想在日常生活中提升自己的人际协调能力？提升情商与提高智商不同，智商可以通过学习和积累得到提高，而情商需要的是修炼，既要修习，更要锻炼和磨练。

一、情商

情商 EQ（Emotional Quotient）是指一个人感受、理解、控制、运用和表达自己及他人情感的能力。情商并不是一种抽象的理论，也不仅仅是一种品质。它包含四个方面的内容，分别是自我认知、自我管理、人际认知和人际关系管理。

（1）认识自身情绪的能力。戈尔曼认为，认识自身情绪是情商的基础，这种随时认知感觉的能力，对了解自己非常重要。

（2）妥善管理情绪的能力。情绪管理必定建立在自我认知的基础上，通过自我调节，达到自我安慰，摆脱焦虑或不安的目的。

（3）自我激励的能力。无论是要集中注意力，还是发挥创造力，将情绪专注于一项目标是绝对必要的，成就任何事情都要靠情感的自制力，保持高度热忱是一切成就的动力。

（4）认知他们情绪的能力。即善解人意，并由此与不同性格、类型的人平安相处、愉快合作，这是基本的人际交往技巧。

（5）人际关系的管理能力。人际关系是一门管理他人情绪的艺术，能否细微地关注、恰当地对待他人的情绪，往往与个人的人际和谐程度、领导能力有关。

二、情商修炼

情商修炼最核心的基础是不断加深对自我的认识和洞察，不仅要学会经常自我反省，而且还要主动听取他人的反馈，甚至是批评意见。生活中，不妨按照以下情商修炼的十大法则指导自己的行为。

（1）三不：不批评、不指责、不抱怨。

（2）三情：激情、热情、感情。

（3）二容：包容、宽容。人为多大的事情计较，您的心胸就有多大。在寺庙里面细心的人可以看到，弥勒佛祖旁边有一句话："大肚能容容天下不平之事，笑口常开笑天下可笑之人。"

（4）善于沟通、交流：沟通、交流要以坦诚的心态来对待，要开诚布公。

（5）多赞美别人：赞美要真诚的，发自内心的，而不是奉承他人。经常对下属说："你很棒！"

（6）每天保持好心情：养成一个照镜子的习惯，以铜为镜，可以正衣冠；以史为镜，可以知古今；以人为镜，可以正己身。同时，可以调整自己的好心情，每天早上对着镜子大声说三遍："我是最棒的，我是最好的，大家都很喜欢我！"

（7）会聆听：很多人不是很喜欢听别人说话，老是喜欢自己说。我们必须养成用心聆听别人的说话，做到少说多听多看多做的好习惯。

（8）负责任：敢于承担责任，不要推卸责任。遇到问题，不要给自己找借口，而是正视问题、分析问题、解决问题，这才是管理之道。

（9）行动力：每个人都喜欢默默无闻地帮助自己的人，每天多做一点，每天多帮助一点，以后的生活工作中就会少点烦恼、少点痛楚！

（10）善于记住别人的名字：只要您用心去做，没有做不到的事情。世上无事不可为！

三、职业情商修炼

职业情商，又称职场情商，就是一个人掌控自己和他人情绪的能力在职场、工作中的具体表现，它侧重对自己和他人的工作情绪的了解、把握，以及如何处理好职场中的人际关系，是职业化的情绪能力的表现。

职业情商是从事某种职业应具备的情绪表现，职业情商的高低直接决定和影响着其他职业素质的发展，进而影响整个职业生涯发展，因此，职业情商是最重要的职业素质，提高职业情商是个人职业发展的关键。

身在职场，无论从事哪种职业，身居何种职位，"智商决定是否录用，情商决定是否升迁"，已成为决定职业发展的重要信条。一个人的知识、经验和技能等智力因素固然重要，但是，进入一个单位之后，影响和决定一个人职业发展的关键因素却是情商的高低，一个人事业成功与否，通常认为20%取决于智商因素，80%取决于情商因素。

1. 心态修炼

了解自己在工作中的情绪是为了控制自己的情绪，保持良好的工作心态。职业情商对职业情绪的要求就是保持积极的工作心态。

（1）工作状态要积极。每天精神饱满地来上班，与同事见面主动打招呼并且展现出愉快的心情。如果上班来谁见了你都是一副无精打采的面孔，说起话来有气无力没有任何感情色彩，永远得不到上级的赏识，也不会吸引你的同事的好感。

（2）工作表现要积极。积极就意味着主动，称职的员工应该在工作表现上做到以下"五个主动：①主动发现问题；②主动思考问题；③主动解决问题；④主动承担责任；⑤主动承担份外之事。

（3）工作态度要积极。积极的工作态度就意味着面对工作中遇到的问题，积极想办法解决问题，而不是千方百计找借口。成功激励大师陈安之说："成功和借口永远不会住在同一个屋檐下。"遇到问题习惯找借口的人永远不会成功。

（4）工作信念要积极。对工作要有强烈的自信心，相信自己的能力和价值，肯定自己。只有抱着积极的信念工作的人，才会充分挖掘自己的潜能，为自己赢得更多的发展机遇。

2. 思维方式修炼

对工作中消极的情绪要学会掌控。掌控情绪就是掌握情绪和控制情绪两个层次的含义，而不是单纯地自我控制。因为控制情绪说起来容易，往往做起来很难，甚至遇到情绪反应激烈的问题时，根本就忘了控制自己。要驾驭自己的情绪，还必须要从改变思维方式入手改变对事物的情绪，以积极的思维方式看待问题，使消极的情绪自动转化为积极的情绪，从而实现自己控制自己的情绪。

在工作方式上要培养积极的思维方式。积极的思维方式就是以开放的心态去处理工作中的人际关系和事情，包括多向思维、反向思维、横向思维、超前思维等。了解他人的情绪需要反向思维，也就是逆向思维，逆向思维的情商表现就是同理心思考或换位思考，要站在对方的角度看问题，理解对方的内心感受。要善于站在对方的角度了解他人的想法，才会实现双赢的沟通，建立良好的人际关系。

3. 习惯修炼

通过心态、思维方式、行为的修炼培养出良好的职业习惯，是提升职业情商和实现职业突破发展的惟一途径。要想成功，就必须有成功者的习惯。改变不良习惯的关键，是突破自己的舒适区。一个人形成的习惯就是他的舒适区，要改变不好的习惯就要突破自己的舒适区，要有意识地为自己找点"别扭"，要敢于为自己施加点压力，努力突破自己以往的心理舒适区，培养出积极的职业化习惯。

（1）突破情绪舒适区。当你失去了一次本该属于自己的加薪机会时，你就愤愤不平、坐立不安；当上级批评你时，你就很难保持一副笑脸面对。喜怒哀乐是人的情绪对外部刺激的本能反应，但是如果对消极的情绪不加以控制，往往发泄情绪的结局对自己并没有好处。职场中应该绝对避免的几种消极情绪是：抱怨和牢骚、不满和愤怒、怨恨或仇恨、嫉妒、恐惧失败、居功傲视等，这些都是影响个人职业发展的致命伤害。调节自己的情绪有很多方式方法，其中最重要的是，要给自己强化一个意识：在工作场合我的情绪不完全属于我，我必须要控制自己的情绪！

（2）突破沟通舒适区。每个人的性格脾气决定了他与人沟通的方式各不相同，有的人说话快言快语，有的人却该表态的时候也沉默寡言，有的人习惯被动等待上级的工作指示，有的人喜欢遇到问题主动请示和沟通。要实现同理心沟通，就必须有意识地改变自己平时的沟通方式，学会积极倾听。良好的工作沟通不一定是说服对方，而是真正理解了对方的想法。

（3）突破交往舒适区。人们都习惯和自己脾气相投的人交往，所以无论在哪个单位组织，都存在非正式的组织和团体，这是正常的现象。但是人在职场，必须要和所有组织内的人以及外部的客户打交道，就要学会适应不同性格的人。突破交往舒适区，就是要有意识地和不同性格的人打交道，比如要主动找与自己不同性格的人聊聊天。看来很简单的事情，其实职场中大部分的人都难以做到。一旦你去尝试和另一种不同性格的人交往，看来是一件小小的突破，却对提升你的职场情商有帮助。

4. 行为修炼

良好的工作心态和思维方式都要体现在工作行为上。同时，对于自己的工作行为，必须要把握以下两条基本的行动准则。

（1）工作行为要以目标为导向。一是要了解组织目标；二是要制定明确清晰的个人目标，并且使组织目标和个人目标相结合，才可以形成职业发展的合力，相互推进，通过配合完成组织目标而实现个人目标，通过达成个人目标而推进公司事业的发展，这是在职场实现个人职业发展的捷径。

（2）工作行为要以结果为导向。以结果为导向就是要站在实现结果的角度去思考问题。这既是一种思维方法，又是一种行为习惯。以结果为导向就是要追求积极的结果，积极想办法去实现。如果面对一项工作，如果你还没有去做就首先认为自己"办不成"，你的思维妨碍了自己能力的发挥，那么你就可能真办不成。

四、人际关系协调

人际关系，是指在人与人的交往过程中形成的心理的和社会的关系。它包括三种成分：认知成分（指相互认识、相互了解）、情感成分（指积极或消极情绪、满意或不满意等）、行为成分（指交往行为）。

（一）大学生主要人际关系

作为一名大学生，可能涉及的人际关系主要有师生关系、同学关系、家庭关系等。残障大学生要针对不同类型的人际关系采取不同的人际交往方式，努力培育健康和谐的人际关系。

1. 师生关系

大学校园中的师生关系有别于中小学。中小学的师生关系是以教师为主导，学生"服从"为主，师生关系相对简单。步入大学后，随着学生自主意识的完善、独立意识的增强，会出现与教师在思想观念、学术观点等许多方面的分歧、矛盾，甚至冲突。另一方面，对于残障大学生，老师又会更多地理解、体谅、包容，较社会其他人群相比，老师会在特殊教育的理念和行为上更加有倾向性。因此，残障大学生应该以一种成熟的人际交往方式与教师沟通，除应遵循人际交往的原则外，还要既大胆主动，不失自己独立的个性，又礼貌谦逊，显现出自己谦虚的品质。师生人际关系的成功建立，将为步入职场、走进社会积累重要的交往经验。

2. 同学关系

同学关系是大学生面临的最广泛、最频繁，也是最易让我们疏忽的人际关系。残障大学生既要和健全大学生交往，又要和不同障碍类型的残障大学生交往。大家有着不同的教育背景、人生经历、性格脾气、秉性爱好，这可以锻炼大家营造团结友爱、互助上进、残健融合的良好人际环境，为今后步入职场后如何与同事相处打下良好基础。适当地扩大交友空间，也可为将来职场打拼储备必要的人际资源。

3. 家庭关系

家庭是最基础的人际关系。家庭关系处理不好的人，其人际交往能力也大打折扣。不管是先天还是后天致残，同学们都不要自轻自卑，感觉自己拖累了家人,是家庭的负担;同时也不能有依赖和逃避的想法,不能在家人一味的骄纵和包容下生活。这些都不利于良好家庭关系的建立,也不利于日后和谐人际关系的建立。

(二)人际协调技巧

人际协调,即通常所说的社交、交往合作,它是人与人之间的相互依存、相互沟通、相互合作,以求共同发展,是使个人的生存发展不妨碍他人的生存发展,而他人又积极配合个人的生存发展。

1. 积极地自我暗示

告诉自己"我是一个受欢迎的人"。带着这样积极的心态与人交往,往往会更加开放和自然。听障大学生李某,来自四川偏远山区,以优异成绩考入计算机科学与技术专业,入学后因同学们看不懂自己的地方手语,自己又来自偏远山区,一直深感自卑,把自己归入"不受欢迎的人"之列。在校期间的学习生活中,她始终都是在紧张、防范、逃避的心理状态下度过的,这种不良的心理暗示使她失去了自信,在人际交往中采取的是封闭和逃避,其结果是严重影响了在校学习,还在实习中屡次碰壁。

2. 待人接物主动热情

热情是最能打动人、对人最具有吸引力的特质之一。要做到热情,关键一点要以欣赏的目光真心喜欢他人,真心对他人感兴趣,发掘他人的优点。视障大学生冯某,身残志坚,一直保持乐观向上的积极心态。在按摩机构实习时,待人热情,不辞辛苦,利用自己的专业特长为病人解除痛苦,最终以自己的主动热情、真诚微笑得到了病人的赞誉和实习单位的赏识,最后顺利地进入了这个竞争激烈的单位工作。

3. 别人永远是你心中重要的人物

把别人放在心里时常惦念牵挂,对方也会深深地体会到这一点而更加亲近、信任你。反之,要避免交往中的功利性、目的性,如果让对方怀疑你交往的真心与诚意,不仅事与愿违,而且伤害了别人的自尊,引起对方强烈的反感。个别残障大学生在成长经历中受到了一些不公正的对待,潜意识里有一种强烈的自我保护意识,这无可厚非,但一定要注意不能过于自我封闭,交往的时候仍然要敞开心扉,以诚待人。

4. 学会交往中谈话的技巧

有人认为，谈话就是表露自己，说是最重要的。其实不然，说只是一方面，注意倾听是谈话中重要的技巧。学会倾听是赢得友谊的重要品质，是改善人际关系的重要基础。在谈话中忘记别人的感受而自顾自地"滔滔不绝"，是谈话中的大忌。

（三）人际交往原则

人际交往是实现人际关系的途径，侧重于人与人之间联系及接触的过程、行为方式等。通过不断的交往，人们逐步完成社会化的过程，形成一定的心理状态和结果。人际交往是交往双方在心理上的相互作用，需要遵循一定的原则。

1. 平等尊重原则

古人说："欲人之爱己也，必先爱人""爱人者，人恒爱之；敬人者，人恒敬之"等，阐述的就是人际交往中的平等尊重原则。美国心理学家马斯洛把人的生活需求归纳为五类：生理需要、安全需要、社会需要、尊重需要、自我实现需要。可见，渴望平等尊重是人的精神需求之一。

2. 真诚宽容原则

古人云："精诚所至，金石为开""心诚则灵"。只有真诚才可以获得他人的坦诚相助。宽容有助于扩大交往的空间，消除彼此之间的紧张和隔阂。某大二女生，在水房接开水时，开水不慎溅到另一女生手上，被溅女生不依不饶，反将自己水杯刚接的开水泼到那女生身上……俗话说"得饶人处且饶人""有理也要让三分"，宽容是一种涵养，更是一种美德。在宽以待人的同时，自己的心灵才能得以净化和慰藉。

3. 互利互惠原则

交往行为的发生总是源于一定的动机，这个内在动机就是期盼着通过交往"获得众人的支持"。因此，当别人需要帮助的时候，伸出援手，我们不仅能体会到被别人需要的一种特殊快乐，还可以深切地体会到别人"滴水之恩，涌泉相报"的情谊。互利互惠是步入社会实现"双赢"的重要前提。

4. 有益互助原则

我们与什么人交往，交什么样的朋友非常重要。古人说："与君子游，苾乎如入兰芷之室，久而不闻，则与之化矣；与小人游，贷乎如入鲍鱼之肆，久而不闻，则与之化矣。"听障大学生可以为别人提供视觉上的帮助，视障大学生也可以发挥自己的听觉优势。在沟通交流方面，我们需要得到别人的帮助，也要发挥自己的优势和特长，在帮助别人中与人交往。

【重要术语】

学会学习　学习方法　学习态度　学习理念　自主学习　终身学习　创新学习　实践学习

自我管理　时间管理　要事第一　财务管理　记账单　素质拓展

情商　情商修炼　职业情商　人际关系　人际协调　人际交往

【本章小结】

1. 重点

（1）学会大学学习。

（2）自我管理与素质拓展的途径与方法。

2. 难点

（1）从职业发展与终身教育的角度认知大学学习。

（2）树立自主拓展素质、提升能力的意识。

【问题与思考】

（1）对于学会学习你是怎样理解的？结合自身实际谈一谈，你打算如何进行大学学习？

（2）在自我管理方面你有什么样的计划和打算？如何在大学期间进行素质拓展？

（3）在情商修炼和人际协调方面你有哪些优势和不足？今后打算如何去做？

（4）思考自我管理和今后职业发展的关系？如何在大学期间做好就业前各项准备？

【推荐阅读】

（1）吴淡如.时间管理幸福学[M].北京：化学工业出版社，2008.

（2）[美]布莱.时间管理十课堂[M].陈秀玲，译.北京：机械工业出版社，2002.

（3）杨昭宁.现代心理学[M].济南：山东人民出版社，2009.

（4）史坦纳.别再闹情绪[M].桂林：广西师范大学出版社，2001.

（5）吴成林.职场情商：职业人士成功素养[M].北京：新华出版社，2006.

【参考文献】

[1] 彭贤，马恩.大学生职业生涯规划活动教程[M].北京：清华大学出版社，2010.

[2] 高桥，葛海燕.大学生就业指导[M].北京：清华大学出版社，2009.

[3] 张健萍.残障大学生学业状况及学业辅导的策略研究[J].未来英才，2014（4）.

[4] 汪艳丽.大学生心理素质训练[M].北京：高等教育出版社，2010.

[5] 周耀明，马林.大学生就业指导与职业生涯规划[M].北京：科学出版社，2011.

第五章　残障大学生就业形势政策与就业信息

在当前高等教育大众化背景下，大学生就业难已经成为社会普遍关注的问题，作为特殊的群体的残障大学生就业更是难上加难。但同时，社会对残障大学生更多了一份关注和呵护。残疾人就业是保障残疾人平等参与社会生活、共享社会物质文化成果的基础。改革开放以来，特别是残疾人保障法公布施行以来，我国残疾人的就业状况得到明显改善。残障大学生要及时了解国家、政府以及残疾人联合会等出台的残疾人及残疾大学生就业优惠政策，及时收集相关的就业信息为求职择业创造有利条件。

【学习与行为目标】

（1）了解毕业生就业形势及就业市场的新变化。
（2）掌握毕业生现行的就业方针和政策。
（3）了解毕业生就业的主要程序和用人单位的招聘程序。
（4）了解就业信息的收集途径和方法。
（5）学会有效利用就业信息。

【案例引导】

温馨家园圆了一位听障生的工作梦

2009年5月，视觉传达艺术设计专业毕业班的同学李某还没有找到工作，心情很不好。一天，他来到老师的办公室向老师表达了自己求职的愿望。

李某是2006级艺术类的一名专科听障学生，专业不是很好，但是性格开朗，勤劳朴实，进入毕业班后，找了十几家单位，都是因为专业基础差、交流困难等原因被单位拒之门外。

老师看李某急切的样子，就把残联正在实施的残疾人"温馨家园建设项目"以及相关的文件讲给李某，并对文件中的某些问题向李某做了进一步的政策解读。李某了解了温馨家园项目后对此很感兴趣，随后到户籍所在地朝阳区报名，并参加了考试，被录用到朝阳某街道温馨家园做街道残疾人服务工作。

"温馨家园"的创建是在2003年，当时的残联主席邓朴方在视察基层怎么样为残疾人服务的时候，来到西城区的三里河一区社区残疾人工作，看到残疾人在那里非常快乐，有的培训，有的康复，还有在那里也是为社区做一些贡献，感到残疾人能够在社区里活跃起来，能走出家门，所以就题词"温馨家园"。此后十几年来，北京市残联和地方政府、街道办事处大力加强温馨家园建设，既帮助了残疾人，使残疾人工作进社区，同时为残疾人提供康复、培训、就业等服务。因为残疾人服务于残疾人有着很大优势，这样温馨家园的发展，就为残疾人就业提供了相当数量的岗位。

点评：

政策就是信息，政策中蕴含着机会，掌握毕业生就业政策，学会利用这些政策对我们广大毕业生的求职择业、权益保护具有重要的指导意义。有些就业政策还关系到毕业生切身利益。所以，我们不但要学会，要掌握，还要用好用足就业政策。

第一节 就业形势分析与就业政策指导

一、目前全国就业形势

新时期我国面临严峻的就业形势。进入"十二五"时期，我国就业形势更加复杂，就业总量压力将持续加大，劳动者技能与岗位需求不相适应，人职匹配度低。这种劳动力供给与企业用工需求之间不相匹配的结构性矛盾更加突出，就业任务更加繁重。主要表现在以下三个方面：

一是劳动力供大于求的总量压力持续加大。城镇需就业的劳动力年均2500万人，还有相当数量的农村富余劳动力需要转移就业。我国城镇登记失业率稳定在4.2%左右，登记失业人数900万人，各级各类学校直接面向社会的毕业生1000万人，企业转型下岗转岗人员、转业退伍军人、往年未就业毕业生之和约600万人。在"十一五"和"十二五"计划中每年转移农村劳动力900万人。

二是就业的结构性矛盾更加突出。随着技术进步和产业优化升级，技能人才短缺问题将更加凸显；部分地区、企业用工需求与劳动力供给存在结构性失衡，"招工难"与"就业难"并存。企业"招工难"是缺少人才，企业难以找到胜任相应需求岗位的人才，"就业难"是求职者难于找到适合自己的工作。

三是社会经济环境的变化对促进就业提出了新的挑战。转变经济发展模式，推进产业升级、科技进步和管理创新对提高劳动者素质提出了更高的要求，推进城镇化对农村富余劳动力转移为就业工作提出了新的任务。同时，公共就业和人才服务以及职业培训不能满足需要，人力资源市场信息化建设滞后，影响劳动力流动就业的体制机制障碍依然存在；经济社会转型过程中劳动关系矛盾凸显，劳动者利益诉求发生新的变化，劳动关系调整体制机制不完善的问题仍然比较突出，劳动关系协调难度加大。

在《国务院关于批转促进就业规划（2011—2015年）的通知》中提出了促进就业的基本原则和发展目标（见表5-1）。

（1）基本原则。为促进就业提倡"四结合"的原则，即坚持促进就业与经济社会发相结合、坚持促进就业与人力资源开发相结合、坚持发挥市场机制作用与政府促进相结合、坚持促进企业发展与维护劳动者权益相结合。

（2）发展目标。就业规模持续扩大，就业结构更加合理；有效控制失业，保持就业局势稳定；人力资源开发水平得到明显提高；就业质量得到进一步提升。统一规范灵活的人力资源市场基本形成；劳动者权益保障机制更加完善。

表5-1　国务院关于批转促进就业规划中"十二五"时期就业主要指标

国务院关于批转促进就业规划中"十二五"时期就业主要指标		
指标	2010年	2015年
城镇新增就业人数(万人)	〔5771〕	〔4500〕
城镇登记失业率(%)	4.1	<5
转移农业劳动力(万人)	〔4500〕	〔4000〕
高技能人才总量(万人)	2863	3400

续表

国务院关于批转促进就业规划中"十二五"时期就业主要指标

指标	2010年	2015年
专业技术人才总量(万人)	4686①	6800
企业劳动合同签订率(%)	65	90
企业集体合同签订率(%)	50	80
最低工资标准年均增长率(%)	12.5	>13
劳动人事争议仲裁结案率(%)	80	90

注:"十二五"时期主要指标为预期性指标;〔〕表示五年累计数;①为2008年末数据。

二、大学生就业所面临的形势

(一)我国高等教育的发展

我国改革开放以来,高等教育发展经历了以下几个阶段。

1. 恢复性发展阶段(1978—1985)

文化大革命时期,高等教育发展迟缓,专业、技术人才培养近乎停滞。改革开放后,随着有中国特色的社会主义经济建设蓬勃开展,对人才的需求增加,高等教育开始恢复式发展。

2. 稳定规模阶段(1986—1992)

1985年5月27日,颁布了《中共中央关于教育体制改革的决定》,指出"必须从教育体制入手,有系统地进行改革"。此时高等教育规模稳定稍有提高,主要精力放在了教育体制的研究上,改革进入稳定调整期。

3. 调整提高阶段(1993—1998)

20世纪90年代初期开始,新一轮高校内部管理体制改革在全国兴起,许多学校的资源得到了整合,我国高教进入了一个稳步快速发展时期。

4. 快速发展阶段(1999—2005)

1998年我国高等教育发展政策在指导思想上出现了巨大的变化,高等教育从提倡"基本稳定"提升到"积极发展",高校招生规模随之急剧扩大。1998年颁布的《中华人民共和国高等教育法》、1999年1月出台的《面向21世纪教育行动振兴计划》、1999年6月出台的《中共中央国务院关于深化教育改革全面推进素质教育的决定》都提到：调整现有教育体系结构，扩大高等教育规模，通过多种形式积极发展高等教育；加快高等教育改革步伐，提高教育质量和办学效益。几年间高等教育招生规模从不足百万增长到500万，成为我国高等教育快速发展期。

5. 稳步发展阶段（2006年至今）

高等教育的"积极发展"政策经过几年的延续后，到2006年我国高等教育规模发展政策开始进入平稳发展阶段。2006年，我国高校计划招生人数达到530万人，较2005年的475万人计划相比，增长了约11.6%，但与前几年的30%年增长速度相比，扩招的速度大大减缓，近两年增长速度控制在3%以内，但由于高等教育规模的基数已经很大，高等教育总体规模仍呈扩张趋势。2015年高校毕业生人数接近750万人。

（二）高校教育发展由"精英"教育走向"大众"化教育阶段

高等教育大众化是一个量与质统一的概念，量的增长指的是适龄青年高等学校入学率要达到15%~50%。质的变化有更为丰富的内涵。根据美国学者马丁·特罗的研究，如果以高等教育毛入学率为指标，则可以将高等教育发展历程分为"精英、大众和普及"三个阶段，并以15%和50%为分界点。他认为当高等教育毛入学率达到15%时，高等教育就进入了大众化阶段。

在教育部发布2012年全国教育事业发展统计公报中，2012年全国各类高等教育总规模达到3325万人，高等教育毛入学率达到30%。全国共有普通高等学校和成人高等学校2790所。其中，普通高等学校2442所（含独立学院303所），成人高等学校348所，普通高校中本科院校1145所，高职（专科）院校1297所。全国共有培养研究生单位811个，其中高等学校534个，科研机构277个。

从以上数据说明我国高等教育已经从精英教育迈向了大众化教育阶段。

（三）大学毕业生就业市场由"卖方市场"步入到"买方市场"

由于高校的扩招，毕业生人数急剧增加。高校毕业生总数急剧膨胀。2000

年我国高校毕业生人数不足 100 万人，2003 年发展到 212 万人，2006 年发展到 413 万人，到 2014 年高校毕业生已达到 727 万人。如果加上中初等毕业生、失业、下岗、转岗、部队转业等人员，每年等待就业人数 2500 万人，但是每年新增就业岗位约 1000 万个，供需矛盾非常突出，随之出现高校毕业生求职困难，大量的高校毕业生毕业了还没有找到适合自己的工作（见图 5-1）。这部分毕业生每年占应届毕业生总数的近 30%，这些未就业的毕业生，加入到第二年求职的大军之中，加剧了就业市场的供需矛盾，市场有利的天平倾向到买方。

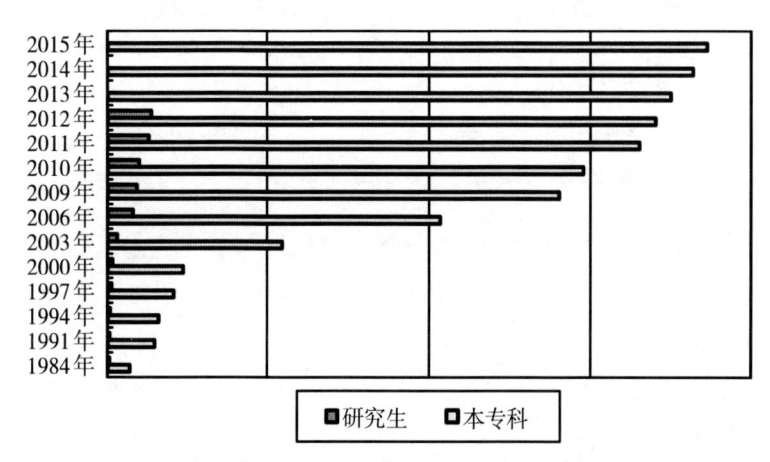

图 5-1　全国大学毕业生总数增长示意图（单位：万人）

（四）大学毕业生就业涌向第三产业

根据发达国家的发展经验，第三产业往往是随着经济的发展、人民收入水平的提高而迅猛发展的，在发达国家的产业构成中第三产业就业人数占比达到 60%~70%，有些发达国家甚至达到 70% 以上。从我国的经济发展趋势看，产业结构也会随之进行合理调整，使三类产业发展更趋合理。随着我国经济的飞速发展，人民收入水平不断提高，在我国的三类产业构成中，第一产业需求持续下降，第二产业稳中有升，第三产业需求旺盛（见图 5-2）。第三产业提供了更多的就业机会。大学毕业生由原来集中在第二、第三产业就业，今后会发展为更倾向于第三产业就业。

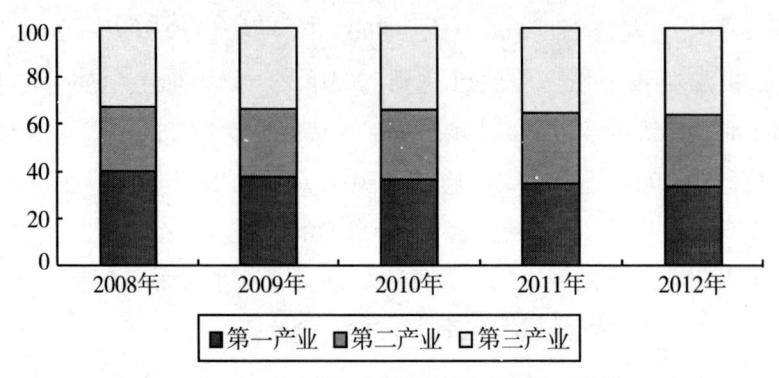

图5-2 近五年全国就业人员产业构成情况（单位：%）

（数据来源：2012年度人力资源和社会保障事业发展统计公报）

（五）大学毕业生初期失业率远高于城镇登记失业率

我国的失业率统计是城镇登记失业率，是以城镇登记失业人数作为统计标准进行统计的，多年来我国城镇登记失业率一般为4%~5%。如在2012年度人力资源和社会保障事业发展统计公报中，我国从2008年至2012年登记失业率最低4.1%，最高4.3%（见图5-3）。应届毕业生的就业率统计一般以一次就业率作为统计标准，截止日期为每年的8月底。据统计我国近几年来高校毕业生的初次就业率稳定在70%左右，也就是说在毕业后有近30%的毕业生还没有找好工作。还有一部分毕业生在毕业后的半年或者一年以内离开岗位重新找适合自己的工作。

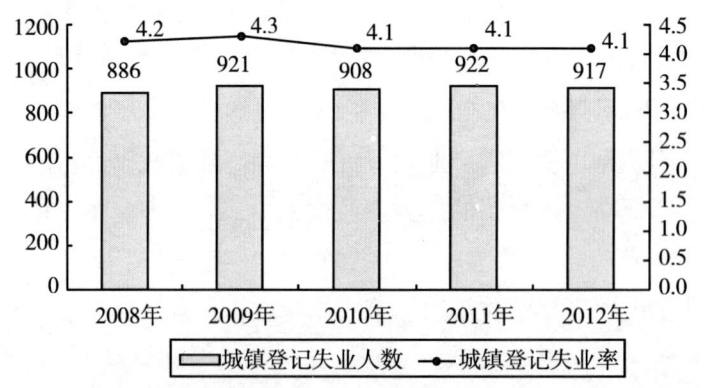

图5-3 近五年城镇登记失业人数及登记失业率（单位：万人，%）

（数据来源：2012年度人力资源和社会保障事业发展统计公报）

三、残障毕业生就业形势的有利和不利因素分析

（一）当前残障毕业生就业形势的有利因素

党和国家对高校毕业生就业高度重视，残障大学生们享受到就业关注和政策支持。归纳起来，残障毕业生就业的有利因素有以下诸多方面。

1. 积极的就业政策

"十二五"期间国家实行积极的就业政策，各地的人才政策越来越利于毕业生就业：一方面严格的职业资格准入制度，用人单位的新进人员以高素质的高校毕业生优先；另一方面，取消了限制毕业生流动的政策。

2. 人才市场不断完善

毕业生就业人才市场逐步建立和完善，有关的规章制度以及残疾人就业保护政策也相继出台，残障大学生就业岗位有了法律依据和保障。

3. 人才需求旺盛

社会需求总体上仍属供不应求，中国目前不应当存在大学生已经多得就不了业的问题。随着残疾人保障金制度，以及超比例安置残疾人就业奖励制度的实施，社会上为残疾人提供的就业也相应增加。

4. GDP 的持续高速增长

近年来，虽然受世界性经济危机的长期影响，我国的 GDP 增长速度仍然保持在 7% 以上，整体就业机会稳步增加。随着社会的迅速进步、知识经济的突起、各种经济成分的共同发展，社会对人才的需求愈来愈大，高新技术企业、非公有制企业、乡镇企业、广大基层和欠发达地区更为毕业生提供了施展才华的广阔天地。

5. 对困难群体的帮扶

困难群体就业得到了国家和地方政府大力扶助。国家对残障大学生、就业困难群体、家庭经济困难群体都有相应的政策支持。

（二）当前残障毕业生就业形势的不利因素

由于各种客观环境的限制，就业制度上仍存在束缚和障碍。受残障毕业生的逐年增加等因素影响，毕业生就业形势仍有诸多不利因素。

1. 毕业生就业制度改革步履艰难

如现在的人事制度改革在户籍、编制、各种指标和档案管理等方面的改革相对滞后，人事部门对毕业生就业的申请报批手续仍然繁杂。跨地区就业仍存在制度上、住房及生活上的限制。

2. 随着机构改革的不断深入，各级行政机关的工作人员实行精简分流

一方面，这些人员要和大学生一同进入市场竞争就业；另一方面，也使毕业生进入行政机关、事业单位的机会大大减少。

3. 社会经济调整

由于受国际、国内经济形势和国内市场的影响，我国经济处在转型期，由于经济结构调整的需要，相当多的企业减员增效，所以下岗、待岗、转岗人员大量增加，岗位竞争激烈。

4. 对人才自身条件要求升高

社会对于毕业生学历层次的需求越来越高，对高层次的复合型、外向型和开拓型人才的需求日益迫切，呈现出对人才结构的需求层次重心上移的趋势。不少用人单位存在着"人才高消费"的错误观点，盲目追求高学历人才。

5. 人才需求的地区差异明显

地区间经济发展不平衡状况直接影响到残障毕业生的供求状况。一般情况下，经济发达或经济发展较快地区接收残障毕业生较多，反之则较少。

6. 残障毕业生的自身能力素质与用人单位需求存在较大差距

现在用人单位对高校毕业生的敬业精神、职业道德、思想品德觉悟和能力素质水平都提出了越来越高的要求，特别看重"人品"和能力。残障毕业生的自身能力素质与用人单位需求存在较大差距。

7. 残障毕业生的就业期望与求职定位与现实的矛盾突出

目前，毕业生的价值取向以事业发展为重点的并不占多数，残障毕业生的就业期望与求职定位与现实有着突出的矛盾。毕业生普遍希望环境好、待遇高，以能获得大城市、大机关、大公司、大企业的工作机会为求职目标。然而目前实际最需要毕业生的却恰恰是那些边远地区、中小城市、艰苦行业的基层一线的中小单位。

四、大学生就业政策

高校毕业生就业政策是党和国家政府在一定历史条件下，根据社会就业总体形势的实际情况，为了促进经济的发展和社会的进步，为劳动者创造就业条件或者扩大就业机会，使人才充分利用或合理配置所制定的行为准则。随着就业形式的变化，就业政策也会逐年调整或根据新的需要出台新的政策。高校毕业生就业政策作为国家就业政策的一个重要组成部分，对国民经济发展以及对指导毕业生就业工作都具有重要的作用。残障大学生具有"大学生"和"残障生"的双重属性，那么我们应该在了解大学生就业政策的同时，了解残障大学生就业相关政策。

（一）具体的毕业生就业政策

1. 本专科毕业生就业政策

本专科毕业生在国家就业方针政策指导下，通过毕业生就业市场以及各种类型的招聘活动，进行"供需见面、双向选择"，在一定的范围内实现自主择业。毕业前已经落实单位的毕业生，高校负责办理就业手续，毕业后到用人单位报到。在规定的时间内未落实就业单位的毕业生，学校将其档案、户籍转回家庭所在地，由政府指定的当地毕业生服务机构帮助推荐就业。

2. 毕业前已经确定升学的毕业生就业政策

根据规定对应届毕业生参加并通过专升本考试、研究生考试并收到录取通知书的同学，原则上不再办理就业手续。因特殊情况需要工作的，需征得录取院校的同意和工作单位的同意，然后向学校提出申请，学校经研究同意后报省级毕业生主管部门同意后，方可办理有关手续。

3. 毕业生自费出国留学的政策

毕业生可以申请自费出国留学，申请自费出国留学的毕业生不参加就业，在学校规定的期限内提出申请，经学校教务和毕业生就业管理部门审核同意后，不列入就业计划。凭国（境）外大学的录取通知书，把档案转往留学人员人才交流中心。毕业生集中离校时未办妥手续的，原则上将其户口转至家庭所在地，继续办理出国手续。

4. 定向生的就业政策

定向生原则上按入学时定向合同就业。如确因特殊情况不能回原定向单位就业的毕业生，须征得原合同单位的同意，报就业主管部门批准，并交纳相应的违约金和培养费后，可调整到其他就业单位。

5. 结业生、肄业生的就业政策

结业生就业时在《就业报到证》上注明"结业生"字样；在规定时间内未签署就业协议的，其档案、户籍关系转至家庭所在地（家住农村的保留非农业户籍），自谋职业。已被录用的结业生，在国家财政拨款单位就业的，其工资待遇按照国务院有关文件规定，比国家规定的普通高校毕业生工资标准低一级。结业生在一年内可以补考，补考及格可以换发毕业证书，换发毕业证书者，国家承认其毕业资格，工资待遇从补发证书之日起按毕业生对待。

肄业生是指有正式学籍，未完成教学计划规定的课程，中途退学（开除学籍的除外），由学校发给肄业证书，学校不负责就业及推荐工作，不办理就业派遣，并将其档案和户口转回其生源所在地自谋职业。如有单位录用，待遇及录用都由单位自主决定。

6. 享受国家特殊专项奖学金的毕业生就业政策

国家根据发展战略和社会发展需要，在教育部制定招生计划时，对某些领域急需的人才通过招收免交学费或设立专项奖学金等措施，引导学生报名，从而选择相应的专业。享受师范、农林、民族、体育、航海等国家专业奖学金及享受艰苦行业、地区或特殊岗位定向奖学金的毕业生原则上按国家计划就业，对不服从就业计划自谋职业的，需补缴在校学习期间普通专业的学费并返还定向奖学金、专业奖学金后办理就业手续。

7. 患病毕业生的就业政策

学校应在毕业生毕业前认真负责地对毕业生进行健康检查，不能坚持正常工作的，让其回家休养。一年内治愈的（须经学校指定县级以上医院证明能坚持正常工作的）可以随下一届毕业生就业；一年以后仍未痊愈或无用人单位接收的，户籍关系和档案材料转至家庭所在地，由其自谋职业。

8. 来自边远省区毕业生的就业政策

来源于边远省区的本、专科毕业生，只要是边远省区急需的，原则上应回来源省区就业。边远省区特指以下10个省、自治区：内蒙古自治区、黑龙江省、广西壮族自治区、贵州省、云南省、西藏自治区、甘肃省、宁夏回族自治区、青海省、新疆维吾尔自治区。

9. 毕业生到军队工作的就业政策

高校毕业生可以到军队去就业工作。从1989年起，军队所需的有关专业毕业生可以直接向有关省、自治区、直辖市和高等学校申报、落实。自愿参军的毕业生经学校推荐，可以接受军队有关部门的考核。到军队工作的毕业生必须品学兼优、身体健康并自愿献身于国防事业。入伍后的毕业生在首次评授军衔、评定专业技术职务、确定专业技术等级以及住房分配方面，与同期入伍的军校毕业生同等对待。到边远艰苦地区部队的毕业生，不实行见习期；自批准入伍之日起，确定职级和军衔，工资待遇按照军委、总部的有关规定执行。

10. 对违约毕业生的就业政策

大多数毕业生就业是由学校根据社会需求直接和用人单位见面，或是毕业生经"供需见面"和"双向选择"后，以就业协议书的形式固定下来。国家为维护广大毕业生的利益，要求用人单位维护毕业生就业协议的严肃性，就业协议一经形成，用人单位不得拒收毕业生，否则按违约处理，用人单位缴纳违约金，并给毕业生一定的经济赔偿。同样，也要求毕业生不能违约，随意更换单位。若有些毕业生由于各方面原因需要单方面违约，必须报经用人单位同意后，才能进行二次择业，否则学校不予办理相关手续，并应视情况追究其违约责任。

对于考研（升本）和录用为公务员的毕业生，要向用人单位说明情况，在录取研究生或公务员后要及时通知用人单位，用人单位和学校不按违约处理。

11. 地方性就业政策

除了国家层面出台的就业政策和规定之外，各省、地、市各级政府，为了响应党和国家的号召，根据地方实际情况，还制定了本地区的就业相关政策，如"北京市引进非北京生源毕业生政策"等。

非北京生源在京就业须先在京落实接收单位。其中在京中央单位接收的，由接收单位按隶属关系报中共中央组织部或国家人力资源和社会保障部办理进京审批手续。北京市属单位以及所辖区县单位接收的，按隶属关系报北京市人力资源和社会保障局审批。如果是民营机构按照人事代理档案的隶属关系，分别按中央在京单位或市属单位办理审批手续。非北京生源在京就业还需满足一定的学历条件：如北京市属单位接收非北京生源除部分远郊区县可以接收本科应届毕业生外，原则上接收研究生以上应届研究生。另外大学英语水平要达到国家四级以上，北京市属单位接收非北京生源毕业生以提高引进质量、控制引进数量、保证人才需求为基本原则，引进符合北京市社会经济发展和产业调整需求的、北京生源无法满足的紧缺急需的优秀人才。对引进非北京生源毕业生实行全市指标总量调控。审批并办理就业报到手续后，户口和档案迁往相应的接收单位及所在地区。

（二）国家积极的就业政策

进入21世纪以来，随着高等教育规模的扩大，大学毕业生迅猛增加，高校毕业生出现了就业困难，很多毕业生在离校前还没有找到工作。再加上世界范围内的经济危机，我国经济又进入到转型期，整个社会的就业压力持续增大。国家为了促进就业出台了很多积极的就业政策。

1. 大学生志愿服务西部计划

大学生志愿服务西部计划由团中央组织实施，以公开招募、自愿报名、组织选拔、集中派遣的方式进行。期满后可享受的优惠政策有考研加分、2009年开始施行学费补偿、学费贷款代偿等优惠政策。志愿者服务期为1~3年。

2. "三支一扶"政策

高校毕业生到农村基层从事支教、支农、支医和扶贫工作，由人力资源和社会保障部负责实施。期满后可享受的优惠政策有报考公务员的加分，同等条件下优先录用，报考事业单位可降低要求或破格录用，考研的可加10分。

3. "村官"政策

选聘高校毕业生到农村任职工作,由中组部牵头组织,各地方政府具体实施。项目从2006年开始,目前已经成为长效工作,每年集中选拔一次。选拔录用后签订两年或三年合同,到期合格者可续签。每年考核一次评出等级,可参加公务员考试,合格者由地方政府优先录用。村官任职期间,第一年工资2500元、第二、第三年3000元。京外生源毕业生选拔为村官后连续两年考核合格,可以按照北京市接收非北京生源程序上报到北京市人力资源和社会保障局,审批后把档案转往工作区县人才服务机构,户口可转至区县人才服务机构集体户。"村官"政策实施已近十年,每年政策都在微调,调整的结果更有利于毕业生就业。

4. "教师特岗"计划

2006年教育部、财政部联合启动实施农村义务教育阶段学校教师特设岗位计划。实施范围为我国中西部地区县级以下义务教育阶段学校任教,聘期3年。选聘条件是普通高等学校本科生(可招收少量师范类专科生)。期满后符合条件的特设岗位教师可按规定免试攻读教育硕士。

5. "科研助岗"计划

聘用应届高校毕业生参与科研项目研究工作。高校承担国家重大科研项目,招收本校学生参与科研项目研究工作,科研助岗人员工资由项目经费的劳务经费部分支出,协议期一般为两年,两年期内不是单位正式职工。两年考核合格的京外生源可以按照接收非北京生源程序办理户籍档案接收手续,可以继续聘任在本高校,也可聘任到其他单位。

6. 创业优惠政策

2010年教育部《关于做好2010年高校毕业生就业工作的通知》中强调,要全面加强高校学生创业教育,加强高校毕业生自主创业的政策扶持力度。目前地方政府结合当地实际情况相继出台了很多创业优惠政策,如注册登记费减免、创业小额贷款担保、设立创业基金、资金扶持、门店租金补助、免费创业指导、培训等。

7. 征集大学生入伍服义务兵役政策

2009年国家出台了应届高校毕业生入伍预征政策,大规模征集普通高校毕业生入伍，并制定了入伍及退役后的优惠措施。例如：北京市2013年大学生应征入伍相关政策（此政策适合在京就读的北京生源、非北京生源以及在京外就读的北京生源），政策涵盖了征集条件、征集程序、经济补助或补偿、复学升学、就业优待等五大方面的问题。其中在经济补助或补偿中规定两年义务兵役期间本科生不低于13.48万元、专科生不低于12.88万元，且每年定期增长。复学升学中规定：高职专科学生服役期间评为一次优秀士兵以上荣誉的，退役复学可免试升入同专业或相近专业本科学习；本科学生荣立二等功以上荣誉的，所学专业毕业后，可以免试保送所学专业的硕士研究生。

8. 加强对困难群体的就业援助

2012年1月，在《国务院关于批转促进就业规划（2011—2015年）的通知》国发〔2012〕6号文件明确指出：加强对困难群体的就业援助。建立健全就业援助制度，完善就业援助政策，开发公益性岗位，形成长效工作机制。全面推进充分就业社区建设，为部分地区率先实现充分就业奠定基础。全面贯彻落实《残疾人就业条例》，完善残疾人就业促进和保护政策措施，推动党政机关、企事业单位按比例安排残疾人就业，加大对福利企业、盲人按摩机构等残疾人集中用人单位的管理和扶持力度，帮扶残疾人自主创业和灵活就业，推动残疾人在社区服务业、城市便民服务网点就业。建立与残联组织联合开展就业援助的工作机制，各级政府开发的公益性岗位优先安排残疾人。继续做好妇女就业工作。

五、残障大学生就业政策

残障人士的就业问题是人类社会无法回避的问题，解决残障人士的就业问题不仅有利于社会稳定，而且有利于社会物质文明和精神文明的发展。为了保障残疾人士的劳动就业权利，建国以来，党和政府采取了一系列有效措施和方法，促进和扩大残障人士就业，特别是改革开放以来，通过立法、按比例安排就业等措施取得了显著成效。

1. 中华人民共和国残疾人保障法

1990年12月28日，时任中华人民共和国主席杨尚昆发布第36号主席令：《中华人民共和国残疾人保障法》，已由中华人民共和国七届人大常务委员会第十七次会议通过，现予以公布，自1991年5月15日起施行。残疾人保障法共九章五十四条，全面阐述了从总则、康复、教育、劳动就业、文化生活到福利、环境、法律责任、附则等各个方面。在劳动就业一章从各级政府的职责、指导方针、集中安排、分散安排、自谋职业、农村劳动、优惠扶持到福利企业的保护——作了详细的规定。残疾人保障法的出台对促进残疾人就业起到了积极的推进作用。2008年7月1日起修订后的《中华人民共和国残疾人保障法》开始执行，其中第四章30~41条共十二条，对有关残疾人劳动与就业方面的内容进行了完善和补充。

2. 残疾人就业条例

2007年2月25日，时任国务院总理温家宝签署第488号国务院令，发布了《残疾人就业条例》，并于2007年5月1日起施行。

《残疾人就业条例》的发布使我国残疾人就业工作全面步入法制化轨道，对于促进残疾人士就业、保障残障人士的劳动就业权利、维护其合法权益、促进残障人士平等参与社会生活具有非常重要的意义。

《残疾人就业条例》共六章三十条从总则、用人单位的责任、保障措施、就业服务、法律责任和附则等六大方面对保障残疾人就业方面的保障和措施作了规定。实际上是对《残疾人保障法》关于劳动和就业方面内容的细化和解读，更具有可操作性。

3. 残疾人就业保障金的缴纳

在《中华人民共和国残疾人保障法》和《残疾人就业条例》中明确规定了用人单位的责任，其中《残疾人就业条例》第二章第八条规定用人单位应当按照一定的比例安排残疾人就业，并为其提供适当的工种。

用人单位安排残疾人就业的比例不得低于本单位在职职工总数的1.5%。具体比例由各省、直辖市、自治区人民政府根据本地实际情况规定，用人单位跨地区招用残疾人就业的计入所安排的残疾人职工人数之内。第九条规定：用人单位安排残疾人就业没有达到要求比例的，应当缴纳残疾人就业保障金。

4. 企业接纳残疾人优惠政策（减免税政策、实习补助和保险补助等）

《财政部国家税务总局关于促进残疾人就业税收优惠政策的通知》（财税[2007]92号），该政策执行的时间为2007年7月1日起。

（1）对安置残疾人单位的增值税和营业税优惠政策。对安置残疾人的单位，实行由税务机关按单位实际安置残疾人的人数，限额即征即退增值税或减征营业税的办法。实际安置的每位残疾人每年可退还的增值税或减征的营业税的具体限额，由县级以上税务机关根据单位所在区县（含县级市、旗，下同）适用的经省（含自治区、直辖市、计划单列市，下同）级人民政府批准的最低工资标准的6倍确定，但最高不得超过每人每年3.5万元。

（2）对安置残疾人单位的企业所得税政策。单位支付给残疾人的实际工资可在企业所得税前据实扣除，并可按支付给残疾人实际工资的100%加计扣除。单位实际支付给残疾人的工资加计扣除部分单位在执行上述工资加计扣除应纳税所得额办法的同时，可以享受其他企业所得税优惠政策。

5. 残疾人自主就业扶持政策

鼓励残障人士自主就业、自主创业，对残疾人个人就业的增值税和营业税政策，根据《中华人民共和国营业税暂行条例》（国务院令第136号）第六条第（二）项和《中华人民共和国营业税暂行条例实施细则》（〔93〕财法字第40号）第二十六条的规定，对残疾人个人为社会提供的劳务免征营业税，对残疾人个人提供的加工、修理修配劳务免征增值税（此政策一直都在执行）。对残疾人个人就业的个人所得税政策根据《中华人民共和国个人所得税法》（主席令第四十四号）第五条和《中华人民共和国个人所得税法实施条例》（国务院令第142号）第十六条的规定，对残疾人个人取得的劳动所得，按照省（不含计划单列市）人民政府规定的减征幅度和期限减征个人所得税。具体所得项目为：工资薪金所得、个体工商户的生产和经营所得、对企事业单位的承包和承租经营所得、劳务报酬所得、稿酬所得、特许权使用费所得。不同的地区还有不同的扶持政策。

6. 残障大学生就业政策

2009年5月，中残联联合四部委发布了《关于进一步做好高等学校残疾人毕业生就业工作的通知》（中残发〔2009〕8号），这是我国第一个以促进残疾人大学生就业而制定的有关纲领性文件。文件指出：残疾人是一个数量众多、特性突出、特别需要帮助的社会群体，普通高等学校残疾人毕业生（含高等特教学院全日制本专科残疾人毕业生，以下简称高校残疾人毕业生）同样是宝贵的人力资源。在国际金融危机影响进一步蔓延、就业形势仍然严峻、高校毕业生就业压力加大的情况下，高校残疾人毕业生就业问题更加突出。指出了解决残疾人大学生就业问题的迫切性，并从认真落实国家规定，确保高校残疾人毕业生享受相关政策；积极采取针对性政策措施，促进高校残疾人毕业生就业；建立密切合作关系，共同做好高校残疾人毕业生就业工作等几方面制定了促进残疾大学生就业的九条具体措施（详见附录）。中残发〔2009〕8号文出台后，地方残联积极响应，制定了适合本地区的实施细则。

第二节 就业市场发展与就业程序解读

一、大学生就业市场的发展

市场化是导致中国经济发生深刻变革的重要因素之一，随着我国社会主义市场经济体制的建立和不断完善，市场在资金、社会、人力资源等资源配置中的作用越来越突出，它使资源配置更为优化、更为合理。大学毕业生作为一种重要的社会人力资源，是生产力中最活跃的因素，它代表的是先进的技术、先进的生产力。当然它也需要市场本身进行优化、进行合理配置，这样就形成了庞大的大学毕业生就业市场。

（一）大学生就业市场的概念

大学生就业市场的概念形成于20世纪80年代末，它是社会主义市场经济条件下，有计划、有组织、有目的地培育和建立起来的。在国家宏观政策指导下，以高校为基础对毕业生资源进行合理配置的一种人才市场正式进入就业领域，大学毕业生和用人单位的"双向选择"开始在全国高校内得到推广实行，多种形式的大学生就业市场逐步形成。大学生就业市场以其组织性、计划性、目的性和高素质等特点，成为劳动力资源配置市场的重要组成部分。它是将毕业生抽象化为交易商品，实现毕业生资源流通，反映毕业生供求关系，使之变成社会生产力的动态发展过程。

作为一种市场，它具有交换的性质，就有商品、就有买方、卖方，但是作为毕业生就业市场，主要是劳动力的合理配置。大学毕业生就业市场是指毕业生和用人单位供需见面、双向交流、双向选择的场所，是我国毕业生就业制度和劳动人事制度改革应运而生的产物。

市场供方（卖方）是毕业生，毕业生要自我求职、自我推荐、通过市场竞争选择自己理想的职业和工作单位，从而确定工作岗位；市场需方（买方）是用人单位，用人单位需要宣传自身优势吸引毕业生、吸引人才、选拔人才。通过供需双方的双选活动实现人力资源的合理配置，市场优化配置作用就得到了有效充分的发挥。

（二）大学生就业市场的类型和特点

1. 大学生就业市场类型的划分

大学生就业市场按照不同的分类原则又可以分成不同的类型：大学生就业市场按照其外在表现形式可以分为有形的就业市场和无形的就业市场；按照市场结构可以分为完全竞争和不完全竞争的市场；按照市场范围、区域又可分为国内市场和国际市场。

有形的就业市场是指组织者在某一特定的时间里，将用人单位和毕业生组织在某一地点开展的双选活动。其特点是有固定的场所、具体的时间、特定的参加对象等。一般有两种形式：一种是人才服务机构对外开展业务的固定招聘场所；另一种是市场举办单位主办的集市式的供需见面活动。有形市场按不同的分类标准还可以细分，如按举办单位来分类、按举办的类别来分类等。

无形的就业市场是指毕业生通过网络广播等多种媒体手段获取就业信息，建立与用人单位的联系，从而与单位进行双向选择，最后达成双方意愿的活动。近些年来，随着科技的进步、网络技术的发展，无形的就业市场在大学生求职择业中的作用越来越大。教育部及其他教育主管部门曾多次发文组织高校毕业生参加网络双选活动，各高校也在这些方面进行了积极的努力和探索，而且这些形式非常易于被高校毕业生所接受。

有形市场又可以按照不同的分类标准进行分类，如按举办单位分类、按举办类别分类等。具体来讲有高校就业市场、校级联合大学生就业市场、企业自办就业市场、政府主办就业市场、政府主管部门或人才交流中心就业市场、社会服务机构主办就业市场、分科类别就业市场、专业类别就业市场、行业类别就业市场、分层次类别就业市场、分区域就业市场等。

2. 大学生就业市场的特点

大学生就业市场中最活跃的因素，也就是市场的卖方，不同于其他劳动力配置市场，所以大学生就业市场有其自己独特的特点，主要有以下几个方面：

（1）求职群体性。全国每年六七百万大学生就业，这本身是一个庞大的求职群体，大学生求职择业又是以学校、专业、班级为单位的群体活动，需要高校、政府、社会人才服务机构协调组织，安排好各项工作，才能使大学生充分就业。

（2）年龄一致性。应届大学毕业生具有同龄、同学、同择业、同工作的特点，他们年龄相仿，都很年轻，是非常具有活力的人群。

（3）求职初次性。大学生求职，是开始职业生涯的第一份工作，学业生涯十几年，他们从学校到家庭，两点一线，个子很高，但是年轻没有工作经验，尽管不少同学在大学期间，参加社会实践，到一些单位打工或勤工俭学，但是工作经验、人生经验少，比较单纯，对职业了解少，对人生了解少，他们需要时间来历练。

（4）学历高层性。当代大学生有着扎实的学业功底、学历层次较高。他们中有大学专科、有本科、有硕士还有博士，还有很多留学回来的"海归"。学识渊博、学历高成为大学生就业市场的突出特点。

（5）需求多变性。无论是用人单位，还是高校毕业生他们对市场的需求是多样的，也是变化的。如毕业生学有专业，但是最后未必都能找到对口的工作，毕业生根据所学的专业再考虑市场的需求，会随时调整自己的求职期望、甚至调整自己的求职岗位目标。所以他们对市场的需求也是多变的。

（6）形式多样性。就业市场根据供需的要求形式多样：有高校自己主办的校园招聘市场，由政府部门组织的人才市场、有用人单位主办的人才市场；有专业人才市场，也有区域性的人才市场。人才市场的多样性顺应了毕业生、用人单位、高校等多方面需求。

（7）双选时效性。因为高校毕业生毕业时间固定的原因，毕业生就业市场有一定的时间要求，也就是有时效性特点。每年大学生7月份毕业（春季毕业生一般在3月份），所以前一年11月份开始就业市场就为应届毕业生组织招聘会，直到毕业生离校以前。毕业前是应届生求职择业最佳时间，每位毕业生要充分利用这段求职黄金期，争取早日找到理想的工作。

（三）大学生就业市场的现状及发展趋势

1. 大学生就业市场的现状

（1）市场环境良好。在我国，统一规范的、灵活的人力资源市场已经初步形成。人力资源市场管理制度逐步统一。覆盖城乡的公共就业和人才服务体系进一步完善，就业服务平台达到了全国全覆盖，公共就业和人才服务信息网络建设，实现了全国互联互通。作为毕业生就业市场，优先于全国其他形式的人才市场，为广大毕业生求职择业提供了便利条件。

（2）供求关系不平衡。毕业生就业市场供求关系不平衡，供大于求的现象比较突出，而且将持续一段时间。

2. 大学生就业市场的发展前景

《国务院关于批转促进就业规划（2011—2015年）的通知》（国发〔2012〕6号）重点强调了我国人才市场建设的工作任务。一是要加快形成统一规范的、灵活的人力资源市场。加快人力资源配置领域的改革进程，逐步消除人力资源市场城乡分割、地区分割和身份分割，促进城乡各类劳动者平等就业。加快推进劳动力市场与人才市场的统一和改革进程，建立健全政府部门加强宏观调控和提供公共服务、市场主体公平竞争、中介组织规范服务的市场运行格局，推动形成规范的管理制度和灵活的市场运行机制。建立人力资源市场监测体系，完善人力资源市场信息发布制度。完善人力资源市场监管体系，加快人力资源市场法制化建设。二是要加强公共就业和人才服务。整合公共就业和人才服务机构公共管理、服务的职能，形成覆盖城乡的公共就业和人才服务体系。全面推进公共就业和人才服务的制度化、专业化和信息化建设。健全城乡均等的公共就业和人才服务制度，全面落实对劳动者的免费就业服务、对就业困难人员的就业援助和对特定群体的专项就业服务。不断丰富就业服务内容，拓展服务功能，为劳动者提供优质高效的就业服务。加强基层就业和社会保障服务体系建设，建立覆盖全国的就业信息监测和招聘信息公共服务平台，为社会提供公共就业信息服务。开展就业需求预测，有效引导教育和培训，改善劳动力供给结构。三是大力发展人力资源服务业。加快建立专业化、信息化、产业化的人力资源服务体系，逐步实现基本公共服务充分保障，市场化服务产业逐步壮大，服务社会就业与人力资源开发配置能力明显提升。以产业引导、政策扶持和环境营造为重点，规范发展人事代理、人才推荐、人员培训、劳务派遣等人力资源服务。实施品牌推进战略，打造一批人力资源服务品牌，加大品牌宣传力度，推动人力资源服务产业园区发展，形成集聚效应，完善人力资源服务链，构建多层次、多元化的人力资源服务机构集群，扩大服务供给。培育人力资源服务需求，鼓励人力资源服务创新，提升服务供给能力和水平。

二、我国现行的就业管理部门的工作程序

(一) 我国现行的就业管理部门及职责分工

大学生就业管理机构大致由三部分组成：教育部主管全国就业工作；国务院、中央有关部委以及各省（直辖市、自治区）分管本地区本部门就业工作；各高等学校和用人单位负责毕业生就业具体事宜。具体职责分工如下：

1. 教育部职责

（1）制定全国毕业生就业工作的法规和政策，部署全国毕业生就业工作。

（2）组织研究并指导实施全国毕业生就业制度改革。

（3）收集和发布全国毕业生供需信息，组织指导和管理毕业生就业供需见面、双向选择活动。

（4）编制全国普通高等学校毕业生就业计划，制订教育部直属高校毕业生就业计划和部委、地方所属高校抽调计划。

（5）负责全国毕业生就业计划协调工作，管理全国毕业生调配工作。

（6）指导、检查毕业生就业工作，授权各省、自治区、直辖市调配部门派遣本地区高校毕业生。

（7）组织开展毕业教育、就业指导和人员培训工作。

（8）开展毕业生就业工作的科学研究和宣传工作；检查毕业生的使用情况。

2. 国务院有关部委、各省（自治区、直辖市）主管部门的主要职责

（1）根据国家的有关方针、政策和教育部的统一部署，提出本部门、本地区毕业生就业的具体工作意见。

（2）负责本部门本地区毕业生的资源统计工作，并按时报送教育部。

（3）及时向教育部报送所属院校毕业生就业计划和本部委需求信息。

（4）组织协调本地区、本部门所属院校的毕业生供需信息交流活动。

（5）制订并组织实施本部门、本地区所属院校的毕业生就业计划。

（6）组织开展所属院校毕业生教育、就业指导工作。

（7）负责本部门毕业生的接收工作，了解和掌握毕业生的使用情况。

（8）开展有关毕业生就业工作改革的研究和宣传工作。

（9）受教育部委托组织实施本地区高校毕业生的资格审查，并负责毕业生的调配派遣和接收工作。

（10）组织开展毕业教育、就业指导工作。

（11）检查、监督本地区用人单位和高等学校的毕业生就业工作。

3.高等学校和用人单位的主要职责

（1）根据国家的就业方针、政策和规定以及学校主管部门的工作意见，制定本学校的工作细则。

（2）负责本校毕业生的资格审查工作，及时向主管部门和地方调配部门报送毕业生资源情况。

（3）收集需求信息，开展毕业生就业供需见面和双向选择活动。

（4）负责毕业生的推荐工作；按照主管部门的要求提出毕业生就业建议计划。

（5）开展毕业教育和就业指导工作；负责办理毕业生的离校手续。

（6）开展与毕业生就业有关的调查研究工作；完成主管部门交办的其他工作。

（7）用人单位及时向主管部门报送毕业生需求计划，向有关高等学校提供需求信息。

（8）参加供需见面和双向选择活动，如实介绍本单位情况，积极招聘毕业生。

（9）按照国家下达的就业计划接收、安排毕业生；负责毕业生见习期间的管理工作。

（10）向有关部门和学校反馈毕业生的使用情况。

（二）就业管理部门工作的基本程序

1.根据国家和社会发展战略以及就业形势制定就业政策

教育部根据国民经济发展和国家建设情况确定年度就业工作意见，制定相应的就业政策。各省市自治区和中央有关部委根据教育部文件制定本地区、本部门就业工作具体意见。有必要时教育部可上报国务院，由国务院签发重大的就业政策或联合有关部委出台毕业生就业相关政策。

2.进行资源统计工作

主要包括两个方面：一是毕业生资源统计工作，一般每年9月开始进行，统计内容包括毕业生毕业专业、姓名、性别、政治面目、家庭住址、生源地区、培养类别等。各省、市、自治区就业主管部门负责本地区的毕业生统计并上报教育部，教育部于11月份向各地区、各部门发布下一年度毕业生资源信息。二是统计毕业生需求信息，各地区、各部门用人单位了解毕业生资源情况后要向教育部提供毕业生需求信息。教育部负责及时发布毕业生资源信息和社会用人单位需求信息，组织好毕业生供需信息的交流。

3. 组织供需见面活动，实现毕业生与用人单位之间的双向选择

供需见面和双向选择活动是用人单位录用选择毕业生或者说是毕业生落实单位的最重要的形式。各地区、各部门、各高校分别以不同形式开展供需见面活动，每年11月份到次年5月份半年的时间是供需见面、双向选择最集中的时段。毕业生在各高校的指导下，可以直接参加这些双选洽谈活动，最终达成就业意向与用人单位签订就业协议，办理毕业生就业相关手续。

4. 组织毕业生签署就业协议签发报到证

各高校毕业生就业主管部门，根据毕业生、用人单位、毕业生所在高校三方签订的《全国普通高等学校毕业生就业协议书》（以下简称《就业协议书》）汇总本校毕业生就业情况，形成就业计划并上报就业主管部门审批。主管部门审批后签发《全国普通高等学校本专科毕业生就业报到证》（以下简称《报到证》）。

5. 组织毕业生办理离校手续

各高等学校根据国家的要求，按照学校培养方案和就业方案，在每年7月1日以后组织毕业生办理离校手续。学校为毕业生办理档案和户籍的转移，督促毕业生到用人单位报到。

三、大学毕业生就业程序

大学毕业生就业程序主要包括职业生涯规划、自我分析、确立求职目标、接受就业指导、收集就业信息、准备求职材料、参加双选活动、参加单位的面试、笔试、签订就业协议、领取报到证到用人单位报到、转接档案、户口及组织关系、走上工作岗位等环节。每个环节对毕业生来讲都很重要，一定要给与高度重视。

（一）自我分析、自我定位、确立目标

大学学习期间，学生对自己的将来应该早做职业规划，按照阶段目标不断努

力进步，不断完善自己，增长才干，毕业前夕要进行自我评估、自我分析，对自己要有准确的把握，接受就业指导，科学地进行自我评估、了解就业市场环境，准确定位，确立自己的求职目标。

1. 明确自身优势

首先是明确自己的能力大小，也可以给自己打打分，看看自己有哪些优势，这就需要进行自我分析。通过对自己的分析，旨在深入了解自身，根据过去的经验选择、推断未来可能的工作方向与机会。只有从自身实际出发才能有的放矢。每个人的个体是不同的、是有差异的，我们就是要找出自己与众不同的地方并发扬光大。定位，就是给自己亮出一个独特的招牌，让自己的才华更好地为招聘单位所识；你的优势，即你所拥有的能力与潜力所在：①我学习了什么？②我曾经做过什么？③我最成功的是什么？通过对最成功事例的分析，可以发现自我优越的一面，譬如意志坚韧、果断、机智，以此作为个人深层次挖掘的动力之源和魅力闪光点，形成职业规划的有力支撑；寻找职业方向，往往是要从自己的优势出发，以己之长立足社会。

2. 发现自己的不足

（1）性格的弱点。每个人都有无法避免、与生俱来的弱点，必须正视自己的弱点，并尽力克服这些弱点对自己的影响。譬如，一个独立性强的人会很难与他人默契合作，而一个优柔寡断的人绝对难以担当组织管理者的重任。关键要对自己有正确的认识，认真对待，尽量寻找弥补、克服的方法，使自我趋于完善。为了更加全面地认识自己，可以安下心来，多跟比较了解自己的人如父母、同学、朋友等交换意见。看看别人眼中的你，与你的自我评价有什么不同，这也将有助于提高自己。

（2）经验与经历中自己的不足。"金无足赤，人无完人"，由于自我经历的不同，每个人都无法避免一些经验上的欠缺，认真对待，善于发现自己的不足，努力克服自己的不足并提高自己。

3. 明确选择方向

通过以上自我分析认识，我们要明确自己该选择什么职业方向，即解决"我选择干什么"的问题，要结合自身实际来确定，即择己所爱、择己所长、择世所需、择己所利，从而选择适合自己、有发展前景的职业。

（二）收集就业信息

收集就业信息是毕业生求职择业的第一步，能够及时准确地获得就业信息，就能掌控求职择业的主动权。大学毕业生应该通过各种渠道及时了解利用就业信息。如通过社会公共人才网站、国家毕业生就业主管部门网站、学校就业信息网、学校就业信息专栏以及多种现代通信平台，尽可能获得更多的就业信息。主要获取如下几方面内容的信息：

（1）毕业生就业市场需求信息。通过各种渠道了解社会各行业、各类企事业单位对毕业生的需求，特别是了解本校本专业的社会需求情况，以及用人单位对毕业生的基本要求，劳动力市场招聘会安排信息等。

（2）要了解相关就业的政策和法规信息。如《中华人民共和国残疾人保障法》《中华人民共和国劳动合同法》《残疾人就业条例》《公务员暂行条例》《关于征集应届毕业生服义务兵役的现行政策》等。我们应及时掌握这些政策法规，为求职择业服务。

（3）了解用人单位岗位需求以及招聘的具体信息。如需求数量、经营状况、企业文化、发展前景、工作条件、福利待遇、对人才的重视程度等。

（4）往届毕业生求职相关信息。如往年都有哪些单位招聘了本校本专业的毕业生，这些单位怎么样，今年是否还要招收，往届生求职经验、教训、体会等。

毕业生要注意收集各种渠道得来的就业信息，分析利用这些信息，从而获得更多的就业机会。通过双向选择，最后顺利地找到适合自己的工作岗位。

（三）准备求职材料

在确定求职目标之后，毕业生就可以着手准备求职必备材料。需要准备的材料有毕业生就业推荐表、个人简历、求职信、成绩单、各种能力证书和奖励证书以及必要的辅助证明材料。这些材料准备虽然简单，但是要引起我们每名毕业生的高度重视，因为这些材料是毕业生与用人单位联系的载体，用人单位通过这些求职材料初步了解毕业生基本情况，决定着是否给予毕业生面试的机会，所以这些求职材料是你通往用人单位的敲门砖。

（四）参加校内外现场招聘会及网络双选会等"双向选择"活动

传统的双选会是以现场招聘、供需见面的形式开展的，也是毕业生最喜闻乐见的、目前最主要的招聘形式之一，但除此之外，大学生就业网的开通使现场双选会已不再是企业选人、毕业生求职的惟一渠道，人才招聘方式将从单一的"双选"逐步走向多元、多维化、虚拟化。

现在包括网络、平面媒体、就业双选市场、校园等，双选会已构成一个相互补充的格局，它们之间不是相互排斥的。由于大型现场双选会具有直观、信息全、范围广等优点，目前仍然是重要的招聘模式之一，而且会在较长时间内存在。规模小的现场双选会场次多、需要场地小、专业性强，也越来越受到用人单位和刚毕业的大学生的欢迎。如分文、理科专场双选会，或按专业类别召开双选会等，提高针对性，也更能为广大毕业生服务。广大的毕业生要及时了解双选会信息，积极参加并善于利用这些双选活动为自己求职择业服务。

（五）参加笔试、面试

很多单位在招聘过程中采取笔试的方法，主要是考核毕业生的学识、专业水平、解决问题的能力、基本素质水平，这也是很多单位选拔人才的必要手段。面试是所有单位考核应聘者综合素质的基本方式，笔试、面试是用人单位选拔人才的决策依据，毕业生要认真面对，充分做好准备工作。

（六）签署《就业协议书》

通过各种形式的双向选择，已确定工作单位的学生与用人单位签署《就业协议书》盖章后，报单位所属的人事部门盖章。民营单位由代理单位（人才交流中心）盖章，协议书上四处公章盖完后，就业协议书签署完成。

（七）办理报到手续

应届毕业生的报到手续一般在毕业后就开始办理，毕业生到《就业报到证》上指定的人事部门报到，要求毕业生携带《就业报到证》《户籍迁移证》按规定的报到时限，及时到用人单位或毕业生主管部门办理报到手续。

（八）户籍迁移（户籍已经迁至学校的同学办理）

1. 入学时户口迁至高校的毕业生（未迁移的不在此列）

离校前联系学校办理户口迁移手续。报到时由当地就业主管部门在《户籍迁移证》背面盖章，然后到相应的办证中心或派出所办理落户手续。具体落户方向的选择有父母家、单位、住所和人才中心集体户。

2. 户籍落实后需再迁移的人员

（1）先由户籍所在地公安部门打出户籍证明。

（2）凭户籍证明、房产证、工作介绍信或签订两年以上的劳动合同等有关证明，向迁入地所在公安部门申请，由公安部门开具《准迁证》。

（3）原户籍所在地公安部门根据《准迁证》开出《户籍迁移证》，然后凭《户籍迁移证》到迁入地公安部门办理落户手续。

（九）档案及组织关系转接

毕业生档案随人事关系按报到证报到单位进行转接，办理相关手续。毕业生必须了解自己档案的去向。

党员组织关系是指党员对党的基层组织的隶属关系，在通常情况下，党员的组织关系与行政（人事）关系应当一致，毕业生党员，一般应将组织关系转移到工作单位或者本人、父母居住地的街道、乡镇党组织（具体应由毕业生党员本人事先联系好）。

具体做法：毕业生离校前，毕业学校党组织向就业派遣地的市（县、区）委组织部开具《党员组织关系介绍信》，毕业生凭《介绍信》到组织部报到登记，再由组织部向毕业生事先联系好的基层党组织开具《党员组织关系介绍信》，最后，基层党组织接收毕业生的组织关系。具体流程图如图5-4~图5-6所示。

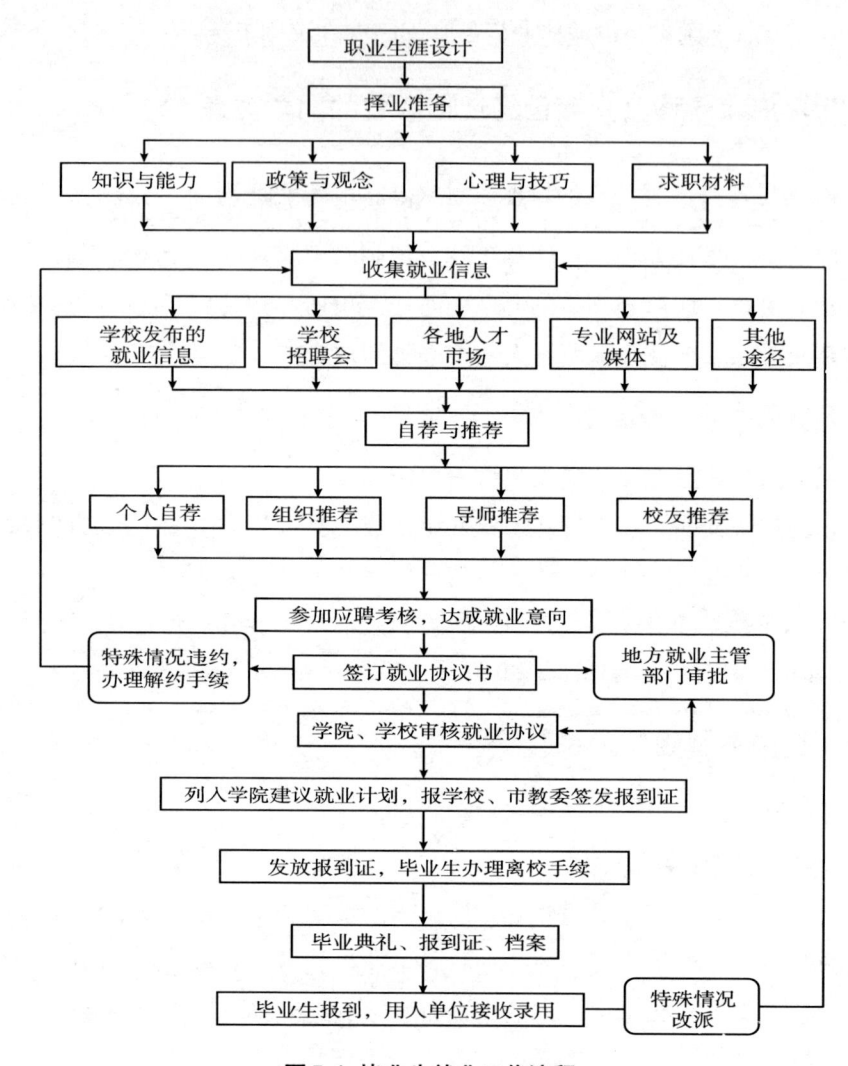

```
                    职业生涯设计
                         ↓
                     择业准备
                         ↓
         ┌──────────┬──────────┬──────────┐
      知识与能力  政策与观念  心理与技巧  求职材料
         └──────────┴──────────┴──────────┘
                         ↓
                   收集就业信息
         ┌──────────┬──────────┬──────────┐
      学校发布的  学校      各地人才   专业网站及  其他
      就业信息    招聘会    市场       媒体        途径
         └──────────┴──────────┴──────────┘
                         ↓
                   自荐与推荐
         ┌──────────┬──────────┬──────────┐
      个人自荐   组织推荐   导师推荐   校友推荐
         └──────────┴──────────┴──────────┘
                         ↓
              参加应聘考核，达成就业意向
                         ↓
   特殊情况违约，←  签订就业协议书  → 地方就业主管
   办理解约手续                      部门审批
                         ↓
              学院、学校审核就业协议
                         ↓
        列入学院建议就业计划，报学校、市教委签发报到证
                         ↓
            发放报到证，毕业生办理离校手续
                         ↓
              毕业典礼、报到证、档案
                         ↓
           毕业生报到，用人单位接收录用 → 特殊情况
                                          改派
```

图5-4 毕业生就业工作流程

第五章 残障大学生就业形势政策与就业信息

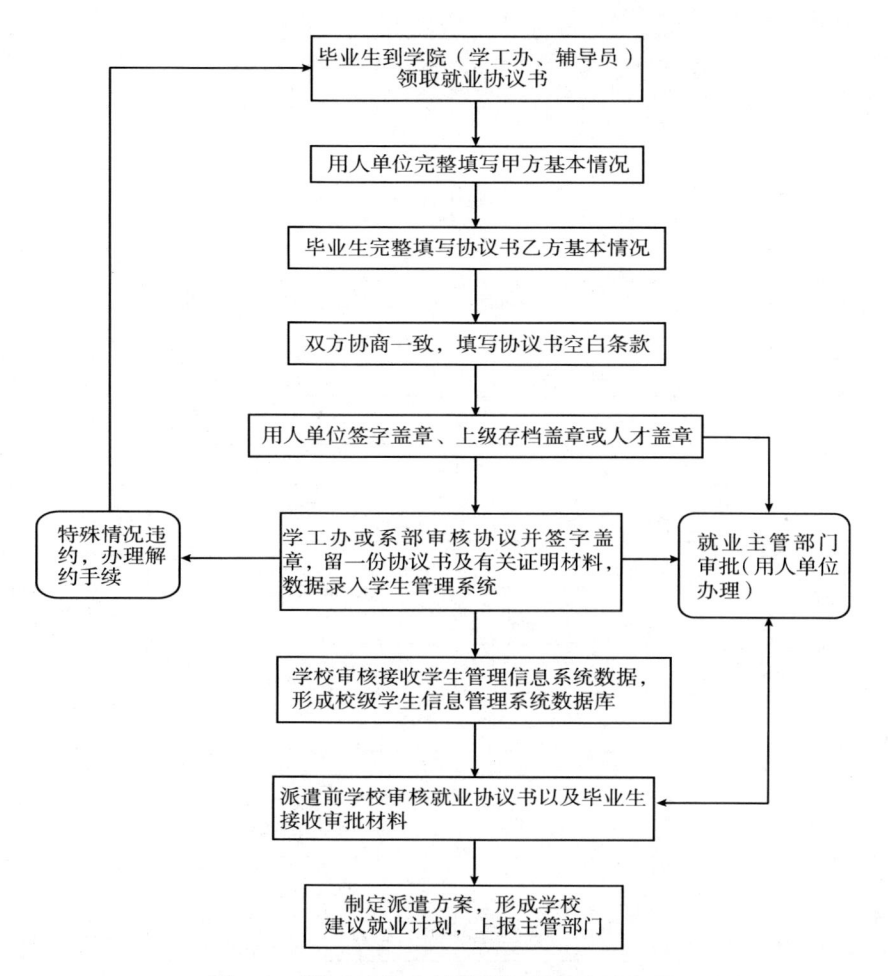

```
    ┌─────────────────────────────┐
    │ 毕业生到学院（学工办、辅导员） │
    │ 领取就业协议书                │
    └──────────────┬──────────────┘
                   ↓
    ┌─────────────────────────────┐
    │ 用人单位完整填写甲方基本情况  │
    └──────────────┬──────────────┘
                   ↓
    ┌─────────────────────────────┐
    │ 毕业生完整填写协议书乙方基本情况 │
    └──────────────┬──────────────┘
                   ↓
    ┌─────────────────────────────┐
    │ 双方协商一致，填写协议书空白条款 │
    └──────────────┬──────────────┘
                   ↓
    ┌─────────────────────────────────────┐
    │ 用人单位签字盖章、上级存档盖章或人才盖章 │
    └──────────────┬──────────────────────┘
                   ↓
  ┌──────────┐  ┌─────────────────────────┐  ┌──────────┐
  │特殊情况违 │←─│ 学工办或系部审核协议并签字盖 │→│就业主管部门│
  │约，办理解 │  │ 章，留一份协议书及有关证明材料，│ │审批(用人单位│
  │约手续    │  │ 数据录入学生管理系统         │ │办理)      │
  └──────────┘  └──────────────┬──────────┘  └─────┬────┘
                                ↓                    │
                  ┌─────────────────────────────┐    │
                  │ 学校审核接收学生管理信息系统数据，│    │
                  │ 形成校级学生信息管理系统数据库   │    │
                  └──────────────┬──────────────┘    │
                                 ↓                   │
                  ┌─────────────────────────────────┐│
                  │ 派遣前学校审核就业协议书以及毕业生 │←┘
                  │ 接收审批材料                      │
                  └──────────────┬──────────────────┘
                                 ↓
                  ┌─────────────────────────────┐
                  │ 制定派遣方案，形成学校         │
                  │ 建议就业计划，上报主管部门     │
                  └─────────────────────────────┘
```

图5-5 《毕业生就业协议书》的签定流程图

193

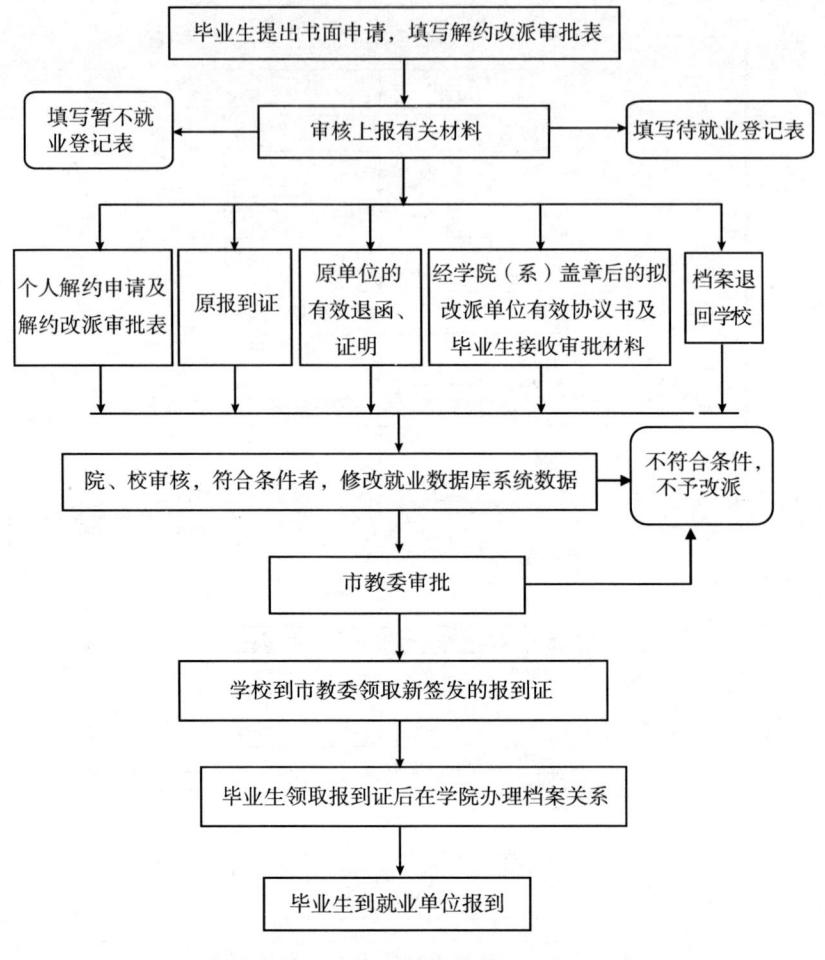

```
                        ┌──────────────────────────────────────┐
                        │ 毕业生提出书面申请，填写解约改派审批表 │
                        └──────────────────────────────────────┘
                                          │
    ┌─────────────┐        ┌──────────────────────┐        ┌─────────────┐
    │ 填写暂不就  │◄───────│   审核上报有关材料   │───────►│ 填写待就业  │
    │ 业登记表    │        │                      │        │ 登记表      │
    └─────────────┘        └──────────────────────┘        └─────────────┘
                                          │
    ┌──────────┐  ┌────────┐  ┌──────────┐  ┌────────────────┐  ┌──────────┐
    │个人解约申│  │原报到证│  │原单位的  │  │经学院（系）盖章│  │档案退    │
    │请及解约改│  │        │  │有效退函、│  │后的拟改派单位有│  │回学校    │
    │派审批表  │  │        │  │证明      │  │效协议书及毕业生│  │          │
    │          │  │        │  │          │  │接收审批材料    │  │          │
    └──────────┘  └────────┘  └──────────┘  └────────────────┘  └──────────┘
           │          │           │               │                   │
           └──────────┴───────────┼───────────────┴───────────────────┘
                                  ▼
              ┌─────────────────────────────────────────┐   ┌──────────┐
              │院、校审核，符合条件者，修改就业数据库系统│──►│不符合条件│
              │数据                                     │   │不予改派  │
              └─────────────────────────────────────────┘   └──────────┘
                                  │
                        ┌──────────────────┐
                        │   市教委审批     │
                        └──────────────────┘
                                  │
                ┌─────────────────────────────────┐
                │学校到市教委领取新签发的报到证   │
                └─────────────────────────────────┘
                                  │
            ┌──────────────────────────────────────┐
            │毕业生领取报到证后在学院办理档案关系  │
            └──────────────────────────────────────┘
                                  │
                    ┌──────────────────────┐
                    │毕业生到就业单位报到  │
                    └──────────────────────┘
```

图5-6　办理毕业生改派流程图

四、用人单位招聘程序

1. 确定人员需求

当单位某部门由于人员离职或者部门工作量增加，部门领导可以向单位人力资源部门申领人员需求申请单；部门领导在人力资源部门指导下填写需求岗位说明，包括任职资格、条件、工作要求、薪酬待遇等。

人力资源部门在收到部门人员需求申请单后，审核单位人员储备情况，当储备人才不能满足时汇报给人力资源主管领导并接收招聘指令。

2. 制定招聘计划

（1）确定招聘渠道。

①通过招聘会招聘。如果招聘人数很多，可以参加大型招聘会。

②发布消息。如果招聘人数少，可以发布消息或利用网络发布招聘信息，接收电子简历，面试招聘。

③猎头公司。对于招聘高端人才，可以借助猎头公司，挖掘关键人才。

（2）准备招聘。

①岗位说明。对岗位职责进行描述，对岗位任职条件详细说明，并描述岗位工作环境、办公条件、休假、加班、工资待遇以及保险等。

②公司资料。公司简介、公司高端产品、部门介绍和公司发展战略等。

③应聘登记表。招聘单位人才库登记表格，相当于公司格式的简历，招聘时由公司发给应聘人员填写，回收后作为单位人才库资料。

3. 人员甄选

（1）收集应聘资料、进行初试，初试后符合条件的进行复试。

（2）面试程序：

①一线人员由人事部门面试。

②财务、企划、专业人员由人事经理面试。

③中层管理人员由主管领导面试。

4. 招聘评估与决策

阶段性招聘工作结束后，单位相关人员要进行招聘评估，由人力资源部门经理、经理助理、招聘人员、部门领导、主管领导等组成评估小组，最后决定录用人员，通知录用及上岗培训时间。

5. 试工及试工期考察

单位同意录用后会与毕业生签署就业协议或劳动合同，进行岗前培训、试工考察，试用期结束后，单位办理转正手续。

第三节　就业信息的收集与应用

一、就业信息的概念

什么是就业信息呢？就业信息是一个比较宽泛的概念，它不仅是指用人单位的招聘信息，而是包括与求职择业有关的各种消息和情况，包括国家和地方的就业政策、行业的就业规定、就业相关法规、人事管理制度、劳动力市场供求状况、劳动用工制度、目前经济发展形势与今后国家经济发展战略、国家促进就业的计划、单位需求等。由此可见，就业信息内容是非常广泛的，但对于应届大学毕业生来说主要要了解以下几个方面的就业信息。

（一）就业政策信息

1. 国家和地方的就业政策

首先，要了解国家的就业方针和政策，因为就业政策是根据国民经济发展的需要以及调整，根据国家经济发展战略和对人才的培养使用的客观要求而提出来的，是依据不同时期的经济、政治任务制定的。它客观地反映了国家对人才的需求情况。其次，还要及时掌握地方性的就业政策，各地区、各单位根据国家的有关规定，结合本地区本单位的实际情况对毕业生的接收、引进、安排使用、晋升、制定相关待遇等都会制定相应的政策和具体执行的措施。例如，各省、市、自治区制定的在外省就读的毕业生回原籍就业的相关措施；未就业的毕业生回原籍二次分配的管理规定；北京制定了"北京市引进非北京生源毕业生的就业政策"；上海也制定了上海市引进接收非上海生源毕业生的就业政策。很多地区为了吸引人才，招收高素质的毕业生还制定了很多优惠政策。

2. 就业相关的法律法规

法律、法规是国家用法律的手段维护公平和正义来管理调节、规范组织活动、个人活动的必要形式。我国出台与就业相关的法律、法规主要有《劳动法》

《劳动合同法》《就业促进法》《劳动争议调节仲裁法》《反不正当竞争法》等。为了保障残疾人残障人士的就业权利还出台了《中华人民共和国残疾人保障法》《残疾人就业条例》等就业相关法律法规。

3. 学校的就业相关规定

为了促进本校形成良好校风、学风，激发学生努力学习、奋发读书的积极性，锻炼学生能力、增长学生才干，促进学生就业竞争力的形成，学校根据国家的政策要求制定若干补充规定。如学校在评优奖励、助学金发放、专升本推荐、保研考研等多方面会有相应的规定，这些细微政策的补充和调整有利于国家人才的培养，对国家与学生个人都有利无害。这也是毕业生应该加以了解和遵守的。

（二）行业、职业发展信息

1. 行业发展状况的信息

一个行业的发展有一定的周期，一般分为起步期、成长期、繁荣期、衰退期等几个阶段，一定时期行业的发展状况直接影响了劳动力的供求关系。不同的行业发展的阶段是不同的，善于了解行业发展信息，为己所用便可以起到事半功倍的作用。例如，北京的文化产业正处在繁荣期，普教系统教师、社会培训机构的培训教师紧缺。再如，北京电子商务行业的发展处于爆发期，网上购物的发展提供了很多的就业机会，提供了大量的工作岗位，如网页设计人员、摄影师、网络管理维护、计算机软硬件人员、信息员、网络销售推广人员、网上销售人员、网络咨询和售后服务人员、宣传、仓储人员、速递员……

2. 职业信息及职业发展状况信息

毕业生还应该了解职业信息，进行职业检索，从而了解职业任职资格、工作内容、工作要求、职业特点、职业的发展前景以及职业目前发展状况。例如，一个医学系针灸推拿学专业的毕业生想在北京从事盲人按摩这一职业，首先要知道按摩师这一职业的任职资格、工作职责、客人对按摩师的要求等，还要了解北京大致有多少个医疗按摩机构、有多少保健按摩机构、有多少从事按摩的工作人员、有多少按摩师具有医疗按摩师资格、高级、中级按摩师有多少，按摩师供求状况，医疗按摩师资格怎么获取，针灸推拿学专业的毕业生每年有多大比例的毕业生进入了医院或者社区医院就职，你的同校师兄弟有多大比例进入医院或社区医院等，这些都是有关职业的信息。同学们可以根据自己的专业特点，对某一职业进行专项调研，以获得更多的、更真实的一手信息。

3. 招聘信息

招聘信息是毕业生最直接的需求信息。招聘信息一般包括用人单位简介；用人单位在行业中的地位；用人单位占领市场的主要产品及营销策略、盈利模式；企业发展的规模及企业文化；需求岗位的职位描述（如任职资格或任职条件、工作要求、工资及其福利待遇保险）等。

一则好的招聘信息首先是客观准确。招聘信息是人才资源需求的客观反映，必须如实地反映单位人才需求的基本情况，反映现状和发展趋势。单位不能做无法遵守的承诺来误导求职者，对于岗位责任、可能的挑战、晋升机会等要诚实说明，给人以可信度，反映出以诚待人的企业形象。

一则好的招聘信息引人注意、且内容详细、条件清楚。人才招聘内容具体化、鲜明化有助于增强应聘者的信心和决心。目前我国的人才招聘广告中很少直接提及工作报酬、福利等条件，而这些条件恰巧是招聘信息的一个核心问题。许多应聘者对工资待遇都非常关注，而我们大多数的招聘广告在这个问题上含糊其词。而进入面试环节后，应聘者对这方面更是难于启齿。如不中意，大大浪费求职者的时间，也降低了双选效率。

二、就业信息自身属性特征

1. 就业信息的共享性特征

就业信息具有共享性特征：就业信息可以通过不同的媒介进行传播，具有公开性特点，就业信息经过传播所到之处被人们共享共用。一条就业信息既然适合你，那有可能同时适合本班同学、本校同学，也可能适合其他高校的学生。所以就业信息的共享性同时伴生的就是就业的竞争。在同等条件下先知先觉的同学，就获得了先机，就可以早作准备，很有可能捷足先登，早于其他同学求职成功，从而获得理想的职位。

2. 就业信息的局限性特征

就业信息的局限性特征或称就业信息的相对性特征：就业信息适用的人群是不同的，一条就业信息对一部分毕业生来说是有效的，而对另一部分毕业生来说是无效的；这条信息对别人有用，但是可能对你是没用的，就业信息的这种特性，我们称它"局限性"。看起来就业信息的局限性和就业信息的共享性有点矛盾，实际上并不矛盾，我们只是谈论问题的角度不同，出发点不同而已。

随着社会的进步，劳动者技术水平、专业水平不断提高，用人单位的招聘信息对岗位的要求非常明确，要求也越来越高。不同的岗位有不同的用工要求，毕业生得到就业信息以后，要结合自己的条件进行信息分析、判断，要分析自己的学识水平、专业水平、业务能力、综合素质是否符合用人单位的要求，然后决定是否需要采取行动。这样可以减少失败，挫折感较少，从而提高求职的成功率。所以，毕业生要善于利用就业信息的局限性特征，为己服务。这种认识本身就是信息。

3. 就业信息的时段性特征

2013年4月的一天，艺术设计专业的一名应届毕业生张某收到就业老师发来的一条短信，内容是某文化发展中心急招一名旗下杂志的美编，张某很喜欢，但手头有事，没有及时联系单位，三天后正赶上周末，等到周一再联系单位时，单位人事告诉她："已经有合适的人选，而且今天已经开始上班试工了。"

就业信息的时段性特征：就业信息一般有时间上的要求，有开始的时间，有结束的时间，结束了，这则信息就失效了，这被称之为就业信息的时段性特征。有句话叫"机不可失"，用在就业信息上再恰当不过了。比如毕业生服义务兵役预征报名有要求的报名时间；某些大国企每年招聘应届毕业生需要网络报名考试，有可能一年就一次，没赶上报名，明年你就是往届生了。再如你想当教师，每年一次的教育学、教育心理学考试，没报上名那就明年了。因此毕业生在收集、处理就业信息时一定要注意信息的有效时间，并且对适合自己的信息及早做出应有的反应、及早应对，换句话说叫"赶早不赶晚""信息不用，过期作废"。

4. 就业信息的真伪性特征

由于就业信息来源复杂，传播媒介、传播渠道多样化，造成信息有真亦有假，当人们接到就业信息时需要辨别真伪。俗话说："当局者迷"，在当前严峻的就业形势下，毕业生求职困难，眼看就要毕业了，就要离校了，但有些毕业生还没有落实好单位，急呀！抓根稻草就以为是救命的缆绳，也就辨不明真伪了。再说有的时候就业信息真的是"真假难辨"。有的毕业生被以培训费、违约金、报名费等各种名目骗取钱财，有的利用学生求职心切骗取学生的私人信息。有的被骗去工作或延长劳动时间，或以试用期的形式短期用工，还有的毕业生被骗误入传销，人身自由被限。作为毕业生要仔细分析研究就业信息，避免被失真的就业信息误导，更要注意就业安全。

那我们怎么去伪存真呢？首先，要对信息客观分析、逻辑分析、正经处理；其次，要选择正确的就业信息获取渠道，如学校、老师、高校网站、教育部门就业信息网站、政府部门就业信息网站等；再次，要对信息进行求证检验，或直接给用人单位打电话，或直接考察。

三、收集就业信息的渠道、策略和方法

就业信息作为求职的重要依据，是毕业生求职择业的依据和起点，它关系着求职择业能否顺利实现。所谓知己知彼，早获信息、知己知彼果断出击、知己知彼果断决策。在求职过程中，谁搜集的信息越及时、越准确、越全面、越系统、质量越高，谁的视野就越开阔，机会就越多，求职的主动性、把握性就越强。因此，毕业生在开始求职之旅时，首要环节就是关注就业信息，并且逐步培养就业信息的搜集、整理加工、储存以及运用的能力，为成功求职做好充分的准备。必须做好以下三方面工作。

（一）掌握就业信息的搜集渠道

就业信息的收集渠道是多方面的，由于毕业生不同的兴趣、爱好，对事物不同的关注程度，决定了毕业生获取信息渠道也是多种多样的。归纳起来，获取就业信息主要的渠道包括以下五个方面。

1. 学校主管部门（最可信、最主要、成功率最高的获取渠道）

学校的毕业生主管部门分别为：一是学校的就业指导机构，为了组织协调毕业生的就业指导工作，会通过各类信息载体（如校内就业网站、班级公共邮箱、就业邮箱、短信平台、飞信、QQ或现代网络通信系统）及时发布国家及省市自治区有关就业政策与形势、就业法规信息、行业信息、用人信息、招聘活动信息、宣讲活动、就业创业讲座等一系列最新动态。来校园招聘的企业也通常会把用人信息发布在校内网站上，这类企业发布的招聘信息针对性比较强。为此，随时浏览校内的招聘信息是首要的选择。二是校内各学院学生工作办公室，常常通过本院、系校友等各种社会关系资源，积极主动提供对口的就业信息给本系（专业）毕业生。用人单位到学校选录毕业生主要依赖这两个窗口，也就是通过校院

两级工作系统招录毕业生。

通过学校主管部门搜集就业信息，特点是及时、准确、可靠、针对性强，成功率最高。所以通过这一渠道获取就业信息，是毕业生搜集就业信息的主渠道，也是毕业生最主要、最直接、最有效途径。但也有明显的不足，那就是信息量少，不能满足所有毕业生的需求，竞争也比较激烈。

2．通信网络（信息量最大、最广泛、最直接的获取渠道）

据统计，目前全国各类人才信息相关网站有近5000个，全国各地都在推进网上求职、网上招聘。除了学校自建的就业指导网站提供的大量的、高质量的就业信息外，利用网络可以收集海量的就业信息。利用网络获取信息具有时尚、快捷、低成本、高效率、内容多等特点。缺点是信息的筛选比较浪费时间，并且充斥着大量的垃圾信息。假消息多，鱼龙混杂，难于分辨，要特别注意求职安全、谨防欺诈。

网络收集就业信息主要有四种渠道：

（1）从各大搜索引擎上查找就业信息。大家不妨使用Baidu、Google、Yahoo等搜索引擎。搜索查询比较简便，仅需输入关键词，即可获得相关信息。如果查询结果条目太多，需要缩小搜索范围，简单方法就是添加搜索关键词，且各搜索词间用空格分开，也可以通过在结果中输入第二个关键词进一步搜索。此外，利用搜索引擎可以查阅到几乎所有就业指导网站。

（2）从门户网站所设招聘专区获取。例如，搜狐、新浪网的招聘频道，阿里巴巴网也常提供招聘信息。许多世界500强企业或国有大企业也是直接在公司网站发布招聘信息的（如中国移动、中国联通、微软、IBM、通用、松下、宝洁等公司），并要求毕业生必须登录注册填写中英文简历。通过这种方式，求职者也可以进一步了解企业的文化和内部管理。

（3）从专业的求职网站上获取就业信息。比如智联招聘（http：//www.zhaopin.com）、前程无忧（http：//www.51job.com）、中华英才网（http：//www.chinahr.com）等，毕业生注册登录后，即可根据自己的需求，使用职位搜索引擎或订阅免费招聘信息，填写个人资料后就可以直接外发简历。

（4）从各类通信聊天群获取就业信息。求职QQ群、MSN、泡泡等聊天软件和论坛都有关于求职的聊天群和聊天室。这些一般都是求职者群体自建的，其目的在于信息资源共享。求职者可以适当挑选加入，不仅可以获得大量就业信息，也可以获得成功就业人士传授的就业经验。相互交流，取长补短。

3. 从各种类型人才招聘会获取信息

人才招聘会包括高校组织的校园招聘会、教育就业管理部门组织的招聘会、政府人才机构组织的招聘会及其他人才机构组织的招聘活动，招聘会规模有大有小、形式各异。这些招聘会具有时间集中、地点相对固定、信息量大、单位与毕业生双方可以面对面接触的特点，是毕业生获取大量就业信息并且进入直接面试状态的难得机会。求职者通过招聘会搜集信息时，应注意主办单位、招聘会类型、规模、服务、费用等。例如，北京市鼓楼人才市场、北京市高级人才市场、北京市人力资源和社会保障局人才市场、北京市高校毕业生就业市场等。另外在农展馆、北京国贸大厦等场馆经常有大型招聘活动，经常是人山人海，有时候求职者要排队才有机会接近招聘单位，很少能在会场直接面试。一般都要单独安排，在招聘会场也许是信息更为重要，要带个本子或者相机，记录下你中意的单位信息，以便于进一步跟踪单位，最后达成就业意向。

4. 从实习、实训基地获取就业信息

大学生到用人单位参加社会实践或与学业相关的实习活动，不仅有利于开阔视野，增长才干，有利于了解单位的企业文化、工作情况和工作要求，还可以直接获取单位的用人需求信息，这种信息具有全面性、准确性的特点。比如《南方都市报》《新快报》、IBM等大公司都会招大二、大三的实习生，这是大学生推销自己、赢得用人单位好感与信任的最佳场所。表现出色的学生，用人单位都会优先考虑录用。因此，大学生应充分利用寒暑假、业余时间开展社会实践或实习活动，适当做兼职、到各单位挂职锻炼，到哪里展示你的才华、能力、忠诚度与敬业精神，同时要了解就业形势、行业情况、职业发展机会、用人单位需求信息以及内部管理等，为日后的择业竞争奠定良好的基础。

5. 亲属朋友及其他社会关系

利用亲属朋友及其各种社会关系获得就业信息也是一个行之有效的渠道。每个毕业生都有自己的家人、亲属和朋友，可以通过自己身边的家庭成员、亲朋好友以及师长、校友等社会关系，组建起一个人脉网络。毕业生手中的资源有限，但是这些长辈们社会阅历比较丰富，交往也很广泛，拥有丰富的社会资源。整合这些资源并为我们毕业生所用，从而拓宽获取信息的渠道，进而很容易地获取就业信息。多数专业教师都拥有良好的社会背景和人脉资源，由于工作关系，不少老师还与校外的研究机构、企业、公司等合作开发科研项目，很多都与我们所学

的专业有关，他们提供专业性的就业信息价值更高，也更对口，可以说这是一条获取高质量就业信息的捷径。校友会也是获取就业信息的重要渠道之一。许多高校会定期邀请校友举办交流会、讲座等，这些校友多数是比较有成就的人士，或者在单位干的不错，回母校来向师弟师妹们宣讲、介绍。毕业生可以向他们咨询就业的相关信息，有兴趣还可以自我推荐，另外也可以通过组织策划课外活动，邀请校友参加：一方面加强联系，另一方面可以让他们进一步认识你，了解你的才干。所以平时人际关系要一点一点不断积累，大学期间要学会做人，要学会与人相处，要锻炼我们的"情商"，学会怎么相处关系更好、更融洽。处理好与师长、同学、校友之间的关系，真诚待人，善于表现自己，善于展示自己的才华、性格和特长。别人都会看在眼里，一旦有适合你的工作，就会有人主动推荐给你。通过社会关系收集到的就业信息，一般都具有信息可靠、及时、针对性强的特点。

6. 获取信息的其他渠道

除了上述的渠道之外还有很多渠道如报纸、广播、电视、杂志等大众媒体是搜集就业信息的传统渠道；利用城市"黄页"还可以挖掘潜在就业信息。黄页的利用一般通过直接打电话的方式完成：一种是查清楚意向公司的联系方式，直接打电话了解情况；另一种是拨打城市电信部门的求职专线，是求职者电话查询招聘信息的主要途径。此类专线，还向使用者提供有关劳动力流动的政策及招聘洽谈会举办的时间、地点、内容等方面的服务。缺点在于电话查询信息费用较高。

综上所述，就业信息来源的渠道是多种多样的，各种来源的信息是互为补充的。不同的信息渠道各有特点，毕业生要熟练掌握，善于利用、灵活运用。在搜集信息的过程中，不同类型和不同层次的求职者要根据自己的情况，因人而异，尽量选择适合自己的收集求职信息的渠道，争取做到低成本高产出。

（二）收集就业信息注意的原则

1. 安全性原则

收集就业信息，首先要选择相对安全的渠道，对获得的就业信息进行安全性甄别，辨明信息的真伪，谨防上当；特别要注意自己私人信息的安全、资金的安全。

2. 系统性、连续性原则

就业信息具有系统性、连续性。就业信息有时是零碎的、部分的，而综合在一起时有时才是有用的，这就要求我们平日要注意信息的积累。所以求职者要获得最终对自己有价值的就业信息，就要做个有心之人，综合并灵活运用各种信息渠道，完整地、连续地收集大量零散的资料，并注意把握整体与部分、部分与部分间互相依存、互为因果的密切联系。最终为己所用，实现信息的价值。

3. 计划性原则

作为就业信息的收集者首先要制定相应的收集计划，并确定收集范围，按区域、分类别（如政策性信息、行业信息、职业信息、单位信息、招聘岗位信息……）进行搜集，广撒网又要兼顾重点，讲究收集策略，要根据就业信息的反馈渠道及时调整收集计划。

4. 目标性原则

目标性原则就是要按照一定的求职目标去收集就业信息。这就需要毕业生首先要对自己的职业生涯有一个初步的规划，从而明确自己的求职目标，做到准确定位，从而有目的性地收集信息，可以减少大量无用信息的收集。提高收集的效率，集中力量向既定的目标迈进，这样就可以做到事半功倍。

5. 有效性原则

有效性原则要求求职者根据信息的时间上（时效性）、信息的内容上（真实性、准确性）、信息的形式上（完整性和呈现性）来衡量就业信息的效度。

（三）就业信息的加工、整理

就业信息的加工、整理是指对搜集到的就业信息进行分析、综合、归类、筛选等过程，从中筛选出适合自身需求的有用信息，形成一个系统性的信息资源服务的系统，作为求职择业的重要依据和前提，更好地为自己求职择业以及求职决策服务。就业信息的加工、整理，是就业信息工作的核心。信息加工过程如下：

1. 去伪存真

利用各种渠道获悉大量的就业信息后，除非是在来源非常可靠的就业信息，一般不要急于联系发简历或打电话，信息的传播渠道复杂、形式多样，搜集到的就业信息有的是模糊的、多余的、滞后的，有的甚至是虚假的或是骗人的。首先要判断这些信息的真伪，避免上当受骗或浪费时间及资源，对难以把握的就业信息进行认真分析，可通过网络搜索或追查电话，甚至现场调查等办法来确认它的真实性和准确性。比如当你觉得用人信息可疑时，利用百度搜索引擎输入用人单位名称或地址，通常有不少提示。虚假或骗人的就业信息一般有以下特征，毕业生要严加防范。

（1）公交车站、公路、广场等一些公共场合胡乱粘贴的招聘小广告。

（2）代理某公司招聘。有的招聘启事有代理招聘字样，最好离得远些。

（3）门槛很低，薪酬又很高，哪有那么好的事情，往往是陷阱，可能设置责任底薪，要求你必须完成公司规定的业务额。这种工作往往完不成任务，不仅拿不到报酬，还白白浪费了时间和金钱。

（4）莫名而来的就业机会。一些骗子公司或传销公司在网络上搜集毕业生资料，主动约你面试，并以此施以行骗、抢劫。比如一些所谓的星探公司、电子公司。毕业生或异地求职者应该多加提防。

（5）固定电话都没有。

（6）要求毕业生交一定费用作为保证金。当前还有公司有这种做法，严重违反《劳动法》有关规定。这些公司可以视国家法规法纪不顾，试问有什么诚信可言。

（7）不透露公司的名字，如经常使用"某公司""某单位"等字眼，公司的基本资料不完整、找不到地址等。

2. 筛选

在去伪存真、删掉无效、内容残缺不全的信息的基础上，毕业生要根据自己的实际情况、专业和特长等设置标准，对信息进行进一步筛选，最后留下最适合自己的信息。

因此，首先要对自己进行分析，可以考虑以下问题：

（1）我的兴趣爱好是什么？

（2）我的性格特征适合从事哪些职业？

（3）我的价值取向是什么？

（4）我具备哪些专业理论、知识、经验和技术能力？

（5）这份职业是否可以挖掘和提升我的能力？

（6）什么是别人做不到而我做得到的？

（7）我的核心竞争力是什么？

其次，比较排列出质量较高、较完整的就业信息。一般就业信息应该包括以下七个要素：

（1）用人单位的名称及其所有制。用人单位的名称往往包含着所属的行业、业务范围、所在地区、企业级别、所有制形式等，如"中国移动北京分公司""中国工商银行北京分行"等。

（2）用人单位的地理位置和发展前景。地理位置不仅与求职者就业后每天上下班的距离有关，往往还关系到一个单位的发展前景，交通不便、位置偏僻，是发展的不利因素。用人单位的固定资产、流动资金、科技含量、人才构成等因素，与发展前景密切相关。

（3）用人单位所属行业及其发展趋势。毕业生供职于不同行业，职业生涯发展也各不相同。

（4）用人单位及意向岗位的工作环境和福利待遇。工作环境包括人际关系、工作时间（有无夜班等）、户外还是户内、编制还是合同、流动还是固定，以及工作场所的温度、湿度、噪声等。福利待遇包括工资、奖金、几险一金、退休等，有无入职培训、进修机会和晋升可能也应包括在内。

（5）意向的岗位在用人单位中的地位和作用。如银行的柜员、大堂经理、理财师、外勤人员、精算师、会计、出纳、保安、运钞司机等多种岗位，每个岗位都有不同的职责、特定的地位和作用。

（6）招聘数量和报名办法。用人单位本次招聘哪些岗位的从业者，每个岗位招聘的数量，报名的时间、地点、方式、应准备哪些证书（如身份证、户口本、学历证书、职业资格证书等）和材料（如简历和有关证明等）。

（7）用人单位对求职者的具体要求。如学历、专业、户口的要求，有的岗位还对职业资格、技术等级方面有具体要求。还有要求性别、身高、相貌、体力的，也有些用人单位还对心理素质、能否经常出差等方面有特殊要求。

求职者可按照岗位信息七大要素对搜集到的大量就业信息进行甄别，经过初步分析和研究，淘汰过时的、用处不大的、不符合自身实际情况的信息，最后筛选出的就是对自己有用的信息。

四、就业信息的使用

就业信息收集的终极目的是为了使用信息，怎样才能充分合理有效地利用信息呢？

1. 及时利用有价值的信息

我们收集信息就是为了利用信息，对自己有用的信息要及时加以利用，通过对信息的分析、解读，明确岗位职责、岗位任务、岗位履职要求，然后与自己自身条件、自己的能力、素质、价值观对比，看是否适合自己，果断决策，从而选择适合自己的最佳岗位，这也是获取信息的最终目的。

2. 利用就业信息完善自己

根据就业信息的要求及时调整自己的知识、技能结构，提高自己的工作能力，有意识地锻炼自己弥补不足。例如，自己很想去某个公司特定岗位上去工作，结果发现这个岗位要求的岗位任职条件你还没有达到，那就抓紧时间主动学习弥补不足、学习知识、锻炼能力或参加训练，以达到任职要求。

3. 把就业信息分享他人

有些信息对自己可能是没用的，但是对于他人可能是十分有用的，遇到这种情况，要把信息分享给他人。做人要有豁达的心胸，与人方便，与己方便，信息给了他人你有付出，但是你得到了友谊，是人缘。这是做人的基本道理，如果你抓住信息不放手，造成信息资源的浪费。换个角度想，你把信息给了他人，他人找到了工作，今后的校园招聘也减少了一个竞争者，而多了被你帮助的人为你提供就业信息的机会。这样简单的道理，可总是有人理不清。

【实践训练】

学习使用生涯平衡单（工作平衡单）进行职业定向、定位

在工作和生活中，经常会出现两难的问题让人难于取舍，比如：当面临考研还是工作的选择时；同一天有两个单位招聘或要你参加面试时；当同时接到两个以上的用人单位录取通知时……在我们遇到这些问题时怎样更科学地进行决策呢？可以借助平衡单的办法，加以判断，帮助我们进行抉择。

生涯平衡单（工作平衡单）使用说明：以下各项（项目列内容可根据实际情况调整内容），根据对你的重要程度，在"权重"栏目下按1~5打分，重要程度越高，分值越高。如果你现在面临着考研和工作的选择或者面临着2个以上的职业（或工作）选择，则对这些选择都进行得分评估，填入"打分"栏目，将打分

乘以权重，得出加权得分。最后可根据各选项加权得分合计，协助你进行决策。

举例：收入对我来说比较重要，我给收入赋予的权重为4（权重一般1~5倍）。我毕业前已经找到工作，收入值达到了5分，则加权得分为20分，考研还要花钱，打-2分，则考研此项的加权得分为-8分。给表中的各个项目（项目可以自己设定）打分，最后根据加权总分进行生涯决策或工作意向决策。

请试着完成下面的生涯平衡单（工作平衡单）：

项目	权重	工作		考研	
		分数	加权分数	分数	加权分数
个人物质得失					
个人收入	4	5	20	-2	-8
健康状况					
个人休闲					
未来发展					
升迁状况					
社交范围					
他人物质得失					
父母收入					
个人精神得失					
挑战性					
成就感					
进修需求					
学用结合					
改变生活方式					
他人精神得失					
父母支持					
朋友（爱人）支持鼓励					
总分					

第五章　残障大学生就业形势政策与就业信息

【重要术语】

就业市场　北京生源　京外生源　就业信息　就业渠道　就业政策　干部身份　毕业派遣

报到证　就业计划　户口　档案

【本章小结】

1. 重点

（1）就业形势分析与就业政策指导。

（2）就业信息的收集与应用。

2. 难点

（1）使学生理解"政策就业是信息，政策就是机会"。

（2）就业信息的有效利用。

【问题与思考】

（1）残疾人大学生要重点学习掌握哪些就业政策？

（2）根据我国目前的就业形势以及残疾人就业相关政策，结合自己实际情况，谈谈你的求职定位。

（3）谈谈我们可以通过哪些渠道获取就业信息？如何对获得的就业信息进行加工处理并加以有效利用？

（4）我国残疾人大学生就业"高不成低不就"的现象严重，你认为国家或地方政府应采取什么样的更合理的措施（或制定相关政策），来促进残疾人大学生就业？

【推荐阅读】

（1）曾湘泉. 中国就业战略报告[M]. 北京：人民大学出版社，2008.

（2）国务院关于批转促进就业计划（2011—2015）的通知（国发〔2012〕6号）.

（3）中华人民共和国残疾人保障法（修订版）.

（4）孙先德.残疾人就业条例释义[M].北京：华夏出版社，2007.

（5）新职业网站 http：//www.ncss.org.cn/.

（6）中国人力资源与社会保障部网 http：//www.molss.gov.cn.

（7）北京市高校毕业生就业信息网 http：//www.bjbys.net.cn.

（8）中国残疾人服务网 http：//www.cdpsn.org.cn.

【参考文献】

[1] 高桥.大学生职业发展与就业指导教学指南[M].北京：现代教育出版社，2008.

[2] 曾湘泉.中国就业战略报告[M].北京：中国人民大学出版社，2008.

[3] 国务院关于批转促进就业计划（2011—2015）的通知（国发〔2012〕6号）.

[4] 张辉.北京地区高校毕业生就业实用手册[M].北京：中国宇航出版社，2013.

[5] 张基温.大学生信息素养能力教程[M].南京：南京大学出版社，2007.

[6] 2012年度人力资源和社会保障事业发展统计公报.

[7] 孙先德.残疾人就业条例释义[M].北京：华夏出版社，2007.

[8] 中国残疾人联合会官网 http：//www.cdpf.org.cn/.

[9] 北京市残疾人联合会官网 http：//www.bdpf.org.cn/.

第六章 残障大学生求职择业指导

残障大学生求职择业指导的目的就是促进残障毕业生充分合理地就业，使其在求职前做好充分的准备，调整好心理状态，积极应对求职择业过程中所面临的各种问题，并保护自己的合法权益。

【学习与行为目标】

（1）学会制作个人简历。
（2）掌握面试应对策略。
（3）了解就业协议与劳动合同的关系。
（4）了解求职就业基本权益。
（5）认知择业心理调试。

【案例引导】

400字简历有24个错别字，大学生应聘直接被PASS

大学毕业的小蔡，怎么也没想到，应聘好不容易进入复试阶段，竟因为一份手写的简历，直接被公司PASS掉！

原来，小蔡在400字简历里，竟写了24个错别字，这也成了公司人事主管PASS掉她的重要理由。回忆起此事，小蔡懊恼不已。

"我自己都不知道怎么写出这么多错别字。"小蔡有些懊恼。

她告诉记者，她到新城区一装饰公司面试，应聘办公室文员，已经进入复试阶段，只要过关，即会被该公司录用。"月薪2500元加提成。"对于这个机会，小蔡发誓一定要抓住。

当天复试的主要内容就是和经理面谈。小蔡在交谈中，回答的问题都比较得体，也赢得了经理的好感。交谈后，人事部工作人员拿出一张简历让她填写，最后有一部分是关于自我介绍的内容，要求400字左右。小蔡按要求填写后，回家等消息。

后来，小蔡接到该公司电话，说她没有被录取。经询问后得知，原来是她400字的自我介绍里竟然写了24个错别字，而且经理认为她字写得不好。对方表示，虽然公司一般用电脑作业，但还是比较看重书写方面，所以没有录取她。

"这是我半年多后，第一次面试工作。好不容易进了复试，结果却因为自己的失误，丢掉了工作的机会。"回忆起发生的事情，小蔡很是懊恼。

点评：

在一份短短的400字简历中竟然写了24个错别字，我们除了惊讶之余，也多了几分怀疑。小蔡把原因归于"自己的失误"多少有些牵强。面对一份重要的材料，书写一些自己熟知的事情，会出现如此多的错误，有谁能够容忍？心理学家周安强表示，电脑和手机确实为我们的生活带来了许多便利，但长期依赖电脑和手机进行交流，也让我们的文字书写成为薄弱环节。毕业生在应聘过程中，特别是残障生在应聘过程中，因其残疾较难在投递简历过程中展示自己，因此，通过准备好自己的自荐材料，充分地展示自己是求职的关键，同时，确保自己的自荐材料书写正确也是至关重要的一步。

第一节　求职自荐材料准备

求职自荐材料是残障大学生用来和用人单位取得联系、"投石问路"、展示自我的最常用的方式之一，是残障大学生向用人单位"推销自己"、求职制胜的敲门砖。一份糟糕的自荐材料百投不中；一份恰当的材料百投百中。自荐材料是残障大学生走向社会的第一张名片，不仅限于几天敲敲打打的工作，而是要精心准备的。广义的自荐材料包括简历、推荐表、求职信和其他相关材料组成的完整材料。

一、简历的准备

在美国，平均一个职位会有200人应聘，其中100份简历是合格的；在北京，平均一个职位会收到1000封求职信，其中200封是合格的。据南方网讯统计，规模较大的企业一般每周要接收500~1000份电子简历，其中的80%在管理者浏览不到30秒钟后就被删除了。要让别人在半分钟内通过一份E-mail对你产生兴趣，其难度与跟用人单位直接见面相比难得多，因此可以看出，一份简历对于一个求职者，特别是残障大学生的重要意义。

（一）简历的主要内容

简历，顾名思义，要"简"，言简意赅，切忌啰里啰嗦。不要太深入细节，把细节问题留到面试时去展示。而许多人的简历要么复杂得像写传记，要么简单之极。简历一般情况是一页，太长了，应聘单位也不一定有心思看。简历递出去要达到的目的：①像做广告一样，多快好省地把自己"推销"出去，因此千万不要太冗长；②获得面试的机会，而不是获得工作；③使你在众多求职者中凸显出来；④证明你是适合这份工作的最佳人选。简历外观漂亮、简洁明了会给招聘者留下良好印象，但你不能在简历中撒谎，简历一至两张纸则可，不要出现语法、拼写或其他错误。一般来讲，个人简历内容应该包括个人基本信息、求职意向/应聘职位、教育背景、个人经历、所获奖项、专长、自我评价等七个基本要素，残障大学生求职写简历也不例外。

1. 个人基本信息

个人基本信息包括姓名、年龄（出生年月）、性别、籍贯、民族、学历、学位、政治面貌、学校、专业、身高、毕业时间、联系方式、担任职务等。一般来说，本人基本情况的介绍越详细越好，但也没有必要画蛇添足，一个内容要素用一两个关键词简明扼要地概括说明一下就够了。对于残疾大学生来说，有必要在个人基本信息中简要说明自己的残疾情况，如听障大学生要标明自己的听力残疾情况，听说程度，以利于用人单位根据应聘的残疾学生情况进行人职匹配。

联系方式一定要清楚地表明怎样才能找到你，区号、电话号码、E-mail、地址。就业择业期间，不要频繁地变换手机、E-mail，以免用人单位需要时无法联系到，错失关键机会。

2. 求职意向/应聘职位

对求职者所希望从事的职位，主要表明本人对哪些岗位、行业感兴趣及相关要求，不能仅从自己的个人意愿和理想出发。此项可放置在第一项，也可放置在第二项。对于残障学生的求职意见更需要结合自己的残障特点表述清楚，这样才能让用人单位更好地提供信息，做到真正的人职匹配。

3. 教育背景

一般只列出自己曾接受的最高教育，包括毕业的院校和专业等，也可写出在校期间所学习的主要课程，课程要针对应聘岗位要求按门类进行归纳、罗列。教育背景也包括自己参加的校内外所有相关的专业技能培训。

4. 个人经历

在校的残障大学生一般没有正式的工作经验，但大多数同学都有社团经历或实习经历，无论是作为社团的参与者或是组织者，每个人总能总结出一两项社团经历，但是记得要通过这些经历突出一些自身的优秀品质，否则也是没有什么用处的。实习经历的说明也是用来展现个人应聘这个职位的优势。

5. 所获奖项

奖项应列出自己在大学期间所获得的各种奖励，如果在校期间获得了很多奖励，这一项的位置可以适当提前，但要记得按照倒序写，全文保持一致。

6. 专长

专长的介绍要恰如其分，无论是与所学专业有关或是单纯从个人兴趣发展出来的专长，与工作性质相关的才艺，才可以在简历上列出。这将有助于用人单位评估应聘者所长与应聘工作的要求是否相符，个人专长是否能够给工作的顺利开展带来推动作用。对于个人专长，求职者应该清楚列出，注意实事求是，不夸大其词，但也不要过度掩饰自己的长处。

7. 自我评价

总结自己良好的个性特点和品质，但不要全面罗列，以4~10条为宜，过于冗长、格式化、无个性的自我评价，如活泼开朗、外向大方、勤奋努力等，这样的用词很难打动用人单位，也容易让自己落入"不通知面试"的行列。要根据用人单位招聘岗位的性质和岗位对人才的具体要求有侧重地列出几条即可。

（二）撰写简历的注意事项

（1）要仔细检查已成文的个人简历，绝对不能出现错别字、语法和标点符号方面的低级错误。最好让文笔好的朋友帮你审查一遍，因为别人比你自己更容易检查出错误。

（2）个人简历最好用A4标准复印纸打印，字体最好采用常用的宋体或楷体，尽量不要用艺术字体和彩色字体，排版要简洁明快，切忌标新立异，排的像广告一样。当然，如果你应聘的是排版工作则是例外。

（3）要记住你的个人简历必须突出重点，它不是你的个人自传，与你申请的工作无关的事情尽量不写，而对你申请的工作有意义的经历和经验绝不能漏掉。

（4）要保证你的简历会使招聘者在30秒之内，即可判断出你的价值，并且决定是否聘用你（简历200~300字为可）。

（5）要切记不要仅仅寄你的个人简历给你应聘的公司，附上一封简短的应聘信，会使公司增加对你的好感。否则，你成功的概率将大大降低。

（6）要尽量提供个人简历中提到的业绩和能力的证明资料，并作为附件附在个人简历的后面。一定要记住是复印件，千万不要寄原件给招聘单位，以防丢失。

（7）一定要用积极的语言，切忌用缺乏自信和消极的语言写你的个人简历。最好的方法是在你心情好的时候编写你的个人简历。

（8）个人资料里的联系方式一定要齐全，包括手机号码、宿舍固定电话、暂住或家庭地址、E-mail等，方便招聘单位第一时间通知你参加面试或发布面试结果。

（9）简历照片不宜五花八门，应以一至两寸的彩色半身职业近照为佳，男士穿白衬衫、单色领带和黑色西装外套，女士可穿带衣领的白色或浅色衬衫加单色小西装或者外套，以便给用人单位一个好的第一印象。

（10）不要写上对薪水的要求。很多残障学生都对简历上该不该写对工资、待遇的要求存在疑惑，一般的人力资源经理都认为简历上写上对工资的要求要冒很大的风险，最好不写。

二、其他自荐材料

（一）毕业生推荐表

残障毕业生所用毕业生推荐表与健全毕业生的推荐表相同。毕业生推荐表是由毕业生所在省市（自治区）就业主管部门统一印制并通过各高校发放给毕业生的推荐材料，是学校就业指导部门发给毕业生的、反映学生各方面情况和学校正式向用人单位推荐毕业生的书面材料，具有较高的权威性和可信度。

学校推荐表在自荐材料中有着举足轻重的地位，可以说是一个官方的认证，具有权威性，用人单位对此有较高的信任度。把它放在自荐材料中，加大了自荐材料的可信度和自荐力度。学校推荐表一般包括本人及家庭基本情况、在校期间学习成绩和奖惩情况、自我鉴定、组织意见等部分。正因为学校推荐表统一规范，易产生千篇一律的感觉，内容上也难于全面，缺乏个性，所以要求毕业生在组织编写其他材料时不要重复，但要进行必要的补充。

《北京地区普通高校毕业生就业推荐表》是由北京市教委制定的，由北京高校毕业生就业指导中心统一印制，通过北京地区各高校发放。发放对象是具有派遣资格的毕业生。

1. 推荐表的作用

毕业生就业推荐表是应届毕业生身份的证明材料，必须真实可靠。它是毕业生具有就业资格的证明文件。只有国家计划内招收的毕业生才有资格领取毕业生推荐表。定向、委培毕业生、非国家计划内招收的毕业生没有推荐表。

毕业生推荐表是用人单位向人事审批部门申报户口的重要材料，也是毕业生报考公务员等的必备资料。按照北京市人事局的规定，用人单位申报解决毕业生北京市户口，推荐表是必须要提交的申报材料之一。同时，毕业生如果报考国家公务员，也必须要提交推荐表。

毕业生推荐表是学校向用人单位推荐毕业生的正式书面材料。推荐表内容需要经过毕业生所在高校审核并加盖公章。原件每人一份，面试时可交复印件给应聘单位，确定到单位就业后将原件交给对方人事部门。

2. 推荐表的填写

毕业生就业推荐表原则上只进行一次审核后加盖一次公章，并由毕业生所在系、部把关核实，故在交到系、部盖章前要认真检查核对，以免造成不必要的麻烦。毕业生就业推荐表的各项内容要认真、如实、用黑色钢笔或签字笔填写，字体要工整，涂改无效。

姓名、性别、民族、出生年月：如实填写，必须与户籍卡、身份证上相一致。

政治面貌：按照当前的实际情况填写（包含"中共党员""中共预备党员""共青团员"或"群众"）。

健康状况："良好"或"健康"。

院系：填写学院全称。

专业：所填写的专业名称，应为在校学习的专业名称，务必与毕业证的专业名称一致，办理户口的人事部门将会核对毕业证和毕业生推荐表信息，不得简写，不得修改。

学号：填写完整校园卡号。

学历："本科""专科"或"专升本"。

学制：按照教务处规定的该专业正常修业年限填写。除医学类（5年），本科填写4年，高职填写3年。

生源地区：填写户口迁入学校前所在的省（市）/县（区）。

E-mail：清楚、工整填写，并注意数字"0"与字母"o"之间的区别。

专业与技能等级证书：填写已取得证书的名称与级别，包括其他职业资格水平证书的名称。

任职情况、社会实践、奖惩情况：填写在校期间相关情况，尽量注明相应的时间或学期。

培养方式："统招统分"。

就业范围："不限"。

学生填写的所有内容，由系、部进行认真严肃的核查，系、部意见由学生的所在系部组织相关老师填写，学生在校期间所有成绩由教务处统一打印并加盖公章，成绩单手写无效。

毕业生的基本情况由学生本人如实填写，若存在错误和遗漏，责任自负。系负责人根据毕业生日常表现，对毕业生做出综合评价，提出推荐意见并盖章确认，交学院招生就业部门审核盖章。

3. 推荐表的使用

推荐表是毕业生和用人单位双方达成意向后，毕业生递交给用人单位一份正式书面材料，用人单位在回执上要写清单位的基本信息，以便学校与用人单位联系，学校凭此回执为毕业生发放三方协议书。一般为方便毕业生，就业推荐表与三方协议会同时发放，但需注意的是，用人单位的招聘工作有期限，聘用人员确定后即办理各种录用手续，所以在用人单位回执上会限定签约时间，毕业生应按要求准时签订协议书，否则视同放弃。

（二）求职信

无论把简历送交给谁，都应当随之附上一封信。对于残障学生来说，更应该提交求职信，在求职信中传递关于自己的技能、能力以及能够由证明文件支持的资质的信息，让用人单位进一步了解自己的情况，从而做出选择。简历是一台相当精密的仪器，如果你不能够为每位特定的阅读者附上相应定制的材料，在多数情况下，简历的绝大部分内容是无法灵活变化的。

求职信与简历有所不同，是针对特定的个人而写的，而简历则是针对特定的工作岗位来写的；简历主要是叙述求职者的客观情况，而求职信主要是表述求职者的主观愿望与特长。相对简历来说，求职信更要集中地突出个人的特征与求职意向，打动招聘人的心，是对简历的简洁概述与补充。求职信带有一定私人信件的性质，应有一定的感情色彩，行文要简明流畅，晓之以理，动之以情，既有说服力，又有感染力，使人相信你的资格、能力和人品。求职信是针对特定的用人单位写的。当毕业生获得就业信息时，通常是先写一份求职信，随同学校的推荐表等寄（送）到用人单位。用人单位根据毕业生的求职信来判断毕业生是否适合，然后才会考虑是否要通过面试来选择。

1. 求职信的书写格式

求职信的书写格式与信件类似。一般说来，求职信由开头（对收信人的称呼）、正文（个人基本情况，如姓名、就读学校、专业名称、何时毕业以及所获学位等；个人具备的条件和能力，如专业知识、社会经验专业技能、性格、特长等）、结尾（提醒用人单位希望得到他们的回复、回电，或表达面谈的愿望）、落款（署名和日期）四个部分组成。若附寄或附送了其他材料，应在信的左下角注明，如"附件1：个人简历；附件2：获奖证明"等。另外，如果用人单位是三资企业，应附中英文对照的求职信。

求职信的书写格式与一般书写格式大致相同，由开头、主体与结语组成。

（1）开头部分。包括称呼与引言。

称呼一般是姓加职衔或官衔。大部分既有职衔又有官衔，一般以其高者尊者称呼。例如，当招聘者既是博士、副教授又是人事处处长时，那么此时称博士也许效果好些。因为人事处处长中是博士的非常少，且一般人称处长多，而你称其为博士既有新鲜感又表明你对他了解。无意之中，他对你的印象就更深些。

引言的作用有二。一是吸引招聘人看完你的自荐信；二是引导对方自然而然进入你所突出的正题而不感到突然，因此应下工夫把开头写好。

（2）主体部分。主体部分是求职信的重点，要简洁而有针对性地概述自己简历的内容。要突出自己的长处和优势，使对方觉得你的各方面情况与招聘条件相一致，与有关职位要求、特点相吻合。写作的具体内容，有关专家概括为如下5个方面：

简述你的主要求职资格、工作经验、参加过的有关社会活动、个人的兴趣和爱好。

要以成熟而务实的语气叙述。①切勿夸大其辞、自吹自擂；②提供你在学业上和工作中取得的重要成就，来证明自己的资格和能力；③谈论一下目标单位的有关情况，表明你对其已有了解，并愿意为之效劳。

表述你具备的教育资历、工作经验和个人素质。谈谈你为这项目标工作做了哪些教育准备，即你所受的哪些教育与目标工作的任职资格有关；谈谈你过去所受的专业训练、工作经验以及和目标工作的相关性；以事实证明你具有目标工作要求的个人素质；举例说明你具有对做好目标工作的其他有利条件。

重申你的求职动机，简要说明你对未来的设想。

提示说明你在求职信后的有关附录或附件。

（3）结语部分。结语部分要令人回味而记忆深刻。要把你想得到工作的迫切心情表达出来，请用人单位能尽快答复你，以恰当恳切的方式请求安排面谈。内容要具体简明，语气要热情、诚恳、有礼貌，别忘了向对方表示感谢。

求职信应该体现出自己的特色，在遵循上述一般原则的前提下，要开动脑筋，以自己的方式来赢得招聘者的青睐。

2. 写求职信的注意事项

（1）求职信的篇幅忌过长或过短。一般来说，字数在1000字左右，篇幅最好以写满一页A4纸为佳。

（2）求职信的内容要言简意赅，但以下内容都要有所体现：

（1）对招聘单位名称及负责人的准确称呼。这可以立刻拉近应聘者与招聘单位的距离，体现应聘者的诚意。比如，与"尊敬的联通公司王处长"相比，"尊敬的招聘单位领导"则缺乏针对性。

（2）说出自己的姓名。开头就要自报姓名，以示尊重。

（3）说明自己获取招聘信息的渠道。如"×月×日，我在××人才网站上看到贵公司刊登的招聘××人员的广告"。

（4）说明自己要应聘的职位，好让招聘单位有的放矢地关注你适合的那个职位的特征。

（5）陈述自己的大致情况和素质条件。这是不可缺少的，要有重点、有针对性。

（6）表明自己有能力、有兴趣、有信心胜任。想得到别人的肯定，首先要肯定自己，在求职信中要明确地肯定自己。

（7）提出你能为招聘单位做些什么，而不是他们为你做什么。信中要以招聘单位的利益为出发点，强调你一旦加入会做出怎样的贡献。

（8）最好能根据一些具体情况，恰当地赞美招聘单位。如果了解的情况太少，就可以说："我认为贵公司十分重视人才。"

（9）诚恳表明希望获得面试的机会。写求职信的惟一目的就是为了获得面试的机会。信的结尾要体现出自己为该用人单位服务的强烈愿望。

（10）写明联系电话，并放在方便查阅的地方。

（11）要有落款和日期。打印出的求职信的最后，宜用手写体签上自己姓名，以示尊重。手写体宜亲历亲为，为追求美观请人代写，会弄巧成拙，不真实。

（12）提醒求职信中还有什么附件。

（13）切忌把求职信当作一个喊口号的阵地，满篇文字中没有一点实质性内容。

3. 求职信范例

求 职 信

尊敬的李处长：

您好！首先衷心感谢您在百忙之中翻阅我的这份材料，并祝愿贵单位事业欣欣向荣，蒸蒸日上！我是××大学××学院设计专业的学生，是一名听障学生，将在今年7月份离开母校，走入社会大学校，心情既兴奋又彷徨。我渴望一个新的生活舞台，渴望找到一个适合于自己并值得为其奉献一切的工作单位。×月×日，我在××人才网站上获悉贵公司在我院招聘的消息，经比照贵公司的要求，我非常符合招聘条件。

在思想方面我积极向党组织靠拢，关心集体，团结同学，多次参加了义务劳动和社会活动。我现担任班级的宿舍长和志愿者，有为大家服务的爱心；我积极组织并参加学校和班级的集体活动；我具有良好的吃苦耐劳精神及与他人良好合作的团队精神。力求使自己成为高素质的复合型人才！

我的专业课程学习成绩优良，基本掌握了本专业的基础知识，大学学习期间，我曾连续三年获得校级奖学金；对产品设计岗位所需的计算机软件如Solidworks、3DS MAX、Photoshop等软件均能熟练地使用，我已经获得国家认可的计算机二级证书。此外，我虽然听力有障碍，但在助听器的帮助下，解除了语言上的障碍，可以顺畅地进行听说交流。

我热爱设计工作，并在实践中取得了一些成绩。我的四年专业学习为我从事这一行业打下了坚实的基础，我有信心能胜任贵公司的创意设计工作。我十分珍惜这次机会，请您给我这次机会，我将以全身心的投入来回报您的知遇之恩。请相信，我在这个岗位上的工作，不仅能使我得到专业知识的再学习和进一步升华，或许，我的认真、出色工作，还能为贵公司的业绩增长做出一点小小的贡献。

努力进取是我的信念，爱好广泛，勇于接受挑战，活跃、健康、开朗、乐观、诚恳、细心、乐于钻研、有毅力、爱交际是我的特点，良好的专业知识和强烈的团队意识是我人生的第一笔财富。

我期盼着您对我的当面指导，这也有助于您及公司对我能力更深入、更全面的了解。请您相信，您的选择不会错，希望贵公司能给我一次展现自我的机会，能让我成为贵公司的一员。

最后，恭祝贵公司事业蒸蒸日上，祝您工作顺利！

此致

敬礼！

求职人：×××
××××年×月×日

附件（略）

第二节　面试与笔试

面试与笔试是用人单位采取的两种不同的考察、选拔求职者的方法。笔试是采取书面形式对求职者所掌握的基础知识面、专业技能、文字能力、分析能力和思维能力等综合素质进行考察与评估。面试是通过当面交谈回答对应聘者进行考核的一种方式。它是求职者全面展示自身素质口才和应变能力的最好机会。面试发挥出色，可以弥补笔试或基础条件的不足。无论是笔试或面试，对求职者的应聘成功与否都是有决定意义的。

一、面试

面试，是通过招聘主试者与应聘者双方面对面地接触、交流，了解应聘人员素质状况、能力特征及应聘动机等信息，以确定应聘者是否符合职业要求的一种人员选拔方法。

面试中，用人单位可通过与应聘者本人的直接对话，了解应试人的专业、学历、个人爱好、志趣、特长等笔试所反映不出来的一些情况，了解应试人的个人气质、谈吐、风度、知识结构等各方面的综合素质，为能否录用掌握第一手材料。在面试中，用人单位不仅在选择能干的职员，同时还在推销本单位。用人单位在面试时良好的展示和推销，也会使优秀的人才毫不犹豫地选择该单位。因此，面试对于用人单位和求职者的双向选择有着重要的意义。

（一）面试程序

不同的用人单位对面试过程的设计会有所不同，有的单位会非常正式，有的单位则相对比较随意，但一般来说，面试可以分为以下四个阶段。

1. 准备阶段

准备阶段主要是以一般性的社交话题进行交谈，例如主考会问类似"从宿舍到这里远不远""今天天气很好，是吗？"这样的问题，目的是使应聘人员能比较自然地进入面试情景之中，以便消除毕业生紧张的心情，建立一种和谐、友善的面试气氛。毕业生这时就不需要详细地对所问问题进行一一解答，可利用这个机会熟悉面试环境和考官。

2. 引入阶段

社交性的话题结束后，毕业生的情绪逐渐稳定下来，开始进入第二阶段，这阶段主要围绕其履历情况提出问题，给应聘者一次真正发言的机会。例如，主考会问类似"请用简短的语言介绍一下你自己""在大学期间所学的主要课程有哪些""谈谈你在学期间最大的收获是什么"等问题。毕业生在面试前就应对类似的问题进行准备，回答时要有针对性。

3. 正题阶段

进入面谈的实质性正题，主要是从广泛的话题来了解应聘人员不同侧面的心理特点、行为特征、能力素质等，因此，提问的范围也较广，主要是为了针对应聘者的特点获取评价信息，提问的方式也各有不同。

4. 结束阶段

主考在该问的问题都问完后，会以类似"我们的问题都问完了，请问你对我们有没有什么问题要问"这样的话题进入结束阶段，这时毕业生可提出一些自己想问的问题，但不要问类似"请问你们在我们学校要招几个人"这样的问题，大部分单位都会回答你"不一定，要看毕业生的素质情况"。可以就如果被公司录用可能会接受的培训、工作的主要职责等问题进行提问。

（二）面试的主要内容

面试是用人单位招聘时最重要的一种考核方式。面试是供需双方相互了解的过程。面试是一种经过精心设计，以交谈与观察为主要手段，以了解被试者素质及有关信息为目的的测评方式。面试实际上还是你与其他条件相当的应聘者竞争的过程。因此，为了获得所求的工作，求职者应该充分做面试的准备，在面试中适度地表现自己，要善于展示自己的知识、能力、特长、性格等情况，给招聘者留下满意的印象，争取最后的胜利。

从理论上讲，面试可以测评应聘者任何素质，但在人员甄选实践中，并不是以面试去测评一个人的所有素质，而是有选择地用面试去测评它最能测评的内容。面试过程面试官对毕业生一般要了解以下几个方面的内容：

1. 仪表风度

这是指应聘者的体型、外貌、气色、衣着举止、精神状态等。像国家公务员、教师、公关人员、企业经理人员等职位，对仪表风度的要求较高。仪表风度是用人单位录用面试的一项重要内容。在面试中，影响风度的指标主要有三个：语言表达、动作举止和服饰仪表。在面试中，除答题的内容外，应聘者的表情、声音等其他因素，对面试成绩的影响也不可小视。面试时，主要考察面试者在语言的表达上，是否能够做到准确、精练、平易、生动；在行为举止上，是否文明礼貌、符合规范；在服饰仪表上，是否衣冠整洁，符合学生特点。研究表明，仪表端庄、衣着整洁、举止文明的人，一般做事有规律，注意自我约束，责任心强。被试者应该注意着装得体、举止文雅、大方，表情丰富，回答问题要认真、诚实。

2. 专业知识

了解应聘者掌握专业知识的深度和广度，其专业知识更新是否符合所要录用职位的要求，作为对专业知识笔试补充，面试对专业知识的考察更具灵活性和深度。所提问题也更接近空缺岗位对专业知识的需求。

3. 工作实践经验

一般根据查阅应聘者的个人简历或求职登记表，作些相关的提问，查询应聘者有关背景及过去工作的情况，以补充、证实其所具有的实践经验，通过工作经历与实践经验的了解，还可以考察应聘者的责任感、主动性、思维力、口头表达能力及遇事的理智状况等。

4. 口头表达能力

一般观察求职者能否将要向对方表达的内容有条理地、完整地、准确地转达给对方；引例、用语是否确切；发音是否准确，语气是否柔和；说话时的姿势、表情如何。面试中应聘者是否能够将自己的思想、观点、意见或建议顺畅地用语言表达出来。考察的具体内容包括表达的逻辑性、准确性、感染力、音质、音色、音量、音调等。作为被试者在面试时应注意以下几点：谈话是否前后连贯，主题是否突出，思想是否清晰，说话是否有说服力。

5. 综合分析能力

面试中，应聘者是否能对面试官所提出的问题，通过分析抓住本质，并且说理透彻、分析全面、条理清晰。

6. 思考判断能力

一般观察被试者能否准确、迅速地判断面临的状况，能否恰当地处理突发事件；能否迅速地回答对方的问题，且答案简练、贴切。作为被试者应在准确、迅速、决断方面重点准备。对自己的判断应该有信心，还要分析对方是逻辑判断还是感性判断。

7. 反应能力与应变能力

主要看应聘者对面试官所提的问题理解是否准确，回答的迅速性、准确性等。对于突发问题的反应是否机智敏捷、回答恰当，对于意外事情的处理是否妥当等。

8. 操作能力

主要在于考察应聘者对于已认定的事情能否进行下去；工作节奏是否紧张有序；对于集团作业的适应性；是否具备单位领导能力。

9. 人际交往能力

主要在于观察被试者遇到难堪问题后的反应；能否让人亲近，对他人有无吸引力等。在面试中，通过询问应聘者经常参与哪些社团活动，喜欢同哪种类型的人打交道，在各种社交场合所扮演的角色，可以了解应聘者的人际交往倾向和与人相处的技巧。

10. 自我控制能力与情绪稳定性

自我控制能力对于国家公务员及许多其他类型的工作人员（如企业的管理人员）显得尤为重要。一方面，在遇到上级批评指责、工作有压力或是个人利益受到冲击时，能够克制、容忍、理智地对待，不致因情绪波动而影响工作；另一方面工作要有耐心和韧劲。

11. 工作态度

一是了解应聘者对过去学习、工作的态度；二是了解其对应征职位的态度。在过去学习或工作中态度不认真，做什么、做好做坏无所谓的人，在新的工作岗位也很难说能勤勤恳恳，认真负责。

12. 德性

主要在于考察应聘者责任感是否强烈，能否令人信任地完成工作；考虑问题是否偏激；情绪是否稳定；对于要求较高深的业务能否适应。被试者回答时应该突出自己的自信心，坚强的意志，强烈的责任感。责任心强烈的人，一般都确立有事业上的奋斗目标，并为之而积极努力。表现在努力把现有工作做好，且不安于现状，工作中常有创新。上进心消极的人，一般都是安于现状，无所事事，不求有功，但求无过，对什么事都不热心。

13. 求职动机

了解应聘者为何希望来应聘单位工作，对哪类工作最感兴趣，在工作中追求什么，判断应聘单位所能提供的职位或工作条件等能否满足其工作要求和期望。

14. 业余兴趣与爱好

应聘者休闲时爱从事哪些运动，喜欢阅读哪些书籍，喜欢什么样的电视节目，有什么样的嗜好等，可以了解一个人的兴趣与爱好，这对录用后的工作安排常有好处。

15. 其他问题

面试时面试官还会向应聘者介绍本单位及拟聘职位的情况与要求，讨论有关工薪、福利等应聘者关心的问题，以及回答应聘者可能问到的其他一些问题等。

（三）面试的种类

1. 情景式面试

情景式面试根据工作岗位的一些情节设计问题，让应聘者面对一定数量的考官有针对性地发表个人看法，这种情景式面试通常分为以下几种类型。

（1）主题式提问。为了缓解应聘者的紧张情绪，面试开始时，面试官引出与面试内容关系不大的话题与应聘者海阔天空地交谈，让应聘者自由发表看法，尽量使应聘者情绪放松，自我调节到正常状况之下，然后，再进入主题提问。

（2）模式化提问。由面试官围绕选拔人才的要求预先准备好若干题目，当应聘者进入正常面试状态时，逐一提问。用人单位这样做的目的是为了获得应聘者全面、真实的材料，测试和观察应聘者的知识面、能力和谈吐行为、仪表风度等。

（3）问题式提问。由面试官对应聘者提出一个问题或一项计划，请应聘者予以完成解答。其目的是为了观察应聘者在特殊情况下的表现，判断其解决问题的能力。

2. 能力式面试

能力式面试由面试官通过多种方式综合考察应聘者多方面的才能，通常采取以下几种方式：

（1）任意写一段话。面试官不加任何限制，任意让应聘者写一段话。这样做的目的是观察应聘者的字写得是否工整，同时也考察了临场发挥能力。

（2）分析一段文章。为了考察应聘者的口头表达能力、分析判断的能力，面试官让其分析文章，现场观察应聘者的分析、归纳、综合演讲能力。

（3）现场计算机操作。为了了解应聘者的计算机操作水平，面试官往往请应聘者当场用计算机进行一些演示或文档处理，有时甚至进行软件设计，现场考察应聘者的计算机操作能力。

3. 压力式面试

由面试官有意识地对应聘者施加压力，针对某一问题开展一连串的提问，不仅详细，而且追根求源，直至无法回答，甚至有意识刺激应聘者，看对方在突如其来的压力下能否做出恰当的反应，观察其机智程度和应变能力。

4. 问卷式面试

用人单位为了掌握应聘者的全面素质，包括个人兴趣爱好、处世能力、合作精神、个人利益、吃苦精神、战胜困难的勇气等方面的内容，往往采用书面的素质测试卷，让每个应聘者在规定时间内，处在毫无戒备的状态下完成问卷答题工作，通常素质测试卷分以下几类：

（1）心理测试卷。用人单位在选拔过程中使用智力和个性测试，主要了解应聘者的性格种类、道德水准、与同学的相处情况、敬业精神、耐挫力、做事是属于指挥型的还是属于踏实型等有关内容，一一进行测试摸底，所有这些内容在心理测试卷上都是隐含的，应聘者在规定时间内必须完成所有测试内容。

（2）英语水平测试。英语水平测试分为笔试和口试两种，笔试是当场完成一定数量的翻译或写作练习，看看应聘者英语功底究竟有多深。口试，即当面用英语和你对话，看看你的口语表达能力。中国加入WTO以后，用人单位更注重外语口语人才的选拔。因此，应聘者去用人单位面试之前，先作如下准备：①写一篇英文文章，包括自己的兴趣爱好、学业背景、社会活动等，然后背下来，因为面试中此类问题大都需要。②有针对地准备几个问题，如为什么选择我们公司等。③参加英语口语面试时，多做笔记，记些时兴的单词和表达法。④英语面试时，一定要大胆讲。只要能表达完整的意思，发生一点小错误无关紧要。

5. 被邀请实地考察

用人单位为了扩大对外宣传，免费邀请应聘者实地考察。在实地考察期间，对方热情做好接待服务工作，频繁地与应聘者双向交流，考察毕业生的内在素质和综合能力。有些用人单位将企业的发展蓝图展示在高校毕业生面前，暗中考察应聘者对新事物的接受能力，同时，收集改进本单位工作的意见和建议。总而言之，实地考察时将应聘者放到现实社会中加以考察，用人单位和应聘者对彼此的情况都能了解得更详细、具体、全面，如果双方都有好感，就给协议书的签订增添了几分踏实感。

以上几种类型在实际面试过程中，面试官可能只采取其中一种进行面试，也可能同时采用几种进行面试。不管是哪一种面试方式，目的都是为了让应聘者展现出其真实的能力和特点，使用人单位得以择优录用，选出最佳的人选。

（四）面试的准备

俗话说："不打无准备之仗"。在参加面试前进行一些必要的准备，对取得面试的成功是必不可少的。

1. 注意语言表达能力的锻炼

残障大学生平时就要有意识地加强语言表达能力的训练，养成与陌生人自如交谈的习惯。多参加集体活动，课堂讨论大胆发言，有助于讲话能力的训练。听障大学生需要注重书面语文表达的能力，因为对于无法听说的听障毕业生来说，文字表达是其唯一的沟通方式。

2. 尽可能多地了解应聘单位和职位

面试官提问的出发点，往往与招考单位有关。只有多了解单位性质、业务范围、发展情况和工作岗位对知识技能的具体要求，才有利于有针对性地展示自己的所长。

3. 充分准备各类材料

面试时要带好个人简历、自荐信、成绩单以及有关证书等材料，如各类获奖证书、外语、计算机、职业技能等级证书。即使事前发过求职信和个人简历，也应该再带上一份材料，以备用人单位查看。

4. 准备随时回答有关自己的问题

面试官往往以询问求职者的有关情况作为面试的切入点。面试前准备一个简短的自我介绍腹稿是必要的，以便将自己较完整地介绍给对方。同时，要背熟自己的个人简历，这样才可能应付自如。

5. 注意仪表端庄

穿着打扮，有意无意地反映着一个人的修养，仪表往往左右着招聘者的观感和第一印象。因此，面试前应注意自己的着装打扮。对于无法看到的视障生，一定要在面试前征求低视同学或健全生或老师的建议，以免影响自己面试的第一印象。

6. 保持良好的精神状态

面试前要调整好情绪，克服怯场心理，使自己具有饱满的精神状态，力争取得面试的最佳效果。心态对于面试来说太重要了。紧张的心态会抑制思维的活力，本来掌握的东西也会忘记它藏在什么地方去了。如果有一个放松而平静的心态，那就会稳定思绪，会发挥出本来就想到的东西，甚至还会创造性地应答意外性的问题。特别对于初试者，由于心里没底，更应保持放松的心态。如何让面试前的心理放松呢？首先要正确分析自我，根据自身的特长，选准适当的就业位置，保持积极主动的择业心态，敢于竞争、敢于自荐，增强心理承受能力。其次要有充足的睡眠，保持清醒的头脑，对可能出现的问题预测，回答问题的策略做好通盘考虑，以良好的精神状态从容应试。

7. 进行模拟面试训练

在做好面试准备以后，最好进行一次模拟训练，这样可能效果更好。如学校组织模拟面试活动，大学生应积极参加，锻炼自己，积累经验，大学生相互之间，也可交换扮演角色进行演练，以适应面试环境气氛。

二、笔试

笔试是对毕业生的阅读理解能力、发现问题、分析问题、解决问题的思维能力，以及知识面等综合素质的全方位测试。笔试是其中的重要环节，和其他环节相比，它具有成本较低、客观性较强等优势，对于初步选拔出那些知识结构、知识深度、能力、素质、潜在素质等方面符合职位要求的应聘者具有重要意义。笔试的效度包括两层含义：一是笔试实际测试了它所要测试的东西的程度；二是所要测试的东西反映笔试目标的程度。科学地设计笔试的内容和方法，合理地取舍、利用笔试成绩，使笔试结果与目标更具有相关性、更趋于一致性，才能达到笔试的效度要求。此外，笔试还必须具有一定的难度和区分度。命题时在把握好广度、深度的同时，必须考虑试题的难度，并把难度分为若干等级。只有这样，才能把众多的应聘者拉开档次，区分出素质和能力的优劣，选拔出符合职位需要的优秀人才。

（一）笔试的种类

1. 专业测试

这种测试主要是检验应聘者担任某一职务时是否能达到所要求的专业知识水平和相关的实际能力。有些用人单位不考专业知识，只看学习成绩和学习内容。有些特殊的用人单位要进行专业测试。如外资企业、外贸企业对应聘者要考外语，公检法机关录用干部要考法律知识。

2. 智力测试

主要测试应聘者的分析和观察问题能力、综合归纳能力、思维反映能力。

3. 技术测试

主要测试应聘人员处理问题的速度和效果，检验对知识和智力运用的程度、能力。

（二）笔试的准备

残障毕业生在面临笔试时要做好以下几个方面的准备。

1. 平时认真学习，扩大知识面

良好的笔试成绩来自于平时的努力学习。在校期间努力学习，掌握专业知识和技能，不能指望"临时抱佛脚"，靠猜题押宝取胜。大学的学习不仅是专业课的学习，更多地在于几年如一日的各方面知识的学习与积累，并注意多方面了解社会信息。课堂学习只占大学学习的一部分，大学期间还要学会如何学习。现在的求职考试很多是考查学生运用所学知识解决实际问题的应用能力。有了平时的知识积累和实践锻炼，笔试时无论用人单位从哪方面进行知识考查，毕业生都会信心十足，应对自如。

2. 笔试前进行必要的复习

复习已学过的知识是准备笔试的重要方式。有些已学过的知识可能已经淡忘，经过简单的复习，有助于恢复记忆。从考试的准备角度讲，知识可以分为靠记忆掌握的知识和靠不断应用来掌握的知识。在复习过程中，注意将知识运用到实际问题的解决上，理论联系实际，学以致用。

3. 保持良好的身心状态

求职笔试虽然不同于高考，但却是用人单位挑选招聘人选的重要参考。参加笔试，需要良好的心理素质。临考前，一是要正确评价自己，树立自信心，调整好心理状态；二是要保持充足的睡眠；三是可以参加一些文体活动，这样能使高度紧张的大脑得到放松和休息，以充沛的精力参加考试。

（三）笔试的方法和技巧

参加笔试以前，应当了解笔试的大体内容。笔试一般包括以下几个方面的内容：一是知识面的考核，主要是一些通用性的基础知识和担任某一职务所要求具备的业务知识；二是智力测试，主要测试毕业生的记忆力、分析观察能力、综合归纳能力、思维反应能力、不断接收新知识的学习能力；三是技能测验，主要是对受聘者处理问题的速度与质量的测试，检验其对知识和智力运用的程度、能力。

1. 复习知识

对大学专业知识进行必要复习是笔试准备的重要方式。一般说来笔试都有大体的范围，可围绕这个范围翻阅一些有关图书资料，复习巩固所学过的课程内容，温故知新，做到心中有底。

2. 增强信心

笔试怯场，大多是缺乏信心所致。要客观冷静地对自己进行正确评估，克服自卑心理，增强信心。

3. 临场准备

提前熟悉考场环境，有利于消除应试时的紧张心理。还应仔细看看考场注意事项，尽量按要求做好。除携带必备的证件外，一些考试必备的文具（钢笔、橡皮等）也要准备齐全。

4. 科学答卷

拿到试卷后，首先应通览一遍，了解题目的多少和难易的程度，以便掌握答题的速度，然后根据先易后难的原则排出答题的顺序，先攻相对简单的题，后攻难题。这样就不会因为攻难题而浪费时间太多，而没有时间做会答的题，遇到较大的综合题或论述题，则应先列出提纲，再逐条论述。

在答完试卷后，要进行一次全面复查，特别注意不要漏题、跑题。要纠正错别字、语法不通、词不达意等错误。

值得特别注意的是卷面必须做到字迹端正，卷面整洁。因为招聘单位往往从卷面上联想应聘者的思想、品质、作风，字迹潦草、卷面不整的人，招聘单位先不看你答的内容，单从你的卷面就觉得你不可靠；而那些字迹端正、答题一丝不苟的人，招聘单位认为你态度认真、作风细致，对你更加青睐。

第三节　求职心理调试

面对就业，大学生的心理是复杂多变的。通过几年大学生活，同学们在知识、能力与人格方面有了积极的显著发展，有着强烈的就业意愿和积极的就业动机，为能尽快体现自己的人生价值而感到由衷的欢欣；而就业岗位和就业方式的多样化也为大学生就业提供了更多的机遇、更大的自由度，许多大学生都摩拳擦掌，跃跃欲试，准备在所学专业领域一展身手。但是在就业过程中，又难免出现种种心理矛盾、心理误区和心理障碍。

一、大学生求职择业心理

（一）大学生就业的一般心理问题

大学生群体是个体由青年期到成年期成长过程中一个特殊的群体。集多种特殊性于一身，具有处于"第二次心理断乳期""边缘人"地位，处于"心理延续偿付期"，多重价值观、人格的再构成等心理内在原因；同时存在着环境中诱发因素的作用，使得大学生的心理健康状况比个体一生中的其他阶段人群及处于这一时期的其他群体明显要低。为了帮助广大毕业生同学更好地认识这些问题，为就业做好心理准备和心理调适，首先从以下几个方面来看看大学生就业时一般存在哪些心理问题。

1. 就业心理压力与焦虑

当前激烈的就业竞争环境使就业问题给大学生带来了较大的心理压力，而且这种压力在各年级学生都存在，随年级增高而呈上升趋势。残障学生就业压力体验相当严重，尤其以心理体验最为严重。残障大学生面对就业压力的释放方式则过于内向化，主要是自己解决和求助于同学朋友。

2. 就业心理期望与失落感

许多大学生都有一种"十年寒窗，一举成名"的心理，因此对择业的期望相当高。残障学生在这方面表现特别明显。残障大学生大多希望到生活条件好、福利待遇高的大城市、大机关、大公司工作，而不愿到急需人才但条件艰苦的中小城市和基层小单位，过分地考虑择业的地域、职位的高低和单位的经济效益。高期望驱使毕业生总是向往高薪水、高职位、高起点，渴求高收入、高物质回报率，并一厢情愿地对用人单位提出种种要求，将自己就业的目标定得很高，即使找不到合适的单位也不肯降低就业期望值。现实就业岗位大多不像残障大学生所想象得那么美好，因此当发现现实与理想的差异较大时，就容易出现"高不成，低不就"现象，并产生偏执、幻想、自卑、虚伪等心理问题，并可能导致择业行为的偏差。

3. 就业观念不合理

残障大学生的择业观念虽然在总体上是倾向于务实化与理性化，但由于处于择业观念的转型过程，因此各种不良观念也存在着，并影响了残障大学生的健康、顺利就业。这些不良观念主要表现在以下几个方面。

（1）只顾眼前利益，忽视职业发展。一些残障大学生在择业标准中只有工作条件、收入等眼前实在利益，而对自我的职业兴趣、能力、职业的发展前景等因素不作考虑，因而极易选择到并不适合自己的职业。

（2）职业标准过于功利化、等级化。一些残障毕业生同学过分强调职业的功利价值，甚至还将职业划分为不同等级，而不考虑国家与社会的需要，不愿意到条件比较艰苦的地区和行业去工作。

（3）求安稳，求职一次到位的传统观念根深蒂固。很多残障大学生仍然喜欢稳定、清闲、福利保障好的单位，希望以此就能选定理想的职业，而不愿意选择有风险、有挑战性的职业，更不敢去自己创业。

（4）过分强调专业对口，学以致用。在求职时，只要是与自己专业关系不密切的职业就不考虑，这样做只能是人为地增加自己的就业难度。

（5）职业意义认识不当。许多残障大学生从观念上来说，还是仅仅把工作当作一种谋生的手段，没有充分认识到职业对个人发展、社会进步的重要意义。

4. 就业人格缺陷

（1）自我同一性混乱。有许多残障大同学在毕业、择业的时候，尚未达成自我同一性。具体来说，对自己的职业目标、需要、价值观以及自身特点等没有明确的认识；在就业时不能正视自己的能力、素质和择业的客观环境，不能对自己有一个客观、清醒、全面的评价。有些残障大学生在毕业时仍无法正视自己与健全学生的差异，无法接受社会现实，造成择业过程中不能客观、正确地分析自己。因此，在职业选择时往往是茫然、犹豫不决、反复无常、见异思迁、躁动不安，不能主动、独立地获取职业消息、筛选目标、规划职业生涯，也不能解决就业中的问题，做出正确的决策。自我同一性混乱在就业中的两个突出表现就是盲目从众与依赖。

盲目从众，是指在求职中不考虑自己的兴趣、专业等特点，盲目听从或跟随别人的意见以及盲目寻求热门职业的现象。持有这种心理的残障毕业生往往脱离自己的实际状况，跟在别人的后面走，如在就业市场中哪个摊位前人多他们就往哪里去，别人说什么工作好他们就寻求什么样的工作，而全然不顾自己的能力和现状，不会扬长避短。

依赖，是指在就业中不愿承担责任，缺乏独立意识，没有个人独立的决策能力，没有进取精神，只是依赖父母或老师、学校，甚至只等职业送上门而不去积极争取。在这一点上，残障学生表现特别突出。他们自己不去找工作，只等着父母和亲朋好友出面四处奔波，到处找关系、托人情，甚至还怀念过去那种统包统分的制度，希望学校解决就业问题。当别人为自己找的工作不合心意时就大发脾气，抱怨父母或学校。还有不少毕业生由家长陪着参加供需见面会，职业的好坏完全由父母决定，缺乏自主择业的能力。

（2）就业挫折承受力差。残障大学生在求职就业过程中，往往要比健全生遭遇更多的挫折。不少残障大学生在求职时只想成功，一旦遭受挫折就会像泄了气的皮球，一蹶不振，陷入苦闷、焦虑、失望的情绪之中不能自拔。他们对求职中的挫折既缺乏估计也缺乏承受能力，不能很好地调节自己的心态，也不会通过总结求职中的经验教训来获得下一次的成功。

自主择业给残障大学生提供了就业的自由及通过竞争获得理想职业的机会。这让很多残障学生可以充分表现自己的专业特长，寻找适合自己的工作。但很多残障大学生真正面对激烈的竞争环境时，也表现出缺乏信心、缺乏勇气，求职时战战兢兢、顾虑重重、畏首畏尾，不敢大胆自荐。结果是有压力没勇气，不能真正向用人单位展现自己的竞争实力，错过机会，在竞争中陷入了不战自败的境地。特别是一些冷门专业或学习成绩不佳的残障同学及没有"关系"的同学就更容易出现不敢竞争、不敢尝试的问题。

害怕竞争的保守心理一方面与残障大学缺乏社会实践锻炼有关，另一方面更与许多残障大学生害怕失败、不敢面对就业挫折有关，如一些残障大学生在就业中只找那些把握大的职业，而对竞争强的工作不敢问津，害怕求职失败遭受打击。

（3）自卑与自大。一些残障毕业生在求职中常会产生自卑心理，认为自己身体残疾，对自己评价偏低，他们总是以为自己的水平比别人差，单位要求很高自己肯定达不到，自己能力不行等。自卑的残障大学生不敢正视现实，对自己的长处估计不够，怀疑自己的能力，不善于发现适合自己的职业岗位，在对自己的抱怨、贬低中失去了求职的勇气。

自卑的反面是自大，而且两者有时会相互转化。有一些残障大学生表现出脱离实际的自大，他们既缺乏对自己的客观认识，也对就业市场、职业生活缺乏了解，一切都凭自己的主观想象。如有的残障大学生自以为经过大学几年的学习和锻炼已经满腹经纶，任何工作到手中都可以出色完成，在求职中自觉高人一等、自命不凡、四处吹嘘，一旦出现变故则容易陷入自卑、自责、一蹶不振。

自卑与自大是残障大学生身上常见的人格缺陷，在就业中的表现都是对自己缺乏一个客观的评价，同时对职业缺乏深入的认识。在就业中自卑与自大常存在交织的现象，如一些残障大学生在求职比较顺利时容易自大，一旦出现挫折就自卑；一些残障大学生虽然对自身条件比较自卑，但是真正遇到用人单位时却又表现为自大，要价很高。

（4）偏执与人际交往障碍。残障大学生就业中的偏执心理有不同的表现。①追求公平的偏执。残障大学生要求与健全生一样公平的竞争环境。对一些歧视残疾人、不良的社会风气感到气愤是正常的，但有一些大学生表现为对公平的过分偏执，将自己求职中的一切问题都归结于就业市场不公平，以致给自己的整个求职过程都笼罩上了心理阴影。②高择业标准的偏执。大多数残障毕业生对求职有过高的期望，不过多数人能通过在就业市场的体验，客观地认识和接受当前的就业现状并调整自己的择业标准。但仍有大部分残障大学生固执己见，偏执地坚持自己原来的择业标准，甚至宁愿不就业也不改变。③对专业对口的偏执。一些残障大学生在就业时过分追求专业对口，不顾社会需要，无视专业伸缩性、适应性，只要是与专业有一定出入的工作就不问津，只要不能干本专业就不签约。这样就人为地减少了自己就业的机会。

有些残障大学生缺乏基本的人际交往能力。如有的在求职过程中过于怯懦、紧张，不敢在用人单位面前表现自己，甚至连面试也不敢去，常常一开口就面红耳赤、语无伦次。还有的在求职中不会察言观色，不懂得照顾别人的感受，不懂人际交往的礼貌礼仪。

（二）大学生就业的常见心理障碍

1. 择业期望值过高的心理

近年来由于受多种因素的影响和干扰，残障学生择业的期望值过高是普遍的心态。大多数残障学生希望选择效益好、工资高的单位；更多的毕业生要求到发达的大城市工作。这说明残障大学生对自身在社会中的定位没有正确的认识和分析。在进行个人社会定位时，必须认真考虑自身的知识和能力水平、专业的社会适应性、自身的个性特征等各种综合因素。

2. 就业忧虑和恐惧心理

主要表现为：一方面渴望自己尽快走上社会，谋求到适合自己的理想职业；另一方面又患得患失，不愿意走出校门，对走上社会感到心中无数。残障毕业生就业忧虑和恐惧心理是由于意识到就业的客观形式与自我主观条件的矛盾而产生的心理体验。

3. 消极自卑心理

残障毕业生由于当前社会上大量博士生、硕士生、本科生的竞争以及社会对残障毕业生的偏见而产生的自卑心理尤为突出。有自卑心理者可以在求职前进行积极的自我暗示，努力克服自卑心态。

4. 就业盲从和冲动心理

部分残障毕业生不能客观地分析社会的需要，对自己的竞争能力缺乏信心，因而在就业时产生了随波逐流的盲从心理。他们在求职择业时，缺乏信心、瞻前顾后、勇气不足、人云亦云、跟着别人走、自己毫无主见。还有的毕业生表现有情绪的极端性，心境受到多重择业因素的困扰，面对现实处境缺乏应有的冷静和自控能力，情绪急躁，盲目攀比，满腹牢骚，求职缺乏计划性，对各种信息常做出不假思索的反应。

5. 思维定势和求稳求全的心理

不少学生择业时希望一步到位，然而只有在工作的过程中才能找到最能发挥自己特长的岗位。因此，"先就业，后择业"能让残障毕业生在工作过程中逐渐找准自己职业生涯的发展方向，不必计较跨出校门的第一个台阶有多高，因为很多毕业生，特别是残障毕业生都没有社会经验，对自己喜欢什么样的工作环境和岗位都不清楚，要找一份理想的工作是有一定难度的。"专业对口"和"铁饭碗"的思想束缚了残障毕业生的择业范围，在择业时顾虑重重，思前想后，谨慎过头，不敢冒险，缺乏风险意识和风险承受力，妨碍了自我推销的有效展开。

6. 害怕艰苦，盲目追求享受的心理

不少大学生有怕吃苦、盲目追求享受的心理，甚至受社会功利主义的影响，择业时名利心理过重，对金钱和名利的看法出现了偏差，缺乏对自我的客观评价，不考虑新形势下用人单位对毕业生专业、能力、层次等方面的要求，盲目追求高待遇。

7. 不注重提高自身素质，热衷于托关系的心理

不少残障学生有很重的依附心理，不把立足点放在自身努力上，忽视自身素质的培养与提高，而是热衷于托关系，依靠家庭亲友给自己找门路。

8. 过高估价自己，自命不凡的心理

某些残障生自恃学有所长，认为"天生我才必有用"，过高地估价自己，在择业时往往以个人的主观择业标准去衡量社会需要，结果常常是高不成低不就。

9. 过分依赖心理

有些残障生缺乏独立意识，在就业上有过分依赖心理：一是过分依赖学校，不主动寻找工作单位，等着学校给他们介绍单位；二是过分依赖家人和亲友，等着家人和亲友给安排好就业单位。

10. 法律意识淡薄的心理

在选择用人单位的过程中，部分残障学生抱着骑驴找马的心理，即不管用人单位的好坏先签下再说，然后再继续接受其他单位的挑选，一旦稍有好点的单位则走上毁约的漫漫之路。有的残障毕业生虽然在签订协议时是真心诚意的，一旦能找到更好的单位又欲毁掉先前已签好的协议。毕业生一旦与用人单位签订了就业协议书，它就具有了法律效力，毕业生在没有征得原单位或学校就业部门同意的前提下，不得随意单方私自解除协议而更换单位。在求职过程中还要学会运用法律手段来保护自己的合法权益不受侵犯。

二、大学生就业心理的自我调适

就业本身就是我们认识和适应社会的一个过程，在求职过程中遇到困难，甚至经过几次挫折才最后成功是正常的；在就业中遇到许多心理冲突、困惑，产生一些不良情绪也是正常的。遇到就业问题时，要学会调节自己的心态，使自己能从容、冷静地面对就业这一人生重大课题，并做出正确、理智的选择。

1. 接受客观现实，调整就业期望值

就业市场化、自主择业给残障大学生带来了机遇与实惠，但许多残障大学生对"市场"残酷的一面认识不足，对就业市场的客观实际了解不够。经过对就业市场、就业形势的客观了解与深刻体验后，我们必须明白现实情况就是如此，无论是抱怨还是愤怒都没有用，这种就业情况不可能是一时半会儿就能改变的。与其成天怨天尤人，浪费了时间、影响了自己心情，还不如勇敢地承认和接受当前所面临的现实，彻底打破以往的美好想象，脚踏实地地寻求解决问题的好办法。

2. 充分认识职业价值，树立合理的职业价值观

传统认为人们工作就是为了满足生存需要，但是对于现代社会的人来说，职业对个体的意义已经远不是如此简单，职业可以满足人们从低层次到高层次的多方面需要。如最近有人对职业价值结构进行了初步研究，发现了交往、义利、挑战、环境、权力、成就、创造、求新、归属、责任、自认11个类别的因子。因此，职业的价值是丰富的，残障大学生要充分认识到职业对个体发展、社会进步所起到的重要作用。在择业时不能只考虑工作的经济收入、工作条件、地点等

因素，更要考虑职业对自我一生发展的影响与作用，应看重职业能否帮助实现自我价值。

3. 认识与接受职业自我，主动捕捉机遇

残障大学生就业中的许多心里困扰都与他们不能正确认识和接受职业自我有关，因此正确地认识自我的职业心理特点并接受自我，是调节就业心理的重要途径，并可以帮助自己找到合适的职业方向。要知道自己喜欢什么样的职业、需要什么样的职业、自己的择业标准以及依自己目前的能力能干什么样的工作，这样才能知道什么样的工作更适合自己。另外，要用发展的观点来看待自己，要知道有些缺点并不可怕，可以先就业，然后在工作岗位上不断发展自己。一个工作的好与不好，是相对的，对别人合适的，对自己不一定合适，因此一定不能盲从；要时时记住，只有合适自己的才是最好的。最后要注意机遇的时效性，在发现就业机会时要主动出击，不能犹豫，也不要害怕失败，应有敢试敢闯的精神。

4. 坦然面对就业挫折，提高心理承受力

面对市场竞争、就业压力，残障大学生的求职总会遇到许多困难、挫折甚至是委屈，也容易在就业中受到歧视等。面对这些问题时抱怨是没有用的，更重要的是调整自我心态，提高自己对各种突发事件的心理承受能力。其实，就业的过程也是残障大学生重新认识自我、认识社会，并主动调整自我适应社会的过程。如果能通过求职而增强自我心理调节与承受能力，对残障大学生今后的职业生活都是非常有用的。

在求职中遇到挫折时，要用冷静和坦然的态度待之，客观地分析自己失败的原因，进行正确的归因。首先，在就业市场化、需求形势不佳、就业竞争激烈的条件下，出现求职失败是在所难免的，不能期望自己每次求职都能成功。要对可能出现的求职挫折有充分的心理准备。同时，应把就业看作一个很好的认识社会、认识职业生活、适应社会的机会，应通过求职活动来发展自己，促进自我成熟，因此"不以成败论英雄"。其次，自己求职失败并不一定就是因为自己的能力不行。出现求职失败有许多原因，可能是因为你选择求职单位的方向不对，也可能是因为你的价值观与单位的企业文化不符合，还有可能是其他一些偶然因素。总之，要正确分析自己失败的原因，调整自己的求职策略，学会安慰自己，以便在下次的求职中获得成功。

5. 调整就业心态，促进人格完善

在求职时，自己或身边的同学出现一些不健康的心态是正常的，没有必要过度担心、害怕自己有心理障碍。当然对于这些不良心态也要学会主动调适，必要时还可以寻求有关心理专家的帮助。进行自我心理调适的方法有很多。首先，可以进行积极的自我心理暗示，鼓励自己、相信自己，帮助自己渡过难关。其次，可以向朋友、老师倾诉，寻求他们的安慰与支持。最后，还可以通过体育锻炼、听音乐、郊游等方式转移自己的注意力，排解心中的烦闷，放松自己的心情。

通过对自己在就业时出现的种种不良心态的分析，可以发现自己平时不容易察觉的一些人格缺陷。应该说这些人格缺陷是产生这种就业心理问题的根本原因，如果现在没有很好地完善自己的人格，那么这些问题还会在今后的工作、生活中继续带来困扰。因此，有关问题其实是暴露得越早越好，同时也不必为自己所存在的人格缺陷而懊恼，因为很少有人是绝对的人格健全的，关键是要在发现自己问题的基础上，积极改变自己、发展自己，使自己的人格更加成熟，使自己将来的人生道路更顺利。

6. 开拓进取，勇于创业

残障大学生与健全大学生一样是有理想、有抱负、有创新精神、敢做敢为的青年先锋。因此，残障大学生要有自主创业的打算，这既可以在毕业后马上实现，也可以通过一定的社会积累后再实行。残障大学生们一定要有开拓自己事业的信心与勇气。当前的一些残障大学生创业公司虽然遇到了一些困难，但也有相当成功的案例。残障大学生创业肯定是值得鼓励的，关键是要有准确的观念与思路，要对自己有一个合理的规划与定位，要与有市场经验的人合作，要摆脱学生公司的意识，要进行科学化、职业化的管理。

第四节　就业维权与法律保障

即将步入社会的残障大学生，往往会将注意力集中在简历制作、招聘信息收集、准备面试与笔试等方面，而忽视了对与就业有关的法律、法规及制度的学习和了解，再加上社会经验不足、自我保护意识较差、就业竞争激烈、就业市场不够规范等多种原因，致使一部分残障毕业生在求职择业的道路上遭遇了各种各样的"陷阱"。因此，残障毕业生在就业过程中，一定要积极主动了解和掌握国家有关就业方面的法律、法规以及政策、制度，时刻保持清醒头脑，学会运用法律武器维护自己的合法权益不受侵害。

一、大学生就业的基本权利

残障大学生作为一个特殊群体，在就业过程中与健全大学生一样，除享有普通劳动者所享有的劳动报酬权、休息休假权、劳动保护权等一般权利外，还享有许多其他的权利。

（一）大学生择业就业的主要权利

1. 就业信息知情权

就业信息知情权是指大学毕业生拥有及时全面地获取应该公开的各种就业信息的权利。它包括三个方面的含义：信息公开，任何团体、组织和个人都不得隐瞒、截留用人信息，要全部向毕业生公布；信息及时，应当将就业信息及时向毕业生公布，否则就业信息就会过时，失去了利用价值；信息全面，向毕业生公布的就业信息应当是全面完整的，部分的、残缺不全的信息，将影响毕业生对用人单位的全面了解和准确判断，从而影响自己对职业的选择。

2. 接受就业指导权

就业指导工作对毕业生来说意义重大，它会直接影响毕业生的职业生涯规划、就业意识、就业方向及求职择业的技巧。接受来自国家、社会和学校的及时、有效的就业指导与服务，是大学毕业生的一项重要权益。学校在毕业生就业指导中占据重要位置。《中华人民共和国高等教育法》第五十九条规定，"高等学校应当为毕业生、结业生提供就业指导和服务"。为做好毕业生就业指导工作，学校应当设立专门机构、开设专门课程、安排专门人员对毕业生进行全方位的就业指导与服务；向毕业生宣传国家关于毕业生就业的方针、政策，帮助毕业生做好职业规划；对毕业生进行择业技巧的指导，引导毕业生准确定位，合理择业。除了学校，毕业生还可以从社会上合法的就业指导机构那里获得帮助。

3. 被推荐权

向用人单位推荐毕业生是学校就业工作的一项重要职责，学校的推荐对用人单位选择毕业生起着重要作用。毕业生享有被学校及时、公正、如实推荐到用人单位的权利。学校推荐毕业生时应做到：如实推荐，对毕业生的在校表现不夸大、不贬低，实事求是；择优推荐，在公开、公正的基础上择优推荐毕业生，使人尽其才，并激发广大学生的学习工作积极性；公正推荐，根据个人的表现及能力，公平、公开、公正地推荐每一位毕业生，使大家都能够享受到被推荐的权利。

4. 平等就业权

毕业生在就业过程中享有平等的就业权利，有平等的机会去竞争工作岗位，反对就业中的各种歧视行为，这是一项基本的劳动权和人权。毕业生应当平等地接受学校推荐，平等地参加用人单位的公开招聘，同时还应该要求用人单位在录用毕业生时能够做到公平、公正及一视同仁。目前社会上确实存在着种种就业歧视，包括性别歧视、地域歧视、学历歧视、经验歧视、身体条件歧视等，毕业生在遭遇这些歧视时，应该勇敢地拿起法律武器维护自己的权利。

5. 就业选择自主权

根据国家规定，毕业生在国家就业方针、政策指导下"双向选择，自主择业"，即毕业生可按照自己的意愿就业，有权决定自己是否就业，何时就业，何地就业，从事何种职业，学校、其他单位和个人均不能进行干涉。任何强加给毕业生的就业行为都是侵犯毕业生就业自主权的行为。

6. 择业知情权

毕业生在与用人单位签订就业协议以及劳动合同前，有权了解用人单位的主体资格、劳动岗位、劳动条件、劳动报酬以及规章制度等情况，用人单位应当如实说明和介绍，不能回避或故意隐瞒某些职业危害，也不能夸大单位规模和提供给毕业生的待遇。

7. 违约求偿权

用人单位、毕业生、学校的三方协议一经签订后，任何一方不得擅自毁约和违约，如果用人单位无故解除协议，或不按照协议内容履行，毕业生有权要求用人单位承担违约责任，包括支付违约金。在现实就业过程中，毕业生出于谋求更好的就业机会等原因，向用人单位主动提出解除协议的情况较多，毕业生大多也都承担了自己的违约责任。但用人单位一方出于单位改制、经营情况不好等原因，也有主动向毕业生提出解除协议的情况，甚至个别单位在招聘时提供了虚假信息，在毕业生到单位就业后不能履行对毕业生的承诺，对于这些情况毕业生有权向用人单位提出赔偿要求。

8. 户口档案保存权

毕业生自毕业之日起两年择业期内如果没有联系到合适的工作单位，没有和用人单位签订就业协议，也没有因回生源地自主择业、出国等情况而办理人事代理手续，有权将档案和户口保存在学校，学校应当对毕业生的学籍档案和户口关系进行妥善保管，不能向毕业生收取费用。择业期满后，学校就不再承担此义务。

（二）毕业生针对被录用单位的主要权利

1. 要求用人单位履行协议接收毕业生的权利

协议书是国家专用于毕业生就业的正式文本，具有法律效力。双方一旦签约，就有义务严格履行协议，不得无故进行更改。用人单位必须依照协议接收毕业生，并妥善安排毕业生的工作，提供相应的工作和生活条件，以保证毕业生的正常工作。

2. 要求用人单位按照《劳动法》规定提供各种劳动保障的权利

毕业生到用人单位报到后应签订劳动合同。《劳动法》第三条规定："劳动者享有取得劳动报酬的权利、休息休假的权利、获得劳动安全卫生保护的权利、接受职业技能培训的权利、享受社会保险和福利的权利、提请劳动争议处理的权利以及福利规定的洽谈劳动权利。"

3. 追究用人单位违约责任的权利

毕业生与用人单位签订就业协议，是双方遵循平等自愿、协商一致原则而达成的协议，双方均有遵守的义务。如果用人单位一方不能按照协议的内容履行，或者打折扣，毕业生有追究用人单位违约责任的权利。

二、大学生就业权益的保护

在就业形势日益严峻的当下，一些残障大学毕业生就业权益也屡受侵犯，残障毕业生如何才能真正有效地做到就业权益的自我保护，以更好地走向职场，无疑是当前残障毕业生们最关心的话题之一。毕业生就业权益保护的一个重要方面就是毕业生自我保护，而毕业生自我保护重在预防，防患于未然，同时学会当权益受到侵害时合理使用法律武器。大学生就业权益的自我保护主要体现在以下几个方面：

1. 增强自我保护的意识

首先，要端正求职心态，防止急躁情绪。激烈的就业竞争往往会使毕业生产生盲目、焦急和浮躁等不良心态，这就给了一些不法单位和机构以可乘之机，诱骗了不少毕业生。因此，毕业生要调整情绪，保持平稳心态，在求职前做好心理准备，防止因轻信而上当受骗。其次，对用人单位进行全面深入的了解，未雨绸缪。毕业生对用人单位有择业知情权，签约前，毕业生应通过多种途径多方了解用人单位的各方面情况，最好能够实地考察一下，以做到心中有数。最后，慎签就业协议和劳动合同，不可盲目草率。仔细阅读协议和合同的各项条款，明确双方的权利和义务，不留漏洞，以免日后产生纠纷。

2. 提高法律意识

毕业生要用法律手段维护自己的权益，就必须学习掌握与就业有关的法律法规，提高法律意识，当自己权益遭受侵害时，能够积极运用法律的武器，力争自己的合法权益。尤其是在签订就业协议、订立劳动合同和试用期这些用人单位容易钻空子的环节上，切记要按法律程序进行。

3. 树立契约意识

毕业生与用人单位签订的就业协议是确立双方当事人之间劳动关系的一种契约，具有法律效力。毕业生在签约时要具备契约意识：一方面通过协议保护自己的合法权益；另一方面必须严格遵守就业协议，积极履行协议内容，未经对方同意是不得擅自毁约、违约的，否则就要承担法律责任。

4. 增强维权意识

毕业生不但要明确自己在就业过程中享有哪些权利，还要具有强烈的维权意识，当权益受侵犯时，要敢于拿起法律武器据理力争，而不是选择忍气吞声，不了了之。只有这样，才能真正使自己处在与用人单位平等的地位，自己的合法权益才能得到切实的保障。

三、大学生就业相关法律法规

残障毕业生作为一个特殊的群体，应更了解目前国家关于毕业生就业的有关方针、政策和规范以及它们之间的关系，熟悉毕业生在就业过程中的权利和义务，这是残障毕业生权益自我保护的前提。一旦在求职应聘、签订就业协议和劳动合同的过程中发现有权益受到侵害的现象时，能够积极运用法律武器，争取和维护自己的合法权益。主要的法律、法规有《劳动法》《劳动合同法》《就业促进法》《劳动争议调解仲裁法》《普通高等学校毕业生就业工作暂行规定》等。

（一）《劳动法》

《劳动法》于1994年7月5日经第八届全国人民代表大会常务委员会第八次会议通过，自1995年1月1日起施行。它根据宪法制定，目的是"为了保护劳动者的合法权益，调整劳动关系，建立和维护适应社会主义市场经济的劳动制度，促进经济发展和社会进步"。适用的范围是：在中华人民共和国境内的企业、个体经济组织和与之形成劳动关系的劳动者，国家机关、事业组织、社会团体和与之建立劳动合同关系的劳动者。内容包括：劳动者的基本权利和义务、促进就业、劳动合同和集体合同、工作时间和休息休假、工资、劳动安全卫生、女职工和未成年工特殊保护、职业培训、社会保险和福利、劳动争议、监督检查、法律责任。

毕业生应着重了解《劳动法》中关于劳动者应享有的各项权利：平等就业和选择职业的权利、取得劳动报酬的权利、休息休假的权利、获得劳动安全卫生保护的权利、接受职业技能培训的权利、享受社会保险和福利的权利、提请劳动争议处理的权利以及法律规定的其他权利。毕业生还应当明确："劳动者应当完成劳动任务，提高职业技能，执行劳动安全卫生规程，遵守劳动纪律和职业道德。""用人单位应当依法建立和完善规章制度，保障劳动者享有劳动权利和履行劳动义务。"

（二）《劳动合同法》

《劳动合同法》于2007年6月29日经第十届全国人民代表大会常务委员会第二十八次会议通过，自2008年1月1日起施行。《劳动合同法》从劳动合同的订立、履行、变更、解除到终止，明确了劳动合同双方当事人的权利和义务，重在对劳动者合法权益的保护，被誉为劳动者的"保护伞"，为构建与发展和谐稳定的劳动关系提供法律保障。作为我国劳动保障法制建设进程中的一个重要里程碑，《劳动合同法》的颁布实施有着深远的意义。《劳动法》与《劳动合同法》都是为了保护合法的劳动关系和双方的合法利益而制订的法律，《劳动合同法》是《劳动法》的特别法，在关于劳动合同的问题上，优先适用《劳动合同法》。《劳动合同法》突出了以下内容：一是立法宗旨非常明确，就是为了保护劳动者的合法权益，强化劳动关系，构建和发展和谐稳定的劳动关系；二是解决目前比较突出的用人单位与劳动者不订立劳动合同的问题；三是解决合同短期化问题。

试用期是用人单位与劳动者建立劳动关系后为相互了解、相互选择而约定的考察期，是毕业生工作的第一个阶段，也是和用人单位最容易出现纠纷的阶段。《劳动合同法》第十九条对试用期劳动者的权益保护进行了明确规定："劳动合同期限三个月以上不满一年的，试用期不得超过一个月；劳动合同期限一年以上不满三年的，试用期不得超过二个月；三年以上固定期限和无固定期限的劳动合同，试用期不得超过六个月。同一用人单位与同一劳动者只能约定一次试用期。以完成一定工作任务为期限的劳动合同或者劳动合同期限不满三个月的，不得约定试用期。试用期包含在劳动合同期限内。劳动合同仅约定试用期的，试用期不成立，该期限为劳动合同期限。"第二十条限定了试用期最低工资水平："劳动者在试用期的工资不得低于本单位相同岗位最低档工资或者劳动合同约定工资的百分之八十，并不得低于用人单位所在地的最低工资标准。"第三十七条明确毕业生可以在试用期内提出解除劳动合同："劳动者在试用期内提前三日通知用人单位，可以解除劳动合同。"有些用人单位在劳动合同中约定劳动者在试用期解除合同需承担违约责任，这实际上是侵害劳动者合法权利的行为。第四十条规定毕业生如果在试用期患上疾病不能坚持正常工作的，用人单位不能随意将其辞退："劳动者患病或者非因工负伤，在规定的医疗期满后不能从事原工作，也不能从事由用人单位另行安排的工作的，用人单位提前三十日以书面形式通知劳动者本人或者额外支付劳动者一个月工资后，可以解除劳动合同。"

（三）《就业促进法》

《就业促进法》于2007年8月30日经第十届全国人民代表大会常务委员会第二十九次会议通过，自2008年1月1日起施行。制定的目的是为了促进就业，促进经济发展与扩大就业相协调，促进社会和谐稳定。人们普遍关心的禁止就业歧视、扶助困难群体、规范就业服务和管理等就业问题在这部法律中都有体现。

毕业生在就业中常常遭遇就业不平等、就业歧视等问题，《就业促进法》给毕业生提供了明确的法律依据，应引起毕业生的特别关注。《就业促进法》第二十五条规定，"各级人民政府创造公平就业的环境，消除就业歧视，制定政策并采取措施对就业困难人员给予扶持和援助。"这一条对用人单位实施就业歧视的行为进行了明确否定。第二十六条规定，"用人单位招用人员、职业中介机构从事职业中介活动，应当向劳动者提供平等的就业机会和公平的就业条件，不得实施就业歧视。"这一条规范了用人单位和职业中介机构的招聘和职业中介行为。此外，对于保障妇女、少数民族、残疾人、传染病患者等劳动权利都做了明确规定。第二十七条规定，"国家保障妇女享有与男子平等的劳动权利。用人单位招用人员，除国家规定的不适合妇女的工种或者岗位外，不得以性别为由拒绝录用妇女或者提高对妇女的录用标准。用人单位录用女职工，不得在劳动合同中规定限制女职工结婚、生育的内容。"第二十八条规定，"各民族劳动者享有平等的劳动权利。用人单位招用人员，应当依法对少数民族劳动者给予适当照顾。" 第二十九条规定，"国家保障残疾人的劳动权利。各级人民政府应当对残疾人就业统筹规划，为残疾人创造就业条件。用人单位招用人员，不得歧视残疾人。" 第三十条规定，"用人单位招用人员，不得以是传染病病原携带者为由拒绝录用。"目前，社会上就业歧视现象仍屡见不鲜，用人单位违反《就业促进法》实施就业歧视的，毕业生可以向人民法院提起诉讼，以维护自己平等就业的权利。

（四）《全国普通高等学校毕业生就业协议书》

《全国普通高等学校毕业生就业协议书》，简称"就业协议书"或者"三方协议"。一般由教育部或各省、市、自治区就业主管部门统一制表。

1. 就业协议的性质与作用

就业协议是为明确毕业生、用人单位、毕业生所在学校三方在毕业生就业工作中的权利和义务，经协商签订的协议，是明确毕业生、用人单位、学校三方在毕业生就业工作中权利和义务的书面表现形式。每位毕业生各拥有唯一编号协议书（一式三份），实行编号管理。每人一个编号，本协议一式三份，分别由甲方、乙方和学校就业工作部门留存，复印无效。

为了减少用人单位和毕业生在双向选择过程中的随意性，给制定就业计划带来混乱，毕业生与用人单位达成就业意向后必须签订"就业协议"。这个协议具有以下作用：

（1）就业协议是一种文字契约，确定了甲乙双方的聘用关系，毕业生不得另找单位，学校按协议派遣后，用人单位不得拒收毕业生。

（2）就业协议经学校和地方就业主管部门签署意见后，具有一定的行政约束力，聘用双方不得任意违约。

（3）就业协议是学校和地方就业主管部门制定就业建议计划的基本依据，从而保证就业计划的落实和实施。

（4）就业协议由学校作为见证方，有利于保护毕业生的合法权益。

（5）就业协议毕业生实现自我保护的基本依据。一旦发生劳动纠纷，没有就业协议的员工只能任凭单位宰割。

（6）就业协议也是学校派遣毕业生的依据，在学生毕业离校前，学校将根据协议书的内容开具毕业生就业报到证和户口迁移证，同时转递学生档案。不签订就业协议书，不能算是国家正式派遣的毕业生。学校不能为毕业生办理派遣手续，毕业生也没有派遣报到证。报到证是高校毕业生就业的基本凭证，它和学生的学位证、毕业证，被称为是学生就业的必备三证。

（7）不签协议的毕业生，目前人事部门认为是缓派人员，不能调动档案和户口，这样势必影响毕业生工龄的计算、职称的评定、社会保险及其他社会福利。

（8）正式毕业离校后仍然不签订就业协议的毕业生，将被派回原籍参加所谓的二次分配，原则上只能在本市或本县就业。这样势必影响毕业生的发展。

2.高校毕业生就业协议书的主要内容

（1）高校毕业生基本情况。毕业生应在协议书中向用人单位如实注明自己的情况，包括姓名、性别、身份证号、专业、学制、毕业时间、学历、联系方式等，表明自己的就业意见。

（2）用人单位基本情况。用人单位要如实介绍本单位情况，包括单位名称、组织机构代码、单位性质、联系人及联系方式、档案接收地等，用人单位明确对毕业生的要求及使用意图。

（3）学校意见。学校要如实向用人单位介绍毕业生情况，做好推荐工作，用人单位同意录用后，经学校审核，报主管部门批准，学校负责办理毕业生就业派遣手续。

（4）履约的要求。各方应严格履行协议，任何一方若违反协议，应承担违约责任。

（5）其他补充协议。其他补充协议是毕业生最容易忽略的地方。其实，就业协议的条款往往是一些原则性规定,对于毕业生和用人单位之间的具体劳动关系是难以完全加以规范的。毕业生最好在与用人单位充分沟通的前提下,对就业协议的一些关键性细则在补充协议里加以标注,这样做是对自己和单位负责的表现。

就业协议书是高校毕业生与用人单位订立的确立劳动关系的协议,实质上是劳动合同的一种特殊表现形式。求职最终签署的合约具有法律效力,因此签约一定要慎重,同时协议书的填写更加不可忽视。毕业生就业协议一经协议各方签约,即具有法律效力,必须认真履行,不得随意毁约。此外,双方中有一方要变动协议,须提前一个月征得对方的同意,否则按违约处理。协议解除必须经过各方协商达成一致意见,才可办理就业报到证改签。

3. 就业协议书与劳动合同的关系

(1) 就业协议书的特征。就业协议书具有合同的属性,具有如下特征:

①双方当事人意思表示必须相一致。该协议是毕业生和用人单位双方的民事法律行为,必须双方当事人意思表示相一致才能成立。只有一方当事人的意思表示,或者双方当事人都有意思表示,但相互之间意思表示的内容不一致,协议都不能成立。

②协议双方当事人法律地位平等。该协议的双方当事人,一方是毕业生,另一方不论是行政事业单位还是其他任何单位,毕业生和用人单位的法律地位一律平等,双方没有上下和高低之分。

③协议应具体明确双方当事人的权利和义务。该协议是双方当事人为确立一定的民事权利义务关系而订立的。因此,不发生任何法律后果、不涉及当事人之间权利义务的协议是没有法律意义的。

④协议是具有法律效力的行为。该协议既然是双方当事人依法达成的,就会产生相应的法律后果,因而对双方当事人都具有法律约束力,同时也得到国家法律的承认与保护。因此,双方当事人必须认真、严格地履行各自应承担的义务。

(2) 就业协议书具有合同的区别。就业协议是高校毕业生与用人单位确立劳动关系,明确双方在毕业生就业工作中权利和义务的协议。教育部颁布的《普通高等学校毕业生就业工作暂行规定》要求:"经供需见面和双向选择后,毕业生、用人单位和高等学校应当签订毕业生就业协议书,作为指定就业计划和派遣的依据。"

劳动合同是劳动者与用人单位确立劳动关系,明确双方权利和义务关系的协议。《劳动法》规定，建立劳动关系应当订立劳动合同。

①适用的法律、法规不同。劳动合同适用《劳动法》《劳动合同法》及劳动人事部门颁布的有关劳动人事方面的规章。就业协议使用教育部颁布的《普通高等学校毕业生就业工作暂行规定》和有关政策。

②适用主体不同。劳动合同是劳动者与用人单位之间确立劳动关系的协议，只要双方当事人协商一致，符合法律和政策法规，无欺诈、胁迫等手段，经双方签字盖章，合同即生效。就业协议目前除毕业生与用人单位双方签字、盖章外，尚需学校和鉴证机关（人事部门）参与。

③内容不同。劳动合同的内容依据《劳动合同法》规定比较详细。就业协议的条款比较简单，主要是毕业生如实向用人单位介绍自己情况，愿意在规定期限内到用人单位报道，用人单位如实向毕业生介绍本单位情况，同意录用该毕业生等，另外还有一些简单条款。

④适用的人员不同。劳动合同可以适用于各类人员。凡是中华人民共和国公民只要有劳动能力并符合法律规定的条件，经过供需见面，双向选择，一经录用都可以与用人单位签订劳动合同。就业协议只适用于高校毕业生、毕业研究生。

⑤签订时间不同。一般来说就业协议签订在前，劳动合同订立在后。就业协议是毕业生在找工作过程中，落实用人单位后签订的，就业协议的签订在学生离校前。

虽然说就业协议具有劳动合同的部分特征，但不能等同于劳动合同。劳动合同是毕业生到用人单位报到后订立的。如果毕业生与用人单位在工资待遇、住房等方面有事先约定，可在就业协议的约定条款中注明，附后补充，日后订立劳动合同时对此内容应予以认可。《毕业生就业协议书》作为一份简单的格式文本，很多如工作岗位、工作条件等劳动合同必备条款并不在其中直接体现。因此，单凭就业协议，毕业生就业后的劳动权利无法得到全面的具体保障。尽管2005年新制定的《毕业生就业协议书》做出了某些限定，即毕业生到用人单位报到后最长不超过一个月，双方应订立《劳动合同》。但很多毕业生对二者的法律地位不太清楚。

从法律角度看，虽然《毕业生就业协议书》与《劳动合同》二者一经签订都具备法律效力，无论是毕业生还是用人单位都应当履行约定。但毕竟《毕业生就业协议书》仅仅是毕业生与用人单位双方进一步确立劳动关系的前提。从内容上看，就业协议中所规定的条款大多是些框架性内容，毕业生与用人单位的有关劳动权利和义务的具体内容还有待于双方在《劳动合同》中详细约定。因此，如果毕业生在报到后与用人单位始终未能签订《劳动合同》，双方一旦发生纠纷，由于举证不能等方面的原因，即使毕业生主张权利，法律最终也很难保护其合法权益不受侵害。根据《劳动合同条例》的有关规定，《劳动合同》是劳动者与用人单位确立劳动关系、明确双方权利和义务的协议，应当以书面形式订立。在应当订立《劳动合同》的情况下，如果用人单位以种种借口不与毕业生订立《劳动合同》，毕业生完全可以拿起法律武器保护自己的合法权利。

4. 就业协议书签订流程

毕业生持学校下发的推荐表，参与双向选择活动。单位确定后，毕业生凭推荐表或单位接收函换取《全国普通高等学校毕业生就业协议书》，协议一律以原件为准，复印无效。

签订毕业生三方协议书的基本流程如下：

（1）毕业生获得用人单位的书面接收函。

（2）毕业生到所在学校领取一式三份的《全国普通高等学校毕业生就业协议书》。

（3）毕业生与用人单位签署就业协议，并在就业协议书上签名盖章，用人单位应在协议书上注明可以接收毕业生档案的名称和地址，并由可接收毕业生档案的用人单位上级主管部门或人才中心盖章。

（4）毕业生到所在学校签署就业协议。

（5）学校签署完就业协议书以后，学校、用人单位、毕业生本人各留一份就业协议，毕业生本人把用人单位应持的一份协议书转交用人单位。

《毕业生就业协议书》是毕业生和用人单位关于将来就业意向的初步约定，对于双方的基本条件以及即将签订劳动合同的部分基本内容大体认可，并经用人单位的上级主管部门和高校就业部门同意、见证，一经毕业生、用人单位、高校、用人单位主管部门签字盖章，即具有一定的法律效力，也是编制毕业生就业方案和将来可能发生违约情况时的判断依据。

毕业生必须亲自前往用人单位当面签约盖章，相关条款的内容最好当面协商并且在双方在场的情况下填写。如果一定要将协议书寄去或由用人单位带回去签，则应先将事先约定的内容用文字的形式在协议书上明确下来。

按程序，学校的签证登记必须放在最后进行。学校的签证对用人单位和毕业生的签约行为起到一定的审核作用，可以较好地防止侵害对方事件的发生。由学校作最后把关，更有利于维护毕业生合法利益，其意义还在于确认签约手续是否完备，否则由于手续不完备等原因，上报就业方案不能通过，或学校派遣后到用人单位无法报到，都会对毕业生顺利就业造成影响。

5. 就业协议的解除

就业协议的解除分为单方解除和三方解除。

（1）单方解除。包括单方擅自解除和单方依法或依协议解除。单方擅自解除协议属违约行为，解约方应对另两方承担违约责任。单方依法或依协议解除，是指一方解除就业协议有法律上或协议上有依据，如毕业生未取得毕业资格，用人单位有权单方解除就业协议；毕业生录取研究生后，依协议规定可解除就业协议；或毕业生未通过用人单位所在地组织的公务员考试，用人单位有权解除协议。此类单方解除就业协议情况，解除方无须对另两方承担法律责任。

（2）三方解除。三方解除是指毕业生、用人单位、学校三方经协商一致，取消原订立的协议，使协议不发生法律效力。此类解除因是三方当事人真实意思表示一致的体现，三方均不承担法律责任，三方解除应在就业计划上报主管部门之前进行，如就业派遣计划下达后三方解除，还须经主管部门批准办理调整改派。

6. 就业协议的违约及违约责任

就业协议书一经毕业生、用人单位签署即具有法律效力，任何一方不得擅自解除，否则违约方应向权利受损方支付协议条款所规定的违约金。从实际情况来看，就业违约多为毕业生违约。

毕业生违约，除本人应承担违约责任，支付违约金外，往往还会造成其他不良的后果，主要表现在以下几个方面。

（1）就用人单位而言，用人单位往往为录用一毕业生做了大量的工作，有的甚至对毕业生将要从事的具体工作也有所安排。同时毕业生就业工作时间相对比较集中，一旦毕业生因某种原因违约，势必使用人单位的录用工作付之东流，用人单位若另起炉灶，选择其他毕业生，在时间上也不允许，从而给用人单位工作造成被动。

（2）就学校而言，用人单位往往将毕业生违约行为认为是学校的行为，从而影响学校和用人单位的长期合作关系。用人单位由于毕业生存在违约现象，而对学校的推荐工作表示怀疑。从历年上情况来看，一旦毕业生违约，该用人单位在几年之内不愿到学校来挑选毕业生。面对激烈的就业竞争，用人单位需求就是毕业生择业成功的前提，如此下去，必定影响今后学校的毕业生就业工作。同时影响学校就业计划方案的制定和上报，并影响学校的正常派遣工作。

（3）就其他毕业生而言，用人单位到校挑选毕业生，一旦与某毕业生签订就业协议，就不可能再录用其他毕业生。若日后该毕业生违约，有些当初希望到该用人单位工作的其他毕业生由于录用时间等原因，也无法补缺，造成就业信息的浪费，影响其他毕业生就业。因此，毕业生在就业过程应慎重选择，认真履约。

四、防范就业陷阱

大学生就业竞争日趋激烈，就业压力日渐加大，加之残障大学生对社会的了解甚少，不熟悉就业政策，一些招聘单位、中介机构或个人，利用残障大学生社会经验不足、自我保护意识差、求职心切等弱点，以提供就业机会为诱饵，采用违背道德、违反法律等手段，与残障大学生达成权利与义务不对等的就业意向或协议，使残障大学生受骗上当，合法权益受到侵害。因此，广大残障毕业生在求职过程中应当学会识别和规避各种就业陷阱，增强自我保护意识，了解和掌握维权求助的途径，最终实现自己的权益保护。

（一）就业陷阱及其特征

1. 就业陷阱

就业陷阱，是指在就业过程中，用人单位借工作机会和拥有信息的有利条件，以发布虚假、夸大或模糊的招聘信息为手段，以牟利或者其他意图为目的的招聘，或违反求职者个人意愿使其额外支付财物或诱骗求职者进行违背法律道德的行为等情况。

2. 就业陷阱的特征

（1）欺骗性。欺骗性主要表现在用人单位以虚假宣传、不实承诺来取得求职大学生的良好期望，以此提高招聘条件，隐藏各种不法目的。

（2）诱惑性。就业陷阱的诱惑性主要表现在不法单位用高工资、高待遇来吸引求职大学生的注意力。例如，某单位承诺待遇有多高多高，但求职者入职后却告诉他待遇里边包括的"五险一金"、食宿费等，是工资的总值。

（3）违法性。就业陷阱的违法性，主要表现在违反《劳动合同法》，有的甚至违反了《刑法》。例如，用人单位想留住人才，而在招聘之时采用比较隐晦的手段扣押学生的身份证、毕业证书等证件，当学生有了其他好的工作选择时，欲走难行。这就违反了《劳动合同法》第九条之规定："用人单位招用劳动者，不得扣押劳动者的居民身份证和其他证件。"就业陷阱的悖德性，主要表现在利用社会对学生的认同和信任，诱骗学生从事推销劣质产品等，有悖社会公德，甚至走上违法犯罪道路。

（4）隐蔽性。所谓隐蔽性，是指用人单位或个人在招聘信息中用词多含歧义，用十分华丽的诱人说辞，听起来入情入理，面面俱到，句句都令人心动，其实处处布下陷阱，让求职大学生感觉是有利的，涉世不深的大学生十分单纯，难辨真伪，但他们自己解释时又完全变得不利于求职者。

（5）多面性。多面性是指就业信息的发布单位功能强大，往往表现为用同样的地址和电话注册多个公司，或一个公司业务涉及多个领域。如某公司，在他们的招聘信息中涉及航空、建筑、医疗、保险等业务，这就有可能是一家"问题公司"，求职毕业生应提高警惕。

（二）就业陷阱的种类

1. 费用陷阱

一些用人单位在招聘中向残障毕业生收取各种名目繁多的费用，不但加重了残障毕业生的负担，有些根本就是骗取钱财。这些费用有风险抵押金、报名费、培训费、考试费、资料费、登记费、服装费等。有些毕业生不想错过机会，尝试着先把费用交了，但结果却是受骗上当。

我国《劳动力市场管理规定》第十条规定：禁止用人单位招用人员时有下列行为：向求职者收取招聘费用；向被录用人员收取保证金或抵押金；扣押被录用人员的身份证等证件；以招用人员为名牟取不正当利益或进行其他违法活动。

2. 高薪陷阱

求职中，残障毕业生往往容易被优厚的待遇、高额的工资所吸引，但等到正式开始工作时才发现，用人单位以各种各样的理由和借口不予兑现招聘时作出的承诺，或是用人单位对薪水中的不确定收入部分给予的是虚假或模糊的承诺，最终不能兑现。针对这种情况，毕业生一定要在求职时对用人单位做深入了解，重在预防，不要盲目签约。

3. 试用期陷阱

试用期陷阱主要有以下几种形式：

（1）试用期间只试用不录用，毕业生辛辛苦苦熬到试用期满时，用人单位随意找个理由就把毕业生辞退了。

（2）试用期不签订劳动合同，试用合格后才签劳动合同。法律规定，劳动合同可以约定试用期，试用期应当包含在劳动合同期限内。因此，毕业生在被用人单位录用后就应该订立劳动合同，双方在法律、法规允许的范围内约定试用期。

（3）随意延长试用期，《劳动合同法》对试用期限有明确规定，有些单位却拒不执行。

（4）故意混淆试用期与实习期、见习期的概念，以达到侵犯毕业生合法权益的目的。实习期是在校大学生到单位进行实践活动的时间，属于教学过程的一部分。见习期是对应届毕业生进行业务适应及考核的一种制度，不是劳动合同制度下的概念，而是人事制度下的做法。

（5）榨取廉价劳动力，支付低工资甚至不支付工资。

（6）单独签订试用期合同，试用期结束时，用人单位将毕业生辞退，同时又以劳动合同没有生效为由，逃避责任。

4. 合同陷阱

现实生活中，有些用人单位在与残障毕业生签订劳动合同时采用欺诈、胁迫等手段设置陷阱，严重侵害了毕业生的合法权益。合同陷阱一般有以下几种形式：

（1）口头合同，用人单位与毕业生就责、权、利达成口头约定，不签订书面正式文本。

（2）单方合同，用人单位在劳动合同里只约定毕业生的义务和用人单位的权利，而对毕业生的权利和用人单位的义务却很少甚至是根本不提。

（3）生死合同，一些高危行业的用人单位会要求毕业生接受合同中的"生死协议"，即一旦发生意外，企业不承担任何责任。

（4）真假两份合同，假合同内容按照劳动部门的要求签订，以应付有关部门的检查，真合同往往是从用人单位利益出发的违法合同。

（5）格式合同，用人单位采用的是根据劳动部门制定的合同示范文本打印的聘用合同，从表面上好像看不出有什么问题，但具体文字却表述不清，甚至可以有多种解释。

除以上陷阱外，还有遭遇黑中介，被用人单位当作廉价劳动力无故克扣工资及不缴纳社会保险费（养老保险、医疗保险、失业保险、工伤保险、生育保险），被骗取劳动成果，陷入传销骗局，被网络虚假招聘信息蒙蔽等诸多陷阱，都在提示着毕业生求职路上一定要提高警惕，擦亮眼睛，绕过陷阱，最终实现顺利就业。

（三）防范就业陷阱

在充分认清就业陷阱的基础上，如何防范就业陷阱便显得易如反掌了。对于这些就业陷阱，只要残障大学生提高自己的警惕性，增加相关知识的了解程度，就可以在求职过程中避免踏入就业陷阱，提高就业的成功率。

1. 学校层面

（1）加强就业政策宣传教育。学校就业部门要及时对残障毕业生进行就业形势教育，让残障毕业生认清当前的就业形势，了解国家最新的就业政策，特别是残疾人就业政策，培养多次就业意识和创业精神。例如，让学生了解国家确立的"劳动者自主就业，市场调节就业、政府促进就业"方针，千方百计增加就业扩大就业规模的政策，同时也要让残障学生认识到自身就业的局限性，帮助残障学生树立正确的择业观和创业观，培养残障学生创业思想和创业能力，鼓励学生勇于创业。

（2）加强就业指导针对性。学校的就业指导部门要把国家就业政策及时地告知残障毕业生，把引导毕业生面向基层、面向西部就业与国家西部开发的建设结合起来，与对残障毕业生职业生涯规划教育和人生目标规划教育结合起来，提高就业指导的针对性，不能笼统地号召，空洞地鼓吹。

（3）多向学生介绍防范就业陷阱的知识。刚毕业的残障大学生的社会阅历较浅，再说还有一种"初生牛犊不怕虎"的闯劲和"天之骄子"的傲气，他们对于在就业过程中可能会出现的陷阱不能及时识别。学校应该针对就业陷阱的类型进行相关的防范教育，教会残障学生从国家、政府、学校或正规的人才交流市场获取就业信息，不要相信小广告和流动招聘者。教会残障学生学会根据实际情况辨别工资的可信度，对于公司资质的描述要多问几个为什么，还可以通过工商部门电话、网站等进行核实，不要轻易相信"老同学""老朋友"，不要贪图一时的虚荣和小利。

2. 学生层面

（1）端正就业心态。首先，在校期间要刻苦学习，努力掌握专业技术知识，作者备良好的就业能力，为将来的就业打下良好基层。其次，要相信"一份耕耘，一份收获"，不要随便相信高工资、高待遇、福利好、挣钱快的招聘消息，坚信不有会"天上掉馅饼"的好事，任何成功都是要经过努力后取得的。第三，要认清自己，知道自己的真实水平，不要以社会精英自诩，当不法分子以不实夸大之词或甜言蜜语向你游说时能保持清醒的头脑。

（2）不断提高法律意识。残障大学生要切实了解《劳动法》《劳动合同法》等法律的相关内容，在自己的就业过程中增加就业陷阱辨别力。另外，残障大学生要加强法律观念和维权意识，遇到权利受到侵害时能够敢于拿起法律武器来维护自身利益，不给违法分子以可乘之机。

残障学生就业难，难在残障学生对社会、对自身的了解不够，残障学生应保持一种平和、阳光的心态，充分剖析自我，增加辨别力，时刻保持高度的警惕性，防范各类就业陷阱，提高就业成功率。在此基础上更重要的是，要加强自身学习，夯实基础，提升自己的实践能力，多和老师、同学交流，为进入社会作好准备，才能识别就业陷阱，减轻就业压力，找到更称心的工作。

五、大学生维权求助的途径

残障毕业生在自己权益受到侵犯时，不要惊慌失措，更不要冲动蛮干，要懂得运用合法途径保护自己的权益。掌握合法的维权手段是解决合法权益受损最有效的途径。一旦在实际就业中合法权益受到侵犯，应该积极寻求帮助，通过多种途径，维护自己的正当权益。

1. 依靠学校

求职当中毕业生遇到问题，权益遭受侵犯时，应首先到学校的毕业生就业主管部门寻求帮助，学校有责任和义务维护学生的利益，学校对学生的保护最为直接。学校可以制定各项措施来规范用人单位的招聘行为，还有权抵制用人单位在招聘活动中不公正甚至是违法的行为。就业协议需三方同意才生效，对不符合规定的就业协议，学校有权不同意。对于可以协商解决的问题，由学校与用人单位进行沟通，这将有助于问题的顺利解决。

2. 依靠国家行政机关

当残障毕业生权益受到侵犯时，毕业生可向各级行政主管部门举报、投诉。主要有毕业生就业主管部门、劳动局所属的劳动监察部门、物价局所属的物价监察部门、技术监督局所属的技术监督部门、工商行政管理局等。这些部门会依法对侵犯毕业生合法权益的行为进行抵制和处理。

3. 借助新闻媒体

残障毕业生可以借助报纸、电视、网络等新闻媒体的力量，对自己遭受的权益受侵行为进行披露、报道，能够引起社会的关注和相关部门的重视，充分发挥新闻媒体的舆论监督作用，从而促进问题的快速、有效解决。

4. 寻求法律援助

法律援助是指由政府设立的法律援助机构组织法律援助人员，为经济困难或特殊案件的人员给予减免收费提供法律服务的一项法律保障制度。法律援助是一项扶助贫弱、保障社会弱势群体合法权益的社会公益事业，毕业生遇到就业问题时也可以到当地的法律援助中心寻求法律帮助，主要形式有：刑事辩护和刑事代理；民事、行政诉讼代理；非诉讼法律事务代理；公证证明；法律咨询、代拟法律文书；其他形式的法律服务等。

5. 依靠司法机关

我国的《民法通则》《民事诉讼法》《劳动法》《行政诉讼法》《刑事诉讼法》《治安管理处罚条例》等法律、法规明确规定，被害人有权对侵犯其人身、财产权利的犯罪事实或犯罪嫌疑人，向公安机关、人民检察院或人民法院报案或提起诉讼。毕业生可在切身利益受到侵犯时，依靠司法机关保护自己的合法权益。

【实践训练】

模拟面试

模拟面试通过为求职者安排仿真的面试现场、正规的面试流程，让求职者亲身感受面试的全过程。模拟面试的整个过程力求达到真实面试的效果，面试结束后，面试官会现场为求职者分析其面试表现，并提出改进建议。

模拟面试分为现场互动形式和个人训练形式。

现场互动形式的组成多为一对多形式，（学校）单位聘请到知名人力资源工作者对模拟应聘者进行模拟面试。模拟应聘者通过"投递简历"、院系推荐等程序得到"面试机会"，经过仿真的面试问答，使参与者体会到面试的氛围并找到自己面试的弱点，有机会的话还可以通过模拟练习加以提高。

个人训练形式是最原始的训练方式，也是最有效的训练形式。

根据条件，模拟应聘者可以选择如下自主训练方式：

同学之间互相扮演面试官和求职者角色，相互付出劳动，相互学习，可以反复联系。

面对镜子的自我训练。面试也是个人演讲与口才的集中表达方式，除了对问题的理解以外，表达是否流畅，语气、表情是否自然，通过自己看到真实的自我，反复矫正训练。

通过录像加以训练。有条件的求职者，可以将自己面试模拟的视音频全部录制下来，反复观看，加以矫正和训练，类似于学习英语的复读机一样，反复训练。

【重要术语】

个人简历　毕业生推荐表　求职信　面试、笔试　就业心理压力　就业权利　《劳动法》《劳动合同法》《就业促进法》《全国普通高等学校毕业生就业协议书》　求职陷阱

【本章小结】

1. 重点

（1）求职自荐材料准备。

（2）面试与笔试。

2. 难点

（1）成功撰写简历与应对面试。

（2）就业协议与劳动合同的关系。

（3）积极心态应对择业挫折。

【问题与思考】

（1）大学生就业需要准备哪些自荐材料？

（2）就业面试有哪些技巧？

（3）作为当代大学生，怎样保护自己的就业权利？

（4）就业协议与劳动合同是否具有相同的法律效力？

（5）结合自己特点，制作一份有特色的个人简历。

（6）对照大学生就业心理问题，对自我进行分析，并做出改进方案。

【推荐阅读】

（1）李如海. 面试案例[M]. 北京：中国人民大学出版社，2011.

（2）刘毅. 找工作要懂点心理学[M]. 北京：中国时代经济出版社，2011.

（3）宋专茂. 大学生就业心理辅导[M]. 北京：高等教育出版社，2008.

（4）王玮，汪洋. 明天的工作在哪里：大学就业指导与心理调适[M]. 北京：中国宇航出版社，2014.

（5）国务院法制办公室. 中华人民共和国劳动法（实用版）（2013最新版）[M]. 北京：中国法制出版社，2013.

（6）国务院法制办公室. 中华人民共和国劳动合同法（实用版）[M]. 北京：中国法制出版社，2014.

（7）法律出版社法规中心.中华人民共和国就业促进法（注释本）[M].北京：法律出版社，2008.

（8）中国法制出版社.劳动争议调解仲裁法（实用版）（最新版）[M].北京：中国法制出版社，2014.

（9）刘远景.实习就业维权指南[M].北京：电子工业出版社，2013.

（10）天健.职场雷人的101个陷阱[M].北京：中国华侨出版社，2010.

【参考文献】

[1] 高桥.大学生就业指导[M].北京：清华大学出版社，2006.

[2] 高桥，葛海燕.大学生就业指导[M].北京：清华大学出版社，2009.

[3] Online.http：//www.eol.cn/zt/201301/xinlizhidao/.

[4] Online.http：//job.cnrmc.com/html/Article/article-newsid-9075.html.

[5] Online.http：//career.eol.cn/kuai_xun_4343/20140423/t20140423_1103074.shtml.

[6] Online.http：//yjbys.com/baodian/2010/77254.html.

[7] Online.http：//roll.sohu.com/20131231/n392729649.shtml.

[8] Online.http：//ff54.nbu.edu.cn/n143c5.aspx.

第七章　残障大学生自主创业指导

残疾人自主创业是指残疾人劳动者通过自主创办生产服务项目、企业或从事个体经营实现市场就业的重要形式。残障大学生通过自己掌握的知识，运用自己的智慧和勤劳的双手通过自主创业，在实现自身就业的同时，吸纳带动更多的残疾人朋友就业，从而实现自身的社会价值。但是创业是对传统就业观念的一种挑战，是毕业生流向社会的一个全新的、更高层次的就业方式。这一新的就业模式对人才成长、社会的贡献，尤其是可以直接为大学生创造更多的就业机会，为了顺利创业，大学生在校期间应做好创业能力、素质的准备。

【学习与行为目标】

(1) 认知创业精神培养在职业发展中的作用。
(2) 了解大学生创业环境和政策。
(3) 明确创业者素质要求。
(4) 了解创业过程。
(5) 知道创业计划书主要内容。

【案例引导】

他还没有毕业，公司就开始盈利了

葛某某是北京联合大学2013届音乐表演专业毕业生，2012年10月进入毕业班的他开始筹划自己开公司的事情，2013年3月办下了营业执照，开始经营自己的公司，5月份就开始盈利了。

葛某某是北京联合大学音乐表演专业2010级学生，是北京联合大学残疾人艺术团成员，特殊教育学院创业就业协会（社团）会员。2010年10月对创业产生浓厚兴趣；2010年11月组成乐队小组，利用业余时间外出演出；2011年2月加入北京联合大学残疾人艺术团；2011年7月—9月，到某一钢琴城打工，打工期间十分用心，了解了钢琴城运营模式、钢琴销售市场情况，并对国内外钢琴品牌、销量、销售价格、企业利润等进行了一线调研，也接触了很多购买钢琴的学生家长，了解了他们的想法。2011年9月经过暑假在钢琴城打工的他想了很多，立志将来要有自己的钢琴城，毕业要自己创业的想法；2011年10月参加了创业就业协会（社团），积极参加协会组织的各项活动，积累创业知识和经验，开阔了视野，锻炼了创业能力。就这样又经过了一年的知识积累和历练，2012年10月开始筹划自己开办公司。在就业老师的指导下撰写了以钢琴销售和培训教学为主营业务的创业项目计划书，并于2012年12月和2013年5月分别参加了院级、校级创业计划大赛，获得校级创业计划二等奖，同时在老家甘肃进行公司的注册登记，办好了营业执照。2013年3月公司开始营业，五一过后就开始盈利了。

点评：

随着我国社会经济的高速发展，当代大学生们不单单只着眼于毕业出去找工作这一条发展道路了，有些大学生开始走出校园去创造自己的事业。大学生创业已经成为比较普遍的现象了。但是创业成功的大门是向着有准备的人敞开的。葛某某同学在大一、大二就开始了初步创业准备：去打工、去市场调研、加入职业类社团组织，积极参与创业活动，积累了不少的经验。对于在校大学生来说，能够利用的创业资源可谓比较少，有志创业者对于这些资源是要必须加以珍惜的。因此如果遇到了创业交流论坛、创业讲座、创业大赛这种机会的话，就一定要积极参加，因为这类活动不仅会让你了解到创业的有效信息、学习身边好的典范，而且还为你结识已经成功创业者提供了机会，利于积累创业经验。

第一节　创新思维与创业精神

一、创新和创新思维

1. 创新的概念

创新是一个民族进步的灵魂，是国家兴旺发达的不竭动力。迎接未来的科学技术挑战，最重要的是坚持创新，勇于创新。

创新一词最早是一位美国经济学家在20世纪初期提出来的，后来很多心理学家、经济学家都对创新这一概念有不同的解释。

那什么是创新呢？创新是指：以现有的思维模式提出有别于常规或常人思路的见解为导向，利用现有的知识和物质，在特定的环境中，本着理想化需要或为满足社会需求，而改进或创造新的事物、方法、元素、路径、环境，并能获得一定有益效果的行为。

在生产时根据人们需要考虑生产出一种新的产品，这就是一个产品创新；要采取一种新的生产方法使产品生产周期缩短或产品质量提高了，就叫工艺创新；要开辟市场，使用了新的方法和途径使产品市场更为广阔，这叫市场开拓创新；要采用新的生产要素，这叫要素创新。另外还有制度创新、管理体制创新、管理机制创新等。创新往往给人们带来可观的政治经济效益。

有时创新很简单，创新到处都有，其实创新就在我们身边。比如同学们每年都要评定奖学金，其中在综合测评中有为同学打分的环节，以前是全体同学投票互评打分，后来有人提议要班委会集体讨论给每位同学打分；再比如同学们自我管理检查早自习情况，开始时有学生会学习部专人负责检查，后来改为本班同学自查、学生会学习部每周不定时抽查，这就是制度创新。

工作和生活中会遇到很多不如意、不方便的问题，这些问题需要人们去解决，解决的好就会给人们带来方便，带来实惠，还会给个人、社会带来可观的经济效益。例如，发明楼宇电视系统专利的江南春，他在乘电梯时发现人们乘坐电梯很无聊，甚至有时会很尴尬，人和人挨在一起真可谓经常摩肩接踵的，经常让人感觉很不自在。他想到,这时哪怕有广告看看也好哇,也许在电梯里是人们真正想看广告的时候,他就发现了新的商机,发明了楼宇电视,后来公司在美国上市融资几十亿美元。再如,有这样一位美国人,他在开会时发现桌子晃动,于是喊来服务员,服务员费了很大力气才把桌子支牢。后来到餐厅吃饭时发现饭桌也不牢固、电视柜也不牢固……后来他发明了八角塑料支片架,并申请了专利。此专利使他个人获得了200亿美金的收入。这都是利用生活上的小事而产生的创新的想法。

2. 创新思维

创新思维是指以新颖独创的方法解决问题的思维过程,通过这种思维能突破常规思维的界限,以超常规甚至反常规的方法、视角去思考问题,提出与众不同的解决方案,从而产生新颖的、独到的、有社会意义的思维成果。创新思维的本质在于将创新意识的感性愿望提升到理性的探索上,实现创新活动由感性认识到理性思考的飞跃。

创新思维有很多特点。比如它有理性的、非理性的;有相同的、相异的。我们认为创新思维最大的特点是在于它的相异性、差异性、非惯性,甚至是非理性,这些特点非常突出。同样一个问题,不同的人有不同的思维。同一个问题,不同的人可能会用完全不同的思维方法,得出不同的结论,甚至相反的结论。正是因为与常人的思维的差异,世界才会不断创新,不断进步,这也是历史前进的动力。我们看下面几个案例,会得出结论,不同的思维会得出不同的结论,甚至是相反的结论。

有一个鞋业公司想打开国际销售市场,派出两名推销员前往太平洋一个岛屿国家,两个推销人员心情不错,便出发到了这个岛国,可是他们发现这个岛国人们都习惯不穿鞋子。其中一位推销员气得不得了,他气馁了,在这里没有穿鞋的,那怎么推销鞋,马上发电报回去,鞋不要运来了,在这个岛国是没有销路的,然后便订了机票返回。第二个推销员同样看到这个岛国的人们不习惯穿鞋子,却高兴得不得了,这个岛屿上的鞋的销售市场太大了,因为每一个人都不穿鞋啊,要是一个人穿一双鞋,那要销出多少双鞋出去!他马上打电报回去,赶快把鞋运过来。类似的典型案例还有很多,同样一个问题,不同的思维得出的结论是不同的。很多创新是由这种思维差异性而来的。

二、创业与创新

（一）创业与创新的关系

当今世界正在从传统工业文明向现代信息文明迈进。创业与创新是人类社会发展与进步的永恒主题。

创业是人类社会生活中一项最能体现人的主体性的社会实践活动。广义的创业概念，是指社会生活各个领域里的人们为开创新的事业所从事的社会实践活动。广义的创业突出强调的是主体在能动性的社会实践中所体现的一种特定的精神、能力和行为方式。狭义的创业是一个经济学的范畴，是指主体以创造价值和就业机会为目的的活动。创业是创业者通过发现和识别商业机会，组建一定的企业组织形式，为社会提供产品服务的经济活动，从而创造价值的过程。

创业与创新存在着必然联系。对于我们大学生而言，理解创新、学会创新、在创新中去实践，从而练就创新思维方法和理念是创业的前提条件，也是创业前的必修课。可以说创新是创业的生命线，也可以说创新是创业的发动机。创新为创业提供了原动力，也为创业并发展壮大提供了可能。

（二）企业创新内涵

一个企业要想真正地成长壮大，需要不断地创新，不断革新技术、不断改造生产工艺、不断地创新产品、不断地改进管理，使管理更科学、更高效。

1. 技术创新

技术创新是在企业生产过程中，采用新的生产技术或新的生产工艺降低生产成本，提高生产效率，可以极大提高社会生产力。如现代工业生产的大规模流水生产线，就是由原来的传统手工制作演变为大规模的机械化生产。1914年美国福特公司建立的第一个汽车装配流水线，至今已经正好一百周年了，百年之前的这次技术创新，使得福特公司汽车生产效率大大提高，奠定了该公司汽车工业的霸主地位，建立了福特公司的百年基业。

2. 产品创新

产品创新泛指一个企业为社会提供了新的产品、新的服务或开拓了新的产品服务领域。要想使一个企业长盛不衰，必须不断地更新自己的产品。只有不断地推陈出新，才能适应不断发展变化的市场需求。如电视机的生产，从1924年英国的电子工程师约翰·贝尔德发明电视机开始，产品经过从模拟到数字、有黑白到彩色、屏幕从小到大、球型到平面，每次产品的创新都会给市场以很大冲击，同时会有一批老企业产业升级、改造更新形成著名的国际品牌，但也有一批批企业倒闭破产。再如，微软公司从一个名不见经传的小科技企业，经过不断开拓、不断推出新的产品、新的产品服务发展成为世界最大的软件开发公司，占领全球的软件市场。

3. 管理创新

企业的经营管理至关重要，一个优秀企业有着独特的企业文化、有着整套的企业管理制度、经营管理模式。

企业管理创新是创造一种新的更有效的方法来整合企业内部和外部资源，从而实现既定管理目标的活动。企业管理创新是指企业的管理者不断根据市场和社会变化，利用新思维、新技术、新方法、新机制，创造一种新的更有效的资源组合模式，以适应和创造市场，促进企业管理系统综合效益的发挥，以尽可能少的投入获得尽可能多的综合效益的全过程管理。企业管理创新作为一项系统工程至少应包括管理理念创新、管理模式创新、管理组织创新、制度创新、管理技术与方法创新、企业文化创新、人力资源管理创新等。

4. 销售创新

销售创新是采用新的销售方法、销售途径、销售模式，把产品更迅捷地从企业送达到消费者手中，从而完成从生产到销售的整个过程。销售也是最终实现效益的必要的、必需的过程。但是要看到，在人类经济发展的过程中，交易手段、交易方式一直是不断变化的。从零星的物物交换到集市产生，再到商店、购物广场的出现、直销的出现，再到网络商店这种新的销售方式出现，这些都是销售方式的变革。所以企业必须在销售理念、销售方式、销售策略、销售手段上进行相应的变革与创新，以适应信息时代的要求，才能获得持续的生存和发展。

总之，要想成功创业并在创业后得到企业的持续发展，那就离不开创新。创新是企业正常运行并得以延续的润滑剂，创新也是创业成功的有效方法。不断创新、不断变革是企业不断发展、不断进步的基础，在创新的基础上创业，有利于创业的成功。

三、创业精神

（一）创业精神的含义

创业精神是指在创业者的主观世界中，那些具有开创性的思想、观念、个性、意志、作风和品质等。

创业精神有三个层面的内涵：创业思想和创业观念是哲学层次上的，是人们对于创业的理性认知；创业个性和创业意志是心理学层次上的，是人们创业的心理基础；创业作风和创业品质是行为学层次上的，是人们创业的行为模式。

这个概念最早出现于18世纪，其含义一直在不断演化。很多人仅把它等同于创办个人工商企业。但大多数经济学家认为，创业精神的含义要广泛得多。有人说创业者是指在有盈利机会的情况下自愿承担风险创业的人；有人说创业者是一个推销自己新产品的创新者；还有人认为创业者是那种将有市场需求却尚无供应的新产品和新工艺开发出来的人。但从这些描述中都能反映出创业者的某种精神和品质。

今天的大多数经济学家都认为，创业精神是在各类社会中刺激经济增长和创造就业机会的一个必要因素。在发展中国家，成功的小企业是创造就业机会、增加收入和减少贫困的主要动力。因此，政府对创业的支持是促进经济发展的一项极为重要的策略。

（二）创业精神的特征

创业精神具有以下几方面特征：

1. 综合性特征

创业精神是由多种精神特质综合作用而成的。诸如开拓创新精神、努力拼搏精神、积极进取精神、正视挫折勇于担当精神、团队合作精神等都是形成创业精神的特质精神。

2. 整体性特征

无论是创业精神的产生、形成和内化，还是创业精神的外显、展现和外化，都是由哲学层次的创业思想和创业观念，心理学层次的创业个性和创业意志，行为学层次的创业作风和创业品质三个层面所构成的整体，缺少其中任何一个层面，都无法构成创业精神。

3. 先进性特征

创业精神的最终体现就是开创新的事业，创业精神本身必然具有超越历史的先进性，想前人之不敢想、做前人之不敢做。

4. 鲜明的时代特征

由于不同时代的人们面对着不同的物质生活和精神生活条件，创业精神的物质基础和精神营养也就各不相同，创业精神的具体内涵也就不同。创业精神对创业实践有重要意义，它是创业理想产生的原动力，是开创新的事业，并不断走向成功的重要保证。

创业精神的主要含义为创新，也就是创业者通过创新的手段，将资源更有效地利用，为社会创造出新的价值。虽然创业通常是以开创新公司、新的企业的方式产生，但创业精神不一定只存在于这些新公司、新企业。一些成熟的公司、企业或其他社会组织，只要具备创新活力，不断进行管理创新、产品创新、技术创新等，依然具备创业精神。

"创业精神"是一种能够持续创新成长的生命力，可区分为个体的创业精神及组织的创业精神。所谓个体的创业精神，指的是以个人力量，在个人思想、观念引导下，从事创新活动，并进而创建一个新公司、新企业；而组织的创业精神则指在已存在的一个组织内部，以群体力量追求共同愿景，从事组织创新活动，进而使整个组织进步，整个组织的事业得到发展，最终形成品牌。

"创业"是创业者依自己的想法及努力工作来开创一个新企业，包括新公司的成立、组织中新单位的成立，以及提供新产品或新服务，以实现创业者的理想。创业者本身是一种无中生有的历程，只要创业者具备求新、求变、求发展的心态，以创造新价值的方式为新企业创造利润，那么我们就能说这一过程中充满了创业精神。

创业精神所关注的在于"是否创造新的价值"，而不在于设立新公司，因此创业管理的关键在于创业过程能否"将新事物带入现存的市场活动中"，包括新产品或服务、新的管理制度、新的流程等。创业精神指的是一种追求机会的行为，这些机会还不存在于目前资源应用的范围，但未来有可能创造资源应用的新价值。因此我们可以说，创业精神即是促成新企业形成、发展和成长的原动力。

那么创业者应该具备哪些精神呢？

（三）创业者应具备的创业精神

1. 首先要有远大的理想和雄心壮志

每一个成功的创业者都是一个绝对的梦想家。比尔·盖茨在创业之初的梦想就是让每个家庭都能用上互联网；飞机的发明源于福特兄弟"人类也能在天空中像鸟一样飞翔"的梦想……

历史上每一个伟大的企业都是起源于创业者的一个伟大的梦想。如果你想创业，就一定要先给自己确定一个具有强烈吸引力的大梦想、大目标，这个梦想一定要能让你积极奋进。

2. 坚强的意志是成功的保障

坚强的意志包括了坚持、专注以及克制诱惑的能力。很多实例证明，创业者不断坚持的精神能够解决任何问题。在管理学中有这样一句名言："创业途中如果有今天、明天、后天，大多数人往往都死在了明天晚上，而后天，太阳才会出来。"这是一种不幸和悲哀，因此，只要创业者坚持的方向是符合历史发展规律的，对人们有益的方向，坚持下去就一定会有不错的结果。拥有坚强的意志，是创业成功的有力保障。

3. 用积极心态去捕捉机会

积极的心态是创业者必须具备的精神品质。任何事物都会有两个方面，创业本身是一个机遇和挑战并存的过程，只有拥有积极的思维模式和人生态度，才能从事物的两面中汲取营养，从正反两个方面发现捕捉有利信息，从而发现更多机会。

4. 敢作敢为勇于承担是创业者必备的品质

虽然创业的过程会有成功的喜悦但会遇到很多艰辛与坎坷，从风险的角度来说，创业的过程实际就是一种不断挑战风险的过程，是一种与风险不断博弈的过程。创业者不是要万无一失地去做事情，而是要去尽量规避风险获得高回报。所以，创业者要有敢作敢为的气魄，另外创业者不只是完全为了实现个人的财富梦想而创业的，而是为了帮助普通人实现自己的梦想的责任而努力的人，创业精神中也包括创业者必须承担社会责任，要具有一种甘于奉献的精神。一个人创业所作的事业，应该把实现社会价值和创造经济财富结合起来，成功的创业者必须是一个有社会责任感的人。

5. 创业者要具备诚信态度

在创业者修炼的经营艺术的所有原则中，诚信的态度是绝对不能妥协的原则。目前我国进入到法制社会阶段，市场导向更需要法治作为社会发展的保障，市场经济同样是法制经济，更是信用经济、诚信经济。没有诚信的商业社会，将充满极大的道德风险，甚至显著抬高交易成本，造成社会资源的巨大浪费，所以诚信是创业者的立身之本。

6. 善长团队合作精神

俗话说："小家靠个人，大家靠团队"。团队合作是创业精神的精华。正如艾伯特·赫希曼所言：创业者在重大决策中实行集体行为而非个人行为。尽管伟大的创业者表面上看常常是一个人的作用，是个体的成就，但真正的创业者其实是要擅长合作的。要把团队合作精神扩展到企业的每位员工，为了实现全体员工的共同目标，共同努力。

7. 创业需要吃苦和牺牲精神

创业需要一种吃苦精神。要正确面对创业过程中的苦和难，团结一致，共同面对。还要有自我牺牲精神，在集体利益和个人利益面前，如果我们总是患得患失，斤斤计较，放不下眼前的、局部的个人利益的得失，恐怕创业是很难成功的。

8. 要有超强适应能力和甘于寂寞精神

作为创业者一定要有超强的适应能力，不但能够适应艰苦的生活，也同样要能够适应成功与富足，特别是在创业初成之时，不能被胜利冲昏头脑，要迅速适应新的环境。其次，创业需要甘于寂寞的精神。创业者的成功固然令人羡慕，但在创业的道路上不会总是鲜花和喝彩，有时甚至没人理解，更没有人喝彩，在漫长、枯燥的创业历程中，只有耐得住寂寞的人才有可能成功。

【实践训练】

（1）有一颗大树，树下有一头牛，牛被2米长的绳子牢牢地拴住鼻子，主人在距离大树 5 米的地方放了饲料就走开了，不一会儿，这头牛就把饲料吃了个精光，请问牛是怎么吃到的？

（2）一桌子上放着 10 只杯子，排列在一起，左边五只杯子放着汽水，右边五只杯子是空的，现在要你只能挪动 2 只杯子，变成装汽水杯子与空杯交替排列，如何移动这两只杯子？

（3）某班有 20 同学，正在操场上体育课，体育老师要他们每五人一队排成五队，问这怎么排？

第二节　创业环境与创业者素质

一、创业环境

（一）经济环境及市场机会

我国的经济环境从经济成分构成来讲，国营、集体经济起主导作用，但是从经济成分构成和国民生产总值构成中，民营经济占了更大的比重，是一种民营经济的发展总体环境。1997 年，中共十五大确认民营经济是我国社会主义市场经济的重要组成部分，这奠定了民营经济发展的政治基础。民营经济发展格局已经形成，2000 年我国内资民营经济在 GDP 中所占比重仅为 42.8%，2005 年底达到 50%，2010 年底达到 55%，再加上外商和中国港澳台投资经济，"两者相加的比重已经占到了 70%，占到了 GDP 的大半江山。"民营经济的发展提供了大量的市场机会，有利于大学生创业。

（二）创业融资环境

1. 融资途径

创业的资金来源主要有三种途径：一是私人权益资本，包括自有资金、亲戚朋友借贷和引入私人股权筹集资金；二是创业资本融资；三是股市中小板和三板上市融资。一般而言，在创业企业的早期阶段，主要以私人权益资本和创业资本两种形式为主。中国创业的金融支持最主要的来源包括自有资金、亲戚朋友投资或其他的私人股权投资。

（1）自筹资金。自筹资金是创业型企业主要的资金来源。自筹资金的渠道主要有家庭积累、个人积累和私募资金几种。家庭积累是中国观念中家庭的收入，可能是几代人的收入积累；个人积累主要通过个人已有的个人工资等报酬积累；私募资金就是最普遍的一种民间借贷的方法，主要的借贷来源是亲戚、朋友、同学和同事等。

（2）银行借贷。现在的银行借贷的形式主要是针对已经有了一定规模的企业进行的借贷，对于创业型的企业，尤其在开始创业的企业基本是不可能的，除非是创业政策性支持小额贷款。

（3）天使投资和风险投资。对于创业初期的企业来说天使投资是至关重要的方式，如大学生创业基金、残障人士创业帮扶基金、下岗人员创业基金等。但这些都是一种特殊化情况下的天使投资方式。风险投资是一种风险控制性的投资，对于创业中期和后期的企业来说是一种常见的资金来源方式。

2.融资环境问题

（1）天使资金投资规模较小。中国现阶段天使投资基金比较缺乏，而且我国现代项目的评价体系虽有发展但是还不完善，使得天使投资只能通过组织的判断进行投资，一般都是君子协定的方式。基本上算不上投资，只能是做公益、做慈善。资金出手等于资金溜走。这样就不可能有回报，这就影响了投资规模。基本等于极大地限制了天使投资的发展。

（2）银行投资具有"嫌贫爱富"的特点。银行是金融市场上投资的主要的资金来源，但是银行的投资模式要求要严格控制投资风险，要对企业盈利情况进行评估，除非政策有特殊要求，否则只会投资已经是盈利能力非常好的企业，而对于非常需要资金的中小企业却很难得到投资，银行投资这种"嫌贫爱富"的特点使得银行不会投资创业初期的企业。

（3）自筹资金的比较困难。创办企业自筹资金的困难主要是历史原因造成的。一是家庭个人积累不够，中国经历改革开放只进行了三十六年，百姓积累远远不够。中国的GDP人均水平处在一百多位，人民的生活水平还没有真正完全实现小康，对于创业来说资金属于极其缺乏的状态。二是中产阶级比例还是太小，中产阶级是创业和追求发展的社会主体，而中国经济属于腰身极细葫芦形，中产阶级比例很少，无法形成强大的创业的资金来源。三是物价上涨过快不便于资金的积累。

（三）创业政策环境

1. 创业政策不断出台，政策不断完善

2000年1月，教育部出台关于大学生、研究生（包括硕士、博士研究生）可以休学保留学籍创办高新技术企业的政策。2003年，国务院有关部门发布了《关于切实落实2003年普通高校毕业生从事个体经营有关收费优惠政策的通知》。2006年1月，为进一步鼓励高校毕业生从事个体经营，财政部和国家发改委下发了《关于对从事个体经营的下岗失业人员和高校毕业生实行收费优惠政策的通知》。除了这些优惠政策，还有一些直接支持性的资金项目。2008年10月，国务院办公厅批转了人力资源社会保障部等部门联合发出的《关于促进创业带动就业工作的指导意见》来降低创业者市场准入门槛。2012年《国务院关于批转促进就业规划（2011—2015年）的通知》（国发〔2012〕6号）指出：促进以创业带动就业。完善并落实鼓励劳动者创业的税收优惠、小额担保贷款、财政贴息、资金补贴、场地安排等扶持政策，简化审批手续，严格规范收费行为，改善创业环境。健全创业培训体系，鼓励高等学校和中等职业学校开设创业培训课程。健全创业服务体系，为创业者提供项目信息、政策咨询、开业指导、融资服务、人力资源服务、跟踪扶持，鼓励有条件的地方建设一批示范性的创业孵化基地。推进创业型城市建设。加强宣传和舆论引导，弘扬创业精神，树立一批创业典型，营造崇尚创业、褒奖成功、宽容失败的良好创业氛围。从以上描述可以看到，我国从政策引导上，为创业者提供了良好的创业政策环境，体现了政府部门对创业的支持与鼓励。

2. 大学生创业相关政策

（1）大学毕业生在毕业后两年内自主创业，到创业实体所在地的工商部门办理营业执照，注册资金（本）在50万元以下的，允许分期到位，首期到位资金不低于注册资本的10%（出资额不低于3万元），1年内实缴注册资本追加到50%以上，余款可在3年内分期到位。

（2）大学毕业生新办咨询业、信息业、技术服务业的企业或经营单位，经税务部门批准，免征企业所得税两年；新办从事交通运输、邮电通信的企业或经营单位，经税务部门批准，第一年免征企业所得税，第二年减半征收企业所得税；新办从事公用事业、商业、物资业、对外贸易业、旅游业、物流业、仓储业、居

民服务业、饮食业、教育文化事业、卫生事业的企业或经营单位，经税务部门批准，免征企业所得税一年。

（3）各国有商业银行、股份制银行、城市商业银行和有条件的城市信用社要为自主创业的毕业生提供小额贷款，并简化程序，提供开户和结算便利，贷款额度在2万元左右。贷款期限最长为两年，到期确定需延长的，可申请延期一次。贷款利息按照中国人民银行公布的贷款利率确定，担保最高限额为担保基金的5倍，期限与贷款期限相同。

（4）政府人事行政部门所属的人才中介服务机构，免费为自主创业毕业生保管人事档案（包括代办社保、职称、档案工资等有关手续）2年；提供免费查询人才、劳动力供求信息，免费发布招聘广告等服务；适当减免参加人才集市或人才劳务交流活动收费；优惠为创办企业的员工提供一次培训、测评服务。

（四）创业教育环境

我国大学生自主创业这种就业形式的产生，主要是被动式的开始，而且开始得很晚，始于20世纪90年代末，是随着我国高校就业形势严峻而开始出现的。高校创业教育也是应运而生的产物，目前在我国还没有形成比较成熟和系统的创业教育模式，高校创业教育、大学生创业活动尚处于初步发展和研究阶段，还没有在高校形成完整的创业教育体系，促进我国创业教育的深入开展，具有十分重要的意义。

1. 创业教育的发展

与国外相比，我国创业教育起步较晚，最早始于1997年的"清华大学创业计划大赛"，从1997年开始每年举办，吸引了部分投资家，并开始为优秀设计者提供风险投资。但最初仅限于少数高校举办的一些创业活动上。1999年在教育部发布的《面向21世纪教育振兴行动计划》中提出大学生创业教育的概念。该文件指出："加强对学生的创业教育，鼓励他们自主创办高新技术企业。"2002年8月，教育部在北京航空航天大学召开"全国高校创业教育研讨会"。同年确定了中国人民大学等9所高校率先进行创业教育试点，并形成了三种典型的创业教育模式，即"课堂式""实践式"以及"综合式"等创业教育模式。

2. 国际劳工组织推行的KAB创业教育在我国的开展

KAB（Know About Business）创业教育项目是国际劳工组织为培养大学生的

创业意识和创业能力而专门研发的课程体系，目前已在全球30多个国家开展。KAB成为一个成熟的国际创业教育项目。2005年8月，KAB创业教育项目引入我国。KAB已成为中国创业教育的第一品牌。截至目前，几乎所有省份、近半高校参与了KAB创业教育项目。经过十几年的发展，我国大学生创业教育取得了一定成效。但相比于一些国外教育发达国家，我国大学生创业教育仍然比较落后，大部分高校的创业教育还停留在少数人的"创业活动"，而不是多数人的"创业教育"水平上。

3. 我国的创业教育受众面由小到大

我国创业教育的实施主要集中在高等教育层面。高等院校实施创业教育的主要方式是课堂教学。从课程设置来看，我国高校目前主要是设置一些与创业相关的选修课程，尚未形成专业化的创业教育课程体系。各高校通过举办创业竞赛、创业讲座等形式来实现创业教育，并没有将其融合于高校教育体系之中，这就导致创业教育的影响仅仅局限于部分大学生，关注的是少数人，更多的大学生只是充当"看客"的角色，空有创业激情却内功不足，最终对创业望而却步。但近年来随着我国创业教育在高校的开展，开设创业教育课程的学校越来越多，接收创业教育的人数也急剧增加。

4. 创业教育的师资水平不断提高

从事创业教育的教师除了具备一定的理论知识，更应该具备丰富的创业实践经验。而目前我国创业教育师资大多缺乏创业实战经验，甚至没有在企业工作的经历。国外的情况却不同，在英国的创业教育教师，98%的教师曾经有过实业管理经验，高达70%的教师曾经创办过自己的企业。为了加强创业教育的实践性，大多数高校也聘请了一批企业家（或创业人士）担任客座教师，但实践证明，由于缺乏组织协调、制度保障和资金支持，加之外请的部分创业者或企业家缺乏教学经验，教学效果并不理想。

搞好大学生创业教育，一个重要的前提就是师资队伍建设。教育部非常重视创业师资力量的培养，为了加强高校创业教育，突破师资队伍缺乏是制约创业教育向纵深发展的一个"瓶颈"。为了满足创业教育师资的需求，教育部举办多期创业教育骨干教师培训班，后来从2006年开始举办KAB创业教育（中国）项目讲师培训班。在教育部和团中央的推动下，创业教育师资短缺的现状在短时间内得到有效缓解。

5. 创业教育学科建设不断加强

由于我国的创业教育存在着若干问题，现行的创业教育发展受到了限制。创业教育还远远没有达到普及阶段，国家对创业教育纵然非常重视，但是缺乏顺利实施创业教育的途径、方法、资金和制度保障。对于创业教育的开展，尚需深入的、系统的研究。相对于一些国外发达国家，发展历程、课程设置、师资队伍建设、受教者数量、创业教育的系统研究以及国家重视程度等方面，我国大学生创业教育仍然比较落后。但随着创业教育在我国的深入发展，创业教育将呈现教育体系更加完善、与创新教育结合更加紧密、创业教育服务体系日趋规范、创业教育学科地位日趋独立的发展趋势。

6. 部分大学生初步形成了创业意识

随着创业教育在高校的开展，创业意识在部分大学生中初步形成，很多大学生积极参与学校或社会组织的创业设计大赛，组织职业类社团或创业社团，参与学校、社会、媒体组织的创业教育活动，上网收集有关的创业信息。创业意识已然在新一代大学生中初步形成，为我国创新发展战略的实施奠定了一定的基础。

二、创业素质培养

随着科学技术的迅猛发展和我国社会经济转型期的到来，以及社会人才培养战略的需求，社会对高校人才的培养提出了更高的要求，时代呼唤需要更多的大学生成为创业者。创业素质是创业者开始创业实践前必须得到充分历练才能提高的。良好的创业素质不仅有助于创业者明确创业目标，积极把握创业机遇，进行有效的创业决策，再到创业计划实施，而且有助于创业者在创业过程中克服各种困难、战胜各种挫折、增强心理素质。因此，创业素质对创业者从事创业活动的成败起着决定作用。创业者的创业素质主要包括以下几个方面。

（一）要有良好的创业意识及职业生涯目标

先有创业意识才能引发创业思维和创业行为，也就是说创业意识是创业思维和创业行为的前提条件。大学生创业意识是指大学生根据社会和个人自身发展（或发展愿景）的需要所引发的创业动机、创业意向或创业愿望。创业意识是创业的先导条件，由创业需要、动机、意向、志愿、抱负、信念等组成，是人们从事创业活动的强大自身驱动力。

对于每一个希望创业的大学生来说，都必须首先强化创业意识。强化创业意识，就要树立明确的人生目标，做好自己的职业规划。创业作为一种社会实践活动，是在一定的意识和目的的支配之下进行的。不同的创业目标与价值观，体现出不同的人生目标，也体现出不同的创业人生价值。处在信息化时代的大学生应首先明确人生的意义和价值，早日确立自己的创业目标，合理规划人生。

如果你选择了创业，至少有以下几大好处：

首先是自我满足感。创业是自我设计、自我计划、自我实施的事业发展过程，所以创业最能体现自我意识、自我能力、自我智慧、自我价值，也能最大限度实现自我满足感。而通过持续的创业过程，不断进取、不断发展，会使自己的满足感不断强化。

其次是独立自主，在创业过程中自己给自己做老板、不受命于他人，能够充分地发挥自己的才智、自主决策一切事物。所以独立自主是创业的最大魅力之一。

再次是财务自由，办公司可以盈利赚钱，公司赚了钱可以给你带来更丰厚的收入，这也是创业最吸引人的地方，你的收入随着公司的成长可以不断地提高。只要你赚取了足够的利润，没人可以限制你的收入水平，你还有权支配公司的利润。

另外还有很多好处，比如创业是你就业的保障；创业可以实现自己的社会价值，为社会创造财富提供就业机会；创业成功会得到社会的认同和尊重，这种认同和尊重会给创业者带来无比的快乐、自豪和满足，增强了自信，并形成良性循环。

（二）掌握创业知识

大学生要创业，仅有良好的愿望、动机和创业目标是不够的。要真正实现创业目标还要有丰富的创业知识。创业者要想成功创业，必须具备相应专业知识的同时，还要具备创业相关的非专业知识。

专业知识对于创业者确定创业目标有直接作用。要想在某一领域开展创业活动，就必须深入了解该领域的活动及发展规律。特别是近年在高科技领域获得成功的创业者，无一不具备深厚扎实的专业知识。大学生在校期间一定要学好专业知识。创业不是简单地谋生，而是对创业目标和更高理想的追求。要想成功，就必须打下坚实的专业知识基础。

创业不仅要掌握专业方面的知识，而且还应掌握与之相关的非专业知识，如创业需要财务相关知识、税收相关知识、法律相关知识、产品营销方面的相关知识、管理相关知识、人力资源知识等。

只有具备了深厚的专业知识与广博的非专业知识，才能统筹全局，处理好公司各种事务，使自己的事业得到发展。

（三）创业能力素养

创业能力是大学生创业素质的一个重要方面。这里所说的创业能力是指对创业有利的多方面的综合能力，对创业的成败有直接关系。大学生创业应着重培养和提高以下几个方面的创业能力。

1. 开拓创新能力

开拓创新能力是成功创业者最重要的能力之一。一个优秀的创业者必须勇于开拓、敢于创新。创业实际就是一个充满创新的事业，所以创业者必须具备创新能力，有创新思维、无思维定势，不墨守成规，能根据客观情况的变化，及时提出新目标、新方案，不断开拓新局面，创出新路子，可以说，不断开拓创新是创业者不断前进并赢得竞争的关键所在。

2. 经营管理能力

经营管理能力是指对公司人员、资金的管理能力。它涉及人员的选择、使用、组合和优化；也涉及资金聚集、核算、分配、使用、流动。经营管理能力是一种较高层次的综合能力，是运筹性能力。经营管理能力的形成要从学会经营、学会管理、学会用人、学会理财几个方面去努力。而且涉及多学科、多领域的相关知识。只有知识还不行，只有把这些知识运用到创业实践之中，才能化为创业的经营管理能力。

在市场经济条件下，市场充满了竞争和风险，创业者要使自己的创业实践活动获得成功，必须重视经营管理。经营管理能力是创业者在管理上的体现，它的效果会在每年年末盈利报表上得以体现。所以说经营管理活动贯穿于组织运行过程的每一个环节，不仅是组织正常运行的前提，也是组织生存与发展的基本条件。

3. 决策能力

决策能力是创业者根据主客观条件，因地制宜，正确地确定创业的发展方向、目标、战略以及具体选择实施方案的能力。决策是一个人综合能力的表现，一个创业者首先是一个决策者。创业者的决策能力通常包括分析、判断能力和创新能力。大学生要创业，首先要从众多的创业目标以及方向中进行分析比较，选择最适合发挥自己特长与优势的创业方向和途径、方法。在创业的过程中，能从错综复杂的现象中发现事物的本质，找出存在的真正问题，分析原因，从而正确处理问题，这就要求创业者具有良好的分析能力。所谓判断能力，就是能从客观事物的发展变化中找出因果关系，并善于从中把握事物的发展方向，分析是判断的前提，判断是分析的目的，良好的决策能力是良好的分析能力加果断的判断能力。

4. 团队协作及人际交往能力

要想创业成功，大学生还需要培养自己的团队协作及人际交往能力。因为包括创业在内的任何活动都离不开人际关系。因此，大学生在校期间有意识地培养自己与他人的协作及有效的人际沟通，是获得他人和社会支持的重要前提条件，对大学生毕业后成功创业具有重要的作用。

人际交往能力是指创业者应该做到妥当的处理与外界的关系，尤其要争取政府部门、工商以及税务部门的支持与理解，同时要善于团结一切可以团结的人，团结一切可以团结的力量，求同存异共同协调的发展，做到不失原则、灵活有度，善于巧妙地将原则性和灵活性结合起来。同时能够协调下属各个部门领导及成员之间关系的能力。总之，创业者对内搞好内外团结，处理好人际关系，对外广交朋友，诚信至上，合作共赢。这样才能建立一个有利于自己创业的和谐环境，为成功创业打好基础。

（四）良好的创业品格和心理素质

简单地说就是要有优秀的人品、坚强的意志和健康的身心素质。

一个成功的创业者一般具有优秀的人品，首先是心胸豁达，有远见卓识，不贪图小利，眼光长远；同时诚实守信，遵守承诺；第三是公平公正，值得信赖。

创业者要有坚强的意志。大学生初次创业的成功率还不是很高，创业是有很大风险的，创业者要有承担风险的精神和能力，具有高度的责任感，从战略角度沉着应对创业过程中出现的各种问题和风险。勇敢地面对困难和挫折，除了具备坚强的意志品质外，还应该有自我激励和自我调节能力，以足够的勇气和坚韧不拔的毅力克服一切困难，排除万难，争取创业的胜利、创业的成功。

这里所说的创业心理素质是指人们在心理活动方面的能力，即应付、承受及调节各种心理压力的能力。创业过程是非常艰苦的，创业者要付出更多的艰辛，不仅会遇到各种各样的困难，而且还有失败的可能，所以在创业过程中拥有良好的创业心理素质十分重要。当代大学生基本上都出生在改革开放年代，物质条件比较优越，经历也是从学校到学校，过程单一，生活阅历很浅，社会经验少，挫折体验也很少，尤其是独生子女对新环境的适应能力和对挫折的承受能力较差。应该有意识提高创业心理素质；大学生更要自觉加强对创业素质的训练与培养，从而正确了解自己，正确认识社会，认识到创业的艰难，形成谦虚、豁达、坚韧不拔的创业心理素质。

（五）勇于创业实践积累创业经验

经验是人们经由实践活动对客观事物的直接了解，是在感性认识过程中形成的，是人与客观事物直接相互作用的结果。通过自己亲身的创业实践获得的属于直接的创业经验，而经由别人的创业实践了解到的则属于间接的创业经验。

创业实践是学习创业知识积累创业经验的最好途径，创业意识很浅的大学生，在大学就读期间要积极参加创业相关讲座、创业选修课程、参加创业或其他职业类社团，积极参加暑期社会实践活动，积极参加相关行业、职业或校友就业状况的调研不断积累创业经验，增长创业知识，锻炼创业能力。正是在直接经验的基础上，人们经过思维活动将感性认识上升到理性认识。

在现实生活中，人们还可以拥有另一种经验，即间接的经验，这是通过别人的经验来认识客观事物的途径。

总之，创业素质是一种包括知识、技能或能力、经验、人格和价值取向在内的一个复杂结构，大学生只有创业动机是不够的，而应该把提升和增强创业素质作为立足点、着力点。

上述五个方面的基本素质中，每一项基本素质均有其独特的地位与功能，任何一个要素都会影响其他要素的形成和发展，影响其他要素的功能和作用的发挥，乃至影响创业的成功。因此一个未来的创业者，不仅要注意在环境和教育的双重影响下培养自己的创业素质，而且要重视其整体结构的优化，在创业实践中不断提高自我的创业素质。

第三节　创业准备与创业过程

一、创业准备

创业是一项风险性事业，创业者要想完全避免风险几乎是不可能的，但是通过一系列的准备来有效降低创业风险却是可行的。创业者在创业前，一方面要审视自己的创业动机、创业素质与能力；另一方面要审视整体战略和创业环境条件是否具备；三是自己是否做好了创业准备。

创业准备是创业者进入创业实践前所经历的物质力量和精神力量的整合，它对创业的整体战略，商机的把握，创业目标合理确定，从而提高创业成功率，起着重要的作用。

（一）创业动机和目标准备

创业动机和目标直接影响着创业的成败，一般地说创业者的创业动机有以下几种类型。

1. 资源型创业

曾在党政机关或相应的企业工作过，曾经掌握相当的权力并建立起一定的人脉网络，也有的在企业中掌握了相当的资源，有着一定的市场资源、项目资源、资金资源、人脉资源或信息资源，这些人利用资源优势，借助一定的商机开始创业。

2. 资金型创业

资金型创业是指条件良好的富裕家庭，由于家庭有雄厚的资金实力，创业风险对他们来讲没有太大的压力。赔赚都无所谓，也许只是为了获得创业经验，也许是为了一种快乐的生活方式，甚至只是为了做公益，回报社会或是提供给人们就业的机会。

3. 主动型创业

创业者自身有一定的专业特长、资源市场或资金。利用这些资源优势激发创业兴趣、动机,并确立创业目标,通过充分准备,理性创业,成功率较高。

4. 智慧型创业

有些创业者先是在大学期间就励志创业,获取相关创业知识,参加各种创业讲座、大赛及社会实践。但毕业后理智地选择目标公司去工作,在实践中学习行业知识、管理知识、法律、财务等知识,积累创业经验,锻炼创业能力,待较成熟后辞职创业。这样会使创业者少走弯路,增加初次创业的成功率。我们称之为智慧型创业。

5. 被动型创业

创业者手中的资源有限、社会关系不多、也没有过硬的专业技术和本领,甚至学习一般等,多种因素导致毕业时或毕业后被迫创业。这类人包括毕业了但还没有找到工作的毕业生,当然也包括有工作但是不顺心,觉得这个工作不适合自己而又找不到自己认可的工作的毕业生。他们多是缺乏资源,要白手起家,要寻找机遇从小企业甚至是从干个体开始创业,不断积累创业经验,逐步成长。

创业目标大致可分为以下几类:

(1) 有的人创业目标不高,也许只是为了满足有份工作的愿望。

(2) 实现个人梦想,创造财富,积累财富,最后达到财务自由。

(3) 实现自己的社会价值,用自己所学、自己专长发展新企业,创造就业机会,奉献社会。

(4) 已经完成新产品(或新服务)的开发,而且相信这项新产品(或新服务)会有很大的市场前景,有一定的利润空间。

(5) 能在市场上发现新的机会,并相信利用自己智慧和经营管理模式比别人有更高的生产效率或更好的产品服务。

(二) 创业的心理准备

俗话说"商场如战场",创业有赚就有赔,创业过程处处都是风险。亏损、血本无归也是常有的事情,所以创业者要有良好的心理素质。创业前要做好充分的心理准备,不能事事都往好处想,创业有成功也有失败,甚至失败多成功少,一切皆有可能。也不是每个人、每名大学生都适合创业。

(1) 首先要有吃苦的心理准备。创业是很艰难的事情,处处会遇到问题,时时会有困难的产生,遇到这些问题时要积极地想办法加以解决。创业没有八小时,更没有每周五日工作制,每天的工作时间可能会加倍,所以要有吃苦的准备，这是创业最容易出现的事情，如果这点苦都不能吃的话，不创业也罢，免得吃了苦，还造成经济上的损失。

（2）要做好可能失败的心理准备。大学生创业是好事，但是创业过程中常常要对管理经营状况作出决策，也许决策出现失误。有的决策失误可能影响不是很大，但是，有的决策失误却是致命性的，甚至导致公司倒闭破产。也就是我们说的创业失败，会给自己造成经济损失。

（3）要有不畏艰险的心理准备。创业者要承受巨大的工作压力。因为创业者是企业的老板，也是企业的决策者。所以你与普通员工不同，想的事情也会比普通员工多很多。企业发展不是一帆风顺的，有困难，有挫折，这需要创业者去面对，所以要有不畏艰险，勇于克服困难、勇于面对危机的心理准备。

（三）创业能力和基本素质的准备

大学生都是有梦想的一个群体，也是实现伟大中国梦的一个个具体体现。大学生创业成功者也为我们树立了榜样，当代大学生有很大部分以为自己具备了创业的条件，摩拳擦掌、跃跃欲试。可是创业之前你是否具备了创业能力、是否具备了创业基本素质？作为一名优秀的企业管理者，应该具备哪些基本能力或技能呢？

1. 具有明确的人生规划目标

对自己人生的定位很明确，不仅要有最终目标，而且对目标进行分段和细化，并能制定出实施的计划、细则，来规划、经营、管理、实现自己的人生目标，使自己的社会价值最大化，是我们追求的最有意义目标。

2. 正确的决策能力

在瞬息万变市场的竞争中，有果断做出决策的能力，这是管理者们智慧与谋略及胆量的结晶。当作出决策时，要求管理者在一个目标与另一个目标之间有所取舍。"正确的决策"是建立在以对现实条件的充分分析、判断的基础上，选择一种风险较小、较为满意目标方案的决策。

3. 具有计划管理和建立科学的管理制度的能力

管理者做出一切决策时，一定要先计划、后实施，因为世界在变，环境在变，人们的观念也在变。科学地运用计划管理，企业才可立足及长远发展。企业制度不在于多而在于精，制度不仅是制约一般员工行为的，更不能被一些特权者所利用。企业是用制度来管理人的行为，制度适用于企业中的每一个人。所以，有效率的制度是企业发展的关键。

4. 具有管理信息的能力

信息管理是企业管理活动的一项重要内容，只有把信息及时准确地送到需要者的手中才能发挥作用，各要素之间必须能够准确快速地相互传递信息。管理者对企业的有效控制和管理，都必须依靠来自组织内外的各种信息。信息，如同人才、原料和能源一样，视为企业生存发展的重要资源，是企业管理活动赖以展开的前提。

5. 目标管理是一项基本的管理技能

它通过划分组织目标与个人目标的方法，将许多关键的管理活动结合起来，实现全面、有效的管理方法和过程。目标管理是强调系统和整体管理，强调自主自控的管理，是面向未来的管理，是重绩效、重成果的管理。

6. 财务管理能力

创业者应具有通过理财分析比较项目优劣的能力。很多创业者或企业管理者没有经过理财分析就进行经营决策，致使项目盲目上马，导致企业资金周转困难，经营运作陷入困境甚至于破产。

7. 具有阅读和分析财务报表的技术和能力

具有阅读和分析财务报表的技术和能力是企业管理者的一项基本功力，企业陷入财务大困境，非一日之事，财务危机是个渐变的过程，可长可短，但所有迹象，都会清晰地呈现在财务报表上。创业者如能通过阅读和分析财务报表，发现企业管理运作方面的明显缺陷，甚至发现潜在的隐患，及时做出判断和决策，采取相应的措施，将有效地防患于未然。

8. 具有项目管理的能力

项目管理是帮助企业处理需要跨领域解决的复杂问题，并实现更高的运营效率。企业经营运作之中，经常需要将大项目进行切割，通过项目管理，可大大提高效率。

9. 具备商务谈判的能力

管理者的世界是张谈判桌，谈判行为是一项很复杂的人类交际行为，它伴随着谈判者的言语互动、行为互动和心理互动等多方面、多维度的错综交往。谈判就意味着产品价格，就意味着产品的销量，也就意味着效益和利润，所以，谈判是企业经营管理中重要的一环。

10. 创业相关知识的准备

创办企业要求创业者具备一定的知识文化素养，特别是与创业有关的知识的积累。如法律法规知识《劳动法》《劳动合同法》《反歧视法》《反不当竞争法》，还有《公司法》《合伙企业法》《个人独资企业法》，设立企业您还需要了解《企业登记管理条例》《公司登记管理条例》等工商管理法规。再如学习使用金融工具，了解财务相关知识，企业融资手续及办理程序、条件准备，读懂财务报表；了解企业文化相关知识等。

（四）创业资金的准备

无论创业者是什么创业项目，是生产性产品还是服务性产品还是对这些产品的服务，都需要一定的资金投入，有前期投入、生产过程、流通过程投入、要支付员工工资，直到售出产品收回资金。还要保障生产的正常运行，还需要一定数量的流动资金。当然资金的来源也可以通过多种渠道进行筹集，如自有资金（现金、存款、不动产）、集资、合伙资金、贷款等。其中自有资金是创业资金最主要也是最可靠的资金来源和资金保障；集资主要是指通过亲属、朋友进行集资；也可以动员、说服其他人员投资（借钱）；如果他人认为你的创业项目很有前景，愿意投资入股便以合伙人的身份，合作创业。还有一个重要渠道就是通过银行贷款解决短缺资金问题。是否能够获得银行贷款要看以下几个方面：一是资金数量的大小；二是是否有不动产作为抵押；三是创业项目是否具有吸引力；四是要有良好的信用记录以及和银行的良好关系。由于有国家对创业的支持政策，一般来讲资金数量较小的，审批较为容易，资金数量较大的最好有相应的不动产作为抵押，如果没有不动产抵押，创业项目极具吸引力、有着明显的回报预期的也能够得到适量的贷款。创业项目的投资前景和效益是决定能否得到贷款的首要因素。当然如果你有良好的信用记录，或曾经多次有过小额贷款，及时还款，也就是有良好的还款记录以及与银行建立的良好关系，都有利于贷款的审批。

（五）创业发展战略和环境条件准备

一个创业企业是否能够得到长足发展，关键是创业者（领导人）在企业中作用的发挥，他对企业的总体规划、企业的发展战略目标、总体构想、发展的愿景，对企业的发展至关重要。

1. 创业企业发展目标

（1）生产目标。

（2）销售目标和市场目标。

（3）盈利能力目标。

（4）人员、组织架构目标。

（5）研究开发目标。

（6）社会责任目标。

2. 创业企业经营战略

（1）市场营销战略。主要包括产品定价、宣传推广、销售渠道和销售奖励、产品售后服务等。

（2）组织和生产战略。包括人员招聘、组织架构、评价制度、奖励制度、人员管理制度、晋升、培训、生产系统设计和生产作业的计划及控制等。

（3）财务战略。包括筹集资金、经营记录、监督和控制、资金的分类使用数量、成本及利润核算；还包括企业规模扩充需要的资金筹集、融资、贷款等发展战略。

（4）竞争战略。以企业总体经营战略为导向结合生产和市场制定的包括低成本战略、产品差异战略、细分市场战略、集中技术、资金实力的目标集中战略等。

（5）发展成长战略。以企业的快速发展、成长为导向，从而有效利用资源、配置资源的发展战略。通过对资源的有效配置和利用实现企业的短期、中长期成长，实现生产、销售收入、利润的增长，以增加对企业、对股东、对员工的回报，达到发展、成长、壮大的目的。

3. 创业企业相关资源与环境条件

创业者在创办企业之前，还应该对创业企业相关的资源条件和环境条件进行思考，充分考虑并分析已经掌握的各种创业资源和创业的有利条件，这样才能够充分利用这些资源和环境条件，为创业的成功提供保障。

（1）大学生创业优惠政策。对于我们大学生来讲，国家政府为了促进大学生充分就业，鼓励大学毕业生自主创业，制定了各种创业优惠政策。大学生创业者要熟悉这些相关政策并加以利用。

（2）产业优惠政策。国家对相关产业有很多优惠政策，如高科技产业以及科技园区扶持政策、战略发展产业减免税、退税政策，经济转型、产业升级的新兴产业政策等。创业者以自身优势和资源优势确定企业发展战略，确定企业产品和服务定位，把政策用足用好，创业成功就多了一份保障。

（3）创业环境条件。根据创业企业情况了解本区域内市场情况，了解周边环境、同行业的竞争、区域内的竞争对手、可能的市场份额、可以借助的资源条件等。

（4）创业资金来源与筹集渠道。如是否有政策扶持资金、机构的无偿资助、无息贷款、风险投资等，更多的资金来源及渠道，减少了筹集资金的难度，并有效地控制自有资金或借贷资金的风险。

（5）外部可以利用的其他资源条件。包括政策环境及公益的政策咨询、集资、融资顾问、产品服务专家，当地的基础设施、专业人才的供应等。

二、创业过程

（一）创业的一般过程

1. 发现和评估市场商业机会

美国著名的创业学家Timmons教授提出过一个被广泛应用的机会筛选理论，他认为商业机会是创业过程的核心驱动力，创始人和创业团队是创业过程的主导实践者，资源是创业成功的必要保证。创业过程始于创业机会，而不是资金、团队或商业计划，开始创业时商业机会比资金、团队、才干和能力、资金更为重要。商业机会最主要的特征是强劲的市场需求，通常情况下，市场不完善、不成熟、产品质量和服务的差异性越大、产品技术的差异性、知识和信息的不对称性越大，市场机会就越多。

创业者要善于发现市场商业机会，既然是机会就会有时间上的意义，作为创业者要善于捕捉商业机会，这样才能获得发展的"先机"，抓住商业机会并付诸于行动，才能大大提高创业的成功概率。市场商业机会很多，创业者要善于发现并及时捕捉商业机会，被发现的商业机会一般有两种：一种是经过深思熟虑发现的；一种是意外发现的。国家产业政策的调整、产业升级、经济转型、税收政策变化、开发区建设、新技术的出现、人口和家庭的变化、人们的物质文化需要、流行时尚都可能形成商业机会。作为创业者，不仅要及时发现并捕捉到商业机会，同时还要对捕捉到的商业机会进行评价和提炼，结合自己掌握的资源状况对商业机会进行实用性评估。仔细分析利用商业机会进行自主创业的可行性，然后才能谈得上对机会的准确把握。

2. 准备撰写创业计划书

企业的创建需要大量的准备工作，其中市场调研、组建团队、创业计划、创业融资、注册登记办理营业执照最为关键。在创业之前，要做好一切准备工作，其中创业计划书是创业准备过程中整理出来的一种文字表达形式，也是筹措资金、办理注册、创办企业的一个规划设想。一个周密的商业计划，对于创业融资及整个创业过程至关重要。所以创业准备和撰写创业计划是创业过程的重要环节之一，关于创业计划书在下一节有详细的解读。

3. 确定并获取创业资源

整合创业资源是整个创业过程最关键的阶段之一，除非成功地完成这一阶段，否则无论多么有吸引力的商业机会或再好的产品和服务，创业都不可能实现。创业需要整合的资源包括市场资源：如市场的供需、环境、法律等问题；包括人力资源：如合伙人、公司人员结构、雇员等；包括财务资源：如自有资金、资金筹措、其他融资、贷款等；还包括人脉资源等。这些资源的整合、分析、利用是创业必不可少的过程。

4. 管理好初创企业并逐步走向成功

管理好初创企业，让企业走上正轨，这也是创业过程中很艰巨的任务。走好这一步，企业开始盈利，再经过经验的不断积累，创业才会走向成功。也就是说，管理好初创企业，创业过程才会有一个良好的开始。那么怎么管理好初创企业才能使企业步入正轨呢？初创企业要想在市场上取得成功，就需要在企业营销策略、组织调整、财务稳健管理等经营管理方面多下工夫，这是企业成长管理的主要内容。企业不断成长走向成熟的重要标志就是形成自己品牌，并形成某一区域的名牌产品或服务，这样在品牌、知识和企业文化方面形成优势，逐渐形成核心竞争力。创业者的成功与否有时是相对的，这取决于创业的动机。有的创业者追求的是收益、是利润，但也有的创业者追求的是实现自己人生价值、社会责任，有人以获得财富为成功标志、有人以社会认同度、以对社会贡献（如解决就业问题）为成功标准，还有人以自己做老板为满足。

（二）大学生创业的一般流程

1. 捕捉并把握商业机会

我国现阶段处在经济体制改革转型期，产业升级、消费群体的变化、消费模式、方式的变化，无论是社会、经济、环境都处在不断发展变化之中。变化就是机会，环境的变化也给各行各业带来良机，所以关注环境变化就会发现并捕捉到创业机会。

随着科技的发展，高科技领域孕育着很多机会，为高学历毕业生提供了研究、创业的良机，很多博士、硕士有了"掘金"的舞台。可是在传统领域如运输、金融、饮食、流通等领域，一样有很多的机遇，照样可使大学生们在此大显身手，同样有用武之地。金子不只是在金矿里，河沙里也有黄金。新时代的大学生们，要善于捕捉并把握商业机会。

2. 明确创业目标

（1）用问题的形式明确创业目标。创业之前要有明确的创业目标，要想明确创业目标首先要明确几个问题：我要经营什么？经营什么产品或服务；我经营的理念是什么？经营理念决定企业的经营方向，是一种价值导向，和使命与愿景一样是企业发展的基石；我为哪些人群服务？也就是我的客户或顾客是谁；客户为何要购买我的产品？我和竞争对手比较，优势是什么？

（2）用企业轮廓图明确创业目标。企业的名称及成立日期；企业形式是个体、有限责任公司还是股份有限公司；主要的服务对象是个体、团体、机关单位还是其他客户；目前的产品和服务即营业范围；可能引进的产品或服务；主要的竞争对手是谁；竞争地位怎样（可用五级分类来说明竞争地位）；本企业不同于其他竞争企业的特点是什么；最大的营销障碍是什么；最大的营销机会是什么；总体经营目标和增长计划怎样。

3. 分析创业项目

有了创业构想，有了创业目标还不够，在创业机会面前还需要对构想的创业项目进行分析研究。要分析创业项目的优势、竞争力和潜力，同时进一步了解其可行性及风险性，并进行评估。

分析创业项目最常用的一种方法就是进行 SWOT 分析，即企业的优势（Strengths）、弱点（Weakness）、机会（Opportunities）、威胁（Threats）分析。

（1）优势。SWOT 分析从观察企业内部优势和弱点开始。优势就是创业企业具备的长处、优点。如产品的质量上乘，优于对手的产品；再如销售商店地理位置优越、员工的技术水平高、有知名的厨师等。

（2）弱点。弱点就是企业的劣势，如产品生产成本高于对手，原材料来源价格高于对手、产品质量不是很高等。

（3）机会。机会是企业运行的外部环境中对企业有利的因素，如生产的产品越来越流行、市场越来越广阔；附近没有类似的商店等。

（4）威胁。威胁是指企业运行的外部环境中对企业不利的因素，如主要原材料商品价格上涨、商场份额下降、产品被更新换代产品替代等。

4. 创业风险评估

除了用 SWOT 分析法进行创业项目分析外，还有一点需注意的是要进行创业风险分析。任何一个营业中的企业每天都面临着一定的风险，大企业有风险，小企业也有经营风险，风险就是损害、伤害或损失。在创业过程中要最大限度地规避风险，就要充分预估各种可能的风险，制定应对措施或制定预案，确保创业安全、确保创业成功。

创业风险分析主要有以下几个方面：

（1）技术风险。如生产技术是否过关、产品合格与否、被先进技术取代等。

（2）资金风险。投入资金是否可以得到有效回报、销售资金是否如期回笼、是否出现三角债现象、现金流是否充裕等，创业过程中可能随时产生资金短缺现象甚至造成破产。

（3）管理风险。创业者的管理水平对企业的管理影响很大，有时会产生管理风险，如组织风险、决策风险、生产风险、用人风险等。

（4）市场风险。来自顾客、竞争对手、流行趋势、产品更新换代等多种市场风险。

（5）人才风险。创业企业的关键人才流失（跳槽、辞职、自起炉灶等），可能会给企业带来致命的威胁。

（6）外部风险。创业有时是一个很漫长的过程，投资也有回收期，在这个周期内，投资所处的外部环境发生巨大变化，会影响企业的经营运行状况，还有可能给企业带来巨大损失。

5. 制定行动方案

从发现创业商机，到进一步明确创业目标，再到创业项目分析、风险评估，可以说要绞尽脑汁地为创业做好前期准备，但这还不够，还要做一个全面的回顾和总结，对自己问几个问题：是否有克服不了的困难？是否有规避不了的风险？是否需要向一个成功者征求一下对自己创业项目的看法，以征求他人的意见？然后制定出切实可行的行动方案。

6. 筹集资金

作为大学生，你的创业资金从哪里来？刚刚从大学毕业的学生，自有资金基本上等于零，但是资金是能否顺利创业的关键一环，那么从哪里筹集资金呢？可以考虑以下几个筹集途径：

（1）父母、亲属。有经济实力的父母、亲属的支持。这是你低成本集资的最佳方式，如此获得的创业资金，可使用的时间较长，一般不会让你急着归还，可以说属于"低息贷款""无息贷款"或无偿赠送。

（2）志同道合的朋友。志同道合有经济实力且支持你创业的朋友，你可以和他们合伙，共享利润、分担风险。这也是一个不错的方式。

（3）创业项目或创业基金的支持。国家、政府、学校、机构（如残联）有相关的创业项目支持，通过宣传自己的创业计划，得到这些机构的认同，拨付资金，鼓励创业。

（4）创业风险投资。有些很好很完美的创业计划很受风险投资的青睐，而且创业者在获得风险投资以后，可以得到投资方的督查和指导，对创业企业走向成功，起着正能量的作用。

（5）从银行贷款。小额贷款可以靠政策的支持；额度较大的贷款需要担保，而且手续繁琐，可以找律师协助办理。

7. 办理营业执照

在办理营业执照之前首先要给创业公司起名并核准名称、租房、编写公司章程到银行开户验资，然后才能到工商管理局办理注册手续，领取营业执照。领取营业执照后还要刻制公章、办理组织机构代码证、到银行开立企业基本账户、办理税务登记、领购发票等。公司正式开张进入运营阶段。

创办一家公司手续很多，要跑很多的地方，要消耗很多的时间，周期也较长，一般需要3个月至半年的时间，现在也有帮助创业者代理注册公司，如果条件允许也可以找公司代办。

第四节　创业计划书

一、创业计划书的作用和写作结构

（一）创业计划书的作用

1. 创业计划书

创业计划书也可以称为创业设计书，是商业计划书的一种，是由创业者准备的创业书面计划。创业者应该清楚，制定合理的创业计划（商业计划）是企业成立、发展的关键环节；是创业者明确创业目标展示宣传自己的创业设想，聚贤纳士，广揽人才，整合资源的必要准备过程；创业计划书是全方位描述创业整体设想的文件，也是创业的纲领性文件。

2. 创业计划书的作用

合理的创业计划书还能起到如下重要作用：对企业自身进行自我评估；获取家人、朋友、银行和风险投资基金的资金支持；指导成功经营需要采取的各项措施、制定相应的规章制度；提高企业正常运营，获取利润，提高创业企业成功的概率；帮助创业者协调好企业的发展长期目标和中短期目标；对经营过程中的各种资源进行最佳的整合利用，从而更有效地使用资源；揭示所有潜在的企业经营风险并制定风险控制预案；针对业务流程和职能部门制定操作性很强的绩效标准及奖励方案，确保经营业绩等。

（二）创业计划书的写作结构

创业计划书的写作除了要有封面、目录和内容摘要外，在正文写作结构上，要注意以下几个方面。

1. 企业简介

首先明确企业的名称、法律形式、企业所有权的归属、资本结构及经营范围（包括产品或服务的生产流程）、预期顾客来源（定位服务的人群）、企业地址和联系方式、启动资本和来源、企业运营吸收就业的岗位和人数等。

2. 创业者个人信息

创办企业所有者的个人情况包括创办人的姓名、相关学历、经历或资质、在企业中的作用等。

3. 市场竞争及营销计划

包括商业构想和市场分析如市场需求、顾客人群、需求的产品、服务如何吸引顾客、市场规模和竞争对手情况、新建企业预估市场份额、主要产品及包装设计、售后服务、定价计划、促销计划等。

4. 企业选址计划

企业选址计划描述、企业选址考虑到了哪些因素、最终选址地点的优势等。

5. 组织计划

主要是指计划企业组织机构和员工。可以首先确立组织架构图，描述企业组织管理人员和所有工作人员的职位、岗位职责和任职条件（资质），并能够预算人工成本，如列表测算职位、任职条件、工资、社保、总支出。

6. 经营计划

这里主要是指新建企业全部产品生产及销售计划、成本预算和盈利目标。如根据月度销售计划进行月度经营成本计划、月度现金收入、支出预算以及一年盈利情况预测。经营计划要在调研基础上，计划详实周到，还要给不可预测情况留有一定的空间，这样有利于创业计划可行性的判断。

7. 财务计划

主要包括对投资项目所需资源及来源的说明、所需要的启动资金数额及主要来源，如果资金来源不是单一渠道的，可以列表明确显示资金来源渠道、资金状况（可用时间、是否支付利息等）、金额以及需付利息等；编制本企业资产负债表。资产负债表一般包括固定资产、流动资产、负债和所有者权益等。

（三）撰写创业计划书应注意的问题

创业计划书是创业者在创业前对创业项目进行的周密细致的分析和安排，必须小心谨慎。数据的收集是决策的依据，数据最好是市场调研得来的一手资料或来源于可信度极高的统计数据，要绝对真实可靠，一定要慎重对待。往往失真的数据造成决策的失误，给投资者带来巨大的经济损失。

撰写创业计划书的最重要部分是市场调研，只有市场调研才能说明你的创业设想是否现实，是否可以转化为商业机会；只有调研才能了解潜在的竞争对手；才能了解所创办企业的市场份额和生存的空间，调研有助于对市场进行评价，客观谨慎的市场评价有利于降低创业风险。

创业计划书必须真实地估算成本，并要预留一定空间以解决无法预料问题而造成成本升高。

二、撰写创业计划书的时机选择

作为有创业志向的大学生，什么时候撰写创业计划书呢？是不是非要等到创办企业之前再写创业计划书呢？不是的，只有你有创业想法，有好的项目，随时都可以撰写创业计划书的，即使目前你还是学生不急于创业，你可以通过撰写过程，不断学习、不断积累间接经验。

1. 考虑创业之时

学生时代便可开始，目的并不是要马上创业，只是为了创业愿望，增长理论或实践知识，为今后真正创业做好准备。可以上选修课、听创业及励志讲座、参加校内外各种创业活动或创业设计大赛等。

2. 创办企业之前

创办企业之前撰写创业计划书，可以是大学毕业生或是社会其他人员，也可以是曾经创办企业并获得成功的企业家。其目的：一是要论证创业项目的可行性；另一方面是为了影响他人，得到他人的共识，为创办企业寻找合伙人、募集资金或者申请贷款。

3. 企业扩张之时

由于市场广大，需求增加，现有规模不能满足市场需要，企业看到市场前景，自愿扩充规模，以赚取更多利润，以此募集资金扩大市场份额。

4. 业务或技术更新之时

是指由于业务范围的扩大或改变、技术或设备更新改造、有新的产品或服务的推出等，从而需要有周密的计划以获得社会支持之时。

5. 获得新的信息之时

由于获得新的市场信息或产品信息，预测新的信息会带来新的商业机会，为了抓住先机利用新的商业机会，从而撰写创业计划书。

6. 获得新的经验之时

创业者获得新的经验，如新的产品、新的服务、新的运作模式或借鉴别人的成功经验引起自己新的想法，产生创业动机，从而撰写创业计划书。

三、创业计划书撰写步骤

撰写创业计划书是一个展望创业项目的前景、针对创业项目的实施条件进行自身评估、探索创办企业、合理发展企业的思路、整合各种社会资源、寻求创业所需资金支持的过程。撰写创业计划书是创业实践的前提，要想撰写一个合情合理、切实可行并具有良好的商业前景的创业计划书需要以下几个撰写步骤。

第一步：学习积累。学习创业知识、积累创业经验。特别是积累选定的创业项目方面的知识和经验。

第二步：创业构想。在选定创业项目并发现或获得创业机会后，产生了创业冲动。但要淡定，对自己朦胧的想法，要缕出头绪，把创业需要考虑的问题仔细想清楚，从而形成完整的创业构想。仔细分析创业的可能性，排列出想不清楚的问题，并整理出问题记录。

第三步：进行调研。对创业构想过程列出的问题进行调研，用事实论证创业的可能性，解决创业的关键性问题。包括市场调研（营销和竞争、产品和客户、行情和效益、市场前景等）、项目调研（现状调研、可行性调研、效益及风险调研等）、合作可能性调研（资金、技术、运营合作等）。

第四步：撰写初稿。开始撰写创业计划书全文，加上封面，整理出目录及摘要，并对正文按照创业计划书的一般撰写结构进行顺序编排。

第五步：内容审查。初稿完成后要对其撰写的内容进行仔细修改。修改需要考虑以下几个问题：一是创业计划书是否让人看到了项目的发展前景和客观的经济收益；二是创业计划书是否显示出你有能力偿还各种借款；三是是否显示出你做过市场调查并进行过合理的市场分析；四是整个计划是否被投资者所领会，投资者对你的产品或服务是否会产生疑虑等。

第六步：修饰检查。对创业计划书编排体例、文字字体字号、段落间距等进行修饰，检查全文并消灭错误文字及标点符号，最后设计封面、编写目录页码。

四、创业计划书模板

创业计划书

第一部分　封面
创业项目名称：
联系人及职务：
地址：
联系方式：手机　　　　　　　　　固话
电子邮箱：
网址：

第二部分　内容摘要
内容摘要是对整个创业计划的概括
一、项目简介
二、项目宗旨和目标
三、项目的法律形式
四、项目产品及服务介绍
五、市场现状及营销策略
六、项目组织结构及团队
七、项目竞争优势
八、资金来源及融资方案
九、财务分析
十、风险分析

第三部分　项目综述

一、项目介绍

1. 项目简介及相关资料

2. 项目的宗旨

3. 部门及职能

4. 公司管理

二、技术和产品

1. 技术描述、持有专利情况

2. 产品状况

（1）产品目录

（2）产品特性

（3）产品开发

（4）研发计划和时间

（5）知识产权及无形资产

3. 产品生产

（1）原材料供应

（2）生产条件及能力

（3）生产成本

（4）设施设备添置更新

（5）产品标准、检验、包装及储运

（6）生产成本控制

三、项目市场分析

1. 市场规模、结构与细分市场

2. 目标市场确定

3. 消费群体、消费方式、消费习惯及影响因素

4. 市场现状

5. 行业政策

四、市场营销策略

1. 营销计划、策略分析

2. 销售渠道、方式及售后服务等

3. 主要促销方式

4. 销售队伍建设

5. 产品价格方案

6. 市场开发规划、销售目标、预估销量及销售额

7. 预估市场占有率

8. 销售周期计算

9. 影响原材料及成品价格波动的因素及对策

五、项目竞争分析

1. 行业状况分析

2. 竞争对手及实力状况

3. 从市场细分计算可争得的市场份额

4. 项目产品的竞争优势

六、项目资金来源

1. 资金需求总量

2. 资金使用计划及分配

3. 投资形式及资本结构

4. 回报及偿还计划

5. 自有资金及须募集资金比例

6. 财务报告计划

七、项目管理

1. 项目的组织结构

2. 人事招聘计划

3. 管理制度及劳动合同

4. 薪资、奖惩和福利方案

八、项目经营预测（一般预测项目发展三至五年的数据和指标）

1. 产品生产数量

2. 产品销售数量和销售额

3. 营业收入和利润

4. 投资回报率

九、项目投资风险分析及控制

1. 能源、原材料供应及价格风险

2. 成本控制风险

3. 政策风险

4. 市场变化风险

5. 竞争风险

6. 财务风险

7. 管理风险

8. 研发风险

9. 破产风险

十、项目财务分析

1. 财务数据预测

（1）销售收入明细

（2）成本费用明细

（3）职工薪金明细

（4）固定资产明细

（5）资产负债明细

（6）利润及分配明细

（7）现金流量表

2. 财务指标分析

（1）财务盈利能力指标（包括财务内部收益率、投资回收期、财务净现值、投资利润率、投资利税率、资本金利润率、盈亏平衡分析等）

（2）财务清偿能力指标（包括资产负债率、流动比率、固定资产投资借款偿还期等）

第四部分　附录

一、附件

1. 创业者、合伙人或董事会成员名单及简历

2. 项目团队名单及简历

3. 专利证书、生产许可证

4. 注册商标

5. 场地租用合同

6. 企业形象设计及宣传材料，如企业标识和产品说明书等

7. 工艺流程图

8. 专业术语说明

二、附表

1. 产品目录

2. 客户名单

3. 设备清单

4. 市场调查表

5. 财务报表及财务预估表

6. 预估分析表

创业计划书撰写者可根据实际需要调整增加或删除以上创业计划书模板中的各项条目，并进行与项目有关的内容重点描述，以达到创业计划书的最好效果。

【延伸阅读】

创业风险分析

创业是否能够顺利进行，最后取得成功，创业的项目是否可行，也要看你创业过程特别是创业初期会不会遇到经营风险和危机，要看创业者能否很好地规避风险化解危机。在创业初期可能面临着很多经营风险，在选择项目的初期就应该预测和分析自己可能面临的经营危机，分析这些风险、危机的原因，为了抵御风险和危机准备好对策和预案，妥善规避或处理好这些风险。

以下是常见的创业经营风险：

创业风险、危机类型	主要风险危机事件	创业风险、危机类型	主要风险危机事件
市场变化风险	价格变化；客户变化；竞争变化	经营管理风险	管理漏洞造成客户、收入、财产流失；管理事件频发影响正常运营，效率低下，人才流失

续表

创业风险、危机类型	主要风险危机事件	创业风险、危机类型	主要风险危机事件
营业收入风险	销售额预测不准;成本核算有误;收入入不敷出	执行力风险	计划指标和目标不能完成;企业重大任务不能完成;经营团队和运营机制效率低下
核心人才风险	核心人才被竞争对手挖走;核心人才离职	合作风险	合作单位暗中违约,损人利己;合作单位退出合作,撤走资金或技术;合作单位经营出现问题
产品质量风险	客户不认同产品或服务;产品质量出现问题或事故;产品或服务关键技术不能突破	行业准入风险	受政策变化影响,出台行业或产品限制法规;市场准入资质未能获得
资金风险	计划投入资金不能到位;三角债拖欠造成现金流紧张;创业资金预算不充分;经营效益较差不能及时回笼资金	其他风险	出现其他不可抗拒的意外事件;创业者本人及家庭出现紧急情况等

【实践训练】

创业项目调研

在创业者产生创业动机并产生创业想法之后,在撰写创业计划书之前,应该对自己拟定的创业项目进行深入的调研,以增加创业成功的概率。可根据自己的拟创业项目有目的、有重点地进行项目调研。

项目名称(可根据创业意向自拟):

调研对象、名称	调研目的	具体调研内容（可根据调研项目进行调整）	调研结果
产品调研	产品包装、质量、研发、改进、升级、服务	销量、市场份额、改进产品质量、包装、服务；新产品研发、升级等	
客户调研	寻找客户；产品定价；制定营销策略；产品使用及改进等	产品消费人群；目标客户人群收入、消费水平和消费趋势；消费者对产品和服务的希望	
营销调研	营销策划；制定营销策略；扩大产品销售等	市场容量；需求状况；营销成本等	
竞争调研	制定经营策略；确定产品特色相竞争对手的市场范围渗透，扩张服务范围及领域	竞争对手的营销策略，产品特色及价格，营销手段；市场份额营销投入	
行情调研	制定价格策略和定价；掌握市场供需状况等	市场需求的现状和动态变化；同类产品品种、质量和市场价格，上下游供应及代理销售商状况	
效益调研	企业成本和利润核算及预测；盈亏平衡和投资回报等	产品的投入和产出各个环节；产品价格行情	
前景调研	掌握市场发展趋势；制定企业发展战略；产品声场和销售长期规划等	产品的市场供需状况及发展趋势；产品所处生命期；经营着变化；行业发展趋势；国家政策法规变化等	

【重要术语】

创新　创业　创业精神　创业思维　创业环境　创业素养　创业条件　创业风险　创业计划书

【本章小结】

1. 重点

（1）创新思维开发与创业精神培养。
（2）大学生创业者素质要求。
（3）创业准备与创业过程。

2. 难点

（1）大学生创业精神培养。
（2）创业者素质要求认知。
（3）创业过程的认知。

【问题与思考】

（1）什么是创业精神？
（2）创业者应该具备哪些基本素养？
（3）根据自己的创业想法撰写一份创业计划书。
（4）根据自己拟定的创业项目进行SWOT分析。

优势(S)	
劣势(W)	
机会(O)	
挑战(T)	

【推荐阅读】

（1）共青团中央，中华全国青年联合会，国际劳工组织.大学生KAB创业教育基础[M].北京：高等教育出版社，2007.

（2）程水源.创业理论与实践[M].北京：中国科学技术出版社，2007.

（3）马良.创业实训通用教程[M].北京：高等教育出版社，2009.

（4）高桥.大学生职业发展与就业指导教学指南[M].北京：现代教育出版社，2008.

【参考文献】

[1] 共青团中央，中华全国青年联合会，国际劳工组织. 大学生KAB创业教育基础[M].北京：高等教育出版社，2007.

[2] 高桥，葛海燕.大学生就业指导[M].北京：清华大学出版社，2009.

[3] 高桥.大学生职业发展与就业指导教学指南[M].北京：现代教育出版社，2008.

[4] 北京市人力资源和社会保障局.创业教育一体化教程[M].延吉：延边大学出版社，2011.

[5] 马良.创业实训通用教程[M].北京：高等教育出版社，2009.

[6] 周斌斌.成功创业的101个细节[M].北京：长征出版社，2009.

[7] 张辉.北京地区高校毕业生就业实用手册[M].北京：中国宇航出版社，2013.

[8] 姚本先. 大学生心理健康教育[M].合肥：北京师范大学出版社集团安徽大学出版社，2012.

[9] 程水源.创业理论与实践[M].北京：中国科学技术出版社，2007.

[10] [美] 彼得·德鲁克.创新与创业精神[M].张炜译.上海：上海人民出版社，2005.

[11] 傅家骥.技术创新学[M].北京：清华大学出版社，1990.

[12] 李涛，朱星辉.我国创业教育的现状及发展趋势[J].科技创业月刊，2009.

第八章　残障大学生职业适应与发展

　　作为一名残障大学毕业生，离开学校步入职场，首先面临着个人的角色转换，适应新的环境、重建人际关系，实践个人的职业发展和管理等许多现实的问题。这是每名残障大学毕业生首先遇到的"适应"问题。残障大学生要想实现个人职业的良好发展，首先应解决这些问题，通过不断调整自己，适应职业的客观条件，适应职业的发展规律与要求，从而为个人的职业发展奠定良好的基础，最终在职业岗位上成才，实现个人的职业理想。

【学习与行为目标】

　　（1）了解学校与职场的差别、学生与职业人的差别。
　　（2）了解初入职场面临问题及其解决。
　　（3）明确职业化要求。
　　（4）了解入职后的职业发展规划与管理。

【案例引导】

陈佳的故事

　　陈佳，出生于1996年，视力一级残疾。这位刚从南京盲校毕业不久的女孩现在就是一名专职的调律师。"盲人就业方向很固定，多是从事推拿按摩。2010年学校就尝试开设了钢琴调律班，希望能拓宽盲人的就业。"陈佳说，她从8岁就开始学习钢琴，考到了钢琴九级。所以得知这个消息后第一时间就报名了。
　　钢琴调律师名字听起来很文艺范，但工作起来也辛苦枯燥。一台钢琴有

8000多个零件，200多根弦，平均校验要达到700多次，工序相当繁琐。对一个正常人来说，要把这些零部件认清并不算难事，但是对盲人陈佳来说，完全就靠一双手来感觉。

陈佳凭着自己的刻苦和毅力，用三年的时间获得了调律师的资格证书。"当时班级有8个人一起学习，坚持学下来的只有2个人，走到最后真正从事调律师职业的就只有我一个人了。"现在陈佳在一家钢琴培训中心工作，"我出行不便，上门服务还不是很多，要是干得好，一个月能挣个四五千元。"

点评：

对于视力残障大学生而言，就业领域相对局限，但是对于一些相对冷门的领域，背后却隐藏着巨大的就业机会。残障大学生首先应该自强自立，树立起坚强的精神支柱，培养健康的人格，明确自己的学习目标，增强自信心的养成，通过自身的刻苦努力，寻找适合的就业机会，走出属于自己的成功之路。

第一节 从学生到职业人的过渡

从学校到职场的转变是一个艰难的过程，这中间或许会迷茫，或许会因为没有经验吃些苦头，但这些都会成为宝贵的财富。

一、职场初体验

在人的一生中，约有70%的时间是在学校或者职场，然而从"学生"到"职业人"的过渡更是人生中的一个重要转折点，对于一个新毕业的残障大学生要完成从学校到社会的转变，不是一日之功，这需要充足的准备和积累过程。

对于残障大学生而言，初入职场所面临的一切相对于健全生只能用"更复杂"来形容，他们需要做到的不是适应而是融合，表面上他们通过在大学四年的学习生活已经进入了社会，但距离真正"融合"进社会还有很长的路要走。

从学校毕业后，退去大学生的身份，作为一个社会人，想要赢得别人的尊重与自我价值的实现，不可能让自己成为一个社会的闲人。大多数的学生毕业后，就会顺应社会的生存趋势，通过求职面试一系列的竞争，然后踏入职场。那么从校园到职场，要有哪些不一样的转变？

（一）职场与学校的差别

学校是一个同质性比较高的小社会、小群体，人员构成比较单一，相对比较单纯，而在社会上各种各样的人都有，与学校相比，社会是一所更大的大学。当残障大学毕业生从美丽的大学校园进入纷繁复杂的职场，跨越了两个截然不同的大环境，他们不约而同地发现"很多东西都发生了变化"。

1. 人际关系复杂

人际关系从来都是职场的热点问题。从学生变成员工，从面对老师、同学到面对老板、同事，人际关系发生的变化无疑是最为剧烈和动荡的。处理好人际关系是每一个残障大学毕业生走上社会后的一门"必修课程"。大学的环境是自由而平等的，残障学生在学校里面对的是同学、老师，尽管学校对学生有监管的义务，老师对学生的行为也有约束，但是通常学校是以学生的利益为出发点，即便是惩罚也是以教育为主的。此外，残障大学生的交往更多的还是与残障同学。在职场上，新入职的残障大学生往往处于最底层，受到的监管和约束最多。职场上的残障大学生，除了要遵守职场上的各种规则外，还要处理好与同事、领导之间的关系。对于残障大学生而言，由于个体的特点，导致他们在人际关系上与相对健全大学生而言，存在更多的困难，如沟通的障碍等。

2. 生活节奏加快

残障大学毕业生走上工作岗位，随之就改变了大学校园里宿舍—教室—图书馆—食堂四点一线的生活方式，取而代之的是繁忙而紧张的工作，生活节奏明显加快。工作以后，没有了寒暑假，每天朝九晚五的工作，使大学毕业生失去了很多可以自由支配的时间，除此之外，还有一部分人要逐渐去适应新的生活环境，特别是对于那些没有家人陪伴的残障大学毕业生，生活节奏的转变会让他们觉得更加辛苦与疲惫，从而导致他们陷入忙乱的困境而无法自拔，不能很好地适应离开学校以后的生活。

3. 工作压力增加

残障大学毕业生在从"学校"走向"职场"的动荡阶段中，通常会表现出不同程度的不适应，甚至是失落和受挫。他们往往在进入职场之前都怀有十分美好的期望和憧憬，而一旦真正进入职场，迎接他们的可能是重复单调的工作任务，初入职场的残障大学生都会感到或多或少的工作压力。首先是由于残障大学毕业生初入职场，缺乏实际的工作经验，面对新的工作会有些不知所措。另一方面而言，残障大学生在学校学习的知识结构和工作中的实际需求存在断层，高校的学习难以完整地体会工作岗位的复杂性，所学的知识无法真正地学以所用，解决工作中的实际问题，使其感到工作压力的负担。由于职场的现实与预期相差甚远，再加上职场和学校有太多的不同之处，所以多数大学毕业生的"心理高定位"与"现实低定位"之间将形成很大的落差。

学校到职场的环境转变，要求残障大学毕业生的人际交往方式以及生活方式都要随之调整改变，如果说健全大学生进入社会面临的转变是困难的，那残障大学生面临的转变就是难上加难。一方面残障大学生希望社会把自己当做普通人对待，但遇到困境时又不自觉地想以残疾作为庇护自己的理由，这个心理的转变与适应对于残障大学生来讲是必须要跨过的一道坎。得到社会和周围人真正的认可，是残障大学生面临的第一个考验，通过这个考验后，才更有资本去应对那些健全大学生遇到的人际关系、生活节奏、工作压力等诸多困难。

（二）学生与职业人的差别

残障大学毕业生走向社会，面临着由学生向职业人的转换，这意味着要承担新的社会角色，在这关键转折点，残障大学毕业生应该以积极正确的心态，认识新的角色，适应新的角色。学生与职业人在很多方面有着明显的不同，这也是残障大学生进入社会前首先要认识到的。

1.社会角色不同

社会角色是指由人们所处的特定的社会地位和身份所决定的一整套规范系列、行为模式，是人们对具有特定地位的人的行为的一种期望，是社会群体的基础，随着社会实践的发展而不断更新内容。社会角色决定了社会对个人的权利和义务的要求。学生是一个受教育者，处于人生中的成长时期，是被保护者。职业人是通过具体的工作为社会付出，是社会价值的创造者，是保护者。

2.社会责任与社会权利不同

学生的主要责任是学习知识、培养能力，实现德智体美劳的全面发展，最终成为社会主义事业的合格接班人。学生的权利主要是接受教育。而职业人的主要责任是以特定的身份去履行自己的职责，依靠自身的知识和能力并按照一定的规范开展工作，将知识转化为技能，通过技能去创造社会效益和经济效益。职业人的权利是依法行使职权，并且在履行义务的同时获得报酬。

3. 要求不同

学生时期对一个人的要求主要是学习知识，只要学习成绩好，遵守学校的规章制度，就算是一名合格的学生。学校对于学生的要求相对单一，学生的人缘好坏、能力强弱只是辅助因素。而职场对职业人的要求则是全方位的，既要求你有一定的工作能力，又需要有一定的沟通、协调、组织能力。职场更像是一个团队，单靠一个人的能力是不足以完成整体工作的。

4. 评价标准不同

学生好坏的评价方式主要是考试，评价标准是考试成绩，相对单一且直观，完成起来方法也相对简单，就是找到正确的学习方法努力学习，在学业上取得好的成绩。职业人主要看的是一个人的工作业绩，工作业绩的体现除了需要工作能力外，外界非主观因素的把控也是非常关键的，也就是我们常说的综合能力。

（三）学生到职业人角色转换的困境

大学生在告别了16年的学生时代后将进入一个全新的环境——社会、职场。也许有的同学在学校期间利用勤工俭学等机会一定程度上接触了社会，但这种蜻蜓点水式的"接触"与真实的职场环境还是有天壤之别，就好像在海边趟水和下海游泳的区别。更何况绝大多数学生一直生活在学校这个周围环境相对单纯的"象牙塔"里，从"学生"向"职业人"角色转换的过程中心理上产生巨大的动荡与落差是非常正常的，这种动荡和落差会使学生面临很多困境。

1. 认知困境

角色认知是角色转换的前提条件，残障大学毕业生能够成功地转换成职业人，取决于他对职业人这个角色的认知程度。残障大学毕业生由于社会阅历不足，导致角色认知不清，定位模糊，职业发展意识欠缺，遵守职业规章制度意识不强，企业文化认同感缺失等。大学生和职业人两个角色存在着巨大的差异，如果大学生不能尽快地从学生角色中走出来，调整自身的角色认知，尽快地明确职业人的行为规范，就会导致角色失调，角色转换延缓。

2. 心理困境

初入职场的残障大学毕业生，由于角色转换难以适应，常常会出现各种各样的心理困境。有的因为工作岗位与自己的预期相差较远，无法产生职业满足感，导致形成失落心理；有的因为在学校是学生干部，自恃过高，步入工作岗位后，实际工作"大事做不了，小事不愿做"，产生自傲心理；有的从小到大在家父母娇惯，在学校依靠同学的帮助，甚至笔记都要抄同学的，做任何事情不是首先考虑自己应该怎么办，而是想我能找谁帮助自己，产生依恋心理；有的对职场有一种抵触感和恐惧感，总觉得自己肯定无法适应工作环境，肯定什么样的工作都做不好，产生自卑心理；还有的在工作中遇到一点点困难就退缩推诿，失去兴趣，急着去找新的工作，这就是浮躁心理。

3. 人际困境

真正进入社会后，刚毕业的残障大学生会对周围的人际关系有一种陌生感，以前在学校的人际关系基本是平面的，主要的对象都是同学或者老师，相对简单。但社会上的人际关系确是立体的、全方位的，你要面对同事，而且是不同部门的同事，面对单位各级、各部门领导，面对竞争对手或者合作伙伴单位的领导、员工，甚至是帮你发快递的快递员你都会发现跟他们打交道与在大学时的情况似乎不一样了。

二、开启职业生涯

刚迈入社会的残障大学生，就是一个典型的非职业人，只有能够跟职业合拍，才算开启自己的职业生涯。

（一）角色转换适应

残障大学生进入职场有一些困惑是很正常的，就好像我们小时候从幼儿园到小学，从小学到中学，从中学到大学同样是进入新的环境，同样需要时间适应，需要解决一些困惑一样。如果把这种学生间的角色转换称为量变，那么学生到职业人的转变就算是质变了。只要努力做好以下几方面，大学生就能尽快地从困惑中解脱出来，在社会上一展拳脚。虽然残障大学生有其特殊性，但解决困惑的"药方"是一样的。

1. 获取角色，尽快适应

对于残障大学毕业生而言，所谓获取职业角色，就是通过与单位的双向选择找到自己满意或相对满意的工作，双方签署就业协议或聘用合同，按规定到新的工作单位报到，签订劳动合同，就步入了工作岗位。从这一刻开始，残障毕业生就已经获取了职业角色，开始了向职业人转变的第一步。社会与学校相比，生活环境、工作条件、人际关系都有着很大的变化，对一直生活在自己周围那个小圈子里的残疾学生会带来巨大的冲击，一些学生可能会非常不适应，加之初入职场，不可避免地会遇到困难、挫折和冲突。因此，大学毕业生必须做好充分的思想准备，以积极主动的心态去面对新的角色，尽快适应职业生活，为今后的发展打下良好的基础。

2. 调整心态，树立信心

残障大学毕业生入职后要克服融入社会的恐惧心理，一定要以积极的工作态度、坚持不懈的努力来实现职业角色的转换。对于初入职场的残障大学生，不管你在大学里拥有多么辉煌的成绩，从进入职场的那一刻开始，一切都要从零开始，要调整心态，把自己当做一个小学生，一切从头开始，善于提问，善于请教，通过实践不断地充实自己，增长经验。新的工作不可避免地会出现困难，不要因为工作中的挫折而怀疑自己的能力，要相信自己，树立战胜困难的信念，冷静地思考，从失败中吸取教训，有效地解决处理问题。自信、踏实、努力地做好每件事，发挥出自己的最佳水平。

3. 克服矛盾，认识自我

残障大学生就业处于矛盾之中。一方面，残障大学生由于受过高等教育掌握了更多的知识和技能，视野更宽，平等意识更强，有了更高的就业期望，在残疾人群体中处于优势地位；另一方面，社会排斥和偏见普遍存在，在高等教育大众化、大学生就业形势日趋严峻的情况下，残障大学生处于就业竞争的边缘地位，面临理想和现实的激烈冲突，"高不成低不就"的情况较为普遍，影响残障大学生的就业满意度，并导致少数残障大学生不能实现就业。正确的自我认知、有效的职业规划，是残障大学生步入职场的根本。

4. 勤于思考，勇于创新

大学生尤其是残障大学生要想尽快地融入社会取得进步，就要不断地总结与思考。大学生中有相当一部分人在校期间都是被动学习，一旦进入职业角色，一定要变被动为主动，开动脑筋，勤于思考。一是对自身的思考，比如自己的工作方法、工作态度是否正确，在人际关系的处理上有什么不足，通过不断的反思和经验的积累，使它们对自己工作的影响降到最小。二是对工作的思考，比如本章开始时举例的陈佳，在工作一段时间后，发现课堂上的专业练习与实际工作还是有很大区别的，通过不断的思考与摸索，她总结出了一套更适合自己工作特点的调音流程，工作效率有了很大提高。只有勤于思考，发现问题，才能在工作中有自己的见解，逐步培养自己独立工作的能力，进而在工作中努力实践，勇于创新。

5. 积极进取，成功转型

残障大学生的职业教育比较欠缺，特别是在与社会和职业衔接的实习和实践方面尤为欠缺，而保姆式的教育方式使残疾学生树立了浓厚的等、靠、要的被照顾和被保护的学生意识，缺乏独立解决问题的意识和能力，这使得毕业后要在工作中去填补在大学里就应该为走上社会作准备的功课。社会对于个人的改造的力量是巨大的，个人对社会和环境的适应应该是积极主动，而不是消极等待和却步，关键是个人要有足够的自觉，有意识地接受、完成这个改造的过程，让这个过程短一点，让自己和周围的人痛苦少一点。一个新毕业的残障大学生要完成从学校到社会的转变，将职业素养体现为态度和行为习惯，不是一日之功，不会一帆风顺、一蹴而就，需要一个积累和准备的过程。

（二）向职业人转变

残障大学生进入职场说明学生的身份已经结束了，接下来是向职业人的转变。学生变成职业人，说话办事职业化并不意味着学校中学到的除了专业知识，其他的一切都用不上了；相反，学生时代所具有的一些优秀品质对于加快自己向职业人的转变、尽快适应社会是很有益处的。

1. 在学习中产生兴趣

无论是普通大学生还是残障大学生，毕业时找工作的先决条件肯定是：①与自己所学专业知识相符；②对工作本身有兴趣。残障大学生选择工作后，也只是对将要从事的职业有一个浅显的了解，真正的认识还是在日后的学习中。学习能力是所有大学生都应该具备的基本素质之一。把新工作当做一门新学期的课程一样对待，逐步认知了解，在认识的过程中发现兴趣点，鼓舞着自己在工作中保持积极进取的态度，才能全身心地投入到工作中，才能不断地进步提高。

2. 实践中培养习惯

学习的过程其实就是实践的过程，所谓"功到自然成"就是这个道理。残障大学生在工作一段时间后，有了实践也就有了一定的积累，就会自然养成良好的工作习惯。

3. 成长中积累经验

每个人都是在不断成长的，小学到中学、中学到大学、大学到社会。成长有身体上的、知识上的、能力上的、经验上的等，到了进入社会开启自己职业生涯这个阶段，成长就主要体现在经验上了。我们可以说有的人在某一方面天生就能力超强，但不能说天生就经验丰富。经验的积累是走向职业化的第三个阶段，在产生工作兴趣、养成工作习惯后才能积累工作经验。这个经验不是靠天赋、不是靠兴趣，也不是靠刻苦，而是靠积累。

三、从学生到职业人要完成的转变

1. 从个人导向到团队导向

学校里以自我为中心的模式将不会适合企业，个人的成功必须与整体的成功结合才有意义。这其中的转变包括：重个性转变为重标准，以个人衡量标准转变到以集体为衡量标准，讲独创转变为讲协作，独行转变为合作。

2. 从情感导向到职业导向

情绪化是学生的显著特征之一，这与职业人的理性行为不符，这里的转变为：情感人转变为职业人（注重游戏规则），个人好恶转变为敬业精神，情绪左右转变到职业驱动。

3. 从兴趣导向到责任导向

学生的生活多是凭借自己的兴趣，职业人则是职责所在，义不容辞，这就要求从兴趣所在变为承担责任，个人利益转变为公司利益，追求快乐转变为追求责任。

4. 从思维导向到行为导向

学生学习，重在开发智力，学习知识，往往是思维的训练。这和职业人不同，要从思维至上转变到产品至上，想到就行转变为做了才行，注重是非分析转变到注重是否合适。

5. 从个人资源到组织资源

学生以个人导向为主，相应依托个人资源来生存和发展，职业人在组织里当然依托于组织，从利用个人资源转变到组织化的资源支持平台。从独立发展变为企业共同发展，从依靠个人变为依附企业。

第二节　职业化要求与职业素养提升

"职业化"是国际化的职场准则，是职业人必须遵循的第一游戏规则，是作为职场人士的基本素质，是国家与国家之间、企业与企业之间、企业与员工之间、员工与员工之间必须遵守的道德与行为准则。想参与职场竞争，想要成为职场中的成功者，想要取得职业生涯的辉煌，就必须懂得和坚守这些职场规则。作为刚毕业的大学生，只有尽快适应职业，调整和改变自己的职业观念、态度和行为习惯，才能真正走向社会、适应社会。

一、职业化要求

简单地讲，职业化就是在合适的时间、合适的地点，用合适的方式，说合适的话，做合适的事。"职业化"就是职场行为。操守规范，是职业人训练有素的体现，在职业资质、职业态度、职业意识、职业道德、职业行为、职业技能等方面充分符合企业与职场的需要。

1. 职业化的内涵

所谓职业化，就是一种工作状态的标准化、规范化和制度化，即要求人们把社会或组织交代下来的岗位职责，专业地完成到最佳，准确扮演好自己的工作角色。

以国际通行的概念分析，职业化的内涵至少包括四个方面：

(1) 以"人事相宜"为追求，优化人们的职业资质。

(2) 以"胜任愉快"为目标，保持人们的职业体能。

(3) 以"创造绩效"为主导，开发人们的职业意识。

（4）以"适应市场"为基点，修养人们的职业道德。

2. 职业化的基本特征

"职业化"的基本特征主要有以下几点：
（1）"职业化"就是训练有素、行为规范。
（2）"职业化"就是尽量用理性的态度对待工作。
（3）"职业化"就是细微之处能体现专业。
（4）"职业化"就是思想要奔放、行为要约束、意识要超前。
（5）"职业化"就是个性的发展要适应共性的条件。
（6）"职业化"就是合适的时间、合适的地点、做合适的事情。
（7）"职业化"就是职业技能的标准化、规范化、制度化。

二、职业素养提升

职业化至少包括从内到外的三个层次：职业素养、职业技能和职业行为规范。职业素养是职业化的基本特征。职业素养通俗讲是指职业态度，是否从内心尊重本职业，是否从内心尊重本职业的规则，是否能够按照职业的操作规范和流程来开展工作，是衡量一个人职业素养的重要指标。

作为一名刚刚进入职场的残障大学生，要想使自己尽快成为一名合格的职业人，必须把职业素养提升作为首要任务。

职业道德、职业意识、职业心态是职业化素养的重要内容，也是职业化中最根本的内容。如果我们把整个职业化比喻为一棵树，那么职业素养则是这棵树的树根。

（一）职业道德

职业道德，就是同人们的职业活动紧密联系的符合职业特点所要求的道德准则、道德情操与道德品质的总和，它既是对本职人员在职业活动中的行为标准和要求，同时又是职业对社会所负的道德责任与义务。

职业道德是指人们在职业生活中应遵循的基本道德，即一般社会道德在职业生活中的具体体现，是职业品德、职业纪律、专业胜任能力及职业责任等的总称，属于自律范围，它通过公约、守则等对职业生活中的某些方面加以规范。

职业道德既是本行业人员在职业活动中的行为规范，又是行业对社会所负的道德责任和义务。

1. 职业道德的涵义

职业道德的涵义包括以下八个方面：
（1）职业道德是一种职业规范，受社会普遍的认可。
（2）职业道德是长期以来自然形成的。
（3）职业道德没有确定形式，通常体现为观念、习惯、信念等。
（4）职业道德 依靠文化、内心信念和习惯，通过员工的自律实现。
（5）职业道德大多没有实质的约束力和强制力。
（6）职业道德的主要内容是对员工义务的要求。
（7）职业道德标准多元化，代表了不同企业可能具有不同的价值观。
（8）职业道德承载着企业文化和凝聚力，影响深远。

2. 职业道德的内容

美国最著名的《哈佛商业评论》评出了9条职业人应该遵循的职业道德：①诚实；②正直；③守信；④忠诚；⑤公平；⑥关心他人；⑦尊重他人；⑧追求卓越；⑨承担责任。这些都是最基本的职业素养。

（二）职业意识

1. 职业意识的内涵

职业意识是每个职业人所具有的意识，以前叫做主人翁精神。职业意识既影响个人的就业和择业方向，又影响整个社会的就业状况。职业意识由就业意识和择业意识构成。就业意识指人们对自己从事的工作和任职角色的看法；择业意识指人们对自己希望从事的职业。

职业意识是人们对职业劳动的认识、评价、情感和态度等心理成分的综合反映，是支配和调控全部职业行为、职业活动的调节器，它包括创新意识、竞争意识、协作意识和奉献意识等方面。

职业意识是职业道德、职业操守、职业行为等职业要素的总和。职业意识是约定俗成、师承父传的。职业意识是用法律、法规、行业自律、规章制度、企业条文来体现的。职业意识有社会共性的，也有行业或企业相通的。它是每一个人从事你所工作的岗位的最基本要求，也是必须牢记和自我约束的。

国外心理学家论青年职业意识之形成。所谓职业意识是指人们对职业的认识、意向以及对职业所持的主要观点。职业意识的形成不是突然的，而是经历了一个由幻想到现实、由模糊到清晰、由摇摆到稳定、由远至近的产生和发展过程。

职业意识是自我意识在职业选择领域的表现。它包括两个不可分割的方面：一是自己对自己现状的认识；二是自己对职业的期望。具体表现为：①对职业的社会意义和地位的认识。人们希望自己所从事的职业能对社会有所贡献，也希望自己的工作能得到相应的尊重、声誉和地位。②对职业本身的科学技术水平和专业化程度的期望、要求。人们认为职业的知识性、技术性越强，所需要的文化技术水平就越高，也就越能发挥自己的才能。③要求职业能与个人的兴趣、爱好相符。这种愿望和要求的实现，能使人们心理上得到满足，从而在职业活动中发挥自己的特长。④对职业的劳动或工作条件的看法和要求。包括职业的劳动强度、工作环境、地理位置等客观物质条件，以及工作岗位上的人事关系、社会环境和职业的稳定性等。⑤对职业的经济收入和物质待遇的期望。包括劳动报酬或经营收入，以及住房、交通、医疗卫生等社会福利。

职业意识的形成，主要受家庭和社会两方面的因素影响。家庭因素主要有家庭的文化经济状况、生活条件、社会关系、家庭主要成员的职业和社会地位等。社会因素主要是社会风气、文化传统、政治宣传、学校教育等方面对人们的世界观、人生观等的影响。个人的心理和生理特征、受教育程度、个人的生活状况、社会经历等也不同程度地影响人们的职业意识的形成。

2. 职业意识的培养

无论是谁，在职业的转换和谋求中都要明确好职业目标、树立好职业意识，为自己以后职业成功奠定坚实基础。

（1）时刻做好就业准备。俗话说得好，"不打无准备之仗"，职业人士是否可以尽快顺利谋求到适合的职业，固然与经济发展、社会的需求和个人自身的素质有关，但如果能够做好充分准备，了解自己的优势、劣势，掌握求职择业的基本知识，从目标、方法去着手，时刻树立自己准确良好的职业意识，那也必然可以提高时间、机遇、经济三大成本。

（2）重视定位，明晰路线。职业在某种意义上，太多选择就等于没有选择，职场中人常为此苦恼。尤其工作年资不深的职业人士，往往都会出现鱼与熊掌不可兼得又不知如何取舍的两难境地。"我是谁，我究竟适合做什么？"很多人常常这样问自己，或者找朋友、家人出主意，但你有没有想过其他方式？例如，找职业咨询专业人士，综合测评职业素质，进行彻底的"职业体检"。

（3）树立坚实的竞争意识。竞争会使人才脱颖而出，求职就是素质和智力的竞争。有无竞争意识会决定着职业人士能否找到合适的职业，竞争意识和核心竞争能力，都是通过知识和工作经验的积累来获得，但还有一种方式就是从挖掘自己内在的潜质来获得。通过内因和外因的结合决定自己的实力。有实力必然会受职场欢迎；反之，必然会被淘汰。

（三）职业心态

职业心态是指在职业当中，应该根据职业的需求，表露出来的心理感情，即指职业活动的各种对自己职业及其职业能否成功的心理反应。好的职业心态是营养品，会滋养我们的人生，积累小自信，成就大雄心，积累小成绩，成就大事业。有相当数量的人，分不清个人心态和职业心态，凭自己的情绪，用自己的个人心态来对待工作。区分个人心态与职业心态，能够更好地胜任自己职场的要求。

职场新人从象牙塔走进现实世界，往往在一段时间内难以适应从学生到职业人的角色转换和职场生态环境，尚未养成职业人的心态。遇到挫折，有些人会以消极的心态对待职场竞争，以不负责任的态度对待工作。这样，就会给领导同事留下不好的职场印象，有的人会因此失去工作，造成心理上的挫败感，如果不加以调整，会影响到今后的职场发展。那么，职场新人该如何调整自己的职业心态呢？

1. 盲目自信

部分残障毕业生在开始第一份工作时，就表现出了满满的自信，尤其是那些在学生时代已有突出表现的残障人，希望能在新的工作岗位上大干一场，获得新的成就。当然，自信的心态对于残障毕业生来说是非常重要的，自信的状态可以获得领导与同事更多的认可，也很容易获得职场上的发展机会。但实际上，大部分残障毕业生的自信是盲目的，由于经验不足，他们对新工作将会面临的困难预期也不足，就是把问题想得很简单，于是很容易表现出自己对一切事物都可以游刃而解的自信姿态。

2. 急功近利

有些残障毕业生在刚开始新的工作时，会急于希望获得单位的认可与奖励，一方面是需要证明自己确实非常适合这个工作，另外一个方面他们也相信付出必有回报这一道理是天经地义的。但现实往往是残酷的。残障毕业生在进入职场初期，还属于学习阶段，很多核心的工作与项目根本不可能交予新人去完成，所以立马就出成绩是不现实的问题，于是，有些人不安分的心思开始滋长。甚至有一些新人，由于没有遇到良师益友，跟着一些本身职业道德就有问题的老员工走得很近。于是，非但没有通过向老员工请教提高自己的综合职业素养与工作技能，旁门左道与假公济私的技能倒是学了一大堆。

3. 心态不稳

由于职场心智还不成熟，抗干扰与抗压的能力较差等种种原因，一旦初始的工作开展得不顺利，残障毕业生很容易产生挫败感，如果不能及时调整心态，他们会很容易开始怀疑自己是否适合这份工作与这样的工作环境，于是就动了离职的念头。

4. 过于拘谨

一部分残障毕业生在入职一段时间后，有时还无法真正进入工作状态，总给人感觉很拘谨、做事很被动。这主要是因为他们还无法适应从学校人到社会人的角色转变。"等靠要"的被动心态在就业单位里是无法生存的，很容易变成一个"影子人"，没有亮点，没有特色，做事小心翼翼，无法树立成标杆，当单位需要优化的时候，如果无法拿出更为有说服力的工作业绩，很容易就面临被淘汰的局面。

5. 拒绝差异

一方面是新人自身与其他同事的差异，残障毕业生更多地还表现在与健全人的差异上；另一方面是现实与理想的差异。心态可以及时调整的新人，就会逐渐成长，学会了取舍，学会了豁达。但有些天生就爱钻牛角尖的人，也许从此一蹶不振，消极对待。

第三节　入职后的职业发展规划与管理

入职后的职业发展规划与管理的作用不是告诉你做什么一定能够成功，而是帮助你发现自己与职业的最佳契合点，并培养一种思维方式，让你知道在今后的职业困惑中如何去思考。刚刚走上各工作岗位的残障大学毕业生，除了要积极适应工作上的要求外，应更多地思考自己未来的职业发展方向，结合自身特点和环境的因素，在做好第一份工作的基础上，进行职业发展规划与管理。

一、善待第一份工作

（一）走好职业发展第一步

每名残障毕业生在接受自己的第一份工作时，最初的表现会给单位留下深刻的印象。因此，了解一些职场的规则非常重要。从仪容仪表到自我介绍，到与单位领导、同事的一言一行，都应该做好准备，这样才能由被动变为主动，使自己的职业发展走出关键的第一步，为自己未来发展奠定良好的基础。

1. 仪容仪表

在人际交往中，每个人的仪容仪表都会引起交往对象的特别关注，并将影响到对方对自己的整体评价。工作中的仪容仪表非常重要，它反映出一个人的精神状态和礼仪素养，是人们交往中的"第一形象"，将影响到今后职业的发展。

因为不同的单位对着装有着不同的规范和要求，所以，在入职前要了解工作环境对着装的要求，并根据工作环境选择合适的服装。对刚刚毕业的残疾大学生来说，不管从事何种职业，仪表的整体效果要以整洁、朴素、大方为好。

2. 遵守作息时间，提前到达岗位

上班不要迟到，最好提前到达岗位。这可以给人遵守时间、勤奋踏实的感觉。即使每天你的工作不是很多，也要利用办公以外的时间多做一些服务性工作，如打水、扫地、整理办公室等事务性工作。

3. 自我介绍

上班第一天，就应该以职业人的角色出现。说话、举止要成熟、稳重，避免把学生时代的幼稚和羞涩带到工作中。上班第一天，应大方地向领导和同事打招呼，并主动自我介绍。如果你的领导把你介绍给每位同事，你应面带微笑并点头示意，以示尊重。如果加上"初次见面，今后请多指教"等客气话，效果会更好。

4. 主动请教他人

上班第一天，要主动请示领导自己的工作岗位及工作职责。一些单位可能有比较规范的"工作描述"。上班第一天，最好能确认自己的岗位职责。如果领导没有指派具体的工作，也不要呆坐一边，应该主动翻阅与自己工作相关的资料，或向其他同事请教。如果办公室有一些工作是自己力所能及的，在征得领导同意后，主动去完成这些事情。

5. 言谈举止得体

刚到一个单位，要注意了解单位有关的规章制度。一般单位都有规章制度条例或员工手册等。一些规定如上班时间不能打私人电话、不能上网等要严格遵守。说话要注意分寸，对领导要使用尊称，对同事要保持谦虚的态度。行为举止要得体适度，不要过于表现自己，也不要过于拘谨。在工作时间不要聊天，更不要议论他人。

（二）在工作中培养职业素养

1. 诚实守信

诚实守信是处理人与人之间关系和经济活动关系的一项最基本的行为规范。诚实就是要言行一致，表里如一，不弄虚作假；守信就是要言而有信，一诺千金，不背信违约。在职业活动中，特别是在市场经济条件下的职业活动中，诚实守信具有十分重要的意义。

2. 忠诚

这里的忠诚是指对单位的忠诚以及对自己职业的忠诚。当我们选择一个单位作为事业的起点，我们在这个单位一天，就要努力工作一天，并创造一天价值。忠诚是一个相对的概念。这里的忠诚不是从一而忠，而是指在就职期间，要对单位保持忠诚。尤其是在跳槽之前这段时间的表现，就更能够看出一个职业人的职业道德。

有些残障毕业生在离职之前，向竞争对手泄露组织或商业机密。还有一些人对工作敷衍了事、得过且过。许多优秀的职业人都能从长远的职场生涯发展考虑，尊重对组织忠诚的价值观，以积累自己的职业声誉。对他们来说，良好的组织声誉比物质利益更重要。

3. 尊重

当今的社会是一个价值观和生活方式多元化的社会。因此，要尊重他人的生活方式和个人隐私。即使知道别人的隐私，也不要到处传播。一些涉世不深的大学毕业生由于好奇，喜欢打听同事的隐私，而且说话时口不择言，因此引起上司或同事的反感。在人际交往中，一些敏感话题是不能涉及的，如个人隐私、同事之间的关系、薪资收入等。

4. 负责

如果你希望得到信任，那么就应该先做一个负责的人。优秀的职业人都是责任感非常强的人。

（三）脚踏实地，干好本职工作

1. 从"低层"起步

每名残障毕业生，从毕业走入职场的那一天起，就要树立从基层做起、从一线做起的观念，做好吃苦的准备。"千里之行，始于足下"，只要一步一个脚印地埋头苦干，相信成功的鲜花最终是属于自己的。

2. 从小事做起

初涉社会的残障大学生很多都抱有远大的理想走向工作岗位，但作为初入职场的新人，单位领导往往不会一开始就委以重任，而是分配一些琐碎的"小事"。这些"小事"看起来很小，但其实都是对我们的考验。因此，要树立"单位无小事"的思想，克服急躁的情绪，脚踏实地地做好本职工作，让领导在考验中认识并选择你。

3. 独辟蹊径

残障毕业生在完成了自身的职业适应过程后，要充分利用环境提供的条件，努力挖掘自身知识、技能和潜能等主观条件，冷静、全面地分析，敏锐、迅速地寻找和捕捉实现自己职业理想、发挥自我优势的职业切入口。独辟蹊径，敢于走前人想走而未走之路，敢于做前人想做而未做之事。这样才会走出自己的职业特色。

4. 经受挫折和打击

残障大学生走出学校，走向社会并非一帆风顺，经常会面临许多问题和困难，遭受意外的挫折和失败，这是对刚参加工作的残障毕业生的严峻考验。在挫折和失败面前，不要悲观失望，更不要怨天尤人，以积极的心态，实事求是地分析主、客观原因，吸取教训，加倍努力，以新的工作业绩弥补损失，取得更大进步。

二、理性对待跳槽

残障大学生一定要珍惜得到的第一份工作。如果工作和自己的职业兴趣不一致时应努力培养自己的职业兴趣，立足自己的本职工作。如果与在毕业前设定的职业目标不符，应及时调整目标和策略。

（一）培养职业兴趣

绝大多数残障毕业学生在开始职业生涯后都能很快适应工作，从工作中获得乐趣，但仍有一部分人感到职业不如意。这种感觉一旦产生，就会表现出敷衍塞责、得过且过的工作态度。这种情绪状态会对从业、成才带来很大影响。之所以产生这样的情绪状态，原因有两个：一是当初选择职业时，自己关于职业的理想与现实之间有一定的距离；二是当初选择职业时，由于担心找不到工作，抱着先就业、后择业的想法，选择了一份并不喜欢的工作。当这种情绪出现后，首先不要轻易放弃现在的工作，如果不去努力和尝试，而是盲目地否定你的第一选择，将来可能要为此付出昂贵的代价。

如果工作和自己的职业兴趣不一致时，要做到：首先，努力培养自己的职业兴趣。现在从事的工作可能与你的职业目标有一定差距，这时应立足本职工作，重新对以前制定的职业目标做出调整。无论你从事何种职业，只要努力，就会取得或大或小的成绩，这些无疑将增加你从事本职工作的信心。其次，不要轻易认输。有些残障毕业生参加工作后，在工作中遇到一些失败或挫折，这本来是非常正常的，但由于他们的抗挫能力较差，因此很快对工作丧失了兴趣。职业兴趣的培养也需要有个过程，在这个过程中，难免遇到挫折和困难，但要提醒自己不要轻易认输。第三，从事某一职业时间过短，导致对本职工作没有深入的了解，经验积累不足，也会对未来的职业发展产生影响。

（二）慎重对待跳槽

适度的跳槽，可以促进人才的合理流动，但并不是所有的跳槽都是合乎情理的，也不是所有的跳槽都能给跳槽者带来理想的结果。跳槽频率太高的人，用人单位也是不欢迎的。有些残障毕业生在首次参加工作后不久就觉得不顺心，从而很快跳槽，后发现新的单位各方面条件和待遇还不如原来的单位，从而后悔不迭。一般来讲，跳槽者在跳槽前要注意以下几个问题：

1. 正确认识自己

不能正确地认识自己，就不会有成功的"跳槽"。重新认识自己，就是要对自己的个性特质、知识技能、理想抱负等做出一个重新的认识，找出与目前的环境不相适应的根本原因所在。同时要分析，哪些是通过自己的努力可以克服的，哪些是自己无法改变的。如果盲目跳槽，即使成功了，那么也会在新的单位暴露自己的弱点。

2. 分析市场需求

重新择业时，一定要考虑市场需求，弄清楚劳务市场发展的行情以及未来所希望从事行业的发展前景、工作环境、工资待遇、培养提升机会等。

3. 计算机会成本

机会成本是指利用某种资源获得某种职业及收入时所放弃的获得另一种职业及收入的机会。在跳槽前也应从整体上考虑机会成本。要对现在及未来的工作的收入、职位、环境及条件等进行全面的权衡。一般说来，一个人在工作岗位上干了几年，由外行转为内行，工作环境比较熟悉了，总是有利于下一步发展的。而跳槽之后，要考虑一切从零开始，工作要从头开始熟悉，人际关系重新建立。如果从长远的角度看，放弃现在的工作更加有利于自己职业生涯的发展，那么就可以考虑"跳槽"。

4. 克服不良思想的影响

若出现脱节时，一方面要培养自己新的兴趣，提高自己岗位适应能力；另一方面也要全面分析自己的情况，敢于根据自己的长处，果断决策，更换职业。"跳槽"，并不就是不爱岗敬业，相反地，积极的"跳槽"，正是更深层次的爱岗敬业。

在走向社会确定自己职业位置的过程中,要注意克服以下几种错误的思想倾向。

(1) 贪图虚荣的思想。由于虚荣心的作怪,一些人不顾主客观条件,一心只想去"让人羡慕的"工作部门或岗位。结果是曲高和寡,不能实现。

(2) 贪图享受的思想。有的人过分看重金钱,看重实惠,看重待遇,只要能挣钱,干什么都行。有的人只认定一个标准,要么工作地点好,要么工资收入高,而不考虑专业对口和长远发展。

(3) 贪图安逸的思想。害怕艰辛,不思奋斗,存在侥幸心理,总想寻找到能轻而易举地获得成功或轻轻松松应付工作的职业岗位。这是不应当的,也是不可能的。

(4) 彷徨犹豫,无所适从。左右攀比,斤斤计较,这山看着那山高。辽阔的九州大地找不到自己的立足之处,结果反耽误了自己。在调整工作的同时,也应调整自己的职业目标,使自己的职业目标更加符合实际情况。

【实践训练】

设计自我职业发展路径图

1.李理毕业于一所特殊教育高校的艺术设计专业,他在毕业前给自己制定的职业目标是做设计公司部门经理。毕业后,他找到的第一份工作是在一家专业设计公司做设计师。

你认为李理现在是否有必要重新修订自己的职业目标,他的职业目标该如何调整?

李理设计的职业发展路径图如下:

			部门经理
		部门副经理	3年
	设计部门主管	2~3年	
设计师	2~3年		
艺术设计专业毕业			

2. 对一家单位进行调查并结合自己所学专业，为自己设计一张未来的职业发展路径图。

【重要术语】

职业人　职业化　职业素养　职业信念　职业意识　职业心态

【本章小结】

1. 重点

（1）从学生到职业人的过渡。

（2）职业化要求与职业素养提升。

2. 难点

（1）初入职场的变化与适应。

（2）角色转换。

（3）入职后职业发展规划与管理。

【问题与思考】

（1）学校与职场有何差别？学生与职业人有何差别？

（2）初入职场的大学生毕业生面临哪些问题？如何解决？

（3）职业化有哪些要求？

（4）如何理性对待跳槽？

【推荐阅读】

（1）夏光. 大学生职业规划指南[M]. 北京：机械工业出版社，2009.

（2）李晓波，李洪波. 大学生职业生涯规划与发展[M]. 北京：化学工业出版社，2010.

（3）王玮，汪洋.明天的工作在哪里：大学就业指导与心理调适[M].北京：中国宇航出版社，2014.

【参考文献】

[1] 彭贤，马恩.大学生职业生涯活动教程[M].北京：清华大学出版社，北京交通大学出版社，2010.

[2] 高桥，葛海燕.大学生就业指导[M].北京：清华大学出版社，2009.

附录一

中华人民共和国主席令第三号

《中华人民共和国残疾人保障法》已由中华人民共和国第十一届全国人民代表大会常务委员会第二次会议于2008年4月24日修订通过，现将修订后的《中华人民共和国残疾人保障法》公布，自2008年7月1日起施行。

中华人民共和国主席　胡锦涛
2008年4月24日

中华人民共和国残疾人保障法

第一章　总　则

第一条

为了维护残疾人的合法权益，发展残疾人事业，保障残疾人平等地充分参与社会生活，共享社会物质文化成果，根据宪法，制定本法。

第二条

残疾人是指在心理、生理、人体结构上，某种组织、功能丧失或者不正常，全部或者部分丧失以正常方式从事某种活动能力的人。

残疾人包括视力残疾、听力残疾、言语残疾、肢体残疾、智力残疾、精神残疾、多重残疾和其他残疾的人。

残疾标准由国务院规定。

第三条

残疾人在政治、经济、文化、社会和家庭生活等方面享有同其他公民平等的权利。

残疾人的公民权利和人格尊严受法律保护。

禁止基于残疾的歧视。禁止侮辱、侵害残疾人。禁止通过大众传播媒介或者其他方式贬低损害残疾人人格。

第四条

国家采取辅助方法和扶持措施，对残疾人给予特别扶助，减轻或者消除残疾影响和外界障碍，保障残疾人权利的实现。

第五条

县级以上人民政府应当将残疾人事业纳入国民经济和社会发展规划，加强领导，综合协调，并将残疾人事业经费列入财政预算，建立稳定的经费保障机制。

国务院制定中国残疾人事业发展纲要，县级以上地方人民政府根据中国残疾人事业发展纲要，制定本行政区域的残疾人事业发展规划和年度计划，使残疾人事业与经济、社会协调发展。

县级以上人民政府负责残疾人工作的机构，负责组织、协调、指导、督促有关部门做好残疾人事业的工作。

各级人民政府和有关部门，应当密切联系残疾人，听取残疾人的意见，按照各自的职责，做好残疾人工作。

第六条

国家采取措施，保障残疾人依照法律规定，通过各种途径和形式，管理国家事务，管理经济和文化事业，管理社会事务。

制定法律、法规、规章和公共政策，对涉及残疾人权益和残疾人事业的重大问题，应当听取残疾人和残疾人组织的意见。

残疾人和残疾人组织有权向各级国家机关提出残疾人权益保障、残疾人事业发展等方面的意见和建议。

第七条

全社会应当发扬人道主义精神，理解、尊重、关心、帮助残疾人，支持残疾人事业。

国家鼓励社会组织和个人为残疾人提供捐助和服务。

国家机关、社会团体、企业事业单位和城乡基层群众性自治组织,应当做好所属范围内的残疾人工作。

从事残疾人工作的国家工作人员和其他人员,应当依法履行职责,努力为残疾人服务。

第八条

中国残疾人联合会及其地方组织,代表残疾人的共同利益,维护残疾人的合法权益,团结教育残疾人,为残疾人服务。

中国残疾人联合会及其地方组织依照法律、法规、章程或者接受政府委托,开展残疾人工作,动员社会力量,发展残疾人事业。

第九条

残疾人的扶养人必须对残疾人履行扶养义务。

残疾人的监护人必须履行监护职责,尊重被监护人的意愿,维护被监护人的合法权益。

残疾人的亲属、监护人应当鼓励和帮助残疾人增强自立能力。

禁止对残疾人实施家庭暴力,禁止虐待、遗弃残疾人。

第十条

国家鼓励残疾人自尊、自信、自强、自立,为社会主义建设贡献力量。

残疾人应当遵守法律、法规,履行应尽的义务,遵守公共秩序,尊重社会公德。

第十一条

国家有计划地开展残疾预防工作,加强对残疾预防工作的领导,宣传、普及母婴保健和预防残疾的知识,建立健全出生缺陷预防和早期发现、早期治疗机制,针对遗传、疾病、药物、事故、灾害、环境污染和其他致残因素,组织和动员社会力量,采取措施,预防残疾的发生,减轻残疾程度。

国家建立健全残疾人统计调查制度,开展残疾人状况的统计调查和分析。

第十二条

国家和社会对残疾军人、因公致残人员以及其他为维护国家和人民利益致残的人员实行特别保障,给予抚恤和优待。

第十三条

对在社会主义建设中做出显著成绩的残疾人,对维护残疾人合法权益、发展残疾人事业、为残疾人服务做出显著成绩的单位和个人，各级人民政府和有关部门给予表彰和奖励。

第十四条

每年5月的第三个星期日为全国助残日。

第二章 康 复

第十五条 国家保障残疾人享有康复服务的权利。

各级人民政府和有关部门应当采取措施，为残疾人康复创造条件，建立和完善残疾人康复服务体系，并分阶段实施重点康复项目，帮助残疾人恢复或者补偿功能，增强其参与社会生活的能力。

第十六条 康复工作应当从实际出发，将现代康复技术与我国传统康复技术相结合；以社区康复为基础，康复机构为骨干，残疾人家庭为依托；以实用、易行、受益广的康复内容为重点，优先开展残疾儿童抢救性治疗和康复；发展符合康复要求的科学技术，鼓励自主创新，加强康复新技术的研究、开发和应用，为残疾人提供有效的康复服务。

第十七条 各级人民政府鼓励和扶持社会力量兴办残疾人康复机构。

地方各级人民政府和有关部门，应当组织和指导城乡社区服务组织、医疗预防保健机构、残疾人组织、残疾人家庭和其他社会力量，开展社区康复工作。

残疾人教育机构、福利性单位和其他为残疾人服务的机构，应当创造条件，开展康复训练活动。

残疾人在专业人员的指导和有关工作人员、志愿工作者及亲属的帮助下，应当努力进行功能、自理能力和劳动技能的训练。

第十八条 地方各级人民政府和有关部门应当根据需要有计划地在医疗机构设立康复医学科室，举办残疾人康复机构，开展康复医疗与训练、人员培训、技术指导、科学研究等工作。

第十九条 医学院校和其他有关院校应当有计划地开设康复课程，设置相关专业，培养各类康复专业人才。

政府和社会采取多种形式对从事康复工作的人员进行技术培训；向残疾人、残疾人亲属、有关工作人员和志愿工作者普及康复知识，传授康复方法。

第二十条　政府有关部门应当组织和扶持残疾人康复器械、辅助器具的研制、生产、供应、维修服务。

第三章　教　育

第二十一条　国家保障残疾人享有平等接受教育的权利。

各级人民政府应当将残疾人教育作为国家教育事业的组成部分，统一规划，加强领导，为残疾人接受教育创造条件。

政府、社会、学校应当采取有效措施，解决残疾儿童、少年就学存在的实际困难，帮助其完成义务教育。

各级人民政府对接受义务教育的残疾学生、贫困残疾人家庭的学生提供免费教科书，并给予寄宿生活费等费用补助；对接受义务教育以外其他教育的残疾学生、贫困残疾人家庭的学生按照国家有关规定给予资助。

第二十二条　残疾人教育，实行普及与提高相结合、以普及为重点的方针，保障义务教育，着重发展职业教育，积极开展学前教育，逐步发展高级中等以上教育。

第二十三条　残疾人教育应当根据残疾人的身心特性和需要，按照下列要求实施：

（一）在进行思想教育、文化教育的同时，加强身心补偿和职业教育；

（二）依据残疾类别和接受能力，采取普通教育方式或者特殊教育方式；

（三）特殊教育的课程设置、教材、教学方法、入学和在校年龄，可以有适度弹性。

第二十四条　县级以上人民政府应当根据残疾人的数量、分布状况和残疾类别等因素，合理设置残疾人教育机构，并鼓励社会力量办学、捐资助学。

第二十五条　普通教育机构对具有接受普通教育能力的残疾人实施教育，并为其学习提供便利和帮助。

普通小学、初级中等学校，必须招收能适应其学习生活的残疾儿童、少年入学；普通高级中等学校、中等职业学校和高等学校，必须招收符合国家规定的录取要求的残疾考生入学，不得因其残疾而拒绝招收；拒绝招收的，当事人或者其亲属、监护人可以要求有关部门处理，有关部门应当责令该学校招收。

普通幼儿教育机构应当接收能适应其生活的残疾幼儿。

第二十六条 残疾幼儿教育机构、普通幼儿教育机构附设的残疾儿童班、特殊教育机构的学前班、残疾儿童福利机构、残疾儿童家庭，对残疾儿童实施学前教育。

初级中等以下特殊教育机构和普通教育机构附设的特殊教育班，对不具有接受普通教育能力的残疾儿童、少年实施义务教育。

高级中等以上特殊教育机构、普通教育机构附设的特殊教育班和残疾人职业教育机构，对符合条件的残疾人实施高级中等以上文化教育、职业教育。

提供特殊教育的机构应当具备适合残疾人学习、康复、生活特点的场所和设施。

第二十七条 政府有关部门、残疾人所在单位和有关社会组织应当对残疾人开展扫除文盲、职业培训、创业培训和其他成人教育，鼓励残疾人自学成才。

第二十八条 国家有计划地举办各级各类特殊教育师范院校、专业，在普通师范院校附设特殊教育班，培养、培训特殊教育师资。普通师范院校开设特殊教育课程或者讲授有关内容，使普通教师掌握必要的特殊教育知识。

特殊教育教师和手语翻译，享受特殊教育津贴。

第二十九条 政府有关部门应当组织和扶持盲文、手语的研究和应用，特殊教育教材的编写和出版，特殊教育教学用具及其他辅助用品的研制、生产和供应。

第四章　劳动就业

第三十条 国家保障残疾人劳动的权利。

各级人民政府应当对残疾人劳动就业统筹规划，为残疾人创造劳动就业条件。

第三十一条 残疾人劳动就业，实行集中与分散相结合的方针，采取优惠政策和扶持保护措施，通过多渠道、多层次、多种形式，使残疾人劳动就业逐步普及、稳定、合理。

第三十二条 政府和社会举办残疾人福利企业、盲人按摩机构和其他福利性单位，集中安排残疾人就业。

第三十三条 国家实行按比例安排残疾人就业制度。

国家机关、社会团体、企业事业单位、民办非企业单位应当按照规定的比例安排残疾人就业，并为其选择适当的工种和岗位。达不到规定比例的，按照国家有关规定履行保障残疾人就业义务。国家鼓励用人单位超过规定比例安排残疾人就业。

残疾人就业的具体办法由国务院规定。

第三十四条 国家鼓励和扶持残疾人自主择业、自主创业。

第三十五条 地方各级人民政府和农村基层组织，应当组织和扶持农村残疾人从事种植业、养殖业、手工业和其他形式的生产劳动。

第三十六条 国家对安排残疾人就业达到、超过规定比例或者集中安排残疾人就业的用人单位和从事个体经营的残疾人，依法给予税收优惠，并在生产、经营、技术、资金、物资、场地等方面给予扶持。国家对从事个体经营的残疾人，免除行政事业性收费。

县级以上地方人民政府及其有关部门应当确定适合残疾人生产、经营的产品、项目，优先安排残疾人福利性单位生产或者经营，并根据残疾人福利性单位的生产特点确定某些产品由其专产。

政府采购，在同等条件下应当优先购买残疾人福利性单位的产品或者服务。

地方各级人民政府应当开发适合残疾人就业的公益性岗位。

对申请从事个体经营的残疾人，有关部门应当优先核发营业执照。

对从事各类生产劳动的农村残疾人，有关部门应当在生产服务、技术指导、农用物资供应、农副产品购销和信贷等方面，给予帮助。

第三十七条 政府有关部门设立的公共就业服务机构，应当为残疾人免费提供就业服务。

残疾人联合会举办的残疾人就业服务机构，应当组织开展免费的职业指导、职业介绍和职业培训，为残疾人就业和用人单位招用残疾人提供服务和帮助。

第三十八条 国家保护残疾人福利性单位的财产所有权和经营自主权，其合法权益不受侵犯。

在职工的招用、转正、晋级、职称评定、劳动报酬、生活福利、休息休假、社会保险等方面，不得歧视残疾人。

残疾职工所在单位应当根据残疾职工的特点，提供适当的劳动条件和劳动保护，并根据实际需要对劳动场所、劳动设备和生活设施进行改造。

国家采取措施，保障盲人保健和医疗按摩人员从业的合法权益。

第三十九条　残疾职工所在单位应当对残疾职工进行岗位技术培训，提高其劳动技能和技术水平。

第四十条　任何单位和个人不得以暴力、威胁或者非法限制人身自由的手段强迫残疾人劳动。

第五章　文化生活

第四十一条　国家保障残疾人享有平等参与文化生活的权利。

各级人民政府和有关部门鼓励、帮助残疾人参加各种文化、体育、娱乐活动，积极创造条件，丰富残疾人精神文化生活。

第四十二条　残疾人文化、体育、娱乐活动应当面向基层，融于社会公共文化生活，适应各类残疾人的不同特点和需要，使残疾人广泛参与。

第四十三条　政府和社会采取下列措施，丰富残疾人的精神文化生活：

（一）通过广播、电影、电视、报刊、图书、网络等形式，及时宣传报道残疾人的工作、生活等情况，为残疾人服务；

（二）组织和扶持盲文读物、盲人有声读物及其他残疾人读物的编写和出版，根据盲人的实际需要，在公共图书馆设立盲文读物、盲人有声读物图书室；

（三）开办电视手语节目，开办残疾人专题广播栏目，推进电视栏目、影视作品加配字幕、解说；

（四）组织和扶持残疾人开展群众性文化、体育、娱乐活动，举办特殊艺术演出和残疾人体育运动会，参加国际性比赛和交流；

（五）文化、体育、娱乐和其他公共活动场所，为残疾人提供方便和照顾。有计划地兴办残疾人活动场所。

第四十四条　政府和社会鼓励、帮助残疾人从事文学、艺术、教育、科学、技术和其他有益于人民的创造性劳动。

第四十五条　政府和社会促进残疾人与其他公民之间的相互理解和交流，宣传残疾人事业和扶助残疾人的事迹，弘扬残疾人自强不息的精神，倡导团结、友爱、互助的社会风尚。

第六章　社会保障

第四十六条　国家保障残疾人享有各项社会保障的权利。

政府和社会采取措施，完善对残疾人的社会保障，保障和改善残疾人的生活。

第四十七条　残疾人及其所在单位应当按照国家有关规定参加社会保险。

残疾人所在城乡基层群众性自治组织、残疾人家庭，应当鼓励、帮助残疾人参加社会保险。

对生活确有困难的残疾人，按照国家有关规定给予社会保险补贴。

第四十八条　各级人民政府对生活确有困难的残疾人，通过多种渠道给予生活、教育、住房和其他社会救助。

县级以上地方人民政府对享受最低生活保障待遇后生活仍有特别困难的残疾人家庭，应当采取其他措施保障其基本生活。

各级人民政府对贫困残疾人的基本医疗、康复服务、必要的辅助器具的配置和更换，应当按照规定给予救助。

对生活不能自理的残疾人，地方各级人民政府应当根据情况给予护理补贴。

第四十九条　地方各级人民政府对无劳动能力、无扶养人或者扶养人不具有扶养能力、无生活来源的残疾人，按照规定予以供养。

国家鼓励和扶持社会力量举办残疾人供养、托养机构。

残疾人供养、托养机构及其工作人员不得侮辱、虐待、遗弃残疾人。

第五十条　县级以上人民政府对残疾人搭乘公共交通工具，应当根据实际情况给予便利和优惠。残疾人可以免费携带随身必备的辅助器具。

盲人持有效证件免费乘坐市内公共汽车、电车、地铁、渡船等公共交通工具。盲人读物邮件免费寄递。

国家鼓励和支持提供电信、广播电视服务的单位对盲人、听力残疾人、言语残疾人给予优惠。

各级人民政府应当逐步增加对残疾人的其他照顾和扶助。

第五十一条　政府有关部门和残疾人组织应当建立和完善社会各界为残疾人捐助和服务的渠道，鼓励和支持发展残疾人慈善事业，开展志愿者助残等公益活动。

第七章 无障碍环境

第五十二条 国家和社会应当采取措施，逐步完善无障碍设施，推进信息交流无障碍，为残疾人平等参与社会生活创造无障碍环境。

各级人民政府应当对无障碍环境建设进行统筹规划，综合协调，加强监督管理。

第五十三条 无障碍设施的建设和改造，应当符合残疾人的实际需要。

新建、改建和扩建建筑物、道路、交通设施等，应当符合国家有关无障碍设施工程建设标准。

各级人民政府和有关部门应当按照国家无障碍设施工程建设规定，逐步推进已建成设施的改造，优先推进与残疾人日常工作、生活密切相关的公共服务设施的改造。

对无障碍设施应当及时维修和保护。

第五十四条 国家采取措施，为残疾人信息交流无障碍创造条件。

各级人民政府和有关部门应当采取措施，为残疾人获取公共信息提供便利。

国家和社会研制、开发适合残疾人使用的信息交流技术和产品。

国家举办的各类升学考试、职业资格考试和任职考试，有盲人参加的，应当为盲人提供盲文试卷、电子试卷或者由专门的工作人员予以协助。

第五十五条 公共服务机构和公共场所应当创造条件，为残疾人提供语音和文字提示、手语、盲文等信息交流服务，并提供优先服务和辅助性服务。

公共交通工具应当逐步达到无障碍设施的要求。有条件的公共停车场应当为残疾人设置专用停车位。

第五十六条 组织选举的部门应当为残疾人参加选举提供便利；有条件的，应当为盲人提供盲文选票。

第五十七条 国家鼓励和扶持无障碍辅助设备、无障碍交通工具的研制和开发。

第五十八条 盲人携带导盲犬出入公共场所，应当遵守国家有关规定。

第八章　法律责任

第五十九条　残疾人的合法权益受到侵害的，可以向残疾人组织投诉，残疾人组织应当维护残疾人的合法权益，有权要求有关部门或者单位查处。有关部门或者单位应当依法查处，并予以答复。

残疾人组织对残疾人通过诉讼维护其合法权益需要帮助的，应当给予支持。

残疾人组织对侵害特定残疾人群体利益的行为，有权要求有关部门依法查处。

第六十条　残疾人的合法权益受到侵害的，有权要求有关部门依法处理，或者依法向仲裁机构申请仲裁，或者依法向人民法院提起诉讼。

对有经济困难或者其他原因确需法律援助或者司法救助的残疾人，当地法律援助机构或者人民法院应当给予帮助，依法为其提供法律援助或者司法救助。

第六十一条　违反本法规定，对侵害残疾人权益行为的申诉、控告、检举，推诿、拖延、压制不予查处，或者对提出申诉、控告、检举的人进行打击报复的，由其所在单位、主管部门或者上级机关责令改正，并依法对直接负责的主管人员和其他直接责任人员给予处分。

国家工作人员未依法履行职责，对侵害残疾人权益的行为未及时制止或者未给予受害残疾人必要帮助，造成严重后果的，由其所在单位或者上级机关依法对直接负责的主管人员和其他直接责任人员给予处分。

第六十二条　违反本法规定，通过大众传播媒介或者其他方式贬低损害残疾人人格的，由文化、广播电影电视、新闻出版或者其他有关主管部门依据各自的职权责令改正，并依法给予行政处罚。

第六十三条　违反本法规定，有关教育机构拒不接收残疾学生入学，或者在国家规定的录取要求以外附加条件限制残疾学生就学的，由有关主管部门责令改正，并依法对直接负责的主管人员和其他直接责任人员给予处分。

第六十四条　违反本法规定，在职工的招用等方面歧视残疾人的，由有关主管部门责令改正；残疾人劳动者可以依法向人民法院提起诉讼。

第六十五条　违反本法规定，供养、托养机构及其工作人员侮辱、虐待、遗弃残疾人的，对直接负责的主管人员和其他直接责任人员依法给予处分；构成违反治安管理行为的，依法给予行政处罚。

第六十六条 违反本法规定，新建、改建和扩建建筑物、道路、交通设施，不符合国家有关无障碍设施工程建设标准，或者对无障碍设施未进行及时维修和保护造成后果的，由有关主管部门依法处理。

第六十七条 违反本法规定，侵害残疾人的合法权益，其他法律、法规规定行政处罚的，从其规定；造成财产损失或者其他损害的，依法承担民事责任；构成犯罪的，依法追究刑事责任。

第九章 附 则

第六十八条 本法自2008年7月1日起施行。

附录二

中华人民共和国国务院令第488号

《残疾人就业条例》已经2007年2月14日国务院第169次常务会议通过，现予公布，自2007年5月1日起施行。

总　理　温家宝
2007年2月25日

残疾人就业条例

第一章　总　则

第一条　为了促进残疾人就业，保障残疾人的劳动权利，根据《中华人民共和国残疾人保障法》和其他有关法律，制定本条例。

第二条　国家对残疾人就业实行集中就业与分散就业相结合的方针，促进残疾人就业。

县级以上人民政府应当将残疾人就业纳入国民经济和社会发展规划，并制定优惠政策和具体扶持保护措施，为残疾人就业创造条件。

第三条　机关、团体、企业、事业单位和民办非企业单位（以下统称用人单位）应当依照有关法律、本条例和其他有关行政法规的规定，履行扶持残疾人就业的责任和义务。

第四条 国家鼓励社会组织和个人通过多种渠道、多种形式，帮助、支持残疾人就业，鼓励残疾人通过应聘等多种形式就业。禁止在就业中歧视残疾人。

残疾人应当提高自身素质，增强就业能力。

第五条 各级人民政府应当加强对残疾人就业工作的统筹规划，综合协调。县级以上人民政府负责残疾人工作的机构，负责组织、协调、指导、督促有关部门做好残疾人就业工作。

县级以上人民政府劳动保障、民政等有关部门在各自的职责范围内，做好残疾人就业工作。

第六条 中国残疾人联合会及其地方组织依照法律、法规或者接受政府委托，负责残疾人就业工作的具体组织实施与监督。

工会、共产主义青年团、妇女联合会，应当在各自的工作范围内，做好残疾人就业工作。

第七条 各级人民政府对在残疾人就业工作中做出显著成绩的单位和个人，给予表彰和奖励。

第二章 用人单位的责任

第八条 用人单位应当按照一定比例安排残疾人就业，并为其提供适当的工种、岗位。

用人单位安排残疾人就业的比例不得低于本单位在职职工总数的1.5%。具体比例由省、自治区、直辖市人民政府根据本地区的实际情况规定。

用人单位跨地区招用残疾人的，应当计入所安排的残疾人职工人数之内。

第九条 用人单位安排残疾人就业达不到其所在地省、自治区、直辖市人民政府规定比例的，应当缴纳残疾人就业保障金。

第十条 政府和社会依法兴办的残疾人福利企业、盲人按摩机构和其他福利性单位（以下统称集中使用残疾人的用人单位），应当集中安排残疾人就业。

集中使用残疾人的用人单位的资格认定，按照国家有关规定执行。

第十一条　集中使用残疾人的用人单位中从事全日制工作的残疾人职工，应当占本单位在职职工总数的25%以上。

第十二条　用人单位招用残疾人职工，应当依法与其签订劳动合同或者服务协议。

第十三条　用人单位应当为残疾人职工提供适合其身体状况的劳动条件和劳动保护，不得在晋职、晋级、评定职称、报酬、社会保险、生活福利等方面歧视残疾人职工。

第十四条　用人单位应当根据本单位残疾人职工的实际情况，对残疾人职工进行上岗、在岗、转岗等培训。

第三章　保障措施

第十五条　县级以上人民政府应当采取措施，拓宽残疾人就业渠道，开发适合残疾人就业的公益性岗位，保障残疾人就业。

县级以上地方人民政府发展社区服务事业，应当优先考虑残疾人就业。

第十六条　依法征收的残疾人就业保障金应当纳入财政预算，专项用于残疾人职业培训以及为残疾人提供就业服务和就业援助，任何组织或者个人不得贪污、挪用、截留或者私分。残疾人就业保障金征收、使用、管理的具体办法，由国务院财政部门会同国务院有关部门规定。

财政部门和审计机关应当依法加强对残疾人就业保障金使用情况的监督检查。

第十七条　国家对集中使用残疾人的用人单位依法给予税收优惠，并在生产、经营、技术、资金、物资、场地使用等方面给予扶持。

第十八条　县级以上地方人民政府及其有关部门应当确定适合残疾人生产、经营的产品、项目，优先安排集中使用残疾人的用人单位生产或者经营，并根据集中使用残疾人的用人单位的生产特点确定某些产品由其专产。

政府采购，在同等条件下，应当优先购买集中使用残疾人的用人单位的产品或者服务。

第十九条　国家鼓励扶持残疾人自主择业、自主创业。对残疾人从事个体经营的，应当依法给予税收优惠，有关部门应当在经营场地等方面给予照顾，并按照规定免收管理类、登记类和证照类的行政事业性收费。

国家对自主择业、自主创业的残疾人在一定期限内给予小额信贷等扶持。

第二十条 地方各级人民政府应当多方面筹集资金，组织和扶持农村残疾人从事种植业、养殖业、手工业和其他形式的生产劳动。

有关部门对从事农业生产劳动的农村残疾人，应当在生产服务、技术指导、农用物资供应、农副产品收购和信贷等方面给予帮助。

第四章 就业服务

第二十一条 各级人民政府和有关部门应当为就业困难的残疾人提供有针对性的就业援助服务，鼓励和扶持职业培训机构为残疾人提供职业培训，并组织残疾人定期开展职业技能竞赛。

第二十二条 中国残疾人联合会及其地方组织所属的残疾人就业服务机构应当免费为残疾人就业提供下列服务：

（一）发布残疾人就业信息；

（二）组织开展残疾人职业培训；

（三）为残疾人提供职业心理咨询、职业适应评估、职业康复训练、求职定向指导、职业介绍等服务；

（四）为残疾人自主择业提供必要的帮助；

（五）为用人单位安排残疾人就业提供必要的支持。

国家鼓励其他就业服务机构为残疾人就业提供免费服务。

第二十三条 受劳动保障部门的委托，残疾人就业服务机构可以进行残疾人失业登记、残疾人就业与失业统计；经所在地劳动保障部门批准，残疾人就业服务机构还可以进行残疾人职业技能鉴定。

第二十四条 残疾人职工与用人单位发生争议的，当地法律援助机构应当依法为其提供法律援助，各级残疾人联合会应当给予支持和帮助。

第五章　法律责任

第二十五条　违反本条例规定，有关行政主管部门及其工作人员滥用职权、玩忽职守、徇私舞弊，构成犯罪的，依法追究刑事责任；尚不构成犯罪的，依法给予处分。

第二十六条　违反本条例规定，贪污、挪用、截留、私分残疾人就业保障金，构成犯罪的，依法追究刑事责任；尚不构成犯罪的，对有关责任单位、直接负责的主管人员和其他直接责任人员依法给予处分或者处罚。

第二十七条　违反本条例规定，用人单位未按照规定缴纳残疾人就业保障金的，由财政部门给予警告，责令限期缴纳；逾期仍不缴纳的，除补缴欠缴数额外，还应当自欠缴之日起，按日加收5‰的滞纳金。

第二十八条　违反本条例规定，用人单位弄虚作假，虚报安排残疾人就业人数，骗取集中使用残疾人的用人单位享受的税收优惠待遇的，由税务机关依法处理。

第六章　附　则

第二十九条　本条例所称残疾人就业，是指符合法定就业年龄有就业要求的残疾人从事有报酬的劳动。

第三十条　本条例自2007年5月1日起施行。

附录三

关于做好高等学校残疾人毕业生就业工作的通知

各省、自治区、直辖市及计划单列市人力资源社会保障（人事、劳动保障）厅（局）、教育厅（教委、局）、财政厅（局）、残疾人联合会，新疆生产建设兵团人事局、劳动保障局、教育局、财务局、残疾人联合会：

残疾人是一个数量众多、特性突出、特别需要帮助的社会群体，普通高等学校残疾人毕业生（含高等特教学院全日制本专科残疾人毕业生，以下简称高校残疾人毕业生）同样是宝贵的人力资源。在国际金融危机影响进一步蔓延，就业形势仍然严峻，高校毕业生就业压力加大的情况下，高校残疾人毕业生就业问题更加突出。为贯彻落实《中共中央国务院关于促进残疾人事业发展的意见》（中发〔2008〕7号）、《国务院办公厅关于加强普通高等学校毕业生就业工作的通知》（国办发〔2009〕3号）和国务院召开的全国普通高校毕业生就业工作电视电话会议精神，进一步做好高校残疾人毕业生就业工作，现就有关工作通知如下：

一、认真落实国家规定，确保高校残疾人毕业生享受相关政策

（一）把高校残疾人毕业生纳入现行政策扶持范围。各地要按照党中央、国务院统一部署，高度重视发展残疾人事业，大力支持高校残疾人毕业生就业工作。要切实将高校残疾人毕业生纳入国家促进高校毕业生就业政策扶持范围，统筹规划、同步实施、兼顾特点、整体推进，确保国家促进高校毕业生就业的各项政策措施惠及高校残疾人毕业生。

（二）对高校残疾人毕业生实施重点扶助。各地制定促进高校毕业生就业配

套政策和具体实施办法，要充分考虑残疾人毕业生特殊困难，切实体现党和政府的特别关怀，给予适当倾斜照顾。在开拓就业渠道、落实就业政策、提供就业服务过程中，应本着优先、优惠、优质的原则，把高校残疾人毕业生作为就业困难人员，给予优先扶持，实施重点援助。

二、积极采取针对性政策措施，促进高校残疾人毕业生就业

（三）鼓励用人单位安排高校残疾人毕业生就业。发挥按比例安排残疾人就业政策的特殊保护作用，动员和鼓励社会用人单位为高校残疾人毕业生开发就业岗位。用人单位安排高校残疾人毕业生就业，在享受国家统一规定政策基础上，按规定对超比例安置残疾人就业的单位给予奖励。2009~2011年，执行按比例就业的用人单位每安排一名高校残疾人毕业生就业，按安排两名残疾人计入所安排的残疾人职工人数之内。从2009年起，县级以上残联及直属单位新录用、聘用工作人员中，高校残疾人毕业生不得少于20%。

（四）鼓励和引导高校残疾人毕业生到城乡基层就业。各地区、各有关部门开发的城市社区和农村基层社会管理和公共服务岗位，同等条件下，优先录用高校残疾人毕业生。各地要继续开发乡镇（街道）残疾人专干和社区残疾人专职委员等适合残疾人就业的岗位，优先招用高校残疾人毕业生就业。对符合公益性岗位就业条件并在公益性岗位就业的高校残疾人毕业生，按规定给予岗位补贴、社会保险补贴等。

（五）鼓励支持高校残疾人毕业生自主创业。高校残疾人毕业生有创业意愿并参加创业培训的，可按规定享受培训补贴。自主创业、从事个体经营、自愿组织起来就业并取得营业执照的，可按规定使用残疾人就业保障金扶持其集体从业、个体经营；针对盲人、聋人就业最难、最不稳定等现实状况，对这两类高校残疾人毕业生可适当提高扶持标准。

（六）强化高校残疾人毕业生就业服务和就业指导。各高校要针对残疾人身体、心理状况，强化对残疾人毕业生的就业指导，帮助其了解就业政策、调整就业预期，优先安排其参加实习实践，重点组织培训以提高其就业能力，优先推荐就业岗位。各级公共就业服务机构要将高校残疾人毕业生作为重点帮助对象，为其提供更多、更快、更好的免费就业信息和各类就业服务。各级残疾人就业服务机构要组织开展残疾人就业服务系列活动，把招聘会、供求洽谈会、用工需求、扶持政策等信息送进校园、送进残疾人家庭，切实让每一位求职的

高校残疾人毕业生免费享受公共就业服务；要加强与高校和公共就业服务机构间的协作，通过多种形式的就业服务促进高校残疾人毕业生就业；抓紧建立完善残疾人就业信息网，建立残疾人大学生数据库，发挥网络功能作用。有条件的地区，可动员组织一些有强烈社会责任感的用人单位，作为高校残疾人毕业生实习见习基地。

（七）加强对高校残疾人毕业生的就业援助。各高校可根据实际情况对残疾人毕业生给予求职补贴。对离校回到原籍未就业的高校残疾人毕业生，公共就业服务机构要按规定提供相应就业服务，对其中符合规定人员落实就业援助政策。对未就业的高校残疾人毕业生，生源地有关部门和残联应鼓励其参加当地的职业培训，符合条件的按规定从就业专项资金、残疾人就业保障金中给予职业培训补贴和职业技能鉴定补贴。对返回原籍求职的高校残疾人毕业生，所在市、县残联及残疾人就业服务机构，应将其列为重点援助服务对象，通过建立帮扶责任制，实施一对一职业指导、鼓励用人单位安排、开发公益岗位安置、支持自主创业等帮扶措施，帮助其实现就业。

三、建立密切合作关系，共同做好高校残疾人毕业生就业工作

（八）加强部门、机构之间的联系与合作。各级人力资源社会保障部门、教育部门、财政部门、残联之间，各高校、公共服务机构、残疾人就业服务机构之间，要建立联系沟通渠道，加强政策协调，细化具体措施，进行密切合作，共同抓好落实。各部门和机构要充分发挥职能作用，落实工作责任。人力资源社会保障部门要把扶助高校残疾人毕业生就业贯彻到高校毕业生就业政策制定和实施的全过程，公共就业服务机构要进一步加强高校残疾人毕业生就业指导和就业服务工作。教育部门要指导高校加强对残疾人大学生的求职心理辅导、就业指导和服务工作。财政部门要通过就业专项资金、残疾人就业保障金等渠道，支持高校残疾人毕业生就业。各级残联及残疾人就业服务机构要把促进高校残疾人毕业生就业摆在当前残疾人就业工作的首位，尽快摸清底数、重点研究、提出对策，充分发挥自身优势，千方百计开发就业岗位，认真落实各项政策措施，规范强化就业服务，为高校残疾人毕业生实现就业和稳定就业创造条件。

（九）做好宣传引导工作。要加强对高校残疾人毕业生就业工作的宣传，以政策措施引导高校残疾人毕业生树立正确的就业观和成才观，用党和政府的特别关怀引导全社会支持高校残疾人毕业生就业。要及时总结、宣传和推广高校残疾

人毕业生就业工作经验做法，使不同地区相互学习借鉴，扩大社会影响。要通过宣传高校残疾人毕业生创业典型，引导和激励更多的高校残疾人毕业生和在校残疾人大学生走创业之路。

人力资源和社会保障部

教育部

财政部

中国残疾人联合会

2009年5月6日

附录四

中共中央组织部等7部门
关于促进残疾人按比例就业的意见

〔残联发〔2013〕11号〕

各省、自治区、直辖市及计划单列市党委组织部、编制办公室、财政厅（局）、人力资源社会保障厅（局）、国资委、公务员局、残联，新疆生产建设兵团党委组织部、编制办公室、财务局、人力资源社会保障局、国资委、公务员局、残联：

残疾人是就业困难群体。为保障残疾人劳动就业权益，20世纪90年代，我国参照国际通行做法，建立了用人单位按比例安排残疾人就业制度。这一制度的实施对于建立完善残疾人就业保护和就业促进制度体系，改善残疾人就业状况发挥了重要作用。按比例就业已成为我国残疾人就业的一种重要形式。但从实践看，目前残疾人按比例就业仍然存在着相关规定落实难、用人单位缺乏主动性和积极性等问题。为进一步促进残疾人按比例就业，现提出以下意见。

一、依法推进残疾人按比例就业

（一）《中华人民共和国残疾人保障法》规定"国家实行按比例安排残疾人就业制度"。《残疾人就业条例》进一步明确"用人单位应当按照一定比例安排残疾人就业，并为其提供适当的工种、岗位"。这些规定确立了我国按比例安排残疾人就业的法律制度，明确了按比例安排残疾人就业是用人单位的责任和义务，体现了对残疾人就业权利的尊重和保护。各地要根据国家法律规定，制定地方配套法规政策，进一步细化按比例就业的有关规定，增强可操作性和规范性，提高执行力和约束力。要依法行政，推动用人单位履行法律责任和义务。要加大执法检查力度，把残疾人按比例就业列为重点检查内容，发现问题，及时通报，妥善纠正和解决。

二、推动党政机关、事业单位及国有企业带头安排残疾人就业

（二）《中共中央国务院关于促进残疾人事业发展的意见》（中发〔2008〕7号）明确提出"党政机关、事业单位及国有企业要带头安置残疾人"。党政机关、事业单位及国有企业应当为全社会作出表率，率先垂范招录和安置残疾人。根据残疾人按比例就业制度相关规定，各级机关、事业单位应包含一定数量的岗位用于残疾人就业。

（三）各级党政机关在坚持具有正常履行职责的身体条件的前提下，对残疾人能够胜任的岗位，在同等条件下要鼓励优先录用残疾人。各地要切实维护残疾人平等报考公务员的权利，除特殊岗位外，不得额外设置限制残疾人报考的条件。招录机关专设残疾人招录岗位时，省级以上公务员主管部门要给予放宽开考比例等倾斜政策。各地在招录公务员时，要结合实际，采取适当措施，努力为残疾人考生创造良好的考试环境。

（四）各级残疾人工作委员会成员单位要率先招录残疾人，继而带动其他党政机关。各级党政机关中的非公务员岗位（科研、技术、后勤等），要积极安排残疾人就业，并依法与残疾职工订立劳动合同，保障其合法权益。到2020年，所有省级党政机关、地市级残工委主要成员单位至少安排有1名残疾人。各级残联机关干部队伍中都要有一定数量的残疾人干部，其中省级残联机关干部队伍中残疾人干部的比例应达到15%以上。

（五）各级党政机关要督导所属各类事业单位做好按比例安排残疾人就业工作。各类事业单位要结合本单位岗位构成情况，确定适合残疾人就业的岗位，多渠道招聘残疾人。

（六）国有和国有控股企业应根据行业特点，确定适合残疾人就业的岗位，招录符合岗位要求的残疾人就业。企业对招录的残疾人应依据《中华人民共和国劳动合同法》订立劳动合同，实行同工同酬。

三、加大对用人单位的补贴、奖励和惩处力度

（七）认真贯彻《中华人民共和国就业促进法》及相关法律法规，落实就业专项资金管理的有关规定，对参加职业培训、职业技能鉴定并符合条件的残疾人给予职业培训、职业技能鉴定补贴，对吸纳残疾人就业并符合条件的用人单位，按规定给予社会保险补贴。

（八）加大残疾人就业保障金（以下简称残保金）对按比例和超比例安置残疾人就业单位的奖励力度，提高用人单位安排残疾人就业的积极性。

（九）用人单位安排残疾人就业达不到规定比例的，应严格按规定标准交纳残保金。对拒不安排残疾人就业又不缴纳残保金的用人单位，可采取通报、申请法院强制执行等措施。各地应将用人单位是否履行按比例安排残疾人就业义务纳入各类先进单位评选标准，对于不履行义务的用人单位，不能参评先进单位，其主要负责同志不能参评先进个人。

四、加强对用人单位按比例安排残疾人的就业服务

（十）加强培训提高残疾人就业能力，是促进残疾人按比例就业的基础。各地要贯彻落实《关于加强残疾人职业培训促进就业工作的通知》（残联发〔2012〕15号）精神，下大力气抓好残疾人职业培训。准确了解用人单位用工情况，结合岗位需求，有针对性地组织残疾人开展订单培训、定向培训、定岗培训，不断提高残疾人职业技能，以适应用人单位需求。

（十一）各级公共就业服务机构和残疾人就业服务机构要发挥好用人单位与残疾人之间的桥梁和纽带作用，准确掌握辖区内就业年龄段残疾人的基本情况，加快完善残疾人就业需求登记制度；全面了解辖区用人单位的岗位需求，定期做好信息发布。主动走进残疾人家庭和用人单位，掌握第一手信息，重点做好向用人单位的推荐工作。协助用人单位定期或不定期开展残疾人招聘活动，促进用人单位按比例安排残疾人。

五、齐抓共管协力促进残疾人按比例就业

（十二）残疾人按比例就业是国家为保护和促进残疾人就业而采取的重要举措，是法律赋予用人单位的责任和义务。各有关部门要高度重视这一工作，建立促进残疾人按比例就业的协调工作机制，共同做好制度完善、政策落实、监督管理等各项工作。加强对按比例就业法规政策、履行法律义务的用人单位的宣传，进一步扩大社会影响，营造良好的社会环境。

（十三）各级人力资源社会保障部门要依法加强残疾人劳动权益维护工作。各类职业院校和培训机构要积极参与和承担残疾人职业培训职责。公共就业服务机构和基层劳动就业社会保障服务平台要加强对残疾人的就业服务和就业援助。

（十四）各级公务员主管部门负责落实并指导各部门做好残疾人公务员招录工作。要建立党政机关残疾人公务员实名制统计制度，准确掌握残疾人公务员底数。

（十五）各级事业单位登记管理部门在事业单位登记管理、绩效评估和年度审核工作中，要积极引导事业单位按比例安排残疾人就业。

（十六）各级国资委要重视并督促国有及国有控股企业按比例安排残疾人就业工作，积极推进残疾人就业工作。

（十七）财政部将会同国务院有关部门重新修订《残疾人就业保障金管理暂行办法》（财综字〔1995〕5号），各省（区、市）要认真落实并相应修订完善本地区残保金具体实施办法，更好地发挥残保金对促进残疾人就业的作用。各地要大力加强残保金征收使用管理。落实征收机关的责任，完善征收措施、规范征收程序、加大征收力度，做到依法征收、应收尽收。建立责任追究制度，对擅自多征、减征、缓征残保金的，要严肃追究责任人的责任。进一步规范残保金使用管理，残保金要专项用于残疾人职业培训、奖励超比例安置残疾人单位、扶持残疾人就业相关支出，不得挪作他用。要将残保金收支纳入各级政府性基金预算管理，提高资金使用效益。

（十八）各级残联及所属残疾人就业服务机构要积极主动做好残疾人按比例就业工作。沟通协调有关部门，进一步健全规范按比例就业制度。着力抓好残疾人职业培训，提高残疾人就业能力，向用人单位主动介绍、推荐残疾人；落实对按比例和超比例安排残疾人就业单位的补贴和奖励；加强对用人单位按比例安排残疾人就业情况的年审和检查、监督，完善各项服务。

（十九）各省、自治区、直辖市、计划单列市和新疆生产建设兵团有关部门要根据本意见精神，协商制定具体实施意见，并于2013年12月31日前报送上级主管部门。

中共中央组织部 中央机构编制委员会办公室
财政部 人力资源和社会保障部
国务院国有资产监督管理委员会 国家公务员局
中国残疾人联合会
2013年8月19日